U0513945

浙江心学研究

刘玉敏／著

上海古籍出版社

浙江师范大学出版基金资助

国家社科基金项目"宋明心学派之经学思想研究"

（22BZX070）阶段性成果

目　录

引　言

　　宋明心学是形成于宋代、一直发展到明清时期的学术思想体系。一直以来，"陆王心学"都被当作"宋明心学"的代名词，"陆九渊—杨简—王阳明"被视作心学发展的基本脉络。但是细细比较陆、杨的思想，却发现很多不同之处：象山述而不作，乃至被误解为不读书，杨简却遍注五经，通过解经论证心学的正确性；象山推崇孟子，杨简却对孟子批评甚力，甚至认为他没有继承孔子之道；象山只强调"心即理，理即心"，心理合一，未尝以觉释仁，也不讲意、念与本心的关系，杨简则不仅以觉训仁，更是将"不起意"作为修养工夫；等等。细考杨简的学术渊源，也并非完全来自象山，家学和地域传统的浸染不容忽视。至于陆学和王学，已有学者指出二人走的并不是同一条路子。这说明以"陆王心学"代表宋明心学的全貌，容易将心学这一学派的源流乃至思想体系简单化，从而遮蔽了心学的真实特征，甚至难以解释陆—杨—王思想的内在发展逻辑。本书在已有研究的基础上，认为心学于两宋时期先后形成于浙江和江西，浙江心学由张九成开创。不同于陆九渊的"述而不作"，浙江心学从一开始便依托儒家经典，或者从经典中开发出心学思想，或者直接以心学诠释经典，无论是讨论的话题还是义理体系的建构，均与象山心学有较大的差异，是宋明心学最主要的部分。本书即以浙江心学为研究对象，系统分析浙江心学的发展演变和思想特点,并与象山心学进行比较,进而从整体上关照宋明心学这一思想体系。

论述之先,有必要对"心学""浙江心学"的内涵做一界定。

一、"心学""浙江心学"的内涵

"心学"一词具有历史性,就其内涵而言,古今差距较大。"心学",据陈荣捷先生考证,最早见于韩愈《纳凉联句》:"谁言摈朋老,犹自将心学。"这里的"心学"是指修心之学,不具有理学上的意义①。胡宏(1105—1162)也曾使用"心学"一词:"生,求称其欲;死,惧失其欲;冲冲天地之间,莫不以欲为事,而心学不传矣。"②他所谓的"心学"也是指修心之学,"主要立足于心性修养即克欲"③。南宋末期黄震(1213—1280)在梳理两宋学术时,使用了"心学"概念。他首先将这段时期的学术统称为"理学","本朝理学,阐幽于周子,集成于晦翁"④,"本朝理学,发于周子,盛于程子"⑤。他认为二程的弟子中以学传世者,杨时、谢良佐、尹焞最显著。杨时虽杂于佛,但一传为罗仲素,再传之李延平,"延平亦主澄心静坐,乃反能救文公之几陷禅学,一转为大中至正之归。致知之学,毫厘之辨,不可不精。盖如此,故又次延平于此,以明心学虽易流于禅,而自有心学之正者焉"⑥。此处"心学"指论心之学或心性之学,是理学家们都涉及的,并非针对陆学而言。朱熹之学也可称为心学,但属于心学中的"正学"。为什么

① 陈荣捷:《宋明理学之概念与历史》,台湾"中研院"中国文哲研究所筹备处发行1996年版,第25页。
② 〔宋〕胡宏:《知言·文王》,《胡宏集》,吴仁华点校,中华书局1987年版,第18页。
③ 向世陵:《善恶之上——胡宏·性学·理学》,中国广播电视出版社2000年版,第51页。
④ 〔宋〕黄震:《读本朝诸儒理学书一》,《黄氏日抄》卷三十三,《黄震全集》,张伟、何忠礼主编,浙江大学出版社2013年版,第1247页。
⑤ 《读本朝诸儒理学书九》,《黄氏日抄》卷四十一,《黄震全集》,第1477页。
⑥ 《读本朝诸儒书十一上》,《黄氏日抄》卷四十三,《黄震全集》,第1506页。

呢？因为他始终在"天理"的范围内讨论心性，不同于陆九渊直接从本心立论，后者与禅宗相似，所以"流于禅"。黄震认为，尧舜禹相授受的，乃是"执中"之学，而不是"心"。他批评说："近世喜言心学，舍全章本旨而独论人心道心，甚者单撷'道心'二字而直谓'即心是道'，盖陷于禅学而不自知，其去尧、舜、禹授受天下之本旨远矣。"①这显然是针对杨简心学而言。杨简悟道之后，无论解经还是作文，都喜欢用"人心即道，即是道心"一句来提纲挈领。朱熹提出人心和道心的关系乃人欲与天理之别，将二者截然分开。黄震即以此为据，认为杨简舍人心而单提道心，或者直接说"即心是道"，与禅宗"直指人心""即心是佛"没什么区别，却离尧舜禹相授受的"人心惟危，道心惟微"之本旨渐行渐远。杨简不谈人心而独论道心，与陆九渊反对将心一分为二、主张"心，一也，人安有二心"一脉相承。同样是言心之学，程朱分人心道心为人欲天理，陆九渊却只讲本心，杨简则只讲道心，在黄震看来，程朱之论才符合圣人相传之本意，属于"心学"之正，陆、杨之学误入禅学，当然就是"心学"之偏了。此处的"心学"只是指论心性之学问，并无褒贬。

对于当时流行的陆九渊之学，并没有人用"心学"单独称之。其后学或时人不约而同地以"发明本心之学"作为陆学的特点。《陆九渊年谱》载，毛刚伯云："先生之讲学也，先欲复本心以为主宰，既得其本心，从此涵养，使日充月明。读书考古，不过欲明此理，尽此心耳。"②傅子云在祭文中说："始信夫良知良能，降于上帝，可久可大，道实简易。"③将孟子的"良知""良能"视为陆学的特征，而良知良能都是指本心而言。包扬在《先生赞》中说："发人本心，全人性命，一

①　《读尚书·舜典》，《黄氏日抄》卷五，《黄震全集》，第92页。
②　《年谱》，《陆九渊集》卷三十六，钟哲点校，中华书局1980年版，第502页。
③　同上注，第517页。

洗佛老,的传孔孟。"①嘉定五年(1212)陆九渊遗文编成,傅子云作序,袁燮刊文集并作序,都将陆九渊之学说浓缩为一句话:"学问之要,得其本心而已。"②绍定四年(1231)象山书院建成。袁甫在祝文中写有"先生之道,精一匪二,揭本心以示人,此学门之大致"③。此后袁甫多次在祝文、"记"中将象山之学概括为"发明本心之学"④。元代吴澄(1249—1333)意欲和会朱陆,于是将心学范围扩大到整个儒学。他认为象山之学的确是"以心为学",但这并不是其独有的特征,"此心也,人人所同有,反求诸身,即此而是。以心为学,非特陆子为然,尧、舜、禹、汤、文、武、周、孔、颜、曾、思、孟以逮邵、周、张、程诸子,盖莫不然。故独指陆子之学为本心学者,非知圣人之道者也"⑤。吴澄把自先秦至北宋五子之学都概括为心学,他的所谓心学实际上就是儒家的心性之学、圣人之道。他所列举的这些人物与朱熹"道统"中的人物基本上是一致的。他认为心学的特征是"反求诸身""以心为学",而不是以心为本体。这个"以心为学"或者"圣人之道"又是什么含义呢?他认为"圣人之道,应接酬酢,千变万化,无一而非本心之发见,于此而见天理之当然,是之谓不失其本心,非专离去事物、寂然不动以固守其心而已也"⑥。于"本心之发见"而见"天理之当然",即是"心即理"之意。圣人所为皆是本心之体现,不失本心,而非如禅宗那样"离去事物,寂然不动"。吴澄以"不失其本心"作为整个儒学的特征,从尧舜禹到"北宋五子"都是以心为学——陆学是否禅学,吴澄做出了明确的回应。在他看来,修心养心,发明本心,在

① 《年谱》,《陆九渊集》卷三十六,第 518 页。
② 同上注,第 519 页。
③ 同上注,第 523 页。
④ 参见《年谱》,《陆九渊集》卷三十六,第 524—525 页。
⑤ 〔元〕吴澄:《仙城本心楼记》,《吴澄集》卷四十八,方旭东、光洁点校,中国社会科学出版社 2021 年版,第 990 页。
⑥ 同上注,第 990 页。

心上用功是儒学和禅学的共性；不同的是，儒家不离人伦物理，在道德实践中体认本心天理，禅学则完全超脱人伦物理，只修一颗空寂之心。很明显，陆学不是禅学。王阳明认同这一说法，认为自《尚书》、孔孟以降之儒学皆心学，所谓心学即"学以求尽其心而已"，尽心即发明本心。陆学长期以来一直被视作禅学，这让深谙象山言论的阳明深感不平，于是他奋起为象山辩诬。于《象山文集序》中，他公然下结论："圣人之学，心学也。"尧舜禹"人心惟危，道心惟微，惟精惟一，允执厥中"乃"心学之源"，孔孟"求仁"之学即是道心精一之旨，周敦颐、程颢"无极而太极""定之以仁义中正而主静"之说接续之，而"陆氏之学，孟氏之学也"。①陆学不是禅学，而是孔孟之正传。由此看来，阳明所谓之"心学"，不单指陆学，而是圣圣相传的"道统"，程颐、朱熹"外索于刑名器数之末，以求明其所谓物理者"②，明显偏离了"道统"。之后，嘉靖壬午年（1553）沈宠为《道一编》作序，称"象山先生以立大本、求放心为学，此正尽性之传，二帝三王之家法也"③。陆学终于凭借阳明心学传遍大江南北，得以正名，同时蕴含丰富心学思想的张九成、杨简的著作亦重新回到时人的视野，得到关注并流行。

可见，一直到王阳明，"心学"都一直是在心性之学、发明本心之学的层面上使用。无论主朱学的黄震还是支持陆学的王阳明，都把《尚书·大禹谟》"人心惟危，道心惟微，惟精惟一，允执厥中"看作圣圣相授受的真诀。只不过因为对其解读不同，遂认为自己支持的是正传，而对方偏离了正统。"心学"乃是对"道统"的概括，因为是圣圣之心传，讲述的是"人心""道心"，所以，无论朱学还是陆学，都可以叫心学。

---

① 以上引文见〔明〕王守仁：《象山文集序》，《王阳明全集》卷七，上海古籍出版社1992年版，第245页。

② 同上注。

③ 吴长庚主编：《朱陆学术考辨五种》，江西高校出版社2000年版，第6页。

不过,在阳明断言"圣人之学,心学也"之后,究竟何谓心学,引起了大家的关注和讨论。"心学"的内涵也慢慢发生了改变。湛若水(1466—1560,字元明,号甘泉)与阳明定交,二人同主良知,却各立门户。甘泉主"随处体认天理",在讲学中多次用到"心学"一词。"如何谓心学?万事万物莫非心也。""吾所谓天理者,体认于心,即心学也。有事无事,原是此心。"[1]"圣人之学,皆是心学。所谓心者,非偏指腔子里、方寸内,与事为对者也,无事而非心。"[2]心与事相对,但不是截然对立,事在心中,心兼事也。所谓随处体认天理,并非体认外在事物之理,而是体认心。万事万物皆是我心的外现。甘泉此说,已是从宇宙本体意义上界定"心学"。所以,他虽未明确说心学就是研究宇宙本根之学,但他对"心"的规定已经使"心学"具有此意义了。阳明弟子王畿(1498—1583,字汝中,号龙溪)继老师之后,提出:"夫学,心学也。人心之灵,变动周流。寂而能感,未尝不通也;虚而能照,未尝不明也。此千圣以来相传之宝藏,人人之所同有。"[3]此心虚寂,不存成见,不会先入为主,所以能物来顺应,感通遍照一切。良知便是心之本体。这里的"心"就是宇宙之最高存在,本体即工夫,心学就是围绕这本体而形成的学问。如此界定"心学",意味着不再是所有谈心论性之学都是心学。在他眼里,尧舜以后,便是孔子和颜回,颜回"屡空"而"不远则复","有不善未尝不知,知之未尝复行",都说明他良知见在,心体虚寂却能遍知一切。颜子没而圣学亡,阳明倡"良知"之旨,直承孔颜命脉。如此一来,"心学"就专属阳明之学了。

《宋史》不称程朱学说为理学,而称之为"道学"。程朱、陆王之

---

① 〔清〕黄宗羲:《甘泉学案一》,《明儒学案》卷三十七,中华书局2008年第二版,第901页。

② 同上注,第897页。

③ 〔明〕王畿:《国琛集序》,《王畿集》卷十三,吴震编校整理,凤凰出版社2007年版,第354页。

分别被称为理学、心学,始于近代人们对宋明理学的梳理研究。为了使人们对宋代新儒学有更系统的把握,近代学者始以程朱为理学,因其以"天理"为最高范畴;以陆王为心学,因其以"本心"为最高范畴。此时理学和心学的内涵和划分标准正式确定下来。1916 年谢无量《中国哲学史》就提出:"明道之学,每以综合为体;伊川之学,每以分析立说。此二程所由大同小异者也。后来陆王学派,近于明道;朱子学派,近于伊川。"他认为明道主理气一元论,伊川主理气二元论,朱子承接的就是伊川之说。①1932 年冯友兰先生发表了《宋明道学中理学心学二派之不同》一文,以"道学"统称宋明学术,其中又分理学和心学。"伊川一派的学说,至朱子而得到完全的发展。明道一派之学说,则至象山慈湖而得到相当的,至阳明而得到完全的发展。"②次年,冯先生的《中国哲学史》出版。书中明确提出"二人之学(按:二人指二程)开此后宋明道学中所谓程朱陆王之二派,亦可称为理学心学之二派。程伊川为程朱,即理学一派之先驱,而程明道则陆王,即心学一派之先驱也"③。冯先生的观点对学术界的影响甚大,二程是否开理学、心学两派虽尚存争议,但"程朱理学""陆王心学"的提法却相沿成习,成为宋明学术研究中的两个专有名词,且在一定程度上给人的印象是,陆王心学就是宋明心学的全部。

　　笔者并不反对"程朱理学""陆王心学"这两个术语,毕竟这两个概念已经沿用了多年④。更重要的是,今日学术界所谓的理学和心

①　参见谢无量:《中国哲学史》,中华书局 1916 年版,第 32 页。
②　冯友兰:《宋明道学中理学心学二派之不同》,载《清华学报》1932 年第 8 卷第 1 期。
③　冯友兰:《中国哲学史》,华东师范大学出版社 2000 年版,第 238 页。
④　日本学者荒木见悟认为,心学与理学这两个概念在中国思想史上是并不一定要明确加以区别和使用的。因为心和理都经常在多层含义上被使用,所以把心学和理学设定为两个具有对立关系的概念是没有什么意义的。(参见[日]荒木见悟:《心学与理学》,李凤全译,《复旦大学学报》社科版 1998 年第 5 期。)但为着论述方便,也是约定俗成,本书沿用张立文先生的划分方法。

学之内涵已经与宋代完全不同了。上文说过,在宋代,心学、理学是可以互相通用的概念。而在现代,则是两个学派的本质特征。冯先生并未明确解释何以称程朱为理学、陆王为心学,他只是在解释二程何以开两派时说:"《遗书》中言及天理或理诸条,其标明为明道所说者,不言理离物而独存;其标明为伊川所说者,则颇注重此点。……以后道学中之心学一派,皆不以为理乃离物而有者,故本书谓明道乃以后心学之先驱,而伊川乃以后理学之先驱也。"①冯先生认为,理学与心学的区别在于,在处理理与物的关系问题上,理学主张理在物外,主客二分;而心学主张物外无理,主客合一。劳思光先生认为理学与心学的区别不在于一方只言理,一方只言心,而"只在于是否以'心'观念为第一义"②。张立文先生将理学分理、气、心三系,其依据即是以何者为核心或出发点来建构哲学体系。陈来先生认为之所以会有程朱理学、陆王心学的划分,是因为程朱"皆以'理'为最高范畴,所以后来习惯于用'理学'指称他们的思想体系",而陆王则是"以'心'为最高范畴的思想体系……故又称陆王派或陆王'心学'"③。这一解释已成为学术界的共识。彭永捷先生认为"象山的贡献主要在于把'心'提升到哲学本体的高度,并对'心'之本体作了更多的强调和理论上的论证"④。

综上,我们可以得出以下结论:今天我们所使用的"心学"概念已不再是宋明时期说的人心道心之学,也不是传心之学,而是以"心"为最高范畴的哲学体系。湛甘泉对"心学"的界定庶几近于此。首先,它必须是一个思想体系,即围绕"心"而形成了本体论、认识论、修养

---

① 冯友兰:《中国哲学史》,第242页。
② 劳思光:《新编中国哲学史》,广西师范大学出版社2005年版,第32页。
③ 陈来:《宋明理学》第二版,华东师范大学出版社2004年版,第9页。
④ 彭永捷:《朱陆之辩——朱熹陆九渊哲学比较研究》,人民出版社2002年版,第97页。

论等等。具有一些零星的关于心的观点，甚至符合心学的某些特征，但并未形成体系，都不能算作心学，只能称作具有心学的某些观点。其次，它是以"心"为最高范畴的，这是它与理学、气学、性学、象数学等学术的根本区别所在。心学和理学的区别，不在于理和心之间是二分还是合一的关系，而在于在本体意义上谁主宰谁的问题。第三，心学之"心"包含有道德本心和认识主体等多层含义，但其中任何一个都不能涵盖"心"的本体意义。在问学和身心修养上，心学以发明本心为根本，而不是去穷外在之物理。本书即按照上述对"心学"的界定来系统梳理浙江心学的产生发展脉络。

"浙江心学"这一概念，最早由滕复先生提出，但他并未多做展开。本书所谓的"浙江心学"，是指宋代以降在浙江地区形成、发展的心学统绪。浙江，在宋代分浙东路和浙西路。浙东路下辖七州，即绍兴府、庆元府（即明州，今宁波）、衢州、婺州、台州、瑞安府、处州；浙西路共辖八州，即临安府、平江府（即苏州）、镇江府、嘉兴府、安吉州、常州、建德府、江阴军。地域上，两宋时期的"浙江"相当于今天的浙江全域和苏南地区。至明清，江苏和浙江才彻底分开。目前学术界对浙东学派、浙东学术研究甚多，对浙西的学术状况关注较少。

概而言之，"陆王心学"是学术界在梳理宋元明清学术史时，总结概括心学一派之源流时提出的术语，与"程朱道学"并峙，构成宋明理学最有影响的两大学派。"浙江心学"是在系统研究心学在浙江地区形成发展的基础上提出的概念，与"江西心学"相对，二者都是宋明心学的重要组成部分。

二、国内外研究现状

本书的研究对象是浙江心学。综观已有研究成果，大致分成以下三类：

1. 对浙江心学的整体研究。滕复《阳明前的浙江心学》一文初步勾勒了阳明以前浙江心学的发展,提出宋代心学并不自象山始,据《宋元学案》,象山只是"集大成"而已。张九成才是心学真正的开创者,只是体系不完善,直到陆王才进一步发展①。潘起造《甬上宋明心学史》主要以"甬上四先生"的心学思想为研究对象,阐述其源流。该书囿于"陆王心学"的框架,是以舛误甚多。如以史浩心学为甬上心学的"先导",断言"史浩的心学思想是象山心学向慈湖心学过渡的中间环节"②。忽略了史浩实乃象山之老前辈,他多次向朝廷举荐贤才,其中就有陆九渊。史浩思想成型时,象山尚在四方求学之中。潘先生另一著作《浙东心学史》,以《宋元学案》《明儒学案》为依据,对浙东籍以及部分非浙东籍(其在浙东著述或思想在浙东传播)学者的心学思想进行了梳理。该书完全以两《学案》的结论为矩矱,虽然接受了"心学肇始于张九成"这一观点,但仍然将浙东心学看成是象山心学的"注脚",没有揭示出浙东心学自有的发展逻辑和特色。王凤贤《浙东学术的心学倾向及其社会意义》提出浙东学人都宗奉孔孟,而孔孟是古代"心学"的创始人——很明显该文扩大了"心学"范围,并非单指南宋时期形成的"心学"。

2. 对浙江籍心学家的个体研究。尤以研究张九成、"甬上四先生"、王阳明、黄宗羲的成果为多。各哲学史、理学史、思想史、经学史等著作在论述心学时,几乎都认为张九成是二程理学向象山心学的"过渡",或陆学的"前茅";杨简等"甬上四先生"因为拜象山为师,所以心学由江西传入浙江,并在浙东发扬光大。此后衰落,直到明代中期阳明心学兴起,心学才得以重见天日。此外,吴长庚《朱熹与江西理学》认为张九成谪居江西 14 年,其思想是象山心学的前导,"为以后象山心学在江西的传播奠定了思想基础"③。可惜该书对张九成

① 滕复:《阳明前的浙江心学》,《浙江学刊》1989 年第 1 期。
② 潘起造:《甬上宋明心学史》,宁波出版社 2010 年版,第 97 页。
③ 吴长庚:《朱熹与江西理学》,江西高校出版社 2007 年版,第 43 页。

思想的分析太过简略,其与江西心学的关系也仅此一句带过。王锟《吕祖谦的心学及其对浙东学术的影响》认为吕祖谦建立了心学史观的雏形,形成了大致前后一贯、又颇有特色的心学体系,对浙东学术的成型和发展起到关键性作用。

3. 对陆学和王学关系的研究。阳明心学是象山心学的延续,还是浙江心学的逻辑发展?重新审视陆学与王学的关系是本研究的应有之意。已有成果基本认为阳明心学是接着象山心学讲的,否则不会"陆王"并称。与此持异议者,如钱穆先生认为阳明思想其实是对朱陆学说的折衷,他晚年特别提出"事上磨炼"的口号,就是在朱子格物和象山立心之间"开一通渠",所以阳明"并不和象山走着同一的路子"①。陈荣捷先生也不赞同阳明学传自象山,"普通所谓阳明有得于象山者厚,或谓其说如象山心学之开展,均乏根据"②。韦政通先生指出,从阳明思想的发展过程看,他是在自己的思想有所立之后,才感到象山的思想与自己的心态相同。有感于象山学久晦,又遭误解,为求历史公道才挺身为象山辩诬。但"他讨论的问题,以格物致知为中心,又重视下学渐进的工夫,都近于朱而远于陆"③。

以上成果对我们从不同角度认识浙江心学,乃至整个宋明心学都具有一定的帮助,对本书的研究启发甚大。不足之处在于:第一,还仅仅限于个体的研究,并未从哲学史或思想史的角度对浙江心学做整体关照。第二,所研究的人物和区域,还仅仅限于浙东。传慈湖心学于浙西且著述丰富的钱时尚未进入研究视野,而"甬上四先生"之后到阳明心学兴起,期间三百年心学似乎于浙江完全中绝,空白一片。这说明对浙江心学的梳理远未完整。第三,从绝大部分研究成果所持观点看,受朱熹和《宋元学案》的影响非常大。历史上,朱熹及

① 钱穆:《阳明学述要》,九州出版社 2011 年版,第 72—73 页。
② 陈荣捷:《朱学论集》,台北学生书局 1982 年版,第 364 页。
③ 韦政通:《中国思想史》,上海书店出版社 2003 年版,第 860 页。

其后学对心学大力批判,视心学为禅学,目其著述为"禅者之书",这些评价在朱学取得官学地位后,极大地左右了人们对心学的看法。黄宗羲、全祖望等编纂《宋元学案》,本着强烈的排佛立场,也认为张九成、杨简、宋濂等人"佞佛"倾向严重,因此对他们的思想评价不高。对此,笔者在梳理和研究浙江心学思想时秉承两个原则:第一,《宋元学案》完全按师承关系来梳理宋元学术的发展脉络,虽然有助于我们了解这一时期的学术概况,却也有生硬僵化之嫌,容易遮蔽某些思想的特性,故只能作为一家之言为今天的研究提供参考,而不应该当作确定不移的定论。今人做研究,应当完全以思想家的著述为依据去反观《宋元学案》的结论,而不是用《宋元学案》的结论来丈量该人物的思想,否则便如削足适履。第二,正如上文所辨析,"心学"这一概念具有历史性,即宋明学者和《宋元学案》提到的"陆学""心学",与今天学术研究所使用的"心学"在内涵上并不完全一致。朱熹指陆学为禅学,是站在自家学术立场进行的评判;黄宗羲、全祖望也有自己的学术偏好,如此便不能中正客观地评价全部思想家。今天做研究应当避免这种掺杂强烈门户之见和个人立场所带来的先入为主,跳出已有的窠臼,坚持从著述文本出发,重新得出结论。

第一章　浙江心学的思想渊源

　　关于浙江学术的起源,徐斌、董平等学者一直追溯到了东汉时期的王充,认为浙东崇尚事实判断的思维,就是受了王充"疾虚妄"思想的影响①。但事实上,浙江诸学派的产生,是北宋灭亡、宋室南迁以后的事。北宋定都汴梁(今河南开封),不满王安石改革或不愿为官者如二程兄弟、司马光、邵雍等聚集洛阳,洛阳遂成为当时的学术中心。二程弟子众多,其学问影响越来越大,远方负笈求学者络绎不绝。"永嘉九先生"②便是曾经同游太学,或直接从学于伊川,或私淑洛学者。后来"九先生"主要在浙东传播洛学。王凤贤、丁国顺先生认为,"九先生"的思想虽渊源于洛学,"但他们不守门户之见,能注

---

①　参见徐斌:《王充:浙东学派的奠基人——兼论"事实判断"思维的源流》,载浙江省社会科学界联合会编《浙东学派与浙江精神》,浙江古籍出版社 2006 年版,第203—222 页。董平:《浙江思想学术史——从王充到王国维》,中国社会科学出版社 2005 年版。

②　"永嘉九先生"即周行己(1067—1125)、许景衡(1072—1128)、沈躬行(生卒不详)、刘安节(1068—1116)、刘安上(1069—1128)、戴述(1074—1110)、赵霄(1062—1109)、张辉(生卒不详)、蒋元中(生卒不详)。前六人直接问学于伊川,后三人属于私淑洛学。九人因同游太学,故而元丰中太学就有"永嘉九先生"之目。参见黄宗羲、全祖望等撰:《周许诸儒学案》,《宋元学案》卷三十二,中华书局1986 年版,第 1145 页。各人生卒年参见周梦江:《周行己年谱》,《周行己集》,上海社会科学院出版社 2002 年版,第 265—294 页。

意吸取古代各家的思想资料,而主要是以孔孟为宗,尤其崇拜孟子。在他们的思想中已经孕育着'心学'的苗子"①。依据是周行己的"经纶道自心源出""用心深处良独知""天地与我同体",刘安节的"以天下为心""道在我也""仁与道合"等思想②。因此,"心学作为一种思想体系和社会思潮,却是在宋明时期的浙东地区逐步发展起来的","张九成是陆象山以前的一位重要心学家,其思想对浙东心学的发展有直接影响"③。

本书认为,从心学体系的形成看,先秦儒家的心性思想是其直接的来源,心学是通过注释《孟子》《中庸》《尚书》等传统经典开发而成的。而北宋时期的理学各派尤其是洛学以及南宋初期的湖湘学对心学的形成具有重要影响。传统典籍中的心性思想在下文分析各人物思想时会引用分析,故此章只就北宋诸儒与湖湘学派的心性思想作一概述。

一、北宋诸儒对"心"的论述

"北宋五子"以及司马光等人对"心"都有论述。

周敦颐(1017—1073)以太极为宇宙本原,太极化生万物,圣人以之"立人极",人极就是诚,"诚,五常之本,百行之源也"④。达到诚的境界,主要通过主静、无欲。因此,周敦颐提出"纯心"和"诚心"说。二者都是针对治国、修身而言,"十室之邑,人人提耳而教且不及,况天下之广,兆民之众哉! 故曰:纯其心而已矣"。什么是"纯"?"仁义礼智四者,动静、言貌、视听无违之谓纯。"⑤无非是一切言行均不

---

① 王凤贤、丁国顺:《浙东学派研究》,浙江人民出版社 1993 年版,第 64 页。

② 同上注,第 47、59 页。

③ 同上注,第 7、8 页。

④ 〔宋〕周敦颐:《通书·诚下》,《周敦颐集》卷二,中华书局 2009 年版,第 15 页。

⑤ 《通书·治》,《周敦颐集》卷二,第 24 页。

违礼,并努力修行四德,没有任何私心杂念。《大学》以修身为治天下之本,周敦颐则主张"端本,诚心而已矣"①。心为一身之主,所以"诚心"比之"修身"更具体。从天道下贯人事,周敦颐的思想体系比较简单,他认识到了治国、修身要先治心。

邵雍(1011—1077)一生不仕,居洛阳,筑安乐窝,尽情山水,体察天地。他对人与天地万物之关系的认识是非常深刻的:"物为万民生,人为万物灵。人非物不活,物待人而兴。"②他曾有诗:"天听寂无音,苍苍何处寻。非高亦非远,都只在人心。"③"身生天地后,心在天地先。天地自我出,自余何足言?"④天地的存在有无意义,都取决于心,"心"已经具有超越的意义。但邵雍所追求的境界是"无心",是心灵上的自适。如果将万物看成外在于人心的东西,无疑会使心不自由。所以他并没有将"心"抬高至本体地位的意思。在为学修身上,他强调治心对一个人的意义:"心亲于身,身亲于人。不能治心,焉能治身。不能治身,焉能治人。"⑤

司马光(1019—1086)亦对心有论述:"学者所以求治心也,学虽多而心不治,安以学为?"⑥"君子从学贵于博,求道贵于要。道之要在治方寸之地而已。"⑦学习如此,治国也是如此。"夫治乱安危存亡之本源,皆在人主之心",因为他认为人主应当具备三德,即仁、明、武,而这三德"出于内也"⑧。司马光对心的看法基本上是对先秦心性思想的进一步发挥。先秦主张学习的目的是"成德",司马光则将

①　《通书·家人睽复无妄》,《周敦颐集》卷二,第39页。
②　〔宋〕邵雍:《接花吟》,《击壤集》卷四,台湾中文出版社1972年版,第358页。
③　〔宋〕邵雍:《天听吟》,《击壤集》卷四,第356页。
④　〔宋〕邵雍:《自余吟》,《击壤集》卷六,第531页。
⑤　〔宋〕邵雍:《治心吟》,《击壤集》卷五,第512页。
⑥　〔宋〕司马光:《举要》,《司马温公文集》卷十四,中华书局1985年版,第315页。
⑦　〔宋〕司马光:《中和论》,《温国文正司马公文集》卷七十一,"四部丛刊初编集部",上海商务印书馆1936年版,第520页。
⑧　〔宋〕司马光:《进修心治国之要札子》,《司马温公文集》卷三,第179页。

问学的目的集中放在治心上,既是对先秦思想的发展,也多少受到了佛教的影响。

张载(1020—1077)以"气"为宇宙的本体,如何认识这个看不见的本体?他提出"大心"说:"大其心则能体天下之物,物有未体,则心为有外。"其隐含之意,即天下之物其实皆在我心中,关键在于能否尽自己之心去认识。"世人之心,止于闻见之狭",所以难以认识天下之物,惟有摆脱闻见的桎梏,"视天下无一物非我",尽心体认,则知性知天,我心与天心合一矣。①张载的"大心"说是对之前儒家心论的重大突破,它表明心已不仅仅是认识主体,而且可能会成为包容万物、为天下之主的本体,只在人努力不努力耳。

程颢(1032—1085)和程颐(1033—1107)尽管在性格气象上有种种不同,但在根本思想上是一致的。二人以天理为最高本体,主张问学的目的不是为穷理而穷理,而是为了"治心"。"学也者,使人求于内也,不求于内而求于外,非圣人之学也。"②所谓"求于外"就是以训诂作文为主的学问,这些都对身心无益。学当"求于内",即以"正心诚意"为先,"'君子敬以直内,义以方外',为学本"③。总之,二程认为只有主敬涵养心性,才能专一地去体认天理,使外在之理与心中之理相合一。这种学以治心、修德的观点与司马光、邵雍是一致的。

《论语·先进》中有孔子对颜回和子贡的评价:"回也其庶乎,屡空。赐不受命,而货殖焉,亿则屡中。"对此章的解读,从汉代开始便出现分歧。何晏《论语集解》提供了两个观点:一是将"空"解读为"空匮",比较二人在物质生活上的贫乏和丰裕;一是将"空"解释成

---

① 以上引文均见〔宋〕张载:《正蒙·大心》,《张子全书》,林乐昌编校,西北大学出版社 2015 年版,第 17 页。

② 〔宋〕程颢、程颐:《河南程氏遗书》卷二十五,《二程集》,中华书局 2004 年第二版,第 319 页。

③ 〔宋〕程颢、程颐:《河南程氏外书》卷一,《二程集》,第 351 页。

"虚中"，比较颜回和子贡在求道上的修养水平。后一解读得到了二程的认同。程颢解释道：

> 子曰："赐不受命，而货殖焉。"命谓爵命也。言不受爵命而货殖者，以见其私于利之深，而足以明颜子屡空之贤也。①

子贡无爵命却能经商积财，可见其利欲心之重。由此衬托出颜回"屡空"的难能可贵。"屡空"不是指物质匮乏，而是指颜回毫无私利之心，完全专注于圣学圣道。既然如此，子贡又是如何成为孔门仅次于颜回之弟子的呢？明道作了个折中：

> 颜子屡空，空中（一作心）受道。子贡不受天命而货殖，亿则屡中，役（一作亿）聪明亿度而知，此子贡始时事。至于言"夫子之言性与天道不可得闻"，乃后来事。其言如此，则必不至于不受命而货殖也。②

"子贡不受命而货殖，亿则屡中"，是他年轻时候的事。后来他慨叹"夫子之言性与天道不可得闻"——不是不得而闻，而是这两个话题太高深了，他最初听到时没有领悟，后来才领悟。领悟了夫子人性论与天道说之后，他肯定不会再"不受命而货殖"，也不会再"役聪明亿度而知"了。

程颢对"赐不受命而货殖，亿则屡中"的解释还残留有积财之意，程颐则完全否定了这一点，他纯粹从个人修养的角度进行诠释：

---

① 〔宋〕程颢、程颐：《河南程氏遗书》卷九，《二程集》，第 109 页。
② 〔宋〕程颢、程颐：《河南程氏遗书》卷十一，《二程集》，第 132 页。

先生曰:"孔子弟子,颜子而下有子贡。"伯温问:"子贡,后人多以货殖短之。"曰:"子贡之货殖,非若后世之丰财,但此心未去耳。"①

又问:"颜子如何学孔子到此深邃?"曰:"颜子所以大过人者,只是得一善则拳拳服膺,与能屡空耳。"隶问:"去骄吝,可以为屡空否?"曰:"然。骄吝最是不善之总名。骄,只为有己。吝,如不能改过,亦是吝。"②

"屡空"指能不断地通过自我修养去掉各种欲望习气如骄吝之类,做到没有私心,即虚心。因为虚心,所以颜回能学到孔子精髓。子贡货殖,不是说他积累财富,而是喻指他利心(私心)未除。两相对比,更见颜回之过人处——伊川此解,已经完全站在修心的角度,与财富毫无关系了。他的观点得到弟子杨时(1053—1135)的进一步发挥:"空也者,不以一物置其胸中也。子贡货殖,未能无物也。孔门所谓货殖者,岂若世之营营者耶? 特于物未能忘焉耳。"③颜回"屡空",就是指他能多次做到此心"虚"无一物,不过他也只是"其心三月不违仁",还不能做到完全"空"。子贡"货殖",代指他心中犹有欲望和私利,做不到虚无一物。"学至于圣人,则一物不留于胸次,乃其常也。"④学习修养到胸中"空"无一物,方到孔子的境界。

杨时对老师的学说并非亦步亦趋,他对本心修养的强调不输二程。他认为《论语》一书"只在识仁",《孟子》"只是要正人心,教人存心养性,收其放心",《大学》之"本"不再是格物致知,而"只是正心诚

① 〔宋〕程颢、程颐:《河南程氏遗书》卷二十二上,《二程集》,第277页。
② 同上注,第279页。
③ 〔宋〕杨时:《答胡德辉问》,《杨时集》卷十四,林海权校理,中华书局2018年版,第406页。
④ 《京师所闻》,《杨时集》卷十一,第294页。

意而已"①,《中庸》是"圣学之渊源,入德之大方也"——他痛惜于当时"独于《中庸》阙而不讲"的现象,强调"圣学所传具在此书"②,《孟子》思想便源于此书。对于知性如何转化为德性的问题,他回答说:"致知格物,盖言致知当极尽物理也。理有不尽,则天下之物皆足以乱吾之知,思祈于意诚心正远矣。"③但天下之大,事物之多,如何能极尽物理?他指出:"号物之多至于万,则物盖有不可胜穷者,反身而诚,则举天下之物在我矣","反而求之,则天下之理得矣"④。致知的关键不在能格多少物,而在能否"反身而诚",回归自身,明显把向外格物的工大转向内心了。杨时倡道东南,其思想直接影响了南宋理学的发展方向。

谢良佐(1050—1103)被后世学者称为"洛学之魁",对师说多所发明。"其论仁,以觉,以生意;论诚,以实理;论敬,以常惺惺;论穷理,以求是。"⑤他也主张"学者且须是穷理",但"穷理则是寻个是处,有我不能穷理",在穷理的过程中不能有私心。因为天是理,人也是理,"循理则与天为一"⑥,"不可容些私意,才有意,便不能与天为一"⑦。如何才能见到心中之理?"克己之私,则心虚见理矣。"⑧言下之意,只要去尽私欲,人就能完全认识那天理,实现心理合一。"克己之私"意味着将工夫完全放到内心上,而不是向外穷理。

---

① 《余杭所闻二》,《杨时集》卷十二,第327页。
② 《题中庸后示陈知默》,《杨时集》卷二十六,第701页。
③ 《答胡康侯其一》,《杨时集》卷二十,第535页。
④ 《答李杭》,《杨时集》卷十八,第494、495页。
⑤ 〔清〕黄宗羲、全祖望等编:《上蔡学案》,《宋元学案》卷二十四,第925页。
⑥ 〔宋〕谢良佐:《上蔡语录》卷二,泉州文库整理出版委员会编《上蔡语录 东宫备览 高斋漫录 乐府雅词》,阎海文点校,商务印书馆2019年版,第17页。
⑦ 同上注,第20页。
⑧ 〔宋〕谢良佐:《上蔡语录》卷三,泉州文库整理出版委员会编《上蔡语录 东宫备览 高斋漫录 乐府雅词》,第25页。

二程的学生吕大临:"我心所同然,即天理天德。孟子言'同然'者,恐人有私意蔽之。苟无私意,我心即天心。"①《孟子·告子上》言:"心之所同然者何也? 谓理也,义也。"吕大临将"理""义"解为天理、天德,若无私欲蒙蔽,则心与天同,即天理在我,心理合一。这与二程的思想是一致的。"我心即天心"是摒除私意后的境界,与心学作为立论的前提不同,但这一提法对心学是有启发的。

二、湖湘学的心性思想

形成于南宋的湖湘学,乃胡安国、胡宏父子所创立。胡安国(1074—1138,字康侯,谥文定)私淑二程,与杨时、谢良佐、游酢义兼师友。他发挥《春秋》之微言大义,充分看到了"正心"对于治国安邦的作用:

> 元者何? 仁是也。仁者何? 心是也。建立万法,酬酢万事,帅驭万夫,统理万国,皆此心之用也。尧、舜、禹以天下相授,尧所以命舜,舜亦以命禹,首曰"人心惟危,道心惟微",周公称乃考文王"惟克厥宅心,乃克立兹常事",故一心定而万物服矣。②

"元"本是初、开始之意,"元年"即第一年,国君即位之第一年都称"元年"。胡安国将"元"释作仁,进而释为心,意在劝谏国君以正心为首务,去欲明理,是为道心。他首次提出尧、舜、禹、文王、周公相传之道即是"心",可谓开朱熹"道统"说之先河。

胡安国之子胡宏(1106—1162)对"心"的看法更加大胆:

---

① 〔清〕黄宗羲、全祖望等编:《吕范诸儒学案》,《宋元学案》卷三十二,第 1109 页。
② 〔宋〕胡安国:《春秋胡氏传》卷三,浙江古籍出版社 2010 年版,第 37—38 页。

万物生于天,万事宰于心。①

天下莫大于心,患在不能推之尔。……不能推,故人物内外不能一也。②

圣人所传者心也,所悟者心也,相契者心也。③

治天下有本,仁也。何谓仁? 心也。……盖良心充于一身,通于天地,宰制万事,统摄亿兆之本也。④

宜乎有学者将胡宏也看作心学的开启者,毕竟胡宏确实比较接近将"心"看作本体,比以往任何有关心的思想都更接近心学。但如果再结合他对"性"的阐述,会发现相比之下他更重视"性"。"形而在上者谓之性,形而在下者谓之物"⑤,"性外无物,物外无性"⑥,"性也者,天下之所以立也",性具有最高的本体意义,是超越善恶的,即善恶均不足以名性,孟子说"性善",乃"叹美之辞也"。⑦

向世陵先生认为,胡宏的"心""虽有本体的意义,但它更重要的作用还在于它是主体","心只是天性的发用和现实的证明"⑧,"性"则是从本体而言,心性之间是体用的关系⑨。胡宏对良心的看法,是从君主治理天下的角度说的,目的是劝皇帝屏欲、立志。"察天理莫如屏欲,存良心莫如立志。"⑩所以,他所说的"心"不是真正意义上的本体。

----

① 〔宋〕胡宏:《知言·修身》,《胡宏集》,吴仁华点校,中华书局1987年版,第6页。
② 《知言·纷华》,《胡宏集》,第25页。
③ 《论语指南》,《胡宏集》,第305页。
④ 〔元〕脱脱等撰:《宋史》卷四三五,中华书局1985年版,第12922页。
⑤ 《释疑孟·辨》,《胡宏集》,第319页。
⑥ 《知言·修身》,《胡宏集》,第6页。
⑦ 以上引文见《知言疑义》,《胡宏集》,第333页。
⑧ 向世陵:《善恶之上——胡宏·性学·理学》,中国广播电视出版社2000年版,第50页。
⑨ 同上注,第128—129页。
⑩ 〔元〕脱脱撰:《宋史》卷四三五,第12922页。

胡寅（1098—1156，字明仲）著《崇正辩》，大力抨击佛教，同时力辨儒释之别。他提出，儒佛均"以心为本"，不同之处在于，"圣人教人正其心，心所同然者，谓理也、义也。穷理而精义，则心之体用全矣；佛氏教人以心为法，起灭天地而梦幻人生，擎拳植拂、瞬目扬眉以为作用，于理不穷，于义不精，几于具体而实则无用，乃心之害也"①。儒家教人正心，此心是有体有用的，心之体用即理义。佛教之"心"则有体而无用，其用反害其体。他批评佛教以心法起灭天地，心以为有则有，心以为无则无，全不顾理之客观实有。虽然讲"理与心一"，却以理为障，心为空，有名而无实。儒家则"心即是理，理即是心，以一贯之，莫能障者"②。作为主体心，在认识事物之"理"上没有任何障碍，完全能达到主体和客体的统一——胡寅对佛教的批判，始终没有上升到本体的高度，而是一直停留在"迹"上。此处的"心即是理，理即是心"并非从本体意义上谈心与理的关系，而是从认识论的角度讲认识的最高境界。虽然他对佛教的理解并不深入，且多有误读，他对儒佛关系的辨正，也都是站在儒家的本位立场，以儒之是驳佛之非，但他直面儒佛之"同"，皆"以心为本"，从体用的角度断定两家之"异"，不仅是对二程观点（"释氏有体而无用，不足以开物成务"）的继承，更是当"心"上升为本体、心学形成之后，为心学与禅学的关系提供了一个证明：心学不是禅学，二者之异不在于是否以心为天地之根本，而在于"性"，是承认性空还是性实的问题。

胡氏父子与浙江学人甚有渊源。据《武林梵志》记载，"（张九成）谒胡文定公，咨尽心行己之道，胡告以将《语》《孟》谈仁义处，类作一处看，则要在其中。公禀受其语，造次不忘"③。他与胡宏一同

---

① 〔宋〕胡寅：《崇正辩》卷一，《崇正辩·斐然集》，容肇祖点校，中华书局1993年版，第48页。
② 〔宋〕胡寅：《崇正辩》卷二，《崇正辩·斐然集》，第69页。
③ 〔明〕吴之鲸：《武林梵志》卷八，杭州出版社2006年版，第188页。

拜访杨时受学①，与胡寅则结成深厚情谊。张九成给胡宏、胡寅的书信已不存，只有《斐然集》中保留了胡寅写给张九成的书信，信中胡寅高度评价了张九成的《论语解》，并希望能尽快看到该书的全部。

张九成与胡氏父子作为南宋伊始第一批学人，从学术渊源上说，都源自洛学。胡安国门下还有曾几和薛徽言。曾几的学生吕大器，即吕祖谦的父亲。薛徽言乃薛季宣（1134—1173）的父亲。胡安国作《胡氏春秋传》，影响甚大。陈傅良（1137—1203）《跋胡文定公帖》称"浙间人家家有《春秋传》"，他儿时从乡先生读书，"同学数十儿，儿各授程《易》、胡《春秋》、范《唐鉴》一本。是时三书所在未锓板，往往多手抄诵也"②。后来陈亮（1143—1194）将《胡氏春秋传》与《程氏易传》、杨时《中庸解》刊成小本发行。陈亮还为《胡宏文集》作序，称其文"辨析精微，力扶正道，惓惓斯世，如有隐忧，发愤至于忘食，而出处之义终不苟，可为自尽于仁者矣"③，大力进行推广。胡氏父子的心性思想对浙学具有重大影响。

① （胡宏）"既冠，游太学，与樊光远、张九成谒杨时，求道益力"。见《民国崇安县新志》卷二十二，世纪出版集团 2000 年版，第 135 页。
② 〔宋〕陈傅良：《跋胡文定公帖》，《止斋集》卷四十一，《景印文渊阁四库全书》，第 1150 册，台湾商务印书馆 1986 年版，第 827 页。
③ 〔宋〕陈亮：《胡仁仲遗文序》，《陈亮集》卷二十三，邓广铭校点，上海古籍出版社 2022 年版，第 221 页。

第二章　浙江心学的形成

　　南宋定都临安，整个浙江占尽地利人和，这为其后来发展为全国的学术中心之一提供了便利。但在绍兴十一年（1141）宋金达成和议后，秦桧专权，他排除异己，一大批与之政见不合者或被贬谪出京，或被迫辞官远离朝局。浙江学者如张九成和范浚，便是其中的两位。张九成谪居江西南安，闭门著书立说；范浚隐居金华兰溪，讲学授徒。他们均立足于传统儒家经典，或疑或解，发挥传统心性思想，多有创新发明。尤其是张九成，虽是二程后学，但他充分发掘《孟子》《中庸》中的心性说，将本心思想上升到本体的高度，突破了洛学"天理"论的窠臼，构建了一个完整的心学体系，同时也将儒家经典心学化。

第一节　浙江心学的萌芽——范浚的心性思想

　　范浚（1102—1150），字茂明，浙江兰溪香溪镇人。据明代童品所撰《香溪范先生传》，其曾大父范锷神宗时任开封府尹，封长社郡公。父亲范筠任承议郎，进封荣国公。家世显赫，昆弟多居膴仕，范浚却无仕进之意。绍兴元年（1131），诏举贤良方正，当时名公卿咸以范浚应诏,范力辞不就。他不忍遗世远隐,著《策略》二十余篇,皆经国之切务。时秦桧当国,范浚不屑干进,隐于香溪,讲学授徒,乐道安贫,因称香溪先生。朱熹之《孟子集注》全文收录了范浚所作《心箴》,范浚之名遂随着《四书集注》的传扬而显著于世。《宋史》无传,但《艺文志》载有《香溪文集》二十二卷。全祖望于《宋元学案》中特立《范许诸儒学案》记之。今人整理成《范浚集》出版①。

范浚世代家学相传,并无师承。他曾自述:"朕受末学,本无传承,所自喜者,徒以师心谋道,尚见古人自得之意,不劫劫为世俗趋慕耳。"②又曰:"大抵古人之学,不越乎穷理,理之所存,师之所存也。"③可见其学乃师心自得。范浚一生著述甚丰,多佚失,只能从现存文集窥其大概。他对五经、诸史多有议论,并有《进策》五卷阐述治国理念,可见其经世致用之学问。

一、心性论

范浚的心性论基本是对孔孟人性思想的诠释。他自然不赞同荀子的性恶论和扬雄的性善恶混说,但也不同意将孟子的人性论归结为性善论。他认为善乃性之用,善不足以尽性。

(一) 善不足以尽性

《中庸》曰"天命之谓性",范浚解释发挥说:

　　天降衷曰命,人受之曰性,性所存曰心。惟心无外,有外非

---

① 《范浚集》附朱熹《香溪范子小传》和《香溪书院》,张剑先生从出处、内容、写作时间等方面考证,认为系范浚后人伪作(见张剑:《宋代范浚及其宗族考论》,中国社会科学出版社 2014 年版,第 15—16 页)。笔者亦赞同此种看法。

② 〔宋〕范浚:《与潘左司书》,《范浚集》卷十二,范国梁编校整理,浙江古籍出版社 2015 年版,第 149 页。

③ 《答胡英彦书》,《范浚集》卷十一,第 139 页。童品《香溪范先生传》谓此语出自《答周侍郎书》,误。

心。惟性无伪,有伪非性。伪而有外者,曰意。意,人之私也;性,天之公也。心,主之也;意,迷之也。迷而不复者为愚,知而不迷者为知,不迷而止焉者为仁。仁即心,心即性,性即命,岂有二哉?①

命乃指天而言,天命体现在人的身上就是性,所以人性是天生的,不是后天人为的,"有伪非性"。荀子主张性恶,认为人性之善乃后天人为("伪")的结果,显然是错误的。人性存于心中,可以说心是性的载体。心性是一体的,心之外无任何性,如果在心外有所谓性的东西,那就既不是性,也不是心。存在于心外且是人为者,乃是意。意指人之私意,心主宰性,意则迷失性。迷失了性却不知道恢复的是愚者,知道此性而不会迷失的是智者,既不会迷失又能保持本性不动的是仁者。所以"仁即心,心即性,性即命",仁、心、性、命名异而实同。

使人迷失本性的是"意",如何去意?通过尽心。孟子曰:"尽其心者,知其性也,知其性则知天。"范浚认为:"能尽其心,则意亡矣;意亡,则寂然不动者见焉,是之谓性。"②可见,"性"从本然意义上说是寂然不动的,"性不可言,而可言者曰静"。可以说"性善",但"善不足以尽性"。荀子说性恶肯定是不对的。古人之不善者,莫如桀纣。然而当龙逄、比干进谏言其不善时,二人"讳而怒之",说明他们也知道"不善之可耻"。这正是孟子说的"羞恶之心",表明桀纣的本性是善的。扬雄言善恶混,本无依据,是凭空猜想的。性好比水,"水之源无不清,性之本无不善"。谓性善恶混,就好比谓水之源清浊混,"是未尝穷源者也"。事实上水之源无不清,其混者流也。扬雄之论是"未尝知本者也"。③

---

① 《性论上》,《范浚集》卷一,第1页。
② 同上注。
③ 以上引文见《性论上》,《范浚集》卷一,第2页。

"善不足以尽性",意思是善和性不能简单画等号,善只是"性之用",即善是性的外在体现。人性表现出来的是善,但不意味着人性本善。孟子知性之本"静",故讲"不动心",其"道性善",其实是以性之善教人。"其言曰:'可欲之谓善,有诸己之谓信,充实之谓美,充实而有光辉之谓大,大而化之之谓圣,圣而不可知之之谓神。'使孟子以善为足以尽性,则一言而足矣,岂复以信与美、与大、与圣、与神为言乎?故曰孟子道性善,以性之用教人也。"①如果一个"善"字便足以道尽"性",孟子又何必再用信、美、大、圣、神这些概念去描述"性"呢?"善不足以尽性"还有另一佐证:

　　《易·系辞》曰:"一阴一阳之谓道,继之者善也,成之者性也。"善继乎道,则非道也;性成乎道,则与道一矣。然则善不足以尽性,明矣。②

从善、性和道之间的关系看,可以得出结论,能继承"道"的称之为"善",能完成"道"的是"性",所以善不是道,性与道才是合一的。可见善和性不能等同,善不足以涵盖性。

　　总之,人性源自天命,从本源意义上说,人性既不是善,也不是恶,更不是善恶混。性不可言,只能从其"静"处慢慢体会。

（二）天下一性也

范浚接受了"通天地一气也"的元气论,既然万物皆禀气而生,那么本性应该是一样的。所以范浚提出"天下一性也"。

　　愚与明,气之别也;善与恶,习之别也;贤与圣,至之别也。

---

① 《性论上》,《范浚集》卷一,第2页。
② 同上注。

气、习与至虽异，而性则同也。故曰"能尽其性则能尽人之性，能
尽人之性则能尽物之性"，非天下一性耶！①

天下万物本性相同。愚和明，讲的是气质上的区别；善和恶，乃是后
天学习、习惯等养成的不同；贤与圣，则是所达到的层次不同。气、
习、至说的都是后天问题。孟子说能尽人之性便能尽物之性，不正是
说"天下一性"么。那么孔子说"性相近，习相远"又是何意？范浚认
为，"性相近"其实意指"性相同"：

> 孔子以谓人之或为善，或为恶，其性未尝不相近，其所以相
> 远者，特善恶之习而已。如是，则恶人舍其习而之善，不害为善
> 人；善人忘其习而之恶，未免为恶人也。譬之犹水，其出同源，及
> 派而别流，或清焉，或浊焉。虽未（按：疑作"有"）清浊之异，然
> 浊者澄之则为清，清者汩之则为浊，岂不以为水者实相近耶？性
> 譬则水，习譬则清浊之流，是性常相近，而习则相远也。②

人性本相同，善恶乃是后天之习气使然。是善是恶，就看其如何对待
后天之"习"。譬如水，源头都是一样的，其流则有清浊之分。浊水沉
淀可变为清，清水搅浑也可变浊，说明水之性最初都是相近的，人性
亦然。

孔子还说过"唯上智与下愚不移"，如何理解？范浚解释说：

> 上智下愚，性之相近，固自若也。所谓不移，非不可移也。
> 上智知恶之为恶，介然不移而之恶；下愚不知善之为善，冥然不

---

① 《性论下》，《范浚集》卷一，第 3 页。
② 同上注。

移而之善,故曰"惟上智与下愚不移"。①

上智之人和下愚之人在人性上是相近的。所谓"不移",不是指性不可移,而是说上智知恶之为恶,所以毅然不移而为恶;下愚不知善之为善,故冥然不知为善。可移的是"性",不移的是"智"和"愚"。有人质疑说:"尧之圣不能化丹朱,子以为下愚可移,何耶?"范浚回答道:"可移者丹朱之性,不移者丹朱之愚也。愚非性也,气也。夫人之禀生,气浊则愚,气清则明。气清之纯则为上智,气浊之纯则为下愚。清浊之气两受而均,则为中人。气清不纯,则智而非上智也;气浊不纯,则愚而非下愚也。愚而非下愚者,或能移之,故曰虽愚必明;下愚则冥然不移矣,故曰惟下愚不移。丹朱,气浊之纯者也,虽尧其能使之移哉? 故曰可移者丹朱之性,不移者丹朱之愚也。"②人禀气而生,禀纯粹之清气者为上智,禀纯粹之浊气者为下愚。同时禀清浊之气且平均者为中人。中人是绝大多数,但也有具体区别。以清气为主,杂有浊气者为智,但不是上智;以浊气为主,杂有清气者为愚,但不是下愚。智愚取决于生而禀气时的清浊程度,进而决定了人的认识能力,与人性无关。所禀之气是天生的,自然无法改变。"中人"均等地禀有清浊之气,认识能力可上可下,主要受后天环境影响("可移")。"愚而非下愚者"具有一定的认识能力,与纯下愚有着根本区别,如果教育好了,可以变得明智。下愚之人则完全没有认识能力,如丹朱生而禀纯粹之浊气,属于"愚"不可移者,即便是尧也不能使之明白善之为善。没有认识能力,意味着他不明白善的意义,不能主动为善,但是可以通过营造后天的环境("习")引导他为善、向善——善恶属于人性,人性从本质上都是相同的。对于普通人,只要认识到善之为

---

① 《性论下》,《范浚集》卷一,第3页。
② 同上注,第3—4页。

善,自然就会为善去恶,这最终取决于"心"的认识能力。于是范浚提出"学者,觉也,觉由于心"的命题。

(三) 学者觉也,觉由于心

孟子强调"本心",此心不仅是生理意义上的,更指道德意义上的,天生具有恻隐、羞恶、辞让、是非等道德情感,涵养扩充此心,便是仁义礼智等德行。"天之生此民也,使先知觉后知,使先觉觉后觉也。"①"心之官则思",但思考的能力不同,故需要先知先觉者启发后知后觉者。"觉"便指心而言。范浚借此接着指出,学习的过程就是一个自我觉悟的过程,觉悟源自于心,所以贵在先"存心","心且不存,何觉之有?"所谓的学问其实就是存心之学。"然则存心者,所以存天理、求尽其心而已。"可见,范浚接受了当时流行的天理论,认为天理具于心中,表现出来便是"善"。"存心—尽心—尽性",这是学问的始终。以此去解释《论语》,就会得出与前人不一样的结论。

> 颜子拳拳服膺,存心之学也。其心三月不违仁,颜子之心之存也。至于屡空,则尝尽其心矣,然特屡至于空而未能常空,为其不违仁之心犹存焉耳。心不违仁,善矣,乃为空之累,此"毛犹有伦"之谓也。②

颜回于孔门中最为好学,其学便是存心之学。"其心三月不违仁",就是指颜回存心可持续很长时间。颜回"屡空",范浚不认为指的是经济状况,"屡空"乃是指尽心之程度,是说颜回已经努力尽心了,能达到"屡空"而不是"常空",是其存心的结果。心不违仁固然好,但仍不免执着于"空",犹如鸿毛落地,还有行迹可比。最高的境界是无声

---

① 《孟子·万章上》。
② 以上引文见《存心斋记》,《范浚集》卷十,第113—114页。

无臭,于"静"中尽心尽性。

孟子有"大体""小体"之说,"大体"指心,"小体"指四肢。"先立乎其大者,则其小者不能夺也"①,表明心乃人一身之主宰,其他器官均听命于心。范浚据此作《心箴》,阐发"心"对人的意义:

> 茫茫堪舆,俯仰无垠。人于其间,眇然有身。是身之微,太仓稊米。参为三才,曰惟心耳。往古来今,孰无此心?心为形役,乃兽乃禽。惟口耳目,手足动静,投间抵隙,为厥心病。一心之微,众欲攻之。其与存者,呜呼几希!君子存诚,克念克敬。天君泰然,百体从令。②

人立于天地之间,之所以能与天地并立为"三才",全在于人有"心"。人人皆有是心,心为一身之主宰,若为形体役使,则与禽兽无异。欲望就产生于形体,时时刻刻对本心造成威胁。人常常抵制不了欲望的诱惑,所以能存本心者非常少。作为君子,应该心存诚意,克制邪念,以"敬"涵养。本心泰然,则形体器官无不听从本心的安排。《心箴》其实是对孟子"先立乎其大者,则其小者不能夺也","人之异于禽兽者几希"的解释,它要求"存诚""克敬"的修心工夫,这应该是引起朱熹思想共鸣之处。不过,由此也可以看出,"心"在范浚的思想中,仍是指主体之心,而非宇宙本体,他没有将"心"上升到本体的意图。

二、天理即人事

从"仁即心,心即性,性即命"来看,范浚其实是反对将心、性、仁、

---

① 《孟子·告子上》。
② 《心箴》,《范浚集》卷十四,第168页。

命等哲学范畴逐一分析的。《老子》言"失道而后德,失德而后仁,失仁而后义,失义而后礼",将道、德、仁、义、礼、智截然分开,对此范浚不同意:

> 万类莫不共由,谓之道;在我得之,谓之德。仁也,义也,礼也,智也,皆得之在我者也。故四者异名,总而名之曰道,若所谓"立人之道曰仁与义"之类是也;亦总而名之曰德,若所谓"君子行此四德"之类是也。然则在我得此道矣,以止而觉焉者言之,则谓之仁;以履行而言之,则谓之礼;以行得其宜而言之,则谓之义;以知仁义礼之用而察焉者言之,则谓之智。是特其名异耳,岂道与德有二哉?岂仁、义、礼、智与道、德为六哉?仁之觉,智之知,亦非二也。智之知,知之用也,仁之觉兼知之体而为言也。礼也,义也,智也,虽不可谓之仁而仁之觉无不在焉,犹元气之发生谓之春,至夏也,秋也,冬也,虽不可谓之春,而元气未尝不行乎其中。物虽彫落于秋,终藏于冬,而发生之性未尝不存焉。此《易》所以谓仁为"元"也。然则道、德、仁、义、礼、智,初非有二也。[①]

"道"是一个总称,体现在人上便是"德"。德者,得也。仁义礼智又是"德"的具体细目。四者名异而实同,既是"道"("人之道"),又是"德"("四德"),所以通称道德,说明仁义礼智和道德也是名异而实同。仁义礼智各有其意:从(心)静止不动却有觉悟功能的角度讲,谓之仁;礼指践履,义指行得其宜,智指人的认识能力。仁为诸德之首,仁之"觉"贯穿于义礼智中——没有此心的觉悟、觉醒,就不可能有其他三德的发生,就好比元气之发生谓之春,此元气贯穿于夏秋冬之中一样。仁有觉悟之意,此"觉"仅指认识层面,所以和"智之知"相通。

---

① 《读老子》,《范浚集》卷十六,第188—189页。

区别在于,智之"知"讲的是心的认识功能("用"),而仁之"觉"则兼含知之"体"(即"智")。

范浚既看到了抽象(道、德)与具体(仁义礼智)之间的区别,同时也看到了抽象要通过具体体现出来,抽象蕴含在具体之中。这一理论运用于解决天人关系上,便是"天理即人事""人道即天道"。

世儒谓尧行天道以治人,舜行人道以奉天。是不惟不知尧舜,抑亦不知道,又不知天人也。……古之王者,必承天意以从事,是天理即人事也。王者欲有所为,必求端于天,是人事即天理也。又况圣人和同天人之际,使之无间,先天而天弗违,后天而奉天时,圣人所行,动无非天。谓尧行天道,岂与人事异耶?谓舜行人道,岂与天道异耶?①

承天意以行事,天理即是人事;求人事于苍天,人事便是天理。尧"命羲和,钦若昊天,历象日月星辰",乃是敬授人时,体现了天人合一。舜"纳于百揆,百揆时叙。宾于四门,四门穆穆",也不仅仅是行人道,其结果是"烈风雷雨弗迷",是人与天为一矣。人事本于天道,天道要通过人事体现出来,天人之间从来都不是截然分开的。

三、尊经重史

从现存文集看,范浚对五经和宋以前的历史皆有议论,对先秦诸子如老子、管子、曾子、邓析等也有辨析,虽然篇章不多,亦可见其学术风格。

(一) 以经考传

自汉代开始立"五经"博士之后,"经"的数量就不断增加,至宋

_____

① 《尧典论》,《范浚集》卷二,第16页。

神宗时《孟子》由子书升格为经书,"十三经"正式形成。"十三经"中,《春秋》"三传"的争议最大。《春秋》经孔子之手笔削而定,乃"五经"之一;后有《左传》《公羊传》《榖梁传》从不同角度诠释《春秋》,属《春秋》之"传"。列于"十三经"的是"三传",虽然也具列了经文,但由于传文内容远远多过经文,后人学经,容易舍经求传。"三传"中,《左传》是从历史的角度对《春秋》所记一一铺陈。但《春秋》寓褒贬之意,《左传》在叙述时却未必尽合其意。当传记与经意(圣言)不符的时候,该如何取舍? 范浚提出了一个基本原则:

> 世有善为《春秋》者,以经考传之真伪,是学经之法也。岂惟《春秋》哉? 凡百家传记有异论,皆当折衷于圣言。今遽以传记废经,遂谓穆王非贤,甚不可也。且二说皆出于《左氏》,《左氏》浮夸而失之诬者也。①

经和传相比,应当以经为本;当经和传的记载和理义发生冲突时,应当"以经考传之真伪",而不是反过来。比如周穆王,《尚书》有三篇记载其言行,命君牙为大司徒,命伯囧为大仆正,命吕侯训畅夏刑,"其言皆丁宁告戒,以求助轻刑为意"。既然孔子"订《书》"时取此三篇与典谟并传,说明穆王的确是一代贤王。但《左传》述其征犬戎,不听劝谏;欲四处游玩,直到祭公谋父诵《祈招》之诗才让他打消这个念头。《左传》所记,不见于各经,可谓以传废经,是"不典之语"。后人信《左传》,以周穆王为昏庸之主,与经书不侔,却不知《左传》浮夸、捏造事实。若以《尚书》中《君牙》《囧命》《吕刑》来考证《左传》所记穆王事,后者之伪不言自明矣。

---

① 《君牙囧命吕刑论》,《范浚集》卷二,第31页。

《春秋》，圣人所以书王法也，辞严义密。世之学者皆病其难明，盖未尝详味乎经，而徒以三《传》乱之，则笔削之旨，湮郁而不著。小儒陋生往往投编辍诵，漫不晓为何等语。甚者置经不问，顾取三《传》之说可喜者诵之，是所谓买椟还珠者也。①

《春秋》乃是孔子表达王法之书，因为词义严密，所以后人读不懂经义。王安石就评价说《春秋》乃"断烂朝报"。也因经义难明，所以后儒喜读三《传》。舍经而习传，其实是买椟还珠之举。

再如《诗经》，孔子评价《诗》曰："诗三百，一言以蔽之，曰：思无邪。"②揭示了贯穿之旨。他讲诗的功能，也只是说"不学诗，无以言"，诗可以兴观群怨等，要求着眼于大义，而非深究其本事。汉儒始将《诗》政治化、历史化，将每一首诗都与历史现实联系起来，牵强附会，莫此为甚。范浚批评道：

> 孔子于《诗》可谓笃矣，然其为《诗》之说则不过以明大义，初未尝深求曲取，为穿凿迁就之论。……今世之说《诗》者，必欲于是诗求是事，故不得不为穿凿迁就之论，是安知诗人固有婉其辞而义自见者哉！③

深求曲取，穿凿附会，一定要把诗和某一个历史事件牵扯在一起，掩盖了诗的本意和美感。《诗》经孔子之手删定，自然有微言大义在其中，这"义"通过反复诵读就可体会得到。范浚指出，《诗》和《春秋》的宗旨其实是一致的。

---

① 以上引文见《春秋论》，《范浚集》卷一，第9—10页。
② 《论语·学而》。
③ 《诗论》，《范浚集》卷一，第8页。

抑尝复熟三百篇而求其大义，知《诗》之志与《春秋》不殊旨
也。……孟子曰:《诗》亡然后《春秋》作。然则《诗》之志与《春
秋》岂殊旨哉! 此则《诗》之大义无事乎穿凿迁就而自明者也。①

《春秋》乃"书王法"之书,《诗》也不例外。读《长发》可知桀之亡而
商之所以兴,读《大明》可知周之兴而纣之所以亡,读《黍离》可知天
下无王,读《下泉》可知天下无贤方伯,读《兔爰》可知王师败绩……
"读文、武、成王之诗,而知天下之盛,德之修也;读幽、厉、陈灵之诗,
而知放逆之祸,恶之由也。"②通过读《诗》,可体会到兴衰治乱,褒贬
之意跃然纸上。但是,同样是表现政治,却不是靠某个具体"事",而
是透过诗人委婉的辞情领悟到的。

"以经考传之真伪",道出了范浚的治学原则。此处的"经""传"
不必仅指《春秋》,后人对经典的传述、传注等皆可谓"传"。进入宋
代以后,大家醉心于挖掘经书之义理,相比汉唐注疏,其距离经典本
意可能渐行渐远。范浚要求回归经典,以经为本,而不是以后人的传
述为准,体现了他尊经重经、独立自得的立场。

（二）经史结合

北宋以降,疑古之风盛行。"尽信书,则不如无书",孟子之言深
入人心。敢于怀疑,才能于旧书中翻出新意。对经文的理解离不开
历史的考证,经书记载的任何事情都应放在历史的大背景下去看,才
能作出正确的解读。如《论语》记载:"子在齐,闻韶,三月不知肉味。
曰:不图为乐之至于斯也。"这句话仅仅是赞美韶乐的美妙吗? 孔子
未冠时适周,已访乐于苌弘,不会至齐国时才初闻韶乐。那为何有如
此感叹? 范浚认为,韶乐本是歌颂尧舜揖让治理天下的,春秋时期天

---

① 《诗论》,《范浚集》卷一,第9页。
② 同上注。

下大乱,臣弑君、子弑父者层出不穷,韶乐虽存,却鲜有知其义者。孔子在当时已经很有名声了,经他赞美,必然会引起众人注意,进而"即韶音以求其义,庶几知有虞绍禅之美,而耻篡夺之乱焉。是亦讽而诫之之义也"。为什么是在齐国有此慨叹? 因为春秋之后齐国就一直内乱不止,犯上作乱之风为诸侯之最。孔子感齐国之乱,"故美韶音必于齐,旨其微矣乎!"①因此,不能将"子在齐闻韶"章仅仅理解成对韶乐的赞美。

再如伯夷叔齐"义不食周粟"的故事,孔子评价二人乃"古之贤人也",充分肯定了他们叩马而谏、劝阻武王伐纣的行为。如此一来,岂不是否定了汤武革命? 范浚分析道,伯夷叔齐是贤人,武王之行为也是对的。纣王无道,不可不伐。武王之举乃顺乎天应乎人,连孔子都说"武尽美矣",说明他没有错。臣伐君,固有以下犯上、篡夺窃取之嫌,但是得分谁伐谁。"使君非纣,不当伐也;臣非武王,不可伐也。"伯夷叔齐之进谏,"初不以武王为非也,而谏之,是欲以愈后世之乱也。武王之于纣,不得不伐;夷齐之于武王,不得不谏。非武王无以戡乱于一时,非夷齐无以救乱于万世。"②武王是吊民伐罪,戡乱于一时,而伯夷叔齐所担心的是后世有乱臣贼子以此为借口犯上作乱。故而双方都没有错。

《周礼》一向被认为是周公所作,范浚对此并不怀疑。但是该书所载的一些周公做法,让人起疑。周公驱猛兽,虫蛇恶物,为民物害者当去之。"而蝈氏云:'掌去蛙黾,焚牡蘜,以灰洒之则死。'蛙黾不过鸣声聒人,初不为民物害也,乃毒死之,似非君子所以爱物者。"蛙黾即蛙类,并非害民害物之属,采取毒死的手段,非仁爱之举,与周公其人不符。又说关税之法:"凡货不出于关者,举其货,罚其人。"范

---

①　以上引文见《孔子闻韶论》,《范浚集》卷四,第44—45 页。
②　以上引文见《夷齐谏武王论》,《范浚集》卷四,第46 页。

浚质疑道,文王治岐,关市讥而不征。周公辅佐成王,上距文王并不遥远,即便不得不征税,也不必"没其货,挞其人"吧?此绝非周公之法,"此必汉世刻敛之臣如桑羊辈,欲兴权利,故附益是说于《周礼》,托吾周公以要说其君耳。不然,亦何异贱丈夫登垄断而罔市利,其为周公何如哉?"①他断定,一定是汉代桑弘羊等人为了垄断专卖,假托周公之口游说其君。否则,这种登垄断、罔市利的贱丈夫行为,将置周公于何地!

有人问:"秦始皇焚《诗》《书》以愚天下,天下其可愚乎?"范浚回应道,天下当然不可愚,始皇愚天下其实是自愚、愚其子;其焚《诗》《书》,焚的也不是《诗》《书》,他焚的是天下。"使始皇既焚《诗》《书》矣,则今六籍非《诗》《书》乎?彼散为寒灰者,特枯竹耳。至若经之所以为经,固有不因简策而存者矣。"②始皇所焚之竹简,不过是经文的载体,经之所以为经,并非只是写在简册上,而是存于人心中。何况后来又从孔宅墙壁中发现了经书,还有经生老儒口口相传的经文,都证明《诗》《书》不是一把火就能烧光的。《诗》《书》并未烧光,秦却因此而丧国败家。可见,天下不可愚,六经也不会因焚书而消亡。

《尚书》记述了尧舜禹、夏商周君臣言行,向被视为政事之书。圣君贤臣,不时反省政事之得失,并相互勉励告诫,足资后世借鉴。范浚特作《书论》九篇,阐发其中微言要旨,志在以古鉴今。如《尧典论》提出尧以天下授舜而不是自己的儿子丹朱,体现了"天下为公之道","不以私利易公利,此天心也"③。《汤誓》体现了商汤"以天下为商人,而不以商人外天下,是天下之公心也"④。《伊训论》提出"为

---

① 以上引文见《读周礼》,《范浚集》卷十六,第190—191页。
② 以上引文见《对秦问》,《范浚集》卷十六,第194—195页。
③ 《尧典论》,《范浚集》卷二,第15、16页。
④ 《汤誓仲虺之诰论》,《范浚集》卷二,第17页。

人君者,必鉴前古,然后可以知兴替;必法先王,然后可以继统业"①。
《太甲三篇》之旨义,"大要以终始钦慎为戒"②。《洪范》九畴,乃天
下之大法,皇极居中,皇极即大中之意,所以"天下之道,至中而极,无
余理矣"③。

经书只记载只行片语,史书则还原了整个事件和过程。从历史
的角度考察经书记载,避免了断章取义和不必要的误解,也有助于深
层次挖掘经书义理。范浚不仅对儒经、历史有议论,对诸子之书亦有
独到见解。根据对道、德、仁、义、礼、智之关系的分析,他得出结论:
《老子》"失道而后德"之语并非老聃之言,如果真出其口,只能说明
老聃并不知"道"。韩愈著《原道》,述道统,谓"尧传舜,舜传禹,至
汤、文、武、周公、孔子、孟轲,轲之死,不得其传"。范浚质疑,为何单
单漏掉子思? 子思作《中庸》,乃孔子思想之嫡传,孟子乃子思后学,
不应轻易略过。"呜呼! 愈诚知道者,而略子思耶? 原道而不知有子
思,则愚;知有子思而不明其传,则诬。愚与诬,皆君子所不取,愈诚
知道者耶?"④质问不可不谓犀利,也表明了范浚自己的道统观。

四、"主道在先正心"的政治理念

秦桧当国,范浚不愿党附,便选择归隐。但归隐并非本心,心心
念念国事安危的范浚,还是写下《进策》二十五篇,希望对朝廷政务有
所助益。《进策》几乎涵盖治国理政的方方面面:从君主正心、应天,
到具体的经济、军事、用人等,均是切合当时形势需求而提出。

《进策》前五篇主要是针对君主。范浚非常清楚,在当时的制度
下,君主对于一国的重要性。他提出,"主道在先正心,正心所以自治

---

① 《伊训论》,《范浚集》卷二,第19页。
② 《太甲三篇论》,《范浚集》卷二,第20页。
③ 《洪范论》,《范浚集》卷二,第26页。
④ 《题韩愈〈原道〉》,《范浚集》卷十五,第181页。

也"。心正方可临万民、御万机，心不正则必然形于外，为天下人议论。历史上，唐太宗曾议论过正心之难。孟子三见齐王，希望能格君心之非，被指为"迂远阔于事情"。董仲舒曾向汉武帝言正心，柳公权向唐穆宗言正心，皆不能用。人主之心果不可正吗？"习与正人居之而已。"①君主左右皆正人，则闻正言、见正事、行正道，其心自然正。范浚引用董仲舒"天人感应"说，提出君主应当畏天、敬天，进而畏人、悯民。作为君主，应当具有宏图远虑，为子孙千百年不可动摇之计。天子君临天下，天下之事如百官进退、号令臧否、钱粮衍耗等等应付之宰相。所以，选任宰相至关重要。如何选相？"相固自有体"：不动声气而危疑平息，偃息谈笑而坐折遐冲，隐然镇静而遇变不乱，一言可以折奸辩，令奸回夺气。从这四个方面择人，自然会选出合格的宰相。范浚主张，"世异则事变，时移则俗改"，政事不是一成不变的，必要时需要更化。当务之急，荐举、考课、税赋之法弊端尤甚，应当立即变通。

范浚对当时的形势、用兵、用人、赏罚、募兵等具体政务皆有论述，体现了经世致用之思想。徐儒宗先生《婺学之开宗，浙学之托始》一文论之甚详②，笔者不再赘述。

范浚无师承，学由自得。其对心性的阐述，与洛学和湖湘学极为相近。二程虽然将人性分为天命之性和气质之性，但同时提出："生之谓性，性即气，气即性，生之谓也。人生气禀，理有善恶，然不是性中元有此两物相对而生也。有自幼而善，有自幼而恶，是气禀有然也。善固性也，然恶亦不可不谓之性也。盖生之谓性，'人生而静'以上不容说，才说性时，便已不是性也。"③"生之谓性"是指气质之性，

---

① 以上引文见《进策一·策略》，《范浚集》卷五，第 56 页。

② 徐儒宗：《婺学之开宗，浙学之托始》，《浙江社会科学》2014 年第 8 期，第 119—126 页。

③ 〔宋〕程颢、程颐：《河南程氏遗书》卷一，《二程集》，第 10 页。

善恶皆是性;"不是性中元有此两物相对而生"是就性之本体意义上说,指天命之性,无所谓善恶。凡说善恶,均是指人生而后的现实之性。二程以水为喻,水的本源都是清澈的,流而后有清浊之分,浊水也是水。性出于天,故性之本体是善的,好比水之源头,并没有恶存在;本然之性"在现实人生中顺利而完全的展开,就是善;本然之性在现实生活中受到污染、阻碍,不能如其本然应有的趋势那样实现,就是恶"。也就是说,"善有其形而上来源——性,恶则没有形而上的来源"①。所以,本性之性(善),不与恶对。这一观点在两宋之际被普遍接受,早于范浚的杨时、张九成均持此观点。湖湘学派以"性立天下之大本",将其发展成"善云者,叹美之辞,不与恶对"。"性"超越于善恶之上,善恶均不足以言性。正是在这样一个思潮之下,范浚提出天下"性相同",虽然"善不足以尽性",但性可以以善名之。他借用体用范畴阐释善与性之间的关系:"善,性之用也。"他也以水为喻,水之源无不清,说明性之本无不善;流而后有清浊之异,人性则因后天之习气而有善恶之别。孟子道性善,是为了"以性之用教人",目的是有利于社会教化。这些思想均与二程、杨时、张九成等人不谋而合,避免了湖湘学"无善无恶"的倾向。

有学者认为范浚开启了婺学文道并重、经史并重、经子并重的治学之风,因此乃是婺学实际的开创者②。徐儒宗先生提出,婺州先有香溪之学崛起,然后乃有吕祖谦、陈亮、唐仲友之学接踵而兴,皆以道德与事功并重,浙东事功学派亦肇乎此。所以后世以范浚为"婺学之开宗,浙学之托始",实非偶然。笔者认为,范浚之学在当时是否有那么大影响,稍后吕祖谦等人的思想与之是否有直接的关系,可通过其他资料窥其一二。《朱子语类》记载,有弟子问朱熹"《集注》所载范

① 李春颖:《性善之善不与恶对——以张九成为中心讨论宋代性善论涵盖的两个问题》,《中国哲学史》2012年第2期,第64页。
② 范国梁:《范浚集》"点校说明",第2页。

浚《心铭》,不知范曾从谁学?"朱熹回答道:"不曾从人,但他自见得到,说得此件物事如此好。向见吕伯恭甚忽之,问'须取他铭则甚?'曰:'但见他说得好,故取之。'曰:'似恁说话,人也多说得到。'曰:'正为少见有人能说得如此者,此意盖有在也。'"①吕祖谦与范浚同乡,并了解其行识,但吕祖谦对范浚的《心箴》似乎并不以为然,以为此见识乃寻常人均可达到,不值得专门录下。

范浚去世十年后,其文集方由其侄与门人搜罗汇集,首刻于绍兴三十一年(1161),同郡陈岩肖为之序。因《心箴》被收入朱熹《四书集注》,范浚之名才广为人知。至元代吴师道(1283—1344)时,文集已成残卷,且久觅而不可得。元代柳贯(1270—1342)、明代宋濂(1310—1381)尝跋其手帖,明代中期以后兰溪人章懋(1437—1522)、胡应麟(1551—1602)等人纷纷为其文集作序,不断推尊,对范浚的评价也越来越高,清代所编《光绪兰溪县志》更是推他为"婺学之开宗,浙学之托始"。有学者指出,这其实"与明清金华士人重振婺学、自励励人的乡学建构密切相关","地域传统抑或乡里先贤对后学影响程度如何,需沉潜考索后方可论断"②。哪怕是首推范浚的章懋本人,其言论也是自相矛盾的:他一方面在《重刊香溪先生文集序》中说范浚开创婺学之源,其后吕祖谦、"北山四先生"接踵而起,道学之传于斯为盛,实范浚之功;另一方面又说"东莱于香溪,四贤于东莱,皆无干涉"③,甚至还认为范浚理学远逊色于吕祖谦、北山四先生,"恐当以儒林目之"④。所以,范浚思想在当时有多大影响,恐怕应当放在当时的背

---

① 〔宋〕黎靖德编:《朱子语类》卷五十九,中华书局1986年版,第1416页。
② 王锟、石寅:《范浚思想的心学迹象及其"婺学开宗"地位再认识》,《浙江师范大学学报》2014年第5期,第71页。
③ 〔明〕章懋:《枫山语录》,《景印文渊阁四库全书》,第714册,第128页。
④ 〔明〕章懋:《与韩知府》,《枫山集》卷二,《景印文渊阁四库全书》,第1254册,第52页。

景下予以考量。

　　本书重点研究的是心学思想，范浚虽然对心性有深入讨论，但在他的思想中，"心"始终未出道德主体的范围，并没有上升到本体的高度。但他对人性的剖析，对存心尽心的重视，并以之解释"颜回屡空"，无不昭示着心学开始萌芽。真正开始创立心学体系，并为浙学的形成和发展带来重大影响的是张九成。

第二节　心学的创立：张九成的心学思想体系

　　张九成（1092—1159），字子韶，号横浦居士、无垢居士，钱塘（今杭州）人。绍兴二年（1132）状元，历官著作郎、宗正少卿、权礼部侍郎。因反对议和忤秦桧，谪居江西南安十四年。秦桧死，起复，知温州。卒谥文忠。据《直斋书录题解》《宋史·艺文志》等记载，张九成著作达二十余种，对《尚书》《论语》《孟子》《大学》《中庸》《孝经》等均有训解。保存至今的则只有《孟子传》二十九卷（缺《尽心》章）、《中庸说》三卷、《尚书详说》二十五卷、《书传统论》、《春秋讲义》等。今人整理有《张九成集》。

　　从学术渊源上说，张九成当属洛学再传：他曾拜杨时为师，也曾请教过胡安国，并与胡宏、胡寅相交甚厚。杨时首教他如何看"仁"，也解答过他解《孟子》时的疑惑。但是从思想体系看，张九成并未完全按照洛学"天理"论的逻辑向前发展，而是通过解经的方式，挖掘《孟子》《中庸》等经典中的心性思想，从中开发并建立了一个完整的心学体系。张九成解经不拘一格，完全抛弃文字训诂，只阐发其中义理，在当时就得到高度评价："无垢诸经解，大抵援引详博，文义翻澜，似乎少简严，而务欲开广后学之见闻，使不堕于浅狭，故读之者亦往往有得焉。"①"张子韶《中庸》甚佳。"②他的著作在当时也广为流传，对浙东学术影响深远。

学术界囿于《宋元学案》张九成乃象山之"前茅"的提法，认为张九成思想虽有心学的成分，但仍是二程理学向象山心学的过渡。拙著《心学源流:张九成心学与浙东学派》(人民出版社 2013 年版)从哲学的角度分析了张九成的心学逻辑结构，认为他以"心即天"为逻辑起点，构建了一个"心-气-物-心"的心学思想体系。本书不做重复研究，拟从经学的角度，看看张九成是如何在诠释经典的过程中发挥己意，开发并形成心学思想的。

一、张九成的经学思想

二程推尊《大学》《中庸》《论语》《孟子》，置于六经之前。并尤重《大学》，认为此书乃"圣人之完书"③，初学者"入德之门"④。《宋史·艺文志》载有"张九成《四书解》六十五卷"，《经义考》《无锡县志》也记载他的好友喻樗有《四书性理窟》。可惜两书均已不存，不知这"四书"究竟是哪四部书。在张九成，"《大学》一篇，学者入圣域衢路"⑤，但他更推崇《论语》《孟子》，认为看六经前应先精求这两部经:"看六经须先精求《语》《孟》，便自有味。""学者莫若精《语》《孟》，《语》《孟》中得趣，则六经皆可触类而知矣。"⑥

---

① 〔宋〕陈振孙:《直斋书录解题》，徐小蛮、顾美华点校，上海古籍出版社 1987 年版，第 31 页。

② 〔清〕朱彝尊著、林庆彰等主编:《经义考新校》卷一五二，上海古籍出版社 2010 年版，第 2795 页。引胡铨语。胡铨，字邦衡，庐陵人。官至权兵部侍郎，卒谥忠简，有《澹庵先生文集》传世。与张九成友善。

③ 〔宋〕程颢、程颐:《河南程氏遗书》卷二十四，《二程集》，第 311 页。

④ 〔宋〕程颢、程颐:《河南程氏遗书》卷二十二上，《二程集》，第 277 页。

⑤ 〔宋〕周必大:《题张无垢手书》，《文忠集》卷十九，《景印文渊阁四库全书》，第 1147 册，第 199 页。

⑥ 〔宋〕张九成:《日新录·语孟》，《张九成集》，杨新勋整理，浙江古籍出版社 2013 年版，第 1278 页。

（一）《语》《孟》先于六经

相较《论语》，张九成认为对初学者来说《孟子》似乎更容易一些："《论语》含蓄，未易经理会，虽至妙之理只一两句便了。《孟子》须反复详说，初学读之，比之《论语》似易晓，然亦未易观。盖《孟子》多散漫，观者须把他散漫处去寻他浑成处看。"①读《孟子》时当从宏观上把握其思想。他认为"孟子之学，要在理义"，孟子的一切主张都是从理义出发，若能从理义角度理解孟子，就不会疑孟诋孟了。

《论》、《孟》、六经等皆成书于先秦，宋代距之已很久远。宋代疑经成风，一方面体现了自由的学术风气，学者们不再固守传统，积极进行理论创新；另一方面也有因为时代立场不同而不能完全理解经典原意的因素在其中。比如众人之所以对孟子疑诋讥刺，主要认为孟子劝诸侯相伐，目无天子；劝诸侯为王，视周室若无有；赞成汤武革命，启后世不臣之心等等。张九成认为，这都是没有"考其时，逆其意"的结果。时，时代；意，用意。即应充分考虑著经者所生活的时代背景，以推测其真正的用心。和孔子时代相比，孟子之时人欲盛行，利害相争，孟子"特于当时人欲中开导其路，使骎骎然入于先王之道而不自觉"，"既已入先王之道，自将尽变其所好而与圣王同矣"②。比如孟子劝齐伐燕之事，司马光、郑厚等人对此都存异议，认为孟子既是贤人，怎能有劝齐伐燕之举？对此，九成指出，孟子明明是以燕民是否"悦"为标准来劝说齐宣王的，而民之所以悦全在于义理之当。归根结底，从义理出发，是孟子劝说齐王伐燕的前提，并不是不讲任何原则。如果抛开当时的具体情况，单凭只言片语，无疑会歪曲孟子的本意。所以，"读书者不当徇其文，当观其时与夫利害可否、问对之

---

① 〔宋〕刘荀：《明本释》卷上，《景印文渊阁四库全书》，第703册，第172页。
② 《孟子传》卷三，《张九成集》，第709页。

当与未当,深求而力考之,乃可以见古人之用心,不如是则其学不深,亦不足以御天下之变"①。

至于孟子"王者之不作,未有疏于此时者也"之语,疑孟者认为这是孟子欲以齐王为王,如此将置周王于何地?九成认为,孟子"所谓王者,非王者之位,乃王者之道也。王者之道,君君臣臣,父父子子,兄兄弟弟,夫夫妇妇,植桑种田,育鸡豚,畜狗彘,谨庠序,申孝悌,使老者衣帛食肉,不负戴于道路,黎民不饥不寒,不漂流于沟壑,此王道也。"推而广之,孟子所谓王者,皆是说王道而非王位。学者学圣贤当"考其时,论其人,熟诵其上下之辞,深味其前后之意",而不能"以凡俗之心观圣贤之蕴"。②

此外,"学者读《孟子》,先当观其用,然后可以识孟子之心矣"③。九成指出,孟子善于开导劝诱,其"因事立功,转邪为正",是"圣道之权,孔门之变也"④。比如他从齐宣王的好世俗之乐出发转而劝宣王与民同乐,从好货好色转而劝其与百姓同之,无不说明他善于用先王之道,更能设身处地地从君主的心理感受出发循循劝导,而不同于那些动辄死谏死战的愚赣做法。他认为学就当如孟子,"学而不至于能用,此腐儒,非大儒也"⑤。

(二) 六经乃王道之书

张九成认为,《诗》《尚书》《春秋》《孟子》《大学》等不仅是包含圣人垂训的义理之书,还是寓褒贬于其中以垂法后世的王道之书。何以见得?就《春秋》而言,《春秋》开篇即讲"春王正月",九成指出"圣心于《春秋》首笔'王'之一字,则知二百四十年之笔削,皆王道之

① 《孟子传》卷一,《张九成集》,第 683 页。
② 以上引文见《孟子传》卷六,《张九成集》,第 758、761 页。
③ 《孟子传》卷三,《张九成集》,第 708 页。
④ 同上注,第 707 页。
⑤ 同上注,第 710 页。

所寓也"①,所以"世之论者皆以《春秋》为褒贬之书,而不知其为王道
之要"②。比如书"翚帅师""楚子麇卒"之类,都寓有深意。《尚书》
是上古"政要之典",所谓"政要"就是以阐述王道为主。如《尚书》最
后两篇为《费誓》和《秦誓》,记载的是鲁国和秦国的事迹,鲁、秦是诸
侯国,而《尚书》是帝王之书,为何将其系之于后? 九成解释说:"王
者之迹熄,则《大雅》降而为《国风》;王者之道亡,故秦、鲁升而系三
代。……取秦、鲁以补王道,所以深痛王道之不复兴也。"③从中也可
看出,《诗经》也是体现王道变迁的经书。至于其他经书,"《大学》之
道何道也? 王道也"④;"孟子之学,学王道也",何谓王道? "以民为
主也。"⑤具体而言,就是老百姓能安居乐业,也即《孟子·梁惠王上》
提出的仁政措施。

以经为王道之书,目的是通经以致用,启示现实。所以张九成解
经时充分挖掘其中的经世思想,时时刻刻与现实问题联系在一起。
《尚书·尧典》何以称"典"? 其意在"责于后世人主"也。就连尧、舜
发布任命政令时所用的"吁""俞"这些感叹词,也是"治乱所系,不可
忽也"⑥。孟子赞成汤武革命,并称桀纣乃"一夫"。汤武本是臣子,
诛伐桀纣有犯上作乱之嫌,尤其在儒家严格的君臣之义里,简直就是
大逆不道。张九成一开始对此也甚为不解,每读到《汤誓》便"惊骇
耳目,震动心志"。但是当明了王道即是以民为本之后,汤武之举就
好理解了:"人意即天意也。……武王伐纣非武王伐之也,乃天伐之
也。使武王有一毫私心而不出天心,是盗贼也。""有一桀必有一汤,

---

①　《春秋讲义·隐公元年春王正月》,《横浦集》卷十四,《张九成集》,第156页。
②　《门人陶与谐录》,《横浦集》卷十四,《张九成集》,第156页。
③　《书传统论·秦誓论》,《横浦集》卷十一,《张九成集》,第124页。
④　《春秋讲义·发题》,《横浦集》卷十四,《张九成集》,第155页。
⑤　《孟子传》卷二,《张九成集》,第701页。
⑥　《日新·吁俞》,《张九成集》,第1259页。

有一纣必有一武王,此自然之理也。人主可不谨乎!"①再看孟子"视君如寇仇"之说也不必悚然汗出了:这也是在警示人君要礼遇臣子,体现了君臣关系的对等性。出自《礼记》的《大学》之道也是王道,具体落实为格物致知,因为通过格物方能达到国治天下平。总之,因为经书里充满了王道思想,所以是治国理民不可或缺的依据。

张九成一向反对为了科举考试取青紫而学习,他提倡有用之学:"盖士大夫之学,必须有用,而所谓用者,用于天下国家也。天下国家以民为主耳。"②这"有用之学"是指上事君、下爱民,政治上有所作为,"吾侪将有为于斯世,非事君以爱民,奚以学为?"③因此他解经时不仅讨论理气心性这些形而上的问题,而且发挥其中的政治思想,为现实服务。

张九成有诗云:"古人文莹理,后人工作文。文工理愈暗,纸札何纷纷。君看六艺学,天葩吐奇芬。《诗》《书》分体制,《礼》《乐》造乾坤。千岐更万辙,要以一理存。如何臻至理?当从践履论。跋涉经险阻,冲冒恤寒温。孝悌作选锋,道德严中军。仰观精俯察,万象入见闻。"④《诗》《书》《礼》《乐》等六经皆是圣人之言行,天理之体现。要体认这圣贤之道,必须进行践履。"学不贵于言语,要须力于践履,践履到者其味长,乃尽见圣人用处。古之人所以优入圣域者,盖自此路入也。"⑤以《尚书》为例,大禹有"克艰"之言,皋陶有"允迪"之语,都是讲君臣应当互相体谅,同心同德——这正是实行王道的前提和根本。学者若能"心体而力行之,见天下万事,往来今古,皆不出于'克艰''允迪'之中,则大禹、皋陶之心见矣"⑥。为君做臣的只有亲

① 《书传统论·泰誓论上》,《横浦集》卷八,《张九成集》,第98页。
② 《孟子传》卷二,《张九成集》,第701页。
③ 《孟子传》卷一,《张九成集》,第682页。
④ 《客观余孝经传感而有作》,《横浦集》卷一,《张九成集》,第4页。
⑤ 《题晁无咎学说》,《横浦集》卷十九,《张九成集》,第223页。
⑥ 《书传统论·皋陶谟论》,《横浦集》卷六,《张九成集》,第70页。

身实践一番,才能真切体会到圣人的良苦用心。可见,六经既为王道之书,作为统治思想,做君主的应当带头践履。

(三) 经史结合的解经特色

张九成解经的一大特色就是经史结合,表现为以史解经,同时以经断史,从历史中获得某种借鉴。儒经乃王道之书,而最能表现王道盛衰的莫过于历史。"以史为鉴,可以知兴替",经史结合更能体会"王道之要"。

> 学者苟专意时文,不知研穷经史,则举业之外叩之空空,亦可耻矣。盖学经所以正吾心,观史所以决吾行,安可昧为不急之务?故前辈谓久不以古今灌溉胸次,试引镜自照,面目必可憎,对人亦语言无味,正谓此也。①

不读经使人无知浅陋,不读史则会使人思想贫乏,语言无味。学经可以正心,观史则可以决定自己的言行,正所谓"经是法,史是断,我是守法断事者"②。学者欲学圣贤,必当学六经。评断历史人物、历史事件,所依据的也应该是经。圣人之言行教给我们做人的道理,而史书中所呈现出来的正反两方面的行为和教训,则如镜子一般,时时刻刻可以用来反省自己。

本着经史结合的原则,张九成解经时总是纵横古今,将经说与现实结合起来,达到惩前毖后的目的。有感于北宋的朋党之祸、靖康之变,九成在《孟子传》中反复强调君臣之道乃王道,王道就是以民为主的思想。对于君臣关系,他一再重申,君主当行仁政以服人心、得人心,要正心、尊贤。士大夫当学有用之学,上事君,下爱民。事君当正

---

① 《日新·经史》,《张九成集》,第1262—1263页。
② 《心传录》卷中,《张九成集》,第1176页。

人君心术,爱民当使百姓安居乐业,避免颠沛流离转徙沟壑。君臣之间,君当礼遇臣子,臣当敬事君父。何谓礼,何谓敬?"以尧舜之道陈于王前之为大敬","德齿之尊,学焉而后臣之之谓大礼"。①可见臣之敬君在于以圣王之道开启君心,使其行王道;君之礼臣在于尊德尚贤,使其学有所用。如果朝廷上小人得志君子无立足之地,君子当遵从"道合则从,不合则去"的原则,而不能犯上作乱,以寇仇视君。孟子"君之视臣如土芥,则臣视君如寇仇"说本是讲君臣关系的对等,对此九成一方面评价:"为人君者,安得不少警乎!"一方面他又强调:"余恐学者专持此说,以望人主,而不知臣子之义。……人君当闻'寇仇'之说,而以礼遇臣子;臣子当守《礼经》之说,而以恩事君父。则君尽道,臣亦尽道,而合吾孔子'君使臣以礼,臣事君以忠'之说矣。"②这充分体现了张九成尊君的思想,显然是针对南宋初期君权不稳的现状而发。

北宋政权在很短的时间内就被金国所灭,这不能不让人联想到夏商周政权的更替:商灭夏,周代商,都是小邦吞掉大邦。《尚书·召诰》中召公历陈夏商兴亡的原因,就在于敬与不敬,并反复告诫成王"其疾敬德"。张九成在总结北宋灭亡的教训时,从内外两个方面进行了分析:内在的原因是君主没有做到敬。敬表现为敬天命、敬民、敬先王敬祖宗。敬天命主要表现为谨人事,君臣做好本分工作就是对天最大的敬。敬民即要求以民为本,敬先王敬祖宗就是对先王之道、祖宗之法不可轻易变更。因为祖宗之法都是根据天理民心制定的,"变易祖宗法度是变易民心也,变易民心是变易宗社也"③。北宋灭亡的内在原因就是神宗轻易变法、徽宗不敬天命而怠慢人事,就如

---

① 《孟子传》卷八,《张九成集》,第795页。
② 《孟子传》卷十八,《张九成集》,第930页。
③ 《尚书详说》卷二十四,《张九成集》,第637页。

《宋史》所说"君臣逸豫,相为诞谩,怠弃国政,日行无稽"①。具体表现为奢侈无度,横征暴敛,直弄得民不聊生,危机四起,加速了北宋的灭亡。北宋看似是被金兵在短时间里灭掉的,但其实冰冻三尺非一日之寒。九成借评价牧野之战指出:"夫纣失民心,非始于牧野时也。当其沉酗肆虐,焚炙忠良,贼虐谏辅时,天下之心已去久矣,特因牧野以发泄之耳。"所以"为人君者,其可挟恃有天下而不知畏哉!"②宋徽宗的行为不正是纣之所作所为吗!

导致北宋灭亡的外在原因就是王安石变法逐利导致神宗、哲宗朝的朋党之祸。具体而言,神宗去世后,由于朝廷对变法的态度不断改变,司马光、王安石各自的党派轮流执政,相互报复,都欲置对方于死地而后快,因此士风大颓,北宋赖以维系的政治基础被严重摧垮。鉴于此,九成抨击说:"朋党之心……施之政事,将害及天下矣。""人主有朋党之心而溺于好利,则天下皆有朋党之心而好利矣。"③这里他含蓄地批评了宋神宗。王安石变法导致朝廷里形成了变法派和保守派,而支持变法的神宗将保守派全部贬谪出朝,为日后的相互报复埋下了祸根。可见,人主应该保持中立,主持公道,而不应有所偏私。

宋室南迁,面对金兵的步步紧逼,高宗却一味求和,无心收复中原。此举令有识之士无不扼腕浩叹。九成痛心疾首,借《尚书》对此大加批判。周穆王在位五十五年,任用君牙为大司徒,但周朝并未因此中兴。对此九成评价说:"岂穆王之无志耶? 抑岂君牙之忝祖、父耶? 以此知太平之世,君臣并受其福;衰乱之世,君臣俱受其辱,可不戒哉?"④周平王因申侯与犬夷杀其父幽王而得立,之后还封赏申侯。九成言辞激烈:"天下之仇莫大乎弑君父,而平王君父之仇不报;天下

---

① 〔元〕脱脱等撰:《本纪·徽宗四》,《宋史》卷二十二,第418页。

② 《尚书详说》卷十四,《张九成集》,第459页。

③ 《尚书详说》卷十九,《张九成集》,第544、545页。

④ 《尚书详说》卷二十四,《张九成集》,第644页。

之恶莫大乎弑君者所立,而平王为太子,走而之母家,母家与犬夷弑其父而立之。呜呼! 事至于此,王道绝矣! 平王不胜其罪矣!"①宋高宗的遭遇与此何其相似! 如果他不立志恢复中原,其罪与周平王无异,九成此论可谓是对高宗的椎心泣血之谏。

王应麟评价张九成的《尚书说》:"张子韶《书说》于《君牙》《冏命》《文侯之命》,其言峻厉激发,读之使人愤慨,其有感于靖康之变乎?"②可谓的评。可以说,张九成的《尚书说》就是对现实的批判和反思。

(四) 意欲有为,皆成六经

宋儒注经,是注经之后形成了新的思想,还是先有新的思想然后再注经? 比如二程,是先形成了天理论用于指导读经,还是在读经、注经之后形成的天理论? 程颐有言:"古之学者,先由经以识义理。……后之学者,却先须识义理,方始看得经。"③所谓"先须识义理",张九成亦有解释:

> 学者之引六经,当先得六经之道,明于心,美于身,充于家,布于一国,行于天下。凡吾所以唯诺可否、进退抑扬、遇事接物、立政鼓众,皆六经也。故得六经之道矣,意欲有为,皆成六经。④

"学者之引六经,当先得六经之道",也就是"先自家于所观事理中具一见"⑤,这样看书时就不会被表面文字迷惑,就能读出言外之意。"或问:学者多为闻见所累,如何? 曰:只缘自家无主人。"⑥心中有主

---

① 《书传统论·秦誓论》,《横浦集》卷十一,《张九成集》,第 124 页。
② 〔宋〕王应麟:《困学纪闻》卷二,商务印书馆 1959 年版,第 180 页。
③ 〔宋〕程颢、程颐:《河南程氏遗书》卷十五,《二程集》,第 164 页。
④ 《孟子传》卷七,《张九成集》,第 777 页。
⑤ 《心传录》卷中,《张九成集》,第 1167 页。
⑥ 《心传录》卷上,《张九成集》,第 1128 页。

才能做到不盲从、不迷信。张九成并不否定汉唐传注的价值,只不过他认为读书不必非要按照已有的训诂去理解,毕竟那是别人的东西,既然圣人之道人人都先天具有,那为什么不能按照自己的理解去看书呢?读书当读出书外的东西,而不要只限于经书本身。比如读《孟子》就当考实逆意,读《尚书》就要读出能为现实服务的思想。按今天的话说,就是先有自己的一套价值观,然后才能对书中的观点评判取舍。按姜广辉先生的解读,就是"后世学者只有首先成为一个理学家,才能成为一个经学家"①。惟其如此,宋儒才在注经中新见迭出,创意不断,也才使经典的解读走向了多元化。这一点,在张九成的经解中随处可见。

如《孟子·告子下》"《小弁》之怨"章,九成一开始并未直接解释该章含义,而是先讲了一番读经之法:

> 观六经者,当先格物之学。格物,则能穷天下之理;天下之理穷,则知至、意诚、心正、身修、家齐、国治、天下平矣,而况观六经乎?盖六经之言,皆圣贤之心也。吾自格物先得圣贤之心,则六经皆吾心中物耳。如是以论六经,则可否与夺、抑扬高下迥出常情之外,超然照见千古圣贤之心。惟孟子之学如此,所以论《诗》与当时士大夫绝不相同,而合千古圣贤之意。②

张九成认为,孟子之所以能从"亲亲,仁也"来论《小弁》之"怨",与其他人之论诗迥然不同,就在于他在观六经之前,已经通过"格物"领会了圣人之心,"夫格物之学,六经之原也"③。何谓"格物之学"?张九

---

① 姜广辉主编:《中国经学思想史》第三卷,中国社会科学出版社2010年版,第21页。
② 《孟子传》卷二十八,《张九成集》,第1059—1060页。
③ 同上注,第1060页。

成也认为格物即是穷理,但他所谓的穷理并非对外物的考究求索,而是"明四端,察五典",此乃穷理之本①。"四端",即恻隐、羞恶、辞让、是非这"四心",乃仁义礼智"四德"的开始。"五典"即"五伦",父子、君臣、夫妇、兄弟、朋友。可见,张九成之"格物"是在本心和日常人伦关系上用功。"明四端"就是明了"四心"乃我心所固有,不假外求;"察五典"就是在日常道德实践中体会人伦之理。因为六经乃圣贤之心的体现,只有通过自己的亲身体会领悟,才能达到与圣贤心同理同。孟子就是这么做的,所以孟子之学符合圣贤之意。

再如《孟子·离娄下》"原泉混混,不舍昼夜"章,孟子回答了徐子"孔子何取于水也"的疑问,对此,张九成解释说:

> 余读此一章,乃知圣贤观六经之道矣。夫六经,明天下之理者也。使吾自格物之学穷天下之理,小大不遗,幽显皆彻,内外一致,则六经之言皆吾胸中所欲言者耳。随吾意之所在,取以用之,或断章而取义,或逆志而忘辞,何所不可?关百世而不惭,蔽天地而不耻,质鬼神而无疑,俟圣人而不惑,如"一人有庆,兆民赖之",本非爱敬事,吾取以证天子之孝;"如临深渊,如履薄冰",本非诸侯事,吾取以证诸侯之孝。或论《云汉》之诗,或黜《武成》之书,唯如是,然后见其造理深远,去取在我,而六经之道通矣。何以知之?如仲尼言"水哉,水哉",而不明言其故,未知圣人之意果出于何意。如"江汉以濯之"以言其清明也,"沧浪之水"以言其自取也,"逝者如斯"以言其迅速也,"必观其澜"以言其广大也,恶知孔子所谓"水哉"之意不出于此数义?而孟子遽然断之曰"有本者如是,是之取尔"。未明格物之学者遽为此

---

① 〔宋〕刘荀:《明本释》,《景印文渊阁四库全书》,第703册,第162—163页。刘荀记载,他曾问学于胡寅与张九成,"二侍郎即莫不举四端五典以示诲,诚修身齐家治国平天下之大原,致知格物之先务也"(第164页)。

答,则为闷圣;深造天下之理者,予夺抑扬,进退去取,亦安有不可者? 故吾意之所在,理之所在也,圣人之所在也。①

观此一段话,张九成的解经理念和解经特色一览无余。所谓"圣贤观六经之道",其实就是张氏本人的方法。在他看来,当你通过自我之本心体察领悟到圣人之意后,则六经之言都是自己心中所思所想。这时随你心意解经,哪怕断章取义,哪怕逆志忘辞,都没有关系。就如孟子解释孔子这句没头没脑的"水哉,水哉",果断自信,这就是他"深造天下之理"之后随己意解经的表现。所谓"深造"具体表现为"小大不遗,幽显皆彻,内外一致",即我心之理与外物之理完全一致的境地,以此解经,则我意之所在,即是理之所在,即是圣人之意。

如此一来,对本心的体悟以及日常的道德践履,要比读经书重要得多,或者干脆说,体悟先于读经。可是既然已经悟了,那读经还有何用呢? 按此逻辑,必然得出经籍不过是载道之工具这一结论。

> 或问:"六经与人心所得如何?"
>
> 曰:"六经之书焚烧无余,而出于人心者常在,则经非纸上语,乃人心中理耳。不然,则子云、韩愈、董仲舒、刘向之徒何以得传其书?"②

六经与心相比,心是本,六经是末,六经之理即圣贤之心。六经之书可以焚烧殆尽,六经之理却不可磨灭。大家推崇扬雄、韩愈、董仲舒、刘向等人为大贤,谓其能传圣人之学,恰说明古今圣贤,心同理同。

---

① 《孟子传》卷十九,《张九成集》,第947—948页。
② 《心传录》卷中,《张九成集》,第1202页。

与其说是传圣贤之书,不如说是传圣人之心。故六经不过是圣人传心所依托的工具而已。

> 尧、舜、禹、汤、文、武、周、孔之道具在人心,觉则为圣贤,惑则为愚不肖。圣人惧其惑也,乃著之六经,使以义理求;乃铭之九鼎,使以法象求。①

圣人之道人人本具,区别只在"觉"还是"惑"(不觉)。所谓的六经、九鼎只是圣人之道的载体,是圣人唯恐众生迷惑而设立的方便法门。其实,真正的圣人之道是只可意会,不可言传的:

> 道在方寸,文字莫宣,可以神会,难用语传。②

于是他干脆提出,圣王之道先于六经。

> 圣王之道有非文字所能书、言语所能传者,是以未有六经而尧、舜为圣帝,禹、稷、皋、夔为贤臣。③

正因为六经只是帮助人们理解圣贤之道的工具,所以我们要学会灵活运用六经,而不要为六经所束缚。就如孟子引《诗经·鸱鸮》"未雨绸缪"来论证闲暇时要明刑政、行仁义,就说明"是六经合孟子之意,非孟子区区合六经也"④。这一观点被后世的陆九渊发展为"六经皆我注脚"。

---

① 《海昌童儿塔记》,《横浦集》卷十七,第409页。
② 《惟尚禅师塔记》,《张九成集》"补遗",第1308页。
③ 同上注,第1306页。
④ 《孟子传》卷七,《张九成集》,第777页。

二、心本体论的形成

"天"在先秦典籍中始终代表最高的存在。"北宋五子"返本开新,重振斯文,均是从天道入手加以建构。张载主张"太虚即气",二程"体贴"出了天理,邵雍则重提太极。张九成亦从传统范畴"天"入手,在他看来,天就是心。

(一) 天止吾心而已

《尚书》中反复提到"天",张九成统统解释成"我""心":"天即是我,我即是天"①,"心即天也"②。天并不神秘,如果说天有意志("天心")的话,那么这意志就是人的意志("人心"),即是百姓的意志("民心"),是天下的意志("天下之心")。武王病,周公作册愿代武王死,武王病愈;成王怀疑周公,"天大雷电以风,禾尽偃",后看了金滕之书方知周公忠心,他亲自去迎接周公,走到郊外,"天乃雨,反风,禾则尽起"。这充分说明天之降天谴还是祥瑞,完全取决于成王之心"疑"还是"不疑"。可见"天止吾心而已矣,无求诸高高苍苍之间也。是以人主当先治其心"③。

天命是什么?《召诰》中,召公勉励成王施行德政,他反复提到"王其疾敬德"。张九成解释说:"何谓敬? 妄虑不起,百邪不生,是敬也。顾此敬处,即天命也。"可见,人只要修身养性,不起妄虑邪念,就做到了敬,这敬心敬德就是天命之所在。天命就在"我"身上。"人常言天命在彼,今而后知天命不远,在我而已。何以知其在我哉? 行吾敬则是天命,岂非天命在我乎?"④修身以敬,就可以知天命。可见天命并不神秘。

---

① 《尚书详说》卷二十一,《张九成集》,第 590 页。
② 《尚书详说》卷八,《张九成集》,第 371 页。
③ 《尚书详说》卷十六,《张九成集》,第 491 页。
④ 以上引文见《书传统论·召诰论》,《横浦集》卷九,《张九成集》,第 108 页。

不仅如此。《益稷》记载了舜、禹等人的事迹。舜命禹治水、夔作乐、皋陶象刑,君臣上下相互勉励勤劳天命,不要怠惰。最后舜作歌:"敕天之命,惟时惟几。"对此,张九成解释说:

> 夫人事皆天命也,修人事则是谨天命,非于人事之外别有天命也。以威待庶顽,此人事之不至也。人事不至,则是忽天命。修德以格庶顽,此人事之尽者也。人事之尽,则是敕天命。敕者,正也。夫人事之修不修,当于时几而察之。庶顽不格,此当谨天命之时也,以威俟之,则失天命之时矣;庶顽不格,此当谨天命之几也,以威俟之,则失天命之几矣。失时则有后悔,失几则有大祸。几微之间,岂可忽哉?①

应当说,舜禹君臣之间之所以互相告诫不要怠惰,要勤劳政事,正是出于对天命的敬畏。张九成所解符合经文本意,但他更强调人事即是天命,修人事即是敬天命,不必再于人事之外另寻什么天命。如此便彻底消解了天命的神秘性,让人们把注意力完全放在具体的人事上。对于君主来说,尽人事就是尽天命,修人事就是修德政,去顽奸,抓住先兆和时机。处理人事和天命的关系,张九成提出一个基本原则:"圣人以人合天,不委于天;以义断命,不委于命。"②圣贤处事,只有人事和义理,而不是倚赖天命的安排。就如太甲失德,伊尹将其流放于桐宫,并作书曰:"皇天眷佑有商,俾嗣王克终厥德,实万世无疆之休。"九成解释说,伊尹之意,商家能否得到天意眷佑,完全取决于太甲是否修德悔过。如果一任天命,恐怕于事无补。

天人交感,君主存心如何尤为重要。《尧典》提到尧制定历法节

---

① 《尚书详说》卷四,《张九成集》,第305页。
② 《尚书详说》卷八,《张九成集》,第375页。

气,命羲仲根据天象确定仲春。"日中,星鸟,以殷仲春。厥民析,鸟兽孳尾。"孔颖达《尚书正义》做了详细解释:验之日而昼夜相等,验之星则南方朱雀之星黄昏毕见。此时正值农忙,老弱居室,丁壮在田。鸟兽皆孕胎卵,交配繁殖。鸟兽繁殖与人类确定时令有何关系?孔颖达没有说。张九成解释道:"鸟兽孳养匹耦,则仲春之气正而无差矣。以治农功,万不失一。"相反,如果没有上述现象,就说明"天时不正,历象差矣,得无有不正之气紊乱于其间乎?"这已经把问题说清楚了,也符合经文原意。但是,张九成接着借题发挥:

> 盖人主在上,寔为天地阴阳之主。使人主心正气和,则四时有序;倘或心失其正,气乖其和,则形见于星辰鸟兽者,必有非常之异矣。此又帝尧所命羲和以验己之得失也。①

既然人心即是天心,君主作为人中之王,自然集中体现天的意志。君主之心正与否,就直接影响天地阴阳之变化。反过来,从天地之气是和还是乖,四时有序还是失序,可断定人主之心正还是不正。所以张九成最后下结论,尧命羲和制定天时节令是有深意的,不仅是"敬授人时",而是通过仲春等四时节令的确定来检验自己的得失,体现了帝尧的大德。张九成醉翁之意不在酒,其目的当然是告诫君主,要正心术、修德政以应天命。

天人相感的思想在《尚书详说》中随处可见。《多方》中周公告诫各诸侯,夏桀夸大天命("图天之命"),不重祭祀,于是"帝降格于夏"。但夏桀仍然大肆淫乱逸乐,恣意杀戮,不听上帝的教导,天帝便命成汤"刑殄有夏"。对此,张九成解释说:

---

① 《尚书详说》卷一,《张九成集》,第252页。

　　天人不远,我之心即天心也,我之心正则天之星辰无不循
轨,我心不正则灾异百出矣。故君有仁德则岁星循轨,有义德则
太白循轨,有礼则荧惑不失其度,有智则太阴不失其度,有信则
星辰不失其度。苟为不然,则皆变为妖星矣。盖天之星辰必因
人事,人有是事则天必有是象,故经星之外有所谓牢狱、郎官、匏
瓜者,皆应人事而为之也。……惟帝降格,以桀不敬念社稷,故
出灾异以警惧之也。

　　人君遇灾异,当罪己自责,则民心悦矣。民心悦,则天意
回矣。①

这与董仲舒的天谴说并无区别,其目的也是为了让君主修德爱民。
虽然天命不再神秘,正心修德尽人事就是尽天命,但是张九成仍然相
信并宣扬天人相感的思想。②原因何在? 在张九成看来,作为至高无
上的君主,应该有所畏惧,倘无所畏惧,就会肆意妄为。北宋灭亡,根
本原因就在于君臣"相为诞谩,怠弃国政",缺少敬畏之心。那么对于
君主,什么会让他敬畏呢? 九成认为,只有天。

　　夫人不可无所畏。……惟有所畏则有所不敢,而义理明矣。
若夫天子何所畏哉? 所畏者上天而已。使人主不畏天,则亦何
所不敢哉?③

① 《尚书详说》卷二十一,《张九成集》,第 586 页。
② 拙文《心学的肇始——张九成的哲学逻辑结构》提出,张九成构建了一个"心-气-
　物-心"的哲学逻辑结构。心通过"气"化生万物:心产生"念",念有善恶之分,分
　别形成和气、恶气,进而表现为各种祥瑞或灾异(《孔子研究》2010 年第 2 期,第
　13—18 页)。李春颖教授则直接以气论作为张九成哲学的根基,认为横浦对经典
　的所有解读,包括大量的灾异言论,都建立在气论的基础上。气则源于人的念
　虑。(参见李春颖:《张九成哲学研究》,中华书局 2024 年版,第 65—81 页。)李教
　授的观点与笔者其实是一致的。本书此处旨在分析张九成津津乐道于将心与自
　然现象联系起来的深层次动机和目的。
③ 《尚书详说》卷七,《张九成集》,第 359—360 页。

张九成虽然通过"天止吾心而已矣"消除了天的神秘性,突显了人的主体地位,但同时又不得不主张天人相感,以天制约君,可谓煞费苦心,也是无可奈何。

(二)天下万事皆自心中来

"本心"一词原出《孟子》,是指本有的、具有恻隐羞恶辞让是非这"四端"的道德心,也是人与禽兽相区别的标志,但尚不具有本体的意义。张九成在诠释时,将"本心"上升到了本体的高度。《孟子·公孙丑下》"孟子自齐葬于鲁"章,孟子与充虞论葬亲之事。孟子分析了自古以来的葬礼,得出结论说:"君子不以天下俭其亲。"张九成借孟子浩然之气说盛赞孟子得刚、大、直之用,然后总结说:"心源无际,与天同体,与造化同用。特吾因循卤莽,不能少尽其用耳。"①何以见得"心源无际,与天同体"?《孟子·告子上》"羿之教人射,必志于彀,学者亦必志于彀。大匠诲人必以规矩,学者亦必以规矩"中,学者之"彀"和"规矩"究竟何指? 赵岐等注疏指出,"彀"本意是张弓射向目标,喻指思虑专一;"规矩"本是木匠画圆方的工具,喻指仁义。②张九成则认为乃是"心":

> 学者之彀与夫规矩之宜,其何在乎? 亦曰心而已矣。夫天下万事皆自心中来,使自礼、乐、射、御、书、数以养此心,然后致知、格物、诚意以正此心,此心既正,则修身、齐家、治国、平天下无不可矣。是心者,射之彀,而百工之规矩也。论其大体,则天地阴阳皆自此范围而燮理;论其大用,则造化之功、幽眇之巧皆自此而运动。学而不求其心,虽诵书五车、挥毫万字、赋逼凌云、才高吐凤,于圣贤之道、天下国家之用何所济乎? 颜子于孔门三

① 《孟子传》卷八,《张九成集》,第804页。
② 〔清〕焦循:《孟子正义》卷二十三,沈文倬点校,中华书局1987年版,第803页。

千人中独称好学……不知其所谓学者果何如哉？深考其原，特不迁怒，不贰过，专意积精于正心之学耳。①

心之体用无穷无尽。从空间上说，天地阴阳之氤氲变化皆在我心的范围内进行；从功用来看，天地万物之造化微妙皆来自我心之运作，正所谓"天下万事皆自心中来"也。因为"心"为天下之根本，所以学问之道在于正心、求放心，心正则万事皆正。颜渊于孔门三千人独称好学，其所好之学即是"正心之学"。心体如此之大，何以能够认识？

> 惟精惟一，惟时惟几，一旦恍然雾除，霍然云消，思虑皆断，而心之大体见矣。然后知吾之所以为天者在此。天既在我，卓然群物之上卷舒阖辟，变化转移，无往而不为大，向来声色臭味皆为吾用而不能为吾害。②

之所以不识心体，因为被各种思虑、欲望遮蔽。欲见心体，须用"惟精惟一"的工夫，即专心致志地穷理去欲。

无论是"惟精惟一"的去欲见心的修养工夫，还是养心正心的学问之道，之所以都直接在"心"上用功，就因为"心"是最根本的，天下万事皆自心中来。所谓天人合一，其基础在于我心之体用与天之体用是完全一致的，"心"乃是天人合一的基本依据。这样，张九成就通过"随心所欲"解经的方式确立了"心"的本体地位。

（三）"仁即是觉，觉即是心"

"仁"在先秦主要是一个德性概念。到底什么是仁？孔子多从"如何行仁"的角度教育弟子，《中庸》则主张"仁者，人也，亲亲为

---

① 《孟子传》卷二十七，《张九成集》，第1054页。
② 同上注，第1049页。

大",仁体现了一种人伦关系;孟子提出"仁,人心也",仁是人心的根本德性。"仁"的内涵丰富,难以定诂。孟子主张仁政,主要是要求统治阶层发明本心,扩充仁德于天下国家:"三代之得天下也以仁,其失天下也以不仁。国之所以废兴存亡者亦然。天子不仁,不保四海;诸侯不仁,不保社稷;卿大夫不仁,不保宗庙;士庶人不仁,不保四体。"[1]人而不仁,何以会不保身、不保家、不保社稷和天下? 张九成解释说:

> 心有所觉谓之仁,故草木之实谓之仁,以其得土则生也。四体不知疴痒谓之不仁,故利在一己、害及他人而不恤者谓之不仁,以其血脉不通也。三代之所以得天下者,同民休戚也;其所以失天下者,民有忧苦而不恤也。……故天子不仁,不恤天下,则天下之民亦不恤天子,而四海不保矣。诸侯不仁,不恤一国,则一国之民亦不恤诸侯,而社稷不保矣。卿大夫不仁,不恤一家,则一家之人亦不恤卿大夫,而宗庙不保矣。士庶人不仁,不恤邻里乡党,则邻里乡党亦不恤士庶人,而四体不保矣。此自然之理也。夫人道所以长久者,以有仁心固结于其间也。[2]

"仁"本有"生生"之意,就好比人们将能发芽生长的种子称作"仁",如果仁、核桃仁等。张九成将其引申,仁之于心,就好比那能发芽生长的种子,"仁"就是人心所具有的"知觉",有知觉才会有体恤怜悯等感情,才不会麻木冷血。只有人人都具有仁心,仁心都觉醒,互相体恤,推己及人,人道才能长久,家国天下才能长治久安。

---

① 《孟子·离娄上》。
② 《孟子传》卷十四,《张九成集》,第 879 页。

孟子曾以"安宅""正路"比喻仁和义,称那些不能居仁由义的人为"自弃",为那些"旷安宅而弗居,舍正路而不由"的人悲叹。为什么仁是安宅,义是正路?张九成发挥说:

> 仁则觉,觉则神闲气定,岂非安宅乎?不仁则昏,昏则念虑纷乱,不得须臾宁矣。义则理,理则言忠信,行笃敬,岂非正路乎?不义则乱,乱则邪僻与魑魅为邻矣。仁义岂它物哉?吾心而已矣。①

仁义都是本心所固有,或者说,乃人之本体、正体、大体。仁在人心,常自警觉,不被念虑欲望等冲昏头脑,使人神闲气定,身心俱安;义在人心,乃行事之准则规矩,引人走向正途。张九成在讲学中将"仁则觉""心有所觉谓之仁"进一步概括总结:"仁即是觉,觉即是心,因心生觉,因觉有仁。"②这可算作对孟子"仁,人心也"的进一步诠释。为什么说仁就是人心?后世通常从仁为四德之首、仁包诸德的角度进行解释。张九成则从"仁"的"生生"意引申出"觉",以"觉"作为仁和心之间的中介桥梁,以"觉"之与否作为人心仁还是不仁的条件。在孟子和张九成看来,仁义礼智乃本心所固有,但是现实中为什么会有那么多麻木不仁之人?孟子认为是因为他们的本心被欲望蒙蔽,没有扩充的缘故。张九成则认为是因为他们的心没有觉醒,处于麻木状态,麻木就没有感情,就不知道体恤怜悯。所以仁最根本的含义,应是"觉"。心觉醒了,才会生发出恻隐等各种情感,就像果仁(种子)能发芽生长一样。

《尚书·多方》中周公训诫各诸侯说:"惟圣罔念作狂,惟狂克念

---

① 《孟子拾遗》,《横浦集》卷十五,《张九成集》,第163页。
② 《心传录》卷上,《张九成集》,第1147页。

作圣。"孔安国注曰："惟圣人无念于善则为狂人，惟狂人能念于善则
为圣人。"①圣、狂之间，在于前者能否一直保持念念在善，而后者能
否主动产生善念。"念"指念头，没有特殊的意味。张九成赋予其
新意：

> 圣、狂之相去不啻霄壤之远，而其作圣作狂乃不出乎一念之
> 顷，何其易哉！盖念者，觉也。人本自圣，所以不克由圣者，念虑
> 不起，苦于不觉。方其不觉之时，圣则是狂；觉则是圣，而非狂
> 矣。此克念所以作圣也。②

一念之间，圣狂霄壤。而这一念，就相当于心之觉与不觉。觉则为
圣，不觉为狂。念和觉的关系，张九成有一个生动的比喻："念是贼
子，觉是贼魁。槌杀贼魁，贼子何归。"③心产生什么样的念，取决于
心之觉不觉，所以觉才是根本。关键是"人本自圣"这句话，因为仁
义礼智等德行人所固有，所以从本性上说，人人都是圣人，并不需
要刻意作圣。但人心不自觉，没有这个意识（"念"），所以是圣还
是狂，取决于心之觉还是不觉，因此觉悟本心很重要。本是一句劝
诫如何思考作君主的忠告，经过张九成的解释，就成了心性修
养论。

　　"念"在张九成的思想中也是一个重要的范畴。《论语》中，孔子
曾慨叹仁道并不远，"我欲仁，斯仁至矣"，只要想（"欲"），就会有
（"至"）。张九成就此作诗曰："仁在吾心一念间，苟差一念隔千山。

---

① 〔汉〕孔安国注，〔唐〕孔颖达疏：《尚书正义》卷十七，廖明春、陈明整理，十三经注
　疏标点本，北京大学出版社1999年版，第460页。
② 《尚书详说》卷二十一，《张九成集》，第591页。
③ 《不愁念起惟怕觉迟颂》，《张九成集》"补遗"，第1305页。

故知罔克分狂圣,已见前贤露一斑。"①张九成将"我欲仁"解释成"仁在吾心一念间",结合上文"念者,觉也",强调是成仁还是不仁取决于人心的觉还是不觉,借用后世王阳明的说法,就是"一念发动处便即是行"的意思,也与禅宗"前念迷即凡,后念悟即佛"相通。不能否认浸淫禅学的张九成受此启发,但是从他的心本体论出发,之所以并不是每个人都成圣成贤,就是因为他们首先没有认识到自身的"宝藏"——生来具有的仁义礼智信这些德性,如果觉悟到这些,就知道进德修业、知所向方了。

以"觉"训仁训心,甚至将"觉"看作心的本质特征,既是张九成对本心的进一步认识,又是他心学的特色。"仁"到了宋代,其内涵和地位日益丰富和提高。二程曾用生动的比喻,以生、知觉作为仁的性质,但他们明确表示:"仁当何训?说者谓训觉、训人,皆非也。"②反对用"觉"解释仁。张九成坚持"仁即是觉",背离了这一点。之所以坚持本心之觉悟、觉醒,还是针对当时麻木不仁的人心所发。

三、性善之"善",不与恶对

儒家人性论在《孟子·告子》中开始得到充分讨论。孟子与告子对当时流行的人性观点几乎都有所辩论。孟子还用很多譬喻慨叹人们认识不到自己本有之善性。之后荀子著《性恶》篇反驳性善论。汉代扬雄主张性善恶混,唐代韩愈又有性三品说。北宋张载分性为天地之性和气质之性,二程继之。对以上说法,张九成借解《孟子》进行了一一反驳。告子的"生之谓性"将人与草木禽兽相混淆,其"食色性也"之"食色"属人欲,不属人性范围。"性无善无不善"乃不识性之本体。"性可以为善,可以为不善"乃是论后天之染习,并非言性。

①　《论语绝句》,《心传录》卷下,《张九成集》,第 1237 页。
②　〔宋〕程颢、程颐:《河南程氏遗书》卷二十四,《二程集》,第 314 页。

"有性善,有性不善"乃是论先天之气习,也非论性。荀子性恶、扬雄善恶混说是认人欲为性,韩愈分性为三品则不足以知性。他也不同意北宋诸子天命之性与气质之性的划分。那么该如何理解孟子的性善说呢?

针对告子"性犹湍水"之喻,张九成评判说:"告子之论性,错指习为性;孟子之论性,乃性之本体也。""善恶习也,安可以习为性哉?""夫人之性,即仁义礼智信也。以赤子入井卜之,则人性本体之善可知矣。是孟子之论善,非如告子与恶对立之善也,直指性之正体而言耳。"①也就是说,从本原上说,人性源自天,仁义礼智信等德性天生就存在于人性中,所以人性从本体上说是"善"的。善恶对举时,已经是指受后天的习气影响("染习")变化了了的人性了。如文王武王为君,百姓就好善;幽王厉王为君,百姓就好暴。很明显,好善、好暴都是后天环境使然。但是也有一些人生来就性恶,如《国语》中记载,叔鱼、杨食我、越椒一出生,其家人一听一看便知其将祸害宗族或不得好死。对此,张九成认为此乃先天"气习"的结果,即这些人禀恶气而生,其"恶"并非本性,只是气习太深使之然而已。对于"习",《尚书·太甲上》有"兹乃不义,习与性成"之语,张九成注解道:"所谓习者,乃气习之习,是其生也适禀天地之恶德,受阴阳之乖气,其为不义亦性情所不能自已者也。"②即是说,像叔鱼、杨食我、越椒、太甲这类人,他们也天生具有仁义礼智信的本性,但因生来禀恶气,本性阻止不了,从而成为不义之人。那么如何改变这种状况,开发其仁义之性? 张九成指出,"在讲学"。人之本性相同,"人之为圣贤、愚不肖,惟以学与不学之不齐"。③通过接受后天的教育学习,可以改变人的气习。

"湍水之喻"中,孟子一再强调水的本性是向下,当然通过外力也

①　《孟子传》卷二十六,《张九成集》,第1028页。
②　《尚书详说》卷八,《张九成集》,第373页。
③　以上引文见《孟子传》卷二十六,《张九成集》,第1029、1037页。

可以激水上山,但是不能就此认为水的本性改变了。人性也如此。张九成力辩孟子的性善是就人性的"本体""正体""大体"而言,此性善之"善"是不与"恶"相对的"善",这一点和范浚对人性的看法完全相同。本性是固定的、永恒的,善恶则是可以不断转变的。人们在不同的环境下表现出的人性并不相同,不能把"本性"和具体善恶行为混为一谈。

张九成坚持性善之"善"不与恶对,把气质之性摒除在人性之外,自然有他的深意。"孟子性善,故见圣人与我同类;荀卿性恶,故至李斯而焚书坑儒,行督责之政,而秦遂至于亡。"①只有坚持人性之本体不会改变,后天的教育才有意义,"人皆可以为尧舜"才可能会变成现实。从这个角度看,孟子性善说所蕴涵的深层次思辨,张九成初步揭示了出来,构成其心学的一部分。

张载作《西铭》,提出"民吾同胞,物吾与也",得到时人赞赏。张九成特作《西铭解》,表达了"万物一体""天地一性"的观点。

> 吾之体不止吾形骸,塞天地间如人、如物、如山川、如草木、如禽兽昆虫,皆吾体也。
>
> 吾之性不止于视听言貌思,凡天地之间若动作、若流峙、若生植飞翔潜泳,必有造之者,皆吾性也。
>
> 既为天地生成,则凡与我同生于天地间,皆同胞也。既同处于天地间,则凡林林而生、蠢蠢而植者,皆吾党与也。②

天地与我为一,万物与我并生,我之体、我之性与万物完全融为一体。如果说孟子还将心性作为天人之间的桥梁、强调通过主体的努力以认知客体的话,张九成则直接将主体和客体圆融合一:

---

① 《孟子传》卷二十六,《张九成集》,第1037页。
② 《西铭解》,《横浦集》卷十五,《张九成集》,第170页。

心性即天地,夙夜存心养性,是夙夜匪懈以事天地也。①

关于心和性的关系,张九成并没有严格将二者分开。他非常欣赏那首《尽心知性赞》:"廓然心境大无伦,尽此规模有几人? 我性即天天即我,莫于微处起经纶。"②"至哉斯言也! 夫心即性,性即天,心体甚大,尽之者少耳。"③"心即性,性即天"表明人之心性与天地融为一体的思想,与孟子的"尽心知性知天,存心养性事天"同义,也是心本论在人性问题上的贯彻。

四、格物之学

"格物"一词出自《大学》,《大学》为何人所作未有确论,但成于孟子以前似无异议。孟子曰:"人有恒言,皆曰'天下国家'。天下之本在国,国之本在家,家之本在身。"张九成认为此话与《大学》相为表里。但提出一个疑问:"大学之道始于致知,孟子之论本于修身,何也?""盖致知方求其体,而修身已见于用。……齐家、治国、平天下,特移修身之道以用之耳,非有加损于其间也。"④致知尚是探求本原的认识阶段,修身已是应用实践了,齐家治国平天下就是修身之道的应用。但用不用,取决于自己,所以"学而至于修身,极矣。"那么《大学》中"修身"前面的格物致知、诚意正心都算什么呢? "自修身以先,皆大学之事也。夫学莫先乎致知,致知莫先乎格物。"⑤他们都是大学里要学的事情。问学是先从获得知识开始的,获得知识就要格物。什么是格物? 张九成借此完整诠释了《大学》"古之欲明明德于天下者"章:

---

① 《西铭解》,《横浦集》卷十五,《张九成集》,第 172 页。
② 张九成认为这是邵雍的诗,他在《尚书详说》和《心传》中三次言及此诗。朱熹则力辩此诗非邵雍作。参见〔宋〕黎靖德编:《朱子语类》卷一百,第 2552 页。
③ 《尚书详说》卷十七,《张九成集》,第 508 页。
④ 《孟子传》卷十四,《张九成集》,第 882 页。
⑤ 同上注。

格物者,穷理之谓也。使天下之理一物不穷,则理有所蔽;理有所蔽,则足以乱吾之智虑。惟无物不格,则无理不穷。无理不穷,则内而一念,外而万事,知其始,知其终,知其利害,知其久近,是以念动乎中,事形于外,微而未著,兆而未彰,吾已知之矣。知之,则或用或舍,在我而已,故曰"物格而后知至"。用舍在我,则吾意之所向,皆诚而无私,故曰"知至而后意诚"。意之所向,诚而无私,则心之所存皆正而不乱,故曰"意诚而后心正"。心之所存正而不乱,则身之所履修而无缺,故曰"心正而后身修"。身之所履修而无缺,移以治家,则父子笃,兄弟睦,夫妇和,而家齐矣;移以治国,则大臣法,小臣廉,官职相序,君臣相守,而国治矣;移以治天下,则天子以德为车,以乐为御,诸侯以礼相与,大夫以法相序,士以信相考,百姓以睦相守矣。①

乍一看,张九成对格物的解释,与二程一致,都是"穷理"之意。如何穷理,是物物皆格还是只格一物,"理"在心中还是心外,《二程遗书》所录多有矛盾之处②。从理论上讲,格物就是对"内而一念,外而万事"进行探赜索隐的研究,当达到"念动乎中,事形于外,微而未著,兆而未彰,吾已知之矣"之境地的时候,也就意味着天下之理已洞然于

---

① 《孟子传》卷十四,《张九成集》,第882—883页。

② 比如,对是物物皆格还是只格一物的问题,同样是记载伊川语,《二程遗书》卷十五说"格物穷理,非是要尽穷天下之物,但于一事上穷尽,其他可以类推……所以能穷者,只为万物皆是一理。"(《二程遗书》,第157页)卷十八又说:"怎生便会该通?……须是今日格一件,明日格一件,积习既多,然后脱然自有贯通处。"(同上书,第188页)对"理"在心中还是心外的问题,卷二十五说:"'致知在格物',非由外烁我也,我固有之也。因物有迁,迷而不知,则天理灭矣,故圣人欲格之。"(同上书,第316页)这显然是说天理乃我心所固有。卷二十二上又说"格,至也,言穷至物理也",卷十七说"自一身之中,至万物之理",理又是指心外之物理。总之,因为二程语录出自多人之手,很多话不确定是明道说还是伊川说,所以造成了研究上的混乱。这大概也是二程之后洛学内部分化的一个原因。

胸,天下之理即是我心之理,心理合一,这就是"物格"。对所得之理如何应用如何取舍,完全由自己决定,这才是"知"之"至"——此时主体"我"因为已经洞彻天理,所以意之所向皆真诚无私,心之所存皆正而不乱,身之所修所履皆完美无缺——这是理论上的解释。但是结合九成其他的论述,他所格之"物"并不是外在的事物,而是"四端五典"。"四端五典,诚修身齐家治国平天下之大原,致知格物之先务"①,即在本心和日常人伦上亲身体会实践,领悟其中的道理,也就是孟子所说的"深造自得"。

"深造自得"源自《孟子·离娄下》:"君子深造之以道,欲其自得之也。自得之则居之安,居之安则资之深,资之深则取之左右逢其原,故君子欲其自得之也。"在此,既可指修养之道,又可指问学之法。对"自得"一词,赵岐注曰:"君子……欲深致极竟之以知道意,欲使己得其原本,如性自有之也。"②只有通过亲身研究体会得其究竟根本,才能居之安、资之深,才能左右逢源,不会流于空疏、拘于古训。何谓深造? 如何自得? 张九成注曰:

> 所谓格物者,穷理之谓也。一念之微,万事之众,万物之多,皆理也。惟深造者,自天下之本,溯流沿叶,进进不已,而造极于格物。是故于一念之微,一事之间,一物之上,无不原其始而究其终,察其微而验其著,通其一而行其万,则又收万以归一,又旋著以观微,又考终而要始,往来不穷,运用不已,此深造之学也。夫如是,则心即理,理即心,内而一念,外而万事,微而万物,皆会归于此,出入在此,非师友所传,非口耳所及,非见闻所到,当几自见,随事自明,岂他人能知哉! 此所谓"以道

---

① 〔宋〕刘荀:《明本释》卷上,《景印文渊阁四库全书》,第 703 册,第 164 页。
② 〔清〕焦循:《孟子正义》卷十六,第 558—559 页。

欲其自得之也"。①

穷理的过程就是深造的过程。所谓"深造",就是对小到一念、大至一事一物进行反复的研究考察,穷其始终,探其根本,从而达到"心即理,理即心"——心理合一的境界。因为是用心体悟出的道理,就会发现所谓一念之理,万物之理,其实都只是一个理,与我心之理并无二致。此理乃心悟,完全自得,所以"当几自见,随事自明",也是有限的语言所不能表达的。

因为张九成主张"格物之学先于六经",所以他所获得的"理"便不是从阅读经书而来,而是靠自己对本心的体悟和在日常中的实践("四端五典")。以上两大段引文中,张九成重点描述"格物"的过程,从中可见这个过程很辛苦,也需要时间和工夫。虽然他秉承二程仍然将"格物"释作"穷理",但其所"穷"之对象已经不是向外,而是对内了。通过格物之学而体会圣贤之心,体会到了圣贤之心就意味着掌握了六经之道,"得六经之道矣,意欲有为,皆成六经"②。主体的自悟和日常的道德实践至为关键。

五、本体即工夫

在日常的道德践履中,具体该如何用功? 张九成借传统"惟精惟一"和"慎独"的思想,赋予其新意。

(一)惟精惟一

《尚书·大禹谟》有"人心惟危,道心惟微,惟精惟一,允执厥中",是舜对禹的劝勉。二程在讲学中以天理人欲进行解释:

---

① 《孟子传》卷十九,《张九成集》,第 943 页。
② 《孟子传》卷七,《张九成集》,第 777 页。

"人心惟危,道心惟微。"心,道之所在;微,道之体也。心与道,浑然一也。对放其良心者言之,则谓之道心,放其良心则危矣。"惟精惟一",所以行道也。①

"人心惟危",人欲也。"道心惟微",天理也。"惟精惟一",所以至之。"允执厥中",所以行之。②

人心私欲,故危殆。道心天理,故精微。灭私欲则天理明矣。③

二程认为人心道心其实是一个心,心乃道寓居之所,道心放失则为人心。同时又说人心即私欲,是危险的;道心即天理,是精微的。用惟精惟一的工夫明天理灭私欲,就走在中道上了。人心和道心究竟是一还是二? 成为宋明理学争论的话题。张九成诠释道:

夫所谓天下、四方万里、事物之本,何物也? 曰:中而已矣。盖天下,此心也;四方万里,此心也;若事若物,此心也。此心即中也。中之难识也久矣。吾将即人心以求中乎? 人心,人欲也,人欲无过而不危,何足以求中? 又将即道心以求中乎? 道心,天理也,天理至微而难见,何事而求中? 曰:天理虽微而难见,惟精一者得之。精一者何也? 曰:精则心专入而不已,一则心专致而不二。如此用心,则戒谨不睹,恐惧不闻,久而不变,天理自明,中其见矣。既得此中,则天下在此也,四方万里在此也,若事若物在此也。信而执之,以应天下、四方万里、事物之变,盖绰绰有余裕矣。④

----

① 〔宋〕程颢、程颐:《河南程氏遗书》卷二十一下,《二程集》,第276页。
② 〔宋〕程颢、程颐:《河南程氏遗书》卷十一,《二程集》,第126页。
③ 〔宋〕程颢、程颐:《河南程氏遗书》卷二十四,《二程集》,第312页。
④ 《尚书详说》卷三,《张九成集》,第288页。

张九成将《大禹谟》的这十六字放在全文的大背景下,以"允执厥中"之"中"作为天下万事之根本——《中庸》言"中也者,天下之大本也",其论自有所本。心也是万事之根本,所以心即是中,执中即是执心。如何理解"中"?人心即人欲,无不危殆,故不足以求中;道心即天理,虽然精微得看不见,但毕竟可以探求,可以即天理而求中。天理精微,如何求?靠的是"精一"的工夫。"精"就是心"专入不已",要求深入不懈;"一"就是心"专致不二",要求专心致志。靠着在心上所做的精一、慎独("戒谨不睹,恐惧不闻")的工夫,久而久之,天理自明,我心之大本——"中"自然呈现出来。

通过比较可以看出张九成的解读与二程的截然不同处。二程以人欲天理解释人心道心,其目的是明天理灭私欲,为心性修养找到了经典依据。张九成虽然沿袭了这一解释,其重心却不是心性修养,而是强调"中"是万物大本,也是心之本体。这一本体可以通过"惟精惟一"的工夫认识到。"惟精惟一"是一种专门体认心体的工夫,它要求精力、心思高度集中,屏除一切干扰,既而人欲尽去,心体廓然展现。

从这段解读还可以看出,心作为本体,无所不具,除了仁义礼智,还有"中""天理",他们都是本心所固有的属性和内容。只是因为欲望的遮蔽,看不见罢了。识中、求中,就是要重新认识这本心,其方法就是精一、慎独。

(二) 戒慎恐惧,涵养未发

《中庸》从中唐以后日益受到重视,就因为它包含了丰富的心性和政治思想。其首句"天命之谓性,率性之谓道,修道之谓教",更是启发了人们对人性的深入思考,从而将人性分为天命之性(或天地之性)和气质之性,前者又被视为人性之本体。而"喜怒哀乐之未发谓之中,发而皆中节谓之和"之说,又激发人们去体验"未发"以前究竟是何种气象,未发已发遂成为宋明理学绕不开的话题。无论是中和、已发未发,这些话题在二程及其弟子那里都有过热烈的讨论。他们从心之体用角度分析未发和已发的关系。张九成作为后学,对此应当不陌生。但他断以己意,以"戒慎恐惧、涵养未发"(即慎独)贯穿全篇,无论入圣之门、治国之道,还是三达德、九经,无不需要从此入手。慎独既是本体,又是工夫。可以说,他把《中庸》全篇都看作是对"慎独"论的展开论证。

对《中庸》首三句话,他诠释曰:

> "天命之谓性",此指性之本体而言也;"率性之谓道",此指人之求道而言也;"修道之谓教",此指道之运用而言也。"天命之谓性",第赞性之可贵耳,未见人收之为己物也;"率性之谓道",则人体之为己物,而入于仁义礼智中矣,然而未见其设施运用也;"修道之谓教",则仁行于父子,义行于君臣,礼行于宾主,智行于贤者,而道之等降隆杀于是而见焉。"中庸"之名立于此三者矣。天命之谓性,喜怒哀乐未发以前者也,所以谓之中;率性之谓道,此戒慎恐惧于不睹不闻,以养喜怒哀乐未发以前之理,此所以求中也;至于修道之谓教,则以天命之性、率性之道而见于用,发而皆中节矣,所以谓之庸也。①
> "天命之谓性",此所谓中也;"率性之谓道",此所以养中也;"修道之谓教",此所谓庸也。②

天命体现在人的身上就是人性,指性之本体而言,但他不认同天命之性或天地之性的说法。因为人性本善之"善"不是与恶对立之"善"。所以用"善"形容人性,只是赞美人性之可贵而已。从现实看,并未见

---

① 《中庸说》卷一,《张九成集》,第 1085 页。
② 同上注,第 1087 页。

多少人真正认识到这至善之性乃自己本有。循顺本性，便形成人道，但也还是停留在逻辑层面，不等于实施运用。将此人道运用于日常人伦，则其施用结果显而易见。"天命之谓性"讲的是本性，就是情感未发以前的状态，可称之为"中"。"率性之谓道"是用戒慎恐惧涵养未发时的状态，"修道之谓教"是情感已发后的状态，因为涵养既久，所以无不中节，此所谓和也。所以，在张九成看来，《中庸》开篇这三句话就把人性之本体、中庸之内涵以及涵养工夫都说清楚了。

接着，通过诠释"喜怒哀乐之未发谓之中，发而皆中节谓之和。中也者，天下之大本也；和也者，天下之达道也。致中和，天地位焉，万物育焉"把这个道理说得更清楚：

> 中衍天命之义，和衍修道之义。"喜怒哀乐之未发"，此指言性也，故谓之中。"发而皆中节"，此所谓发也，故谓之和。中指性言，故为大本；和指教言，故为达道。未发以前，戒慎恐惧，无一毫私欲；已发之后，人伦之序，无一毫差失。此天地万物之宗也，所以言天地位于此，万物育于此。呜呼！天地万物皆在吾中和中，则中和之用亦大矣。①

"中"本指中正之道，即《尚书·大禹谟》说的"允执厥中"、《论语·尧曰》的"允执其中"之"中"，皇侃《论语疏》解释说："若内执中正之道，则德教外被四海，一切服化莫不极尽也。"②把"中"当作君主治国的根本原则，这与《论语》所记载的孔子中庸的思想是一致的。但到了《中庸》，"中"不再仅是治国原则，还是情感未发以前人心所处的一种状态，与已发之后"和"的状态对应，分别为"天下之大本""天下

---

① 《中庸说》卷一，《张九成集》，第 1087 页。
② 程树德撰：《论语集释》，中华书局 1990 年版，第 1349 页。

之达道"。人心能保持这种中和状态,则天地万物无不各得其所、生机盎然。很明显,《中庸》的"中和"体现了天地与我一体、万物与我为一的理念。张九成则通过注解把"中和"作为我心固有的属性,心正则天地万物皆正,体现了心本体论思想。

既然中和是天地万物之宗、人性之本体,那么在日常生活中,就应该时时刻刻涵养此心,使之保持中和状态。何谓中、和?"心无所倚则中,所倚在理则为和,所倚背理则为邪矣。"①九成认为"此心即中也",但"一陷于偏陂,则其中蔽"②。中乃心本有的状态,是喜怒哀乐未发时的本然状态。心所发时若合乎理义,则为和。如果心有私欲萌生,不但"中"被遮蔽,其所发也自然不会合乎理义,从而陷入偏陂邪恶之中。因此需要"戒慎乎其所不睹,恐惧乎其所不闻"的慎独工夫,使此心之"中"永远处于清明的状态。"中即和"③,若能涵养得未发之心为中,则发而自然为和,不假人为。是以应将工夫放在心之未发上:"凡念虑之起,履践之初,皆察其始,察其终,察其微,察其著,使念虑无所逃,履践无所失,则邪妄灭迹,仁义油然而生矣。凡一毫之恶,皆在所恶而去之;一毫之善,皆在所爱而护之。久而念虑皆正,履践皆明,心为仁义之宗,身由仁义之路,而圣贤所蕴一皆印于念虑履践间耳。"④把邪思妄虑消灭于萌芽状态,需要坚持不懈的体察涵养。总之,只要充分认识到"中和"这一天地之大本、人性之本体,便会时时提撕此心,涵养此心,这就是"即本体即工夫",本体和工夫融为一体。张九成以"戒慎恐惧,涵养未发"的慎独思想贯穿《中庸说》全篇,对后世心学产生直接影响。

---

① 《日新·中和》,《张九成集》,第 1255 页。
② 《尚书详说》卷十,《张九成集》,第 400 页。
③ 《心传录》卷中,《张九成集》,第 1167 页。
④ 《孟子传》卷二十七,《张九成集》,第 1047 页。

六、"民心即天心"的政治观

儒家伊始便关心现实,提倡为政以德,施行仁政等,具有丰富的政治思想。处于特殊时期、亲历靖康之耻的张九成,自然不会只谈心性。本心思想落实到政治上,便是要求君主正心,以民为心。

1. 正君心

义利之辨始自孔子:"君子喻于义,小人喻于利。"《孟子》开篇便说:"王何必曰利,亦有仁义而已矣。"义和利究竟是怎样的关系,完全排斥还是互相包含?

张九成在阐释义利关系时,将其转化为仁义之心和功利之心的关系问题。他解释说,孟子生当战国君臣上下皆言利的时代,凡是大谈功利的人如苏秦、张仪、商鞅等都得到了重用。然而追逐功利却给天下百姓带来深重的灾难。孟子深见于此,欲救天下于水火,于是便以三代仁义之说游说齐梁之间,以仁义格君心之非,变功利之心为仁义之心:"若利心不见,仁心自生,仁心之中,事亲而已矣;义心自生,义心之中,事君而已矣。"①君有仁义之心,天下自然相率为仁义,事亲事君,三代之治指日可待。可见,张九成的义利之辨,其目的是直接为正君心思想服务。

二程曾评价孟子,认为和孔子的温润含蓄、颜回的浑厚相比,孟子多了些英气和圭角,"英气甚害事"。主要表现在言辞上锋芒毕露,如对异端(杨、朱)的批判、对君臣关系的阐述以及对部分君主的评价(如梁襄王)。疑孟诋孟者便认为孟子不够尊君,有启后人篡乱的危险。于是尊孟者如张九成便大力提倡尊君。

《孟子·梁惠王上》中,孟子描述梁襄王:"望之不似人君,就之而不见所畏焉。卒然问曰'天下恶乎定'……"张九成《孟子传》如

---

① 《孟子传》卷一,《张九成集》,第674页。

是解释："夫'望之不似人君，就之不见所畏'，想见其平易简夷，无
詖詖之声音颜色拒人于千里之外矣。乃'卒然问曰天下恶乎定'，
盖其心之所存，悯天下四分五裂、日相吞并非一日矣，故一见孟子，
不待款曲，卒然而问及于天下也。当时君臣日以谈利为事，止于一
国一己一时而已矣，曷尝以天下为心？今乃有'天下恶乎定'之说，
何其广大仁爱也！"①九成认为孟子的描述反映了梁襄王的平易近人
与仁爱之心。

　　对于"不嗜杀人者能一之"，张九成解释说："以谓秉本执要之道
止在不嗜杀人而已。""帝王之学何学也？以民为心也。"②将其落实
到帝王学问上。对于汤放桀、武王伐纣之举，孟子并不认为是臣弑
君，而是诛独夫。张九成读此则"毛发森耸"，"不敢决是非"③。后请
教杨时，杨时告之应以天下之公理去理解。张九成乃认为孟子的回
答并无不妥，只是过于劲厉。《孟子·万章下》有贵戚之卿可易位之
说，张九成解释说，孟子此说是针对齐宣王"自安之病"而发，并非真
的提倡"易位"④。如此百般化解孟子的尖锐言论，就是为了全力维
护君权。正如四库所评价："孟子之意欲拯当日之战争，九成之解则
欲防后世之僭乱。虽郢书燕说，于世道不为无益。"⑤

　　2. 民心即天心

　　"天人一心"的哲学理念体现在政治上便是天心即民心。《尚
书》具有丰富的重民思想，"天视自我民视，天听自我民听"，"民为邦
本，本固邦宁"等等。张九成统统将之发挥为天心和民心的关系：

---

① 《孟子传》卷二，《张九成集》，第690页。
② 同上注，第690、692页。
③ 《孟子传》卷四，《张九成集》，第728—729页。
④ 《孟子传》卷二十五，《张九成集》，第1022页。
⑤ 〔清〕纪昀总纂：《孟子传二十九卷》，《四库全书总目提要》卷三十五，河北人民出
　　版社2000年版，第925页。

> 天心安在哉? 民心是也。天之视听一自民而已矣。①

> 民心即天心也,民喜则天喜,民怒则天怒。不以民为心,是不以天为心也。②

> 祖宗社稷以何为本? 以民为本耳。民安则祖宗社稷安。③

百姓的意志(民心)就是老天意志(天心)的体现,敬民就是敬天,而百姓是否安居乐业直接决定了君主的江山是否稳定。对于君民关系,"君民一体也。民康则君保其遐福,民不康则君亦不终厥位矣"④。民起到关键的作用。九成借用《否》《泰》二卦来解释君民关系:

> 夫天,君也;地,臣也,民也。臣民之情得以上通于君,君之情得以下通于民,故为泰。泰者,通也。君民限隔,绝然不相通,故为否。否者,闭也。⑤

舜"五载一巡守",可以观察天下,尽万国之情;"群后四朝",就可以知其贤不肖,行黜陟之法,赏功罚罪。这样上下之情相通,就会国泰民安,反之就会灾祸并至,乃至亡国。上下相通表现为"君以敬民为心,而民亦以保君为心,要之终于一心而已"⑥。君敬民,就意味着为政要以民为本:"当宽其征输,薄其力役,号令简,追呼绝,使之安意肆志于田事。其有怠惰者,略取古人廛布屋粟之法以困苦之……"⑦总

---

① 《尚书详说》卷十三,《张九成集》,第441页。
② 《尚书详说》卷十三,《张九成集》,第431页。
③ 《尚书详说》卷六,《张九成集》,第346页。
④ 《尚书详说》卷十一,《张九成集》,第408页。
⑤ 《尚书详说》卷二,《张九成集》,第266页。
⑥ 《尚书详说》卷十,《张九成集》,第396页。
⑦ 《尚书详说》卷五,《张九成集》,第321页。

之,要轻徭薄赋,减轻百姓负担。

　　孟子提出"民为贵,社稷次之,君为轻"的口号,符合战国时期保民才能王天下的形势。张九成在强调以民为本的同时,结合现实表达了君为重的思想。宋高宗继位后,栖栖遑遑,朝不保夕,全赖一班文臣武将维持。在危难时刻,发生了苗刘之乱。叛乱最后虽然得以平息,但是这种犯上作乱、无君无父的行为警醒着每一个人。此时,民心当然要拉拢,但君主的权威也要加强。九成评价武王伐纣、伯夷叩马而谏这两种行为时说:"武王所见与伯夷不同:武王所见者当日天下之心,伯夷所见者后世乱臣贼子之心。不有武王,何以救当日之急? 不有伯夷,何以立千古之教?"①武王要救当时百姓于水火,而伯夷则忧虑后世不臣之心,二人都没做错,只是伯夷考虑得要更长远些。

　　加强君主权威,并不意味着搞君主独裁。在没有任何外在力量制约的情况下,君权被运用到何种程度完全取决于君主的道德人品。但是道德毕竟是靠不住的,要彻底解决君主专断问题,就要从根本入手。为此,张九成大胆提出了"共治天下"的主张。

　　尧舜禹时代,天下为公,都是禅让天下。从禹的儿子启开始,公天下变成了家天下,九成认为这是"德衰"的开始。他盛赞尧舜禅让之美德:"天下非一人之天下,乃天下之天下也。必尽天下之公议,乃可以与之。"②就国家大事而言,君主不当有任何私意,应与左右大臣商量。尧欲禅位,是从四岳问起,而不是直接传位给自己的儿子。九成解释说,四岳即宰相,为人臣之师,能位至宰相说明他们都是天下所心服之人,所以尧要禅位给他们。可见,"古先圣王之道,非一己之私心也,乃天下之公心也"③。

---

　　① 《尚书详说》卷十三,《张九成集》,第441页。

　　② 《尚书详说》卷一,《张九成集》,第258页。

　　③ 《尚书详说》卷二十二,《张九成集》,第610页。

综观以上张九成的解经思想,他把本来表示主体、道德之意的"心"上升到宇宙的高度,以之作为天地万物之根本,取代传统的"天","天即是心,心即是天","我心即天心",并以"觉"训心训仁,对人性本体进行了深入细微的分析。他把儒经都看作王道之书,经世致用,充分发挥其中的政治理念,为现实服务。这些理念均是其心学思想在政治领域的贯彻:"民心即天心","人事即天命","以人合天,以义断命",等等。这些思想已经完全突破洛学的藩篱,开辟出了新的路数,即心学一系①。张九成解经的过程,就是经典心学化的过程。

若将张九成与范浚思想进行对比,会发现二人有很多相似之处:均主张"性善之'善',不与恶对"的人性论,"人事即天命"的天人合一思想,以觉言仁、强调"仁之觉","以经考传"的学经之法,经史结合的治学方法,伯夷叔齐叩马而谏乃是担心"后世之乱"的历史观,等等。不由得让人联想,二人有无思想上的相互借鉴、学习?

张九成年长范浚十岁,绍兴二年(1132)状元及第。其《状元策》洋洋万言,在当时引起轰动。杨时特意致书,称赞其刚大之气自更科以来所未尝有。随即赴绍兴任镇东军佥判。范浚于绍兴初年(1131)被举贤良方正,屡诏不起。绍兴四年(1134)进《进策》二十五篇,为秦桧所阻,不得进,遂隐居兰溪。现存《香溪范氏宗谱》中有张九成所作的《香溪长社范氏族谱序》,落款"绍兴九年己未冬十月之吉,礼部侍郎张九成撰"。其时张九成已落职,在家为父居丧,不可能再自称"礼部侍郎"。世家大族撰写家谱通常以有名人作序为荣,但很多序

---

① 目前认可张九成乃心学的创立者这一结论的学者越来越多,如李春颖《张九成哲学思想研究》(中华书局 2024 年版)、朱琳《"心传先圣之道":张九成心学思想研究》(山东大学博士论文 2022 年)、左志南《"造化何在,吾心而已"——张九成理学体系建构特点及其意义》(《南昌大学学报》[人文社会科学版]2016 年第 1 期)等等。

都是伪作，此篇亦不例外。绍兴十一年（1141），张九成贬谪江西南安，一去十四年，绝少与外界联系。范浚则于绍兴二十年（1150）病逝，其著作于绍兴三十一年（1161）方出版，此时张九成也已经去世两年了。所以张九成无缘得见范浚的著作。张九成的著述多著于谪居期间，谪居尚未结束，其著述就流传开来，胡寅曾致信说："复礼、忠恕两段，蒙不相鄙，见既透彻，言亦了达……何时得睹全书，并《尚书》《大学》《中庸》《孟子》诸说，渴饥莫喻也。"①此信写于胡寅生前的最后两年，因为信中提到了秦桧之死（1155年）。说明此时九成的著述均已完成，但流传未久。范浚应该也没机会读到。在张、范的文集中，也未谈及对方。只能说明二人思想上的共性，均是阅读经典、自得自悟的结果。

---

① 〔宋〕胡寅：《与张子韶侍郎》，《斐然集》卷十八，第388—389页。

第三章　浙江心学的成熟完善

　　范浚和张九成著书立说之时，正值秦桧当政，禁洛学，言论管控非常严厉。绍兴二十五年（1155），秦桧死，言禁开，整个社会慢慢活跃起来。绍兴三十二年（1162），高宗内禅，孝宗继位，积极北伐。符离之败后，南北再次议和。和平的环境带来经济上的繁荣，宽松的政治氛围促进思想上的自由创新。继北宋熙丰诸儒并起、学派林立之后，思想界迎来了第二次学术繁荣的高峰。这次学术繁荣发生在乾淳时期，闽学、湖湘学、象山学、婺学（包括金华吕学、永康陈亮功利之学和唐仲友经制之学）、永嘉事功学、甬上心学等等，可谓大儒并出，百家争鸣。引领并推动形成这一学术思潮的是当朝宰相史浩，他本人宗张九成心学。一度"主盟斯文"的吕祖谦也曾亲炙张九成，其弟吕祖俭后教学于四明，与"甬上四先生"朝夕相处，后者又学于"江西二陆"，江西心学与浙江心学于此时交汇合流。浙江心学在吸收了象山心学之后，仍然按自己的路数向前发展。除了杨简用心学思想注解五经，袁燮、袁甫、杨简的弟子钱时等人也都有经学著作。活动于南宋末期的钱时正式勾勒出了心学的"道统"，标志着浙江心学的成熟与完善。

第一节　史　浩

史浩(1106—1194),字直翁,号真隐,鄞县人,绍兴十四年(1144)进士。张九成晚年起复后任温州太守,史浩时任温州教授。交谈之后,张九成非常赏识他的学问,称其"识超几先,意传经外",史浩感念至深,以为知己。九成去世后,史浩作祭文,盛赞九成一生的学问为人:"学承正宗,文肩前辈。卓行珠玉,净无瑕类。"①后史浩被推荐入京,任二王府教授。次年,普安郡王封建王,史浩为司封郎中兼直讲。后建王继位,即宋孝宗,史浩迁翰林学士知制诰,累官至右丞相。因反对张浚北伐而去职。淳熙五年(1178)复为右丞相,致仕之际向朝廷举荐江浙之士15人,陆九渊、杨简、陈谦、袁燮、叶适等,皆一时之选。封魏国公。嘉定十四年(1221),追封越王,谥忠定。有《尚书讲义》二十卷、《鄮峰真隐漫录》五十卷传世。

史浩本人宗心学,又遣他的儿子们从学杨简、袁燮②,助推了心学在浙江的传播。史浩之子史弥远理宗朝拜相,正是他向朝廷为张九成请谥,使张氏得到表彰。可以说,史家在横浦心学传播的过程中起到了举足轻重的作用。

一、以心明经

史浩将儒士分为两类:一类是腐儒,峨冠博带,高视阔步,自谓明

---

① 〔宋〕史浩:《祭无垢先生张公侍郎文》,《鄮峰真隐漫录》卷四十三,《史浩集》,浙江古籍出版社2016年版,第770页。

② 《宋元学案·横浦学案》说史浩"其家居则遣其诸子从慈湖、絜斋讲学,又延定川之弟季文于家以课诸子,故其诸子率多有学行可观者"(《宋元学案》卷四十,第1330页)。定川即沈焕,其弟为沈炳,皆是心学一派。

经,却穷年挟策,皓首无闻,仅能死记经文,粗释其字,及用之修身行己,施之天下国家,鲜不倒行逆施,此类人只是得六经于纸上而已。另一类是通儒,圣言经书只是传达思想的工具,读书能做到"心开意悟",不被语言所羁绊,及修身治国,"莫不曲全而超诣",此类人是得六经于胸中者。他自谓自结发开始读书,便"不喜泥陈言于纸上,唯知以心明经,故每见古人有得于胸中者,莫不归心焉"。①"以心明经",便是透过经文领悟圣贤之意,而不是死记硬背经书文字,更不是将精力用在后人的传注上。故而当有人请他解《孟子》时,他回应道:"若止求训释,则自赵岐而下历世不乏,仆亦何所容喙?若求知道,则道不可以言传,而可以意得。"②"道不可以言传,而可以意得",与张九成"道在方寸,文字莫宣,可以神会,难用语传","圣王之道有非文字所能书、言语所能传者"完全一致,难怪二人一见相契。

　　本着"以心明经"的原则,史浩提倡"以意逆志"的读书方法。如读《尚书·仲虺之诰》,序曰"汤归自夏,至于大坰,仲虺作诰",为什么仲虺不待汤班师回亳,就急着作诰呢?"其急若此,非徒勉汤也,盖欲释天下万世之疑,而破天下万世乱臣贼子之心也。"商汤放桀于南巢,乃顺天应人之举,但他犹觉惭愧,害怕被后世乱臣贼子所仿效。仲虺之诰,意在使天下人晓然明白:"以汤为顺天应人之举,犹有惭德,下此者其可为乎!"③《周易》借孔子之口赞扬"汤武革命,顺乎天而应乎人",为什么孔子唯独赞美汤武?因为汤武革命是顺应天意民心,汤武本人则是迫不得已,实"无心得之云尔"④。再如《孟子》中有瞽瞍杀人、伊尹割烹要汤之问,事实上瞽瞍未尝杀人,伊尹也未割烹,

①　以上引文见《上浙东游提举书》,《鄮峰真隐漫录》卷三十二,《史浩集》,第589—590页。
②　《再答商解元请解孟子书》,《鄮峰真隐漫录》卷三十二,《史浩集》,第591页。
③　以上引文见〔宋〕史浩:《尚书讲义》卷七,《景印文渊阁四库全书》,第56册,第235页。
④　同上注,第242页。

孟子为何如此设问？"盖欲天下后世知其应世皆出于不得已，而非其本心也。"①目的是使后世之人识得舜、伊尹之心。可见，读经不能只读字面之"义"，还要领略圣人作经之"意"。

在所有经典中，史浩最推崇《大学》。"盖《大学》之道，以正心诚意为本，所以能明明德于天下也。正心诚意，可谓种之德也。"②"夫大学之道，何道也？正心诚意而已矣。"正心诚意好比种子，诸德由此生发出来。为学始于正心诚意，推而至于修齐治平，无所不当。尧舜禹汤至于孔孟，圣圣相传之道，即是正心诚意之道，"谓之传而不谓之学，盖其心心相授，出乎自然"。③《尚书·皋陶谟》一篇，"其始以正心诚意种明德之根本"，所以"皋陶之学，大学之道也"。其言"慎厥身修"，修身本于"思永"。"思者，正心诚意；永者，不息则久也。盖以修身本于正心诚意，故能行远也。"④《尚书》作为一部政事之书，史浩将"正心诚意"贯穿其中，其规劝君主之意不言自明矣。

不仅如此，孝宗作《原道辨》，认为韩愈《原道》"文繁而理迂"，未能体察到圣人之用心。三教思想有很多相通之处，可以并行不悖，"以佛修心，以道养生，以儒治世"。他要求将这篇御制梓行天下。史浩在为韩愈做了辩护之后提出，佛老之教完全可以归于儒宗，不必别而为三。《大学》之道，从格物致知到治国平天下，完全涵盖了修心、养身、治世这三个方面，"又何假释老之说耶？"可见《大学》篇幅虽短，内容却丰富，乃修身之要道，治国之宝典。他建议此文"姑缓其传"，以免"天下后世有不达释老之说而窃其皮肤以欺世诳俗者，将摭陛下之言以为口实，靡然趋风，势不可遏"。⑤

①　〔宋〕史浩：《尚书讲义》卷九，《景印文渊阁四库全书》本，第56册，第257页。
②　〔宋〕史浩：《尚书讲义》卷三，《景印文渊阁四库全书》，第56册，第191页。
③　以上引文见《别拟》，《鄮峰真隐漫录》卷十一，《史浩集》，第209—210页。
④　〔宋〕史浩：《尚书讲义》卷四，《景印文渊阁四库全书》，第56册，第197页。
⑤　以上引文见《回奏宣示御制原道辨》，《鄮峰真隐漫录》卷十，《史浩集》，第196页。

二、心为万化之原

史浩对"心"的认识,亦来自他对《孟子》《尚书》中心性思想的领悟。"心"无所不有,"盖孩提之童,无不知爱亲,及其长也,无不知敬兄。兄弟、夫妇、长幼、朋友、君臣之道本其固有,迷而不觉耳。惟使其自得,然后知非外铄而行之不疑"①。伦理纲常皆我心所固有,只是常人迷失本心,觉察不到而已。心不仅是"百行之本",而且是"万化之原",具体表现为:

> 天地之灾祥,阴阳之舒惨,日星之明晦,禾黍之丰凶,纲纪之弛张,风俗之薄厚,人材之邪正,人心之从违,虽万变之差殊,由一心之感召,收之不外方寸,用之弥满六虚,胸中一不正焉,天下不可为矣。②

这当然不是天人感应,而是说天地万物的变化都是我心外化的结果。孟子曰"万物皆备于我","则'我'者,真万物之根本也"③。"我"自然是指我"心",因为心为一身之主宰。他劝新继位的宋光宗要以"正心"为主,百姓之心守之不正则祸止于一人,人主守之不正则害及天下。

至于天人关系,史浩的思想与张九成"天人之间,本无彼此"完全一致:

> 盖天不人不因,人不天不成,天人之际,其实无间。君天下

---

① 〔宋〕史浩:《尚书讲义》卷二,《景印文渊阁四库全书》,第56册,第184页。
② 《光宗皇帝初即位进封事》,《鄮峰真隐漫录》卷九,《史浩集》,第189页。
③ 《文中子·存我》,《鄮峰真隐漫录》卷四十,《史浩集》,第729页。

者苟能顺天之时,授人以事,亦自然之理,非性分之外别有天人也。①

天人之间,是互相依存的关系。天道如何体现? 通过人道。"天之生人,赋以最灵之性,非徒使之生息长养,块然于天地间。盖欲其行天之权,以辅化工之不及,苟非其人,天道废矣。"②人作为万物之灵长,能够"行天之权",弥补天化工万物之不足。没有人发挥作用,天道就不可能实现,所以"天人之际,其实无间"。而起决定、关键作用的是人。人,尤其是君主治理天下,无外乎顺天时、授人事,从本性出发,自然而然,并不是在本性之外别有所谓天人也。

《尚书》讲"人心惟危,道心惟微",史浩认为,人心道心其实只是一心,"夫心一而已。自其静者言之,则道心不可见;自其动者言之,则人心多妄作。惟能心悟而自得,得其中于喜怒哀乐未发之前,则发而皆中节矣"。道心精微难见,人心又妄作危险,只有在其未发之时不断涵养,使其发皆中节。涵养的工夫即"惟精惟一","精者,杳兮冥兮,不专心致志则不得道心之静也;一者,为物不贰。"③"精"即专心致志,涵养未发;"一"就是于两端之间取中道,此心如果于未发之前得"中"道,说明心悟神通,"通于一则万事毕矣",因为大中之道是我心所固有。因此,精一的工夫其实就是于喜怒哀乐未发之时专心致志涵养、体悟此心之"中"道。

《尚书·洪范》讲述天地之大法,其五曰"皇极"之道。史浩解释说:"皇,大也;极,中也,大中之道也。"④天地顺大中之道而阴阳二气

---

① 〔宋〕史浩:《尚书讲义》卷一,《景印文渊阁四库全书》,第56册,第173页。
② 〔宋〕史浩:《尚书讲义》卷五,《景印文渊阁四库全书》,第56册,第220页。
③ 以上引文见〔宋〕史浩:《尚书讲义》卷三,《景印文渊阁四库全书》,第56册,第193页。
④ 〔宋〕史浩:《尚书讲义》卷十二,《景印文渊阁四库全书》,第56册,第290页。

运行,圣人顺大中之道而制定九畴大法,此大中之道,才是天下之根本,"立于天地之先"①。"一阴一阳之为道,道者,中也。"②天地禀受大中于太极,于是具有阴阳之理。天地得阴阳之中而生和气,和气则万物滋生蕃息。所以《中庸》说中为天下之大本,和为天下之达道,致中和则天地位、万物育。此中和之道即大中之道,《中庸》与《尚书》"实相表里"。大中之道何以能生阴阳之气,进而化生万物?以其"虚"也。"太极以虚而生天地,天地以虚而生万物。盖天地之性虚则无物,故能顺大中之道而运行焉。"《庄子》曰"惟道集虚",天下万物能做到"虚而无我"者,只有人之"心"。所以,"虚,心斋也"。③万物从虚而立,因虚而生,如能悟到"大中之道是吾固有,存之以诚,持之以久,则无所往而不为中"。尧舜禹汤文武所传之道,即是此大中之道,至箕子发明此道,著之成书曰《洪范》。洪范九畴,大经大法,内容丰富,"一言以尽之曰:虚心顺理而已矣"。④

总之,"皇极之道本于一身,一身之内以心为主",天人不殊,从尧舜至孔孟,皆是以人心感天心,以至诚之道赞天地之化育,而与天地相参。箕子于"五事"必曰"敬用",于"庶征"必曰"念用","盖指皇极之本原,曾不外乎人心也"。⑤

"念"乃心之所发,圣之与狂,全在一念之间。貌、言、视、听、思"五事"就是指人身而言,能否做到"敬用",全在我一念之间。"一念得中,五者之和应焉。"有"念"在,心就不可能"虚"下来,所以要"克念"。"克念,故能虚心无我,顺理而行。"⑥

---

① 〔宋〕史浩:《尚书讲义》卷十二,《景印文渊阁四库全书》,第56册,第289页。
② 同上注,第293页。
③ 以上引文见〔宋〕史浩:《尚书讲义》卷十二,《景印文渊阁四库全书》,第56册,第289—290页。
④ 同上注,第290页。
⑤ 同上注,第303页。
⑥ 同上注,第301、304页。

至于人性,史浩的看法和张九成、范浚是一致的。人性不能以善恶言,"夫性者,善恶俱泯之谓也"①。从乍见孺子将入于井,非纳交要誉之心怵惕恻隐,油然而生一善之念,就说明人性从本质上来说,是无不善的。无论尧舜还是桀纣,其本性都是无不善的。但不能就此说"善即是性",善与恶相对,善恶均是后天"习与性成"的结果。"凡人之生,性无不善,上智下愚卒至背驰,非性本然,以习而相远也。尧舜之圣,性也;桀纣之恶,习也。习之既久,安得不与性成?人能及其未远而变焉,此所谓不远复而善补过也。"②尧舜成为圣人,是其本性自然发展呈现的结果;桀纣之性恶,是后天习气所导致。所谓上智下愚,并非本性不同,而是"习"使之相远了。正因人的本性无不善,受习气影响发生改变后,若能及时发现,便可以及时改过迁善。若如荀子所言人性本恶,那么无论怎么改,都没法改掉本性。

三、君臣一德,乃能致治

淳熙十六年(1189),太傅史浩进《尚书讲义》二十二卷。《尚书》一向被视作行政之书,史浩充分发明书中"帝王君臣精微正大之蕴",借古讽今,对即将继位的新君充满期许。尤其《舜典》一篇,记载了舜的种种事迹,史浩在解经时,于舜的每一个业绩后都加一句"后世帝王其有即政之初,不知……而可以治乎?"最后总结说:"后世帝王无意为圣君则已,如有意于为圣君,当以舜为模楷。"③其借书进谏、表达政治愿望的目的显而易见。

"心为万事之原"的心本体论体现在政治上,就是要求君臣都在本心上下功夫。君主能否做到正心诚意,决定着国家的命运前途。

---

① 《荀子·性恶》,《鄮峰真隐漫录》卷四十,《史浩集》,第728页。
② 〔宋〕史浩:《尚书讲义》卷八,《景印文渊阁四库全书》,第56册,第246页。
③ 〔宋〕史浩:《尚书讲义》卷二,《景印文渊阁四库全书》,第56册,第187页。

人主"心正而本立，本立而道生"①。史浩提出，对于君主而言，首要的应该是"胸中自有先定之规模"。所谓规模，即立大本，定心志，存心如何。"夫存心以仁义，治虽未成，一念潜萌，冲和之气已充塞乎宇宙，由是而之焉，则为帝王之隆平。存心以功利，事虽未济，一念潜萌，怨讟之气已充塞乎宇宙，由是而之焉，则为战国之权谋。务先仁义，功利随之，雍容垂裕，其福无穷。务先功利，权谋随之，夺攘争取，其祸有不可胜言者。"②君主以仁义存心，则所为皆仁义；君主以功利存心，则所行皆功利。史浩不反对功利，但是和仁义相比，二者有先有后。所以他劝孝宗"以仁义为规模，先定于胸中，凡施为注措一以仁义为本，本立则末自随"③。

正心便需修德，人主应"以修德为先务"。因为天人相感，天之灾祥并非天作，"君自感召尔，人君其可不修德乎！"④而人君之大德，在于"用中"。就像成汤那样，"不迩声色，不殖货利"，"改过不吝"等等。"中"乃尧舜禹汤圣圣相传之道，能做到"用中"，则"王者之能事毕矣"⑤。仁义乃本心所固有，贵在治心养心。"故圣人惟几也，戒谨于微而弗著；惟康也，戒谨于安而弗危。辅之翼之，吾之直心于是乎在。渊乎其静，皎乎其明，故能止其所也，此帝王治心之要。"⑥简言之，即《中庸》所言"戒慎恐惧"，以慎独工夫使此心充满敬畏。人主修德，才能别白善恶，亲贤远佞，虚心听纳谏言，下情才会上达。君民之情相通，才会实现三代之治。

其次，人主应当积极内修政事，而不要急着外攘夷狄。古人将内修和外攘截然分开，史浩以为不然，"盖修政事，所以攘夷狄也"。修

---

① 《光宗皇帝初即位进封事》，《鄮峰真隐漫录》卷九，《史浩集》，第190页。
② 《进呈故事》，《鄮峰真隐漫录》卷十一，《史浩集》，第205页。
③ 同上注，第206页。
④ 〔宋〕史浩：《尚书讲义》卷九，《景印文渊阁四库全书》，第56册，第253页。
⑤ 〔宋〕史浩：《尚书讲义》卷七，《景印文渊阁四库全书》，第56册，第239页。
⑥ 〔宋〕史浩：《尚书讲义》卷四，《景印文渊阁四库全书》，第56册，第200页。

政事,即是修德政,以仁义治天下,国家安宁富庶,则不战而屈人之兵。唐太宗贞观之治是最有说服力的例子。而一旦将内修、外攘歧而为二,"天下不既多事乎!"①孝宗初继位,锐意进取,积极北伐。史浩上《论未可北伐劄子》,力陈北伐的条件和时机还不成熟,主要表现为"内乏名臣,外无名将,士卒既少,而练习不精"。他劝孝宗少稽锐志,卧薪尝胆,"内修政事,外固疆圉,上收人才,下裕民力。乃选良将,练精卒,备器械,积资粮。十年之后,事力既备,苟有可乘之机,则一征无敌矣"②。史浩并非怯战,更不是投降派,作为当朝宰相,他对国家的实力和将帅的缺点("李显忠之轻率,邵宏渊之寡谋")看得一清二楚。结果也正如他所料,符离一败,南宋前三十年之积蓄一朝化为乌有,孝宗也后悔不已。

再次,君主要善于抓根本,而将具体事务交于百官。荀子有言曰:"主好要则百事详,主好详则百事荒。"史浩解释道:"夫要者,人主执其纲,而百官有司各尽其职,所以百事详也;若人主好详,则百官有司不任其责,而人主日不暇给矣。"③作为一国之君,朝务千头万绪,君主一人不可能凡事都亲力亲为。君主要善于用人,发挥群臣百官的作用。对于君主而言,最根本的还是要修身。人君心正身正,所选拔的必然也是正人,上行下效,所谓"举直错诸枉,能使枉者直"是也。

对于臣而言,出其所学辅佐人君,"了无他法,一言以蔽曰:德而已矣"④。人主以修德为先务,人臣更是如此。"夫人臣事君,贵在不欺。"⑤君主的榜样是舜,那么臣子应当以伊尹自励。伊尹辅佐太甲,

---

① 以上引文见《进呈故事》,《鄮峰真隐漫录》卷十一,《史浩集》,第211页。
② 以上引文见《论未可北伐劄子》,《鄮峰真隐漫录》卷七,《史浩集》,第162页。
③ 以上引文见《别拟》,《鄮峰真隐漫录》卷十一,《史浩集》,第208页。
④ 〔宋〕史浩:《尚书讲义》卷三,《景印文渊阁四库全书》,第56册,第195页。
⑤ 〔宋〕史浩:《尚书讲义》卷九,《景印文渊阁四库全书》,第56册,第253页。

太甲昏庸，伊尹将其放逐于桐宫；太甲悔过，伊尹又将其迎回，还政于君，并多次开导、勉励他。伊尹事太甲，便做到了诚、敬、忠，所以伊尹在儒士大夫心目中堪称圣贤，"志伊尹之所志"，便成为理学家们的理想。其次，为人臣者，还应当善于向朝廷推荐人才，"误国之罪，莫大于蔽贤；报君之忠，无逾于荐士"①。史浩本人多次举荐人才，且举荐的多是当时的道学名士，陆九渊、陈傅良、杨简、袁燮、舒璘、叶适……全祖望评价曰："至其昌明理学之功，实为南宋培国脉，而惜乎旧史不能阐也。忠定再相，谓此行本非素志，但以朱元晦未见用，故勉强一出耳。既出而力荐之，并东莱、象山、止斋、慈湖一辈尽入启事。乾淳诸老其连茹而起者，皆忠定力也。"②

至于君臣关系，史浩提出"君臣相须"的思想："人君苟无贤臣，则无以致治；人臣虽贤非君，则不用而家食矣。"③君与臣相互依赖，贵在同心同德，像舜和禹一样。"须君臣一德，乃能致治也。"④主圣臣贤，是最理想的状态。史浩有诗云：

　　　　主圣臣贤日，勤政在恤民。差徭唯务息，赋敛直须均。但使皆当富，何忧富却贫。孟公仁义说，不取利吾身。⑤

主圣臣贤，勤政恤民，息徭役，均赋敛，百姓富庶，国不与民争利，国家才会真正地强大。

同样是解《尚书》，史浩与张九成的很多理念都是相同的：如解释《大禹谟》"十六字心传"，将"惟精惟一"当做专心致志修行的工夫；

① 《陛辞荐薛叔似等札子》，《鄮峰真隐漫录》卷九，《史浩集》，第182页。
② 〔清〕全祖望：《鄮峰真隐漫录题词》，《鲒埼亭集外编》卷二十四，《全祖望集汇校集注》，上海古籍出版社2018年版，第1194页。
③ 〔宋〕史浩：《尚书讲义》卷十，《景印文渊阁四库全书》，第56册，第272页。
④ 〔宋〕史浩：《尚书讲义》卷四，《景印文渊阁四库全书》，第56册，第201页。
⑤ 《童丱须知·恤民篇》，《鄮峰真隐漫录》卷五十，《史浩集》，第882页。

圣狂取决于一念之间，因此要"克念"；尊君，恐后世乱臣贼子借口犯上作乱；等等。不同的是，二人所处的社会环境略有不同。张九成之时，靖康之变发生不久，所以他在解《尚书》时很多地方情辞激烈，尤其于《君牙》《冏命》篇，大谈中兴，"使穆王诚能取文、武、成、康为法于上，君牙取其祖、父为法于下，则周之中兴，亦不难矣。然而穆王无闻焉，岂穆王之无志耶？抑岂君牙之忝祖、父耶？以此知太平之世，君臣并受其福；衰乱之世，君臣俱受其辱，可不戒哉！"①联系当时全国抗金的大好形势，岳飞、韩世忠等军队势如破竹，最后却被高宗、秦桧或杀害，或解职，致使中兴无望。宋金议和，宋对金以叔称之，且岁岁进贡。靖康之旧耻未雪，又添新辱。张九成此论自然是有感而发。史浩之时，国家承平日久，文恬武嬉，朝中已无岳飞、韩世忠那样的将帅，国家储备也远未到开启兵端的程度。所以史浩于《尚书讲义》中，拳拳讲的是君臣如何修德、行仁义之政。于穆王，史浩则大赞其乃继文、武、成、康之后，唯一可称"贤圣之君"的人。"观孔子定《书》取其三篇，《君牙》之教民，《伯冏》之御下，《吕刑》之治罚，皆眷眷不忘为君之道。而其卒也，明章圣人之用中，此与尧舜'惟精惟一'相授受者无以异也。乃知其心深得此道，可以袭尧舜三代之传也。"至于《列子》《穆天子传》说他晚年怠政，四处游玩，实乃无稽荒唐之言。孔子定《书》取此三篇，"示人主以轨范，必其人之可师也"。②为什么不信孔子而要信列御寇呢？史浩视穆王为可与文、武、成、康相比并的"贤圣之君"，可为后世君主所取法，其讽喻当朝的目的不言自明。

　　借诠释经书发挥其义理思想，表达自己的哲学观点、政治主张，是宋儒通行的做法。张九成、史浩也不例外。"学苟知本，六经皆我注脚。"陆九渊的这一观点可谓所有理学家经典诠释的特点。对于同

---

① 《尚书详说》卷二十四，《张九成集》，第644页。
② 以上引文见〔宋〕史浩：《尚书讲义》卷二十，《景印文渊阁四库全书》，第56册，第388页。

一部经典,解读出来的内容却不同,除了见仁见智的因素外,解读者本人所生活的时代背景起了决定性的作用。

全祖望评价史浩思想:"忠定最受横浦先生之知,故其渊源不谬。"评其文集:"今读忠定之集,其资善堂诸文字,所以启沃孝宗于潜藩者也;其两府文字,则即吹嘘诸老不遗余力者也;其归田以后文字,所以优游林下、举行乡饮酒礼、建置义田者也。中兴宰辅如忠定者,盖亦完人也已。其诗文春容大雅,有承平之余风,所谓庙堂钟吕之音也。""其家居,则遣其诸子从慈湖、絜斋讲学,又延定川之弟季文于家,以课诸子",不仅"其诸子率多有学行可观者",而且间接推动了浙东心学的发展。①最重要的,是他向朝廷举荐了吕祖谦、陆九渊等道学中人,理学于乾淳时期再次兴起,史浩推动之功不可抹煞。

第二节　吕祖谦

吕祖谦(1137—1181),字伯恭,人称东莱先生,婺州(治今浙江金华)人。与朱熹、张栻并称"东南三贤"。举进士,复中博学宏词科。尝任著作郎、国史院编修官等职,编纂《皇朝文鉴》(即《宋文鉴》)。卒,谥曰成。

对其学术渊源,《宋元学案》认为,"先生文学术业,本于天资,习于家庭,稽诸中原文献之所传,博诸四方师友之所讲,融洽无所偏滞"②。据《吕祖谦年谱》及《宋元学案》,吕祖谦曾问学于吕本中、林之奇(见《紫微学案》)、汪应辰(见《玉山学案》)、韩元吉(见《和靖学案》)、刘勉之(见《刘胡诸儒学案》)、胡宪、芮煜(见《东莱学案》)等

---

① 以上引文见〔清〕全祖望:《鄮峰真隐漫录题词》,《鲒埼亭集外编》卷二十四,《全祖望集汇校集注》,第1194—1195页。

② 〔清〕黄宗羲、全祖望等编纂:《东莱学案》,《宋元学案》卷五十一,第1653页。

人。兼收并蓄、博采众长可谓吕东莱的学术特色。

吕祖谦虽然师出多门，却自称"某从无垢学最久，见知爱最深，至今亡矣，念无以报，独时时戒学者无徒诵世所行《论语解》，以为无垢之学尽在是也"①。说明吕祖谦实乃张九成亲传弟子。从其思想看，也的确受到张九成心学极大的影响。他的学术重心是史学，但对经书亦用力甚勤。在他诸多的著述中，能呈现其解经思想的完整著作只有《东莱书说》《左氏传说》，《左氏博议》作为议论体著作，是吕氏典型的以心学解经之作。对其学术性质，学术界的看法也不尽一致。具体而言，从其学术侧重点看，他擅长研究《左传》，重视对历史文献的整理，所以有人认为婺学以史学见长；从其著作所反映的思想看，有学者认为他以心学思想研究经学，是以心学为主、绾史学和事功学于一身的学派；从其主持鹅湖之会、调和朱陆关系的角度，有学者认为他的思想和会朱陆，并不偏重某一家。笔者认为，研究吕祖谦的思想，还需从其著述入手，详细考察其对经典的态度，其注经的特点，以及其在经注中所反映的学术倾向。

吕祖谦英年早逝，但学术著述非常丰富。单就经而言，他编纂整理了《古周易》《周易音训》《周易系辞精义》，集众家之说而成《春秋集解》《吕氏家塾读诗记》。以义理解读《尚书》《左传》而有《东莱书说》二种、《左氏博议》、《左氏传说》、《左氏传续说》，讲课中留下的《春秋讲义》以及其门生所记录下的讲经语录。其中，在《东莱书说》《左氏传说》《续说》中，其心学思想初露端倪，而《左氏博议》则完全是以心学为指导思想来议论历史事件。

一、以理视经

北宋刘恕（1032—1078）曾考证，最初经史一体，未曾分家："历代

---

① 〔宋〕陈傅良：《止斋集》卷四十二，《景印文渊阁四库全书》，第1150册，第831页。

国史,其流出于《春秋》。刘歆叙《七略》,王俭撰《七志》,《史记》以
下皆附《春秋》。荀勖分四部,史记、旧事入丙部;阮孝绪《七录·记
传录》记史传,由是经与史分。"①也就是说,直到魏晋时期的荀勖
(?—289)将图书分成甲、乙、丙、丁四部(相当于今天的经、子、史、
集),经史才分家。《诗》《书》《礼》《易》《春秋》之所以被尊称为
"经",是因为经过圣人——孔子之手整理修订过,今文经学家更是认
为六经是孔子亲自创作而成。经者,常也,意味着这六艺从此就是万
世不易的典籍,其真理性毋庸置疑,其微言大义具有教化百姓、移风
易俗之功能。其原本作为史书的一面,汉唐以后鲜有人提及。吕祖
谦得中原文献之传,家学渊源深厚,又遍访名师,所以他治学不专主
一家。从兴趣出发,他更关注历史。在他看来,六经是经书,也是
史书。

1. 五经非圣人自为之

吕祖谦倾向于六经乃孔子删定,主张六经乃圣人所作,但圣人并
非凭空创作。他不认同今文学家排定的五经次序(《诗》《书》《礼》
《易》《春秋》)。

> 五经之作,非圣人自为之也,亦因民之所自有者为之也。夫
> 人之生不能无喜怒哀乐之情,喜怒哀乐之情,好恶美刺之所从生
> 也,是以有《诗》。盖《诗》者,民之情也。夫民之情虽易以放,而
> 其辞逊之心则固有也。因其固有之心而为之节文,则于是乎有
> 《礼》。礼者,敬而已矣。民一于敬则待上也过高,而自居也过
> 卑。高卑之相形,而上下之情暌,于是因其自卑之势也而有
> 《书》。《书》者,上之所以通乎其下也。上下之情通,而圣人之
> 应之也亦已劳,而民之求乎上者亦浸渍。于是因民之有吉凶悔

---

① 〔宋〕王应麟:《困学纪闻》卷十二,第261页。

吝也,而使之自取决于一筮,夫是以有《易》。《易》者,圣人洗心退藏之书也。嗟乎!至于《易》,圣人亦可以无事矣,而所以未免焉者,犹有《春秋》也。盖《春秋》之作,情已离,敬已衰,上下已乖,吉凶已贸,于是乎《春秋》终焉。是知《春秋》者,亦因民之相是相非而无断焉者也。吾病夫人以五经之作为圣人私意为之也。①

在吕祖谦看来,圣人作五经不是凭空杜撰,而是从民间百姓、社会生活而来。因百姓有喜怒哀乐等情感,就产生了好恶美刺等作品,于是就有了《诗》。情感容易放纵,但人天生具有辞让之心,用这固有的辞让之心节制情感,就产生了礼。礼的本质是敬。百姓把握不好"敬"这个度,待上时过于恭敬,自居时过于自卑,上下不通情,于是有了《尚书》。《尚书》作为政事之书,其作用在于上情下达。上下相通后百姓之事越来越多,圣人疲于应对,于是根据民众吉凶悔吝的各种情况,教他们用占卜的方式进行决断,就产生了《易》。《易》体现了圣人无一毫私意和欲念。至此圣人应该可以垂拱而治了,但随着上下之情乖离,民众之间的是非无法进行决断时,《春秋》就产生了。可见这五经的产生都不是圣人凭自己私意写就,而是随着形势与问题的不断发生和变化,依据民情而创作。从中也可见五经各有功能:《诗》用于美刺,《礼》用来节制规范,《书》则通乎上下人情,《易》以占卜,《春秋》断是非。五经按其产生的逻辑顺序应该是:《诗》《礼》《书》《易》《春秋》。

　　之所以冠《诗经》于六经之首,主要还在于《诗经》对其他五经的拯救意义:

---

① 〔宋〕吕祖谦:《五经论序》,《吕祖谦全集》,第1册,浙江古籍出版社2008年版,第879—880页。

二帝三王之《书》,羲、文、孔子之《易》,《礼》之仪章,《乐》之节奏,《春秋》之褒贬,皆所以形天下之理者也。天下之人不以理视经,而以经视经,刳剔离析,雕缋疏凿之变多而天下无全经矣。圣人有忧焉,泛观天壤之间,虫鸣于秋,鸟鸣于春,而匹夫匹妇欢愉劳佚,悲怒舒惨,动于天机不能已,而自泄其鸣于诗谣歌咏之间。于是释然喜曰:"天理之未凿者,尚有此存,是固匹夫匹妇胸中之全经也。"遽取而列诸《书》《易》《礼》《乐》《春秋》之间,并数而谓之六经。羁臣贱妾之辞,与尧、舜、禹、汤、文、武之格言大训并列而无所轻重。圣人之意,盖将举匹夫匹妇胸中之全经以救天下破裂不全之经,使学者知所谓《诗》者,本发乎闾巷草野之间,冲口而发,举笔而成,非可格以义例而局以训诂也。义例训诂之学至《诗》而尽废,是学既废,则无研索扰杂之私以累其心。一吟一讽,声转机回,虚徐容与,至理自遇,片言有味而五经皆冰释矣。是圣人欲以《诗》之平易而救五经之支离也。①

六经中,《诗》是最晚被圣人整理而与其他五经并列为"经"的。五经是表现天下义理之书,但是天下人却"以经视经",而不"以理视经",格以义例,局以训诂,看不见经所蕴涵的道理,导致六经之义旨支离破碎。圣人(主要指孔子)为此很忧虑,他观察田野间普通民众劳动之余把他们的喜怒哀乐等情感尽数以诗歌的方式发泄出来,于是大喜:原来此理存于匹夫匹妇的心中!于是将这些诗歌编成书,与其他五经并列。孔子之意,就是要告诉人们,六经所表现的不过皆是天下平常普通的道理,只有摆脱训诂义例的束缚,才能真正理解六经之至理。就如《诗三百》,不过是民间匹夫匹妇心中之理的自然流露,本来平易好懂,但学者桎梏于训诂考据,《诗》之旨意全失。只要完全摆脱

---

① 《左氏博议》卷十三,《吕祖谦全集》,第6册,第333—334页。

训诂义例,反复吟咏,自然能体会到《诗》之理。其余五经亦是如此,不必穷研极索,只要反复诵读,自然知味——孔子将普通劳动人民的歌咏著为经,与圣王之格言大训并列,就是为了启发人们该如何看待其他五经。

《诗》源于民间普通民众的创作,将其义理与其他圣王之经典所表现的义理相并列,以此表明六经并不神秘,就在我们的日常生活中。因此人人都可解经,经不应该只属于庙堂。"以理视经"则表明,吕祖谦其实并不赞同依赖训诂义例去理解经典,而要求用自己的心去体悟——因为六经之理其实就是匹夫匹妇心中之理。

2. 亦经亦史

《诗》采录了周朝各国之民风,《尚书》记载了尧舜至周朝帝王之言行,用今天的眼光看无异于是研究上古时期的史料。被尊为"经"以后,人们注重挖掘其中的微言大义、教化功能,讳言其为史书。吕祖谦则不回避这一点,在他眼里,《诗经》《尚书》不仅是经书,也是史书,《左传》就更是史书。张栻曾写信请教吕祖谦,读史书该从何处入手,东莱回信说:

> 观史先自《书》始,然后次及《左氏》《通鉴》,欲其体统源流相承接耳。①

明言《尚书》乃是史书,而且是历史之源头,《左传》《资治通鉴》都是接着《尚书》往后记载的。《诗》既然是表现风土民情之书,从中自然可见当时的实际状况和民风的变化。

> 看《诗》即是史,史乃是实事。如《诗》甚是有精神,抑扬高

---

① 《与张荆州》,《东莱吕太史文集》卷七,《吕祖谦全集》,第1册,第395页。

下,吟咏讽道,当时事情可想而知。①

《诗》采自民间,所记录的都是事实,属于实录,这一点和史书的性质一致,所以《诗》也反映了历史。读《诗》时,"不要思量过多,须识得当时意"②。所谓"当时意"是指当时诗人的性情、所思所想和气象。

> 《诗》三百篇,大要近人情而已。
>
> 诗者,人之性情而已,必先得诗人之心,然后玩之易入。
>
> 大抵人看《诗》,不比诸经,须是讽咏诗人之言,观其气象。③

《左传》虽然列入"十三经",但吕祖谦始终以之为史书,与其他史书如《史记》《汉书》《五代史》等相提并论。

> 学者观史各有详略,如《左传》《史记》《前汉》三书皆当精熟细看,反覆考究,直不可一字草草。
>
> 一部《左传》都不曾载一件闲事,盖此书是有用底书。学者看得《左传》熟时,以下诸史条例,亦不过如此。④

吕祖谦一生于《左传》用力最勤,不仅以义理对经文一一进行解说,形成《左氏传说》《续说》,而且作《左氏博议》对之进行评点。

尽管如此,从地位上讲,《诗》《尚书》仍然是经。

> 《书》者,尧、舜、禹、汤、文、武、皋、夔、稷、契、伊尹、周公之精

---

① 《东莱吕太史史外集》卷五,《吕祖谦全集》,第 1 册,第 729 页。
② 同上注,第 721 页。
③ 《丽泽论说集录》卷三,《吕祖谦全集》,第 2 册,第 112、114 页。
④ 《左氏传续说纲领》,《左氏传续说》,《吕祖谦全集》,第 7 册,第 1 页。

神心术尽寓其中,观《书》者不求其心之所在,何以见《书》之精
微? 欲求古人之心,必先尽吾心,读是书之纲领也。①

《尚书》之所以是经,主要原因有二:第一,《尚书》的内容体现了自尧
至周公圣圣相传的精神心术,观看该书不是仅了解史实人情,更重要
的是体会其背后蕴藏的圣人思想。如《尧典》首句"曰若稽古帝尧,
曰放勋。钦明文思安安",吕祖谦认为"放勋"并非尧的名字,"勋者,
凡天地万物成理之著见者也,尧则依放之而已。尧治天下,一顺天地
万物之成理,初未尝加一毫人力于其间",体现了帝尧垂拱而治的圣
人气象。文中的"钦"字,"乃尧作圣之工夫也。圣圣相传入道门户,
莫要切于此"。可见,作为史书,从中可知尧为君之史实;作为经书,
从中可读出此篇之纲目,就是"钦"之一字。如此一来,经文以下所讲
就不再是仅仅描写尧的为人,而是"言尧盛德之大纲"。②第二,《尚
书》每一篇正文之前都有孔子作的"序",高度概括全篇之旨。如"昔
在帝尧,聪明文思,光宅天下。将逊于位,让于虞舜,作《尧典》"就是
孔子为首篇《尧典》所作的"序",其中"聪明文思,光宅天下。将逊于
位,让于虞舜"是《尧典》全篇的大旨。孔子以"聪明文思"形容尧德,
表明"天下虽大,无非在尧盛德光辉之内"③,正因其有此盛德,才会
视天下如敝屣,逊位于舜。《尚书》经孔子作序,其意义就不同凡响,
每一篇的"纲领"需要尽心体究,篇中包含的圣王思想需要用心体会,
不然读不出经的精微之意。

其他经书亦各有其微言大义。吕祖谦曾谈到自己的读书体会:

六艺之文,学之大端也,天地之间备矣。……读《诗》及

---

① 《增修东莱书说》卷一,《吕祖谦全集》,第3册,第21页。
② 以上引文见《增修东莱书说》卷一,《吕祖谦全集》,第3册,第22—23页。
③ 《增修东莱书说》卷一,《吕祖谦全集》,第3册,第21页。

《书》，以涵养性情。每念古人君臣父子之间，反覆规诲，词意恳
恻；想见当时忠厚气象，使人感动，为之出涕。观《春秋》，见圣人
之于治乱名义之间，凛乎其不可犯也。……及参于《左氏传》，见
一时良大夫能持友其国者，又皆一出于礼，而国之安危，人之寿
夭，又皆以礼观之，然后喟然叹曰："甚哉！礼之大者，国之天，民
之命也。"若《周官》，则余所素习。周之礼乐，本末悉备，真兴王
之大典也。《戴记》虽杂识不伦，然其间多格言。守其言，可以为
士君子；充其道，可以为圣人。洋洋乎大哉，不可尚矣。王者备
矣，然后归老于《易》。此余之素志也。余尝学《易》矣，窥其门
墙之外，皆圣人忧世之语，而未及其窔奥也。①

学问之始，始于六经。读《诗》《书》可以涵养性情，通过经书中的记
载想象当时君臣父子之间情词恳切、反复规劝的忠厚气象。《春秋》
讲大义名分，凛然不可侵犯。《左传》强调以礼持国，从中可体会到当
时的人们是如何通过守"礼"与否来判断国之安危、人之寿夭的。
《周礼》记载周朝之礼乐制度，乃"兴王之大典"。《礼记》洋洋大观，
恪守其格言可成为士君子，发扬其礼乐之道，就可成圣人。《易》，初
学就领会到了圣人的忧世之语，其深奥妙处需深入研究。所以绝不
能把《诗》《书》《左传》单纯看成记录史实的史书，而更应该读出其精
微之义，用以涵养，用以教化。

争议最大的当属《春秋》。《春秋》本是鲁国的史书，但经过孔子
的笔削，就具有了褒贬之义。吕祖谦批评后世只看到了《春秋》褒贬
之义，却不知其经世之用："后世以史看《春秋》，谓褒善贬恶而已，至
于经世之大法则不知也。"②所谓"经世大法"，实际上就是指王道。

---

① 《读书记》，《吕祖谦全集》，第 1 册，第 870 页。
② 《春秋》，《大事记解题》卷一，《吕祖谦全集》，第 8 册，第 232 页。

　　春秋之时，人欲肆，天理灭，泯泯棼棼，瞀乱昏惑，夫子不得已而标"王"之一字出诸"正月"之上，然后天下知自隐至哀二百四十二年之间予夺褒贬，无非王道之流行；自岁首至岁穷三百六旬之间视听食息，无非王道之发见。①

可见《春秋》实王道之书，尊王道，明人伦，可以经世致用。因此，他在编排《大事记》时，先列其事之目，不具褒贬抑扬含义。但在每一目下他都写了《解题》，是为初学者所设，不求新奇，用词浅显，但"畜德致用，浅深大小，则存乎其人焉"②。他用"解题"的方式传达《春秋》经的经世之道。

二、读经多于读史

　　北宋诸儒注重以义理解经，出自心得，却也颇有标新立异之意。对汉唐注疏，他们也多有微词，于是出现了鄙薄汉唐注疏的现象。但是二程批评汉儒"泥传注"，却不曾主张完全废除传注，他们本人读书时也是逐行看过。吕祖谦对那些不读传注的人提出批评："近时多忽传注而求新说，此极害事。后生于传注中，须是字字参考始得。"③只有参看先儒议论，才能提高学养："后生看先儒议论，则养得厚。"④不光要参看汉唐传注，本朝以义理解经突出的著作，也应该研读：

　　　　所当朝夕从事者，程氏《易传》，范氏《唐鉴》与夫谢氏《论语》、胡氏《春秋》之类。⑤

---

① 《春秋讲义·春王正月》，《东莱吕太史别集》卷十三，《吕祖谦全集》，第1册，第547页。
② 《春秋》，《大事记解题》卷一，《吕祖谦全集》，第8册，第231页。
③ 《东莱吕太史外集》卷五，《吕祖谦全集》，第1册，第729页。
④ 同上注，第721页。
⑤ 《答聂与言》，《东莱吕太史别集》卷十，《吕祖谦全集》，第1册，第498页。

　　《中庸》且专看龟山解为佳。①

二程的《程氏易传》、谢良佐的《论语解》、胡安国的《春秋传》、杨时的
《中庸解》均是以义理解经之作,范祖禹的《唐鉴》则是史评,在当时
影响都非常大。研读先儒著述是为了提高学养,并不是盲从。读者
需要学会自己判断传注是否得当。如他就认为杨时论《论语》"夫子
为卫君"一段,"甚未剖判分明。公子郢当立,无可辞者"②。当然,能
自己做出判断,需要日积月累,学问达到一定程度后才能做到。
　　吕祖谦主张为学应先立志向,然后循序渐进,尤其对于初学者,
"大抵为学,须先识得大纲模样,使志趣常在这里。到做工夫,却随节
次做去,渐渐行得一节又问一节,方能见众理所聚"③,"后学读书,未
曾识得目前大略,便要说性命,此极是害事。为学自有等级,先儒至
说性命,不知曾下几年工夫方到"④。所以有些书是不适合初学者读
的:"初学欲求义理,且看上蔡《语》、《阃范》、伊川《易》,研究推索,自
有所见。若荆公《新说》,张纲《书》,刘君举《诗》,耿南仲《易》,方、
马二氏《礼记》,陈晋之《孟子》,张子韶《论语》,吕吉甫《庄子》,皆不
当看也。"⑤有些书属于"用意太切,立说太高"之类,不适合初学者,
而适合学问上有一定造诣的人。
　　虽然吕祖谦本人的兴趣在史书上,但他还是提倡"读经多于读
史"⑥。同时认为读懂一经,其他经书可触类旁通:

　　　　学者当先治一经,一经既明,则诸经可触类而长之也。史当

　　① 《与学者及诸弟》,《东莱吕太史别集》卷十,《吕祖谦全集》,第 1 册,第 504 页。
　　② 《丽泽论说集录》卷九,《吕祖谦全集》,第 2 册,第 249 页。
　　③ 《门人周公谨所记》,《东莱吕太史外集》卷五,《吕祖谦全集》,第 1 册,第 722 页。
　　④ 《己亥秋所记》,《东莱吕太史外集》卷五,《吕祖谦全集》,第 1 册,第 728 页。
　　⑤ 《门人所记杂说二》,《丽泽论说集录》卷十,《吕祖谦全集》,第 2 册,第 254 页。
　　⑥ 《与叶侍郎正则》,《东莱吕太史外集》卷五,《吕祖谦全集》,第 1 册,第 710 页。

自《左氏》至《五代史》依次读,则上下首尾洞然明白。至于观其他书,亦须自首至尾,无失其序为善。①

吕祖谦主张在读经时,应先抓住经书之"纲领"或者"纲目",则经书内容可触类而推。比如:

《尧典》,乃一书之纲领也。通《尧典》,其他可触类而推之。②

读《易》,只识个"易",便是纲目。③

《周》《召》乃《诗》之纲领,《乾》《坤》乃《易》之门。④

《大学》致知,《中庸》明善。⑤

所谓提纲挈领,纲举目张,即是此意。他在解《尚书》和作《春秋解题》时,经常将一篇中的纲领指出来,便于研习者领悟。这也是吕祖谦自己的研究所得。

三、经史中的"精神心术"

吕祖谦的心学思想集中在《左氏博议》《左氏传说》《左氏传续说》《东莱书说》里。《左传》作为《春秋》三传之一,其性质一直备受争议。司马迁认为《左传》乃是鲁国左丘明"因孔子史记具论其语,成《左氏春秋》"⑥,是具有阐释《春秋》旨意的解"经"之"传"。刘歆

---

① 《杂说》,《东莱吕太史外集》卷五,《吕祖谦全集》,第 1 册,第 715 页。

② 《东莱先生书说》卷一,《吕祖谦全集》,第 3 册,第 456 页。

③ 《丽泽论说集录》卷十,《吕祖谦全集》,第 2 册,第 252 页。

④ 《东莱吕太史外集》卷五,《吕祖谦全集》,第 1 册,第 726 页。

⑤ 《丽泽论说集录》卷五,《吕祖谦全集》,第 2 册,第 153 页。

⑥ 〔汉〕司马迁:《十二诸侯年表第二》,《史记》卷十四,中华书局 2014 年版,第 648 页。

《文心雕龙·史传》也说：

> 　　昔者夫子闵王道之缺，伤斯文之坠，静居以叹凤，临衢而泣麟，于是就太师以正《雅》《颂》，因鲁史以修《春秋》。举得失以表黜陟，征存亡以标劝戒。褒见一字，贵逾轩冕；贬在片言，诛深斧钺。然睿旨幽隐，经文婉约。丘明同时，实得微言，乃原始要终，创为传体。传者，转也。转受经旨，以授于后。实圣文之羽翮，记籍之冠冕也。①

　　刘勰认为《左传》是以传体的方式来阐发《春秋》的幽旨微言。但是《左传》又不像《公羊传》《穀梁传》那样随文解经，而是详细记载历史事件。有的没有经文，但《左传》却补充了史实，成为"无经之传"。至宋代，宋儒认为《左传》"传事不传义"，史详而经略，所以认为它是史书。如朱熹就说："以三传言之，《左氏》是史学，《公》《穀》是经学。"②吕祖谦并没有停留在历史层面去解说史实，而是深入挖掘史书中的义理，经史结合，相较其他人只把《左传》当史书，自有特殊意义和价值。

　　两宋理学围绕理气心性等范畴展开议论，张载关学以气，二程洛学以天理，湖湘胡宏以性，张九成以心作为宇宙最高的本体，万物之本源，从而形成不同的理论体系。吕祖谦借题发挥，在《左氏博议》中对以上范畴都有讨论，但综合其义，却是以"心"为本体，以心学解经。

（一）心主宰气

　　《左传·庄公四年》记载楚武王伐随一事，传文如下：

---

① 〔梁〕刘勰：《史传第十六》，《文心雕龙注释》，周振甫注，人民文学出版社 1981 年版，第 169 页。
② 〔宋〕黎靖德编：《朱子语类》卷八十三，第 2152 页。

　　楚武王荆尸，授师子焉，以伐随。将齐，入告夫人邓曼曰：
"余心荡。"邓曼叹曰："王禄尽矣。盈而荡，天之道也。先君其
知之矣。故临武事，将发大命，而荡王心焉。若师徒无亏，王薨
于行，国之福也。"王遂行，卒于樠木之下。令尹斗祁、莫敖屈重
除道梁溠，菅军临随。随人惧，行成。莫敖以王命入盟随侯，且
请为会于汉汭而还。济汉而后发丧。

此段没有对应的经文，属于"无经之传"。这段传文叙述了楚武王在
讨伐随国之前，对夫人邓曼说自己心跳不安。夫人据此断言他寿命
将尽，后来他果然死于行军途中。楚武王为何会心荡？吕祖谦以心
与气的关系进行解释："气听命于心者，圣贤也；心听命于气者，众人
也。""志者，气之帅也。""圣贤君子以心御气，而不为气所御；以心移
气，而不为气所移。"①心和气之间，心主宰气。涵养心志，血气就会
变成浩然之气。养还是不养，是圣贤君子与小人的区别。楚武王最
初四处征战，从未心荡过。但是他不懂得治心之理，不知道培养自己
的浩然之气，所依仗的不过是方刚之血气。现在心随气变，心被血气
所役使。心跳动不安，说明血气动荡，死期将至。夫人邓曼虽然预感
他福禄将尽，但给出的理由是"盈而荡，天之道也。先君其知之矣。
故临武事，将发大命，而荡王心焉"②，一是归因于天道，二是归因于
鬼神（先君）。祖谦认为这都是从外部找原因，而忽视了真正的原因：

　　邓曼惟不能知，既归之于天，又归之于鬼神。抑不知心即天
也，未尝有心外之天；心即神也，未尝有心外之神，乌可舍此而他
求哉！心由气而荡，气由心而出。蟊生于稼，而害稼者蟊也。蚋

① 《左氏博议》卷五，"楚武王心荡"，《吕祖谦全集》，第6册，第107页。
② 同上注，第106页。

生于醯,而败醯者蚋也。气出于心,而荡心者气也。邓曼区区四顾而外求,犹贼在同室,反执市人而讯之,愈讯而愈失矣。①

邓曼将武王心荡的原因归于天和鬼神,在吕祖谦看来,这是既不知天,也不知鬼神。所谓天,所谓鬼神,其实就是人心,就在人心中,心外无天,心外无鬼神。武王心荡,是因为体内之血气使然,心因血气而动荡。戕害本心的是血气,血气由心而生,所以平时应善于养气。"苟失其养,则气为心之贼;苟得其养,则气为心之辅。"②武王如果早明白这个道理,就不会临事心荡了。

先秦之人经常用天命、鬼神等这些神秘莫测的元素去解释一些说不清的现象,很有未卜先知的味道。吕祖谦"心即天也,未尝有心外之天;心即神也,未尝有心外之神"则把天道、鬼神因素统统归到人身上,强调修心养气,体现了理性的回归和人性的觉醒,是典型的心学。

(二) 心即道

上述心气关系还只是就人而言,在吕祖谦,心不仅主宰血气,而且心本身就是道。《左传·僖公七年》载"齐桓公辞郑太子华"之事:秋季,鲁、齐、宋、陈和郑国的世子华在宁母结盟,策划进攻郑国。子华以讲和为条件想借齐国之手除掉国内泄氏、孔氏、子人氏三族,齐桓公贪利欲答应,被管仲劝阻,最后桓公拒绝了子华的请求。子华因此得罪母邦。子华作为郑国的世子,居然想里应外合削弱自己的国家,这是赤裸的卖国行为,最终被杀。对此,东莱议论说:

道无待,而有待非道也。……举天下之物,我之所独专而无

① 《左氏博议》卷五,"楚武王心荡",《吕祖谦全集》,第6册,第107—108页。
② 同上注,第108页。

待于外者,其心之于道乎! 心外有道,非心也;道外有心,非道也。心苟待道,既已离于道矣。待道且不可,况欲待于外哉!①

一般而言,事物都有与其对等的另一面,是谓"有待"。但"道"作为最高的存在,没有与之对等的范畴,有对等就意味着不是最高了。吕祖谦认为,举天下之物,我所独有而处于最高地位、没有对等范畴的,就是"心"。心即是道,道即是心,无心外之道,也无道外之心。心和道不是"对待"的关系,而是一而二、二而一的关系——心具有与道同等的本体意义。

心、道无待的理论有何意义呢? 管仲劝阻齐桓公削弱郑国的理由之一是,"夫合诸侯,以崇德也。会而列奸,何以示后世? 夫诸侯之会,其德刑礼义,无国不记。记奸之位,君盟替矣。作而不记,非盛德也。"②意思是说,合会诸侯,是为了尊崇德行。诸侯合会而让子华这样的奸邪之人列会,怎么向后世交代? 诸侯和会,他们的德行、刑罚、礼仪、道义,所有国家都会记载。如果记载了奸邪之人列会这样的事,君盟是不算数的。但有会盟而不记载,也不是什么盛美之事。吕祖谦评价管仲此言:"何其不知本也!"管仲不能以"道"正君心,而以史书之毁誉制约君心,这是依靠外在的力量导人为善。假如自古没有史官,诸侯也没有史籍,这外在的力量不存在,那拿什么去制约国君呢? 圣人设立左右史记其言动,其目的难道是要依靠外力制约自己吗? "非然也。恃史册以自制者,固待外也;视史册为外物者,亦未免有外也。至理无外,藩以私情,蔀以私智,始限其一身为内而尽弃其余为外物。乃若圣人之心,万物皆备,尚不见有内,又安得有外耶? 史,心史也;记,心记也。推而至于盘盂之铭,几杖之戒,未有一物居

① 《左氏博议》卷十,"齐桓公辞郑太子华",《吕祖谦全集》,第 6 册,第 239—240 页。
② 同上注,第 239 页。

心外者也。"①视史册为外物,依靠它来约束,这就是"有待",而心是无待的。有待之物怎能约束无待之心? 所以,要约束无待之心,还要靠"心"自己。所谓的史书、记录,无不是心之史、心之记,只不过是以外在的形式表现出来罢了。就如盘盂之铭,几杖之戒,均属心外之物,如果自己的"心"不主动涵养、修养,这些铭、戒真的会起作用吗? 所以,人之向善,归根结底要在心上用功。

"心外有道,非心也;道外有心,非道也",以心为道,已经是将心作为最高的本体了。正因为心为本体,所以万物皆备于我,天地万物皆是我心的外化。春秋时期,卜筮盛行,楚人尤信筮龟之术。然而《左传·哀公十八年》记载"巴人伐楚,楚卜帅"之事,楚王却没有事事都占卜,而是仅凭子国任右司马的那一次卜筮(卜的结果是"如志"),便命子国为帅,"勤先君者"寝尹、工尹为辅佐,大败巴人,子国受封。对此《左传》称赞楚惠王"知志"。对这件事,吕祖谦评价曰:

> 圣人备万物于我,上下四方之宇,古往今来之宙,聚散惨舒,吉凶哀乐,犹疾痛疴痒之于吾身,触之即觉,干之即知。清明在躬,志气如神,嗜欲将至,有开必先。仰而观之,荧光德星,欃枪枉矢,皆吾心之发见也;俯而视之,醴泉瑞石,川沸木鸣,亦吾心之发见也;玩而占之,方功义弓,老少奇耦,亦吾心之发见也。未灼之前,三兆已具;未揲之前,三易已彰。龟既灼矣,著既揲矣,是兆之吉乃吾心之吉,是易之变乃吾心之变。心问心答,心叩心酬,名为龟卜,实为心卜;名为著筮,实为心筮。水中之天,即水上之天也;鉴中之面,即鉴外之面也;著龟之心,即圣人之心也。……是心之外,岂复有所谓著龟者耶!②

---

① 《左氏博议》卷十,"齐桓公辞郑太子华",《吕祖谦全集》,第 6 册,第 240—241 页。
② 《左氏博议》卷八,"巴人伐楚楚卜帅",《吕祖谦全集》,第 6 册,第 180—181 页。

万物皆备于我,宇宙万物皆是我心的外在表现。蓍筮龟卜也是我心之发见,就如天映在水中,脸映在镜子里一样,那些占卜的结果实际上是我心自己问答的结果。吕祖谦论证说,古先圣王占卜,都是先断意后用龟。舜之《训》曰"卜不习吉","一吉之外,无他语也";大禹之《畴》曰"龟从筮从","一从之外,无他语也";武王之《誓》曰"朕梦协朕卜","一协之外,无他语也";周公之《诰》曰"卜涧水东瀍水西,惟洛食","一食之外,无他语也"。可见古人都是求吉凶于内心,并非真的依赖蓍史。只是到了后世如春秋时代,才求吉凶于心外,心中越怀疑,占卜之说就越穿凿,而占卜结果就越不灵验。有人提出疑问:《左传》记载的卜筮之事,都"巧发奇中,动心骇目",怎么能说不灵验呢?[1]吕祖谦回答得很客观:《左传》所记前后达二百四十二年,期间上自诸侯下至百姓,其卜筮之数不啻数万,而《左传》所记不过数十事,应该是把灵验的都记下来了。这数十事集中在一本书里,显得很多,若散在二百四十二年中,恐怕就希阔寂寥、绝无仅有。那些荒诞无验、不传于时、不录于书者,不知凡几! 人们通常说"信则有,不信则无",心中有什么,就会出现什么,卜筮的结果都是心中所思所想的结果。

(三) 天理不在人心之外

那么二程所拈出的"天理"又是什么样的概念呢? 吕祖谦借《左传》隐公十一年颍考叔争车导致身死之事,论曰:"理之在天下,犹元气之在万物也。"[2]元气与万物是一和多的关系,理与天下之事亦然。但人与物有本质的区别:物禀气之偏,故始终只能是一物,不能相通;人则能得气之全,故能全天下之理于一身,就看人能否于一善推而广之。颍考叔以孝闻名,却不能推广此德于其他方面,因为争一车而招

---

[1] 以上所引见《左氏博议》卷八,"巴人伐楚楚卜帅",《吕祖谦全集》,第 6 册,第 181 页。

[2] 《左氏博议》卷三,"颍考叔争车",《吕祖谦全集》,第 6 册,第 58 页。

致杀身之祸,实在可惜。理的存在是有条件的,理与事相对应,"有是事,则有是理;无是事,则无是理"①,"事"是理的载体,二者是皮和毛的关系。这说明理是有待的,离不开具体事物。那么本体意义的"天理",是否也有待呢?"天理不在人心之外。"②天理乃人"心"之理,遇事而发,"遇亲则为孝,遇君则为忠,遇兄弟则为友,遇朋友则为义,遇宗庙则为敬,遇军旅则为肃"③。天理不是独立于人心之外的客观存在,而是人心之本然实有,没有人、人心的存在,就无所谓天理。可见,天理也是有待的。

二程以天理和人欲解释道心和人心。对此,吕祖谦并不接受,他解释道:

> 人心,私心也,才私则胶胶扰扰,自不能安。道心,善心、良心也,乃本然之心,微妙而难见也。此乃本心之定体。一则不杂,精则不差,此又下工夫处。既指他定体,又教他下工夫处,然后允能执是中也。④

人心道心是"心"的两个方面。道心即本心,是从心的本质上说的;人心则是指私心,本心被欲望蒙蔽即是私心。精、一是指工夫,本心不杂一毫私欲,原原本本,就能持中道而行了。所以,这"十六字心传"讲的就是心之本体和工夫,是在"心"上下功夫,而不是向外格物穷理。《大学》为二程所推崇,以为是"初学入门之书",朱熹重新编订《大学》次序,并分出经传,从"格物致知"至"平天下"被称为"八目",并认为为学就应按照这八个条目次第进行。对此,吕祖谦提出

---

① 《左氏博议》卷五,"祭仲杀雍纠楚杀子南",《吕祖谦全集》,第 6 册,第 95 页。
② 《增修东莱书说》卷二十一,"酒诰",《吕祖谦全集》,第 3 册,第 280 页。
③ 《左氏博议》卷三,"颍考叔争车",《吕祖谦全集》,第 6 册,第 58 页。
④ 《严修能手写宋本东莱书说》卷三,《吕祖谦全集》,第 3 册,第 504 页。

异议:

> 《大学》固是以致知为本,然人之根性有利钝,未能致知,要
> 须有个棲泊处。"敬"之一字方是。①
> 以立志为先,以持敬为本。②
> "敬"之一字,乃学者入道之门。敬也者,纯一不杂之
> 谓也。③

在吕祖谦看来,《大学》说的"致知"乃是一个长期的过程,人的根性有快有慢,那些没有致知的该如何自处?格物致知毕竟是"道问学"的过程,比道问学更重要的应该是"尊德性","以立志为先"。心志如何,决定着致知的落脚点。然后"以持敬为本",涵养本心,没有私心杂念,如此问学才能走上正道。心正则一切皆正。虽然吕祖谦主持鹅湖之会,意欲调和朱、陆,但在他心目中,"尊德性"和"道问学"相比,前者更为重要。

(四) 心为仁体

对于心与性的关系,他分析说:"心犹帝,性犹天。本然者谓之性,主宰者谓之心。工夫须从心上做。故曰'尽其心者知其性'。"那么该如何尽心?答曰:"心体广大,今人何尝能尽?须是与天地同。"④性是从本然、本质的意义上说的,而心是从主宰意义上讲的。因为心为主宰,故应在心上下工夫。尽心则自然知性。但心体至大,如何能尽?就需要扩充心体,去体会那天人合一、物我一体的境界。只有先具备承载整个宇宙的胸怀,包容一切,含摄万千,才能真正深

---

① 《门人集录礼记说》,《丽泽论说集录》卷五,《吕祖谦全集》,第 2 册,第 153 页。
② 《门人所记杂说二》,《丽泽论说集录》卷十,《吕祖谦全集》,第 2 册,第 252 页。
③ 同上注,第 256 页。
④ 《门人所记杂说一》,《丽泽论说集录》卷九,《吕祖谦全集》,第 2 册,第 244 页。

切体会到本心的最高本体意义。

"仁"作为孔子思想的核心，发展到宋代，其内涵日益丰富，和其他德行相比其地位也不断提高，直有上升成为宇宙本体的趋势。朱熹曾就"仁"字之义以及当时流行的以爱、以公、以觉言仁的思想致信吕祖谦，询问他的看法。吕祖谦回信说："指其用则曰爱，指其理则曰公，指其端则曰觉，学者由此皆可以知仁。若直以爱、以觉为仁，则不识仁之体，此所以非之。孟子曰'仁，人心也'，此则仁之体也，程子以为性，非与孟子不同，盖对情而言。情之所发，不可言心，程子之言非指仁之体，特言仁属乎性尔。"①在此，吕祖谦综合了各家的学说，认为爱、公、觉都是从不同角度对仁的阐释，都有助于人们理解仁。他自然不同意直接以爱、以觉为仁，但也不否定爱和觉对仁的意义。以爱为仁之用、觉为仁之端是他对湖湘学派胡实思想的吸收。胡实在与朱熹等人辩论时坚持谢良佐的思想："'心有所觉谓之仁'，此谢先生救拔千余年陷溺固滞之病，岂可轻议哉！"并认为："以爱名仁者，指其施用之迹也。以觉言仁者，明其发见之端也。"②吕祖谦认为爱和觉都不是仁之本质（"体"），心才是，也就是孟子说的"仁，人心也"。这句话体现了吕祖谦心为仁体的思想。

针对朱熹对谢良佐、张九成以觉言仁的抨击，吕祖谦为谢、张辩解道："以觉为仁则诚不可，若所谓天民之先觉，固非'觉'字不道著也。"——"觉"并非出自佛教，而是来自《孟子》，孟子就自称是"天民之先觉"，"欲将以斯道觉斯民"。"以觉为仁"可能从立意起点上有些高，但是用"觉"表达本心的觉醒、觉悟、知觉就是"仁"，与麻木不仁相对，却也很形象准确。吕氏指出，学问之难，高者容易堕入玄虚，平庸者又易流于章句。高者入于异端，平庸者则浸失其传。朱熹对

① 《答朱侍讲所问》，《东莱吕太史别集》卷十六，《吕祖谦全集》，第1册，第595页。
② 〔清〕黄宗羲、全祖望等编：《五峰学案·广仲问答》，《宋元学案》卷四十二，第1385页。

二者都大力抨击,固然有助于"深抉穷大失其所居、无所倚著之病","然天下事未尝无对,惩创太过,独不思倚著之病乎?"①既然以觉为仁有助于人们认识"仁"之内涵的多层次性,又何必对之惩创太过呢!

对于朱陆之间的分歧,他认为二者各有所长:"讲贯诵绎,乃百代为学通法,学者缘此支离泛滥,自是人病,非是法病;见此而欲尽废之,正是因噎废食。然学者苟徒能言其非,而未能反己就实,悠悠汩汩,无所底止,是又适所以坚彼之自信也。"②朱熹主张的"讲贯诵绎"的方法本身是没问题的,若由此而导致支离泛滥乃是人的过失,而不是方法的问题;但讲贯诵绎最终还是要"反己就实",最终成为"为己之学",并落实到实践中,否则容易流于泛泛,没有归宿。吕祖谦对朱、陆的态度,黄震《黄氏日抄》的论述颇值得玩味:"晦翁与先生同心者,先生辩诘之不少恕;象山与晦翁异论者,先生容下之不少忤。"③他认为吕祖谦"调娱"于朱陆之间,使双方都认识到了自己的问题,实在大大有功于斯道。这正是吕祖谦学问上一丝不苟、兼容并蓄之处,也是婺学的特点。

综合以上分析,吕祖谦在张九成、史浩的基础上,对心与气、理、性之间的关系都给予了明确的定位。他深入挖掘蕴藏在经史中的圣人之"精神心术",以"心"作为最高的本体,以敬作为涵养本心的工夫,提倡经史结合,力图避免朱、陆学说易流于支离或空疏的弊端。他主张从多个角度去理解"仁",为张九成以觉训仁的观点进行辩护,体现了他兼容并蓄的学术态度。

---

① 以上引文见《答朱侍讲所问》,《东莱吕太史别集》卷十六,《吕祖谦全集》,第 1 册,第 597 页。
② 《与邢邦用》,《东莱吕太史别集》卷十,《吕祖谦全集》,第 1 册,第 500 页。
③ 《杂说》,《黄氏日抄》卷四十,《黄震全集》,第 1447 页。

第三节　杨　简

史浩所推荐十五人中,"甬上四先生"中就有三位:杨简、袁燮和舒璘。吕祖谦去世后,其弟吕祖俭(字子约,受业于吕祖谦)讲学于四明(今浙江宁波)。"时明州诸先生多里居,慈湖开讲于碧沚,沈端宪讲于竹洲,絜斋则讲于城南之楼氏精舍,惟舒文靖以宦游出。先生以明招山中父兄中原文献之传,其于诸讲院,无日不会也。甬上学者遂以先生代文靖,亦称为四先生。"①可以说,是吕祖俭将吕祖谦的学问带到了四明。"甬上四先生"中,寿数最长、影响最大的是杨简。

杨简(1141—1226),字敬仲,慈溪人,人称慈湖先生。中乾道五年(1169)进士,调富阳主簿。陆九渊过富阳,以扇讼之喻与其订证本心,遂师事象山。卒谥文元。

一、杨简的学术渊源

通常认为,因杨简曾正式拜陆九渊为师,所以不仅他的思想,而且以他为代表的浙江心学也来自陆九渊。但根据其问学经历、思想特色,就会发现杨简思想虽与陆九渊有关,但更多来自家传和浙江心学传统。关于杨简的问学经历,在其弟子钱时所作《行状》中有详细论述:

> 初,先生在循理斋。当入夜,灯未上。忆通奉公训,默自反观,已觉天地万物通为一体,非吾心外事。至是文安公新第归,

---

① 〔清〕黄宗羲、全祖望等:《东莱学案》,《宋元学案》卷五十一,第 1681 页。

来富阳。长先生二岁，素相呼以字，为交友。留半月，将别去。
则念天地间无疑者，平时愿一见，莫可得，遽语离乎？复留之。
夜集双明阁上，数提本心二字，因从容问曰："何谓本心？"适平旦
尝听扇讼，公即扬声答曰："且彼讼扇者，必有一是有一非。若见
得孰是孰非，即决定谓某甲是、某乙非矣。非本心而何？"先生闻
之，忽觉此心澄然清明，亟问曰："止如斯耶？"公竦然端厉，复扬
声曰："更何有也？"先生不暇他语，即揖而归。拱达旦，质明，正
北面而拜，终身师事焉。每谓某感陆先生尤是，再答一语更云
云，便支离。……淳熙元年春，丧妣氏，去官。居垩室，哀毁尽
礼。后营圹车厩，更觉日用酬应未能无碍。沉思屡日，偶一事相
提触，亟起，旋草庐中，始大悟变化云为之旨，纵横交错万变，虚
明不动，如鉴中象矣。①

明人周广将其经历概括为"受之庭训，悟之扇讼，而大有得于静观体
会之余"②，即杨简学问首先得自家传，其次受陆九渊启发，最终自
得于静观体验工夫。这说明，在陆、杨会面之前，杨简的心学思想已
经形成，并不是从订证本心之后才开始接受心学的，他的学问也不是
完全来自陆九渊。

　　杨简思想首先得自家传。他的父亲杨庭显（1106—1188，字时
发，人称老杨先生）一生隐德不仕，直至淳熙十一年（1184），才以子
官封承务郎，两年后累赠通奉大夫。史料中对杨庭显的记载非常少，
仅可从杨简《行状》及陆九渊为其作的《墓碣》窥一大概。他少年时
勤于自省改过，刻意为学，年在耄耋，其学仍日进，令陆九渊感叹不

---

①　〔宋〕钱时：《宝谟阁学士正奉大夫慈湖先生行状》，《慈湖先生遗书》卷十八，《杨
　　简全集》，董平校点，浙江大学出版社 2015 年版，第 2267—2268 页。
②　〔明〕周广：《慈湖先生遗书后序》，《慈湖先生遗书》卷二十四，《杨简全集》，第
　　2509 页。

已。其主要言行被杨简记录在《慈湖遗书》"纪先训"一章中,从中可以窥见其心学思想。杨庭显认为"心"是一个寂然不动、具足一切的虚灵实体:"人心至灵","吾之本心澄然不动,密无罅隙","人心本自清明,本自善,其有恶乃妄心尔"。①所以,"圣贤垂训,盖使人求之己也"②。他反对以文词、言语、词章求道,认为那些都是外饰之物,"为学当以心论,无以外饰"③。道无分大小,日用中处处皆道,所谓衣服饮食、娶妻生子、动静语默皆道也。所以只要在日常生活中时时"关防自心",戒慎从事,我心自然"应酬不乱,无所不容"。杨庭显的思想在当时很受学人敬重。陆九渊曾言:"余获游甚晚,而知公特深。平生为学本末,无不为余言。四方士友辱交于余,惟四明为多。自余未识公时,闻公行事言论详矣。"④二人是忘年之交。杨简初见陆九渊,陆倾其所闻反复讲解,杨简不为所动,说"皆其儿时所晓"。后于富阳订证本心,瞬间开悟。后杨简将象山之言转告父亲,杨庭显"大然之,于是尽焚其所藏异教之书"。由此可以判断,杨庭显的心学思想最初来自"异教"(应该主要指佛教)的影响、启发,对孟子的"本心"始终没有领悟——这也是为何杨简请教于象山的原因所在。一闻象山之言,立刻和杨简一样,茅塞顿开,认识到"人心至灵,迷者缪用","动静语默,皆天性也"⑤。可见,杨庭显与陆九渊在学问上是互相砥砺、互有启发。

在见到陆九渊之前,受父亲影响,杨简就"已觉天地万物通为一体,非吾心外事",心学思想已经初步形成。但是与象山会晤,却让他对"本心"的理解豁然开朗。他后来又多次提到:"某自弱冠而闻先训,启道德之端,自是静思力索者十余年,至三十有二而闻象山先生

① 《纪先训》,《慈湖先生遗书》卷十七,《杨简全集》,第2250、2251、2263 页。
② 同上注,第2242 页。
③ 同上注,第2250 页。
④ 〔宋〕陆九渊:《杨承奉墓碣》,《陆九渊集》卷二十八,第325—326 页。
⑤ 以上引文见《杨承奉墓碣》,《陆九渊集》卷二十八,第325—327 页。

之言,忽省此心之清明神用变化,不可度思,始信此心之即道。深念人多外驰,不一反观。一反观,忽识此心,即道在我矣。"①杨庭显和陆九渊在描述"本心"时,只是说"人心本自清明,本自善","人心至灵",杨简彻悟本心之后,则一发不可收,人心自善、自中、自正、自顺、自清明、自神、自广大、自无所不通,本虚本明,至神至明,无方体,无限量,无所穷尽……没有本末、大小、精粗、内外之别,"人心即道",所以又称道心。总之,宇宙间一切美好的东西无不本具于我心之中,世间的一切无不是我心变化云为的结果。

　　与象山订证本心后,杨简并没有就此停止。他少年时读《易大传》,非常喜欢"无思也,无为也,寂然不动,感而遂通天下之故"一句,并"自念学道必造此妙"。但这是一种怎样的妙境,始终无法得知。及读《论语》,孔子哭颜渊至于恸,从者曰:"子恸矣!"孔子曰:"有恸乎?"孔子自不知其为恸,杨简发生了怀疑,不是说人心自明么?"殆非所谓无思无为,寂然不动者,至于不自知,则又几于不清明。"这种怀疑在心中盘旋了一二十年。之后居母丧,哀恸切痛,不可云喻。"既久,略省察曩正哀恸时,乃亦寂然不动,自然不可知,方悟孔子哭颜渊至于恸矣而不自知,正合无思无为之妙。益信吾心有此神用妙用,其哀苦至于如此其极,乃其变化。"②至此,杨简对究竟"何谓本心"这一问题才彻底了悟,再无疑惑。此后他在解经、讲课中以此为指导思想,开悟后学。

　　对杨简之悟道自得,袁燮亦有评价:"自象山既殁之后,而自得之学始大兴于慈湖。其初虽有得于象山,而日用其力,超然独见,开明人心,大有功于后学,可不谓自得乎!"③慈湖受象山启发不假,但他

---

①　《杨氏易传》卷五,《杨简全集》,第 89 页。
②　以上引文见《杨氏易传》卷二十,《杨简全集》,第 358—359 页。
③　〔宋〕袁燮:《书赠傅正夫》,《絜斋集》卷七,《景印文渊阁四库全书》,第 1157 册,第 86 页。

的思想并未完全因循象山,而是在其基础上"超然独见",对人心道心、仁觉、意念等都有独到的见解。而这些话题是象山所不曾讨论的,与张九成、史浩的思想倒是前后连贯。

任何思想的形成都与其所属的社会环境(包括学术环境)分不开。就杨简而言,他出生并生长于浙东,从其少年开始,张九成的著作就已经在浙东广为流传了,乃至"家置其书,人习其法"①。将杨简和张九成联系在一起的是朱熹的弟子陈淳(1159—1223):

> 只向日张无垢之徒杨慈湖为陆门上足,专佩服《孔丛子》"心之精神是谓圣"一句,作《己易》四千余言,只发挥此意,无一句是。②

陈淳把张九成和杨简看成同一类人,当然是因为他们思想上的某些共性。杨简生活于浙东,首先受到的是浙江思潮的影响。张九成谪居江西时,其著作就已经广为流传。朱熹曾忧心忡忡却又无奈地说:"近世道学衰息,售伪假真之说肆行而莫之禁。比见婺中所刻无垢《日新》之书,尤诞幻无根,甚可怪也。己事未明,无力可救,但窃恐惧而已。"③朱熹35岁时(1165)作《杂学辨》,抨击张九成等人阳儒阴释。《日新》是张九成谪居期间的讲课记录,说明在朱熹批判张九成之前已经在金华地区刊刻流传了。此时"甬上四先生"都已经入太学,他们对张九成的著作不可能不知道或不受影响,袁燮受朋友之托曾作《元城横浦刘张二先生祠堂记》,盛赞九成状元策和经筵侍讲,称

---

① 《与应仲实》,《陈亮集》卷二十七,第272页。
② 〔宋〕陈淳:《答黄先之》,《北溪大全集》卷二十四,《景印文渊阁四库全书》,第1168册,第693页。
③ 〔宋〕朱熹:《答吕伯恭》之二,《晦庵先生朱文公文集》卷三十三,《朱子全书》,第21册,第1424页。

其"一言一动,可为世则"①,可见其对九成并不陌生。

　　对于"甬上四先生"的学问渊源与陆九渊的关系,全祖望也注意到:"顾四先生皆导源于家学,其积力已非一日,及一见陆子即达其高明广大之境,相与神契而无间。"他历数四先生之家学,皆渊源有自,自有规矩。"然则四先生自其始志学之时,已早得门内之圭臬而由之,况又亲师取友,遍讲习于乾淳诸大儒,而去短集长,积有层累,及其抠衣陆子之门,遂登首座,固其所也。"②他们之所以能很快接受陆九渊的思想,是因为他们自身的家学渊源,加上浙江本土的心学传统——张九成、范浚、史浩等人的心学思想早已流传,其思想形成与积累已久,故与象山心学默契相投,江西浙江两地心学能打成一片。浙江心学与江西心学于此时交汇合流,共同影响着浙江学人。

　　杨简一生著述甚丰,其经学著作有《杨氏易传》二十卷、《慈湖诗传》二十卷、《慈湖春秋解》十二卷、《五诰解》四卷,《家记》《石鱼偶记》中记录有论四书五经、《孝经》的言论,均体现了他以心学解经的特点。此外,他还编有《先圣大训》六卷,取《礼记》《孔子家语》《左传》《国语》等诸书中凡称孔子之言者,进行注解,"实为阐明其本身之哲学思想而归本于心学,非仅在于集孔子之语为一编而已"③。

二、"人心即道"的心本体论

　　杨简穷多年之力悟得本心,于是解经时一以贯之,其对本心的描述、理解在其全集中反反复复出现,他是用经典来论证他的所悟所得,真正体现了"六经皆我注脚"。这些思想构成他心学的基本理念。

① 〔宋〕袁燮:《元城横浦刘张二先生祠堂记》,《絜斋集》卷九,《景印文渊阁四库全书》,第1157册,第111页。
② 以上引文见《四先生祠堂碑阴文》,《鲒埼亭集外编》卷十四,《全祖望集汇校集注》,第1007、1008页。
③ 董平:《杨简全集》整理说明,《杨简全集》,第8页。

1. 心之精神是谓圣

杨简服膺孔子之言,尝作《先圣大训》,将诸书中凡是"子曰"者汇集起来,然后用注解的方式说明这些言论都是体现本心思想的。这些言论无疑为杨简以本心解读其他经书提供了理论支撑,毕竟都出自圣人之口。"心之精神是谓圣"出自《孔丛子》,被杨简视作圣人之言。心是个什么样子?"此心自善,此心自神,此心自无所不通。心无实体,广大无际,日用万变,诚有变化无穷、不识不知之妙"①,"道心大同,人自区别。人心自善,人心自灵,人心自明,人心即神,人心即道,安睹乖殊?"②因为我心具足一切伦理道德、礼仪规范,所以不需要任何格致诚正的工夫,只需体悟这本有之心即可。之所以称"己易",就在于一切变化云为无不是"我"(自己)作用的结果。

> 以易为天地之变化,不以易为己之变化,不可也。天地,我之天地;变化,我之变化,非他物也。
>
> 天者,吾性中之象;地者,吾性中之形。故曰"在天成象,在地成形",皆我之所为也。③

就因为此"心"变化莫测,非人之思虑所及,所以杨简把心或道落实到日用平常,并提出日用平常心就是道。张九成主张道器不离,但道不是器,二者有着本质区别;他主张"道非虚无也,日用而已矣"④,意思是道体现在日用平常中,但日用平常本身不是道,若以为洒扫应对、日常人伦便是道,很容易陷于琐碎而忽略了道。二者有着形上形下之分,不可混淆。杨庭显也说:"道无大小,何处非道? 当于

① 《论〈书〉》,《慈湖先生遗书》卷八,《杨简全集》,第 2012 页。
② 《二陆先生祠堂记》,《慈湖先生遗书》卷二,《杨简全集》,第 1863 页。
③ 《己易》,《慈湖先生遗书》卷七,《杨简全集》,第 1972、1973 页。
④ 《日新·道》,《张九成集》,第 1262 页。

日用中求之。"①与张九成表达的涵义一致。但杨简对此毫不理会。"盖道即器,若器非道,则道有不通处"②。他认为人心即道,所以求道就是求心,无需外求。他解释道:"孟子曰'仁,人心也',人心即道,故舜曰道心。日用平常之心即道,故圣人曰中庸。庸,常也。于平常而起意,始差始放逸。"③"人皆有是心,即平常实直之心。"④禅宗就主张日用平常心即道,只不过杨简强调道之"实"而不是"空"。

　　杨简进一步发展了张九成的"仁即是觉,觉即是心,因心生觉,因觉有仁"的观点,提出"仁,觉也,觉非思为"⑤,仁和觉都与知觉、思虑无关,它们不是从认识论的角度讲的。举例说,通常将草木之果实称作仁,草木本无思虑,却能自然发芽生长,何故? 可见仁和觉"非思为之谓"也。那该如何解释?"仁者,道心,常觉常明之称","惟常觉而后可以言仁"⑥——这可作为"因觉有仁"的注脚。觉就是不昏,就是不起意。他认为唯一对本心有影响的就是"意","人心本正,起而为意而后昏,不起不昏"⑦,故要"绝意"。要绝意就要使此心"常明常觉"。就是使心保持一种无思无为、寂然不动的状态,不昏愦,澄然如鉴,如此万象就毕照于我心中了。

　　"心之精神是谓圣"简直就是杨简的口头禅,无论解经还是讲课,往往以此句开始,如同纲领,也有表示自己的心学思想渊源有自的意思。

　　2. 日用平常心即道

　　人心、本心、道心、真心、天地之心,在杨简思想中是同一个概念,

---

①　《纪先训》,《慈湖先生遗书》卷十七,《杨简全集》,第2261页。
②　《泛论易》,《慈湖先生遗书》卷七,《杨简全集》,第1994页。
③　《铭张渭叔墓》,《慈湖先生遗书》卷五,《杨简全集》,第1912页。
④　《论〈论语〉上》,《慈湖先生遗书》卷十,《杨简全集》,第2089页。
⑤　《论〈论语〉下》,《慈湖先生遗书》卷十一,《杨简全集》,第2119页。
⑥　同上注,第2125、2119页。
⑦　《诗解序》,《慈湖先生遗书》卷一,《杨简全集》,第1845页。

名异而实同。本心无所不具,除了仁义礼智、恻隐羞恶辞让是非等这些德性和情感,所有其他一切美好的德行也都是先天具足。"孟子曰:'仁,人心也',人心即道,故舜曰道心。日用平常之心即道。"①"人皆有是心,即平常实直之心。"②杨简更经常使用的是"道心"这一概念,因为这一概念包含了"人心即道"这一理念,估计怕"人心"这个词引起误解。

人心即道,即天地之心。《诗经·文王》第一章:"文王在上,於昭于天。周虽旧邦,其命维新。有周不显,帝命不时。文王陟降,在帝左右。"杨简释曰:

> 文王与天,一也。……"周虽旧邦,其命维新"者,文王有天道,纣失天道,天人一也。人心去纣,故天命亦去纣,而在文王矣,有周不亦显乎! 帝命不亦时乎! 适当其时也。……诗人见文王之心即天之心,文王之所为即上帝之所为,如升陟于天,在帝左右;亲承帝命,降而行之于天下也。③

此一章诗人灼知文王即天,得天道,受天命而行天道。诗第四章首句:"穆穆文王,於缉熙敬止。"杨简释曰:

> 文王不大声以色,故曰穆穆。……缉熙者,进德精微之谓。进德之实,非思也,非为也,惟可以言敬;敬非思为也,惟可以言止;止非思为,寂然不动,感而遂通,而不属于为。……惟不动乎意,不属乎思为,故熙顺融释。……惟其道心不识不知,故声音

---

① 《铭张渭叔墓》,《慈湖先生遗书》卷五,《杨简全集》,第 1912 页。
② 《论〈论语〉上》,《慈湖先生遗书》卷十,《杨简全集》,第 2089 页。
③ 《慈湖诗传》卷十六,《杨简全集》,第 831 页。

不大,形色亦不大,而见为穆穆。①

此一章赞美文王之德,文王之道心无思无为,不识不知,寂然不动却感而遂通,再加上文王本人勤于进德修业,不受声色影响,所以能保持道心不变。杨简最后总结说:

> 作是诗者,灼知文王之即天,故确然曰"仪刑文王",则得天道矣。万邦之心,不计术而取也。吾心不动乎意则无逸,无逸则无私,无私则与人心同矣,与天道亦同矣。天人形若有异,道无异,人心即道,故曰道心。不动乎意,常虚常明,何思何虑,"安女止",是谓精一,是谓帝则。是则无声无臭者,此惟自省自则者知焉。②

《文王》之诗不仅追述文王之德,赞美文王受命作周,得万邦之心;而且屡言"峻命不易""命之不易",如此致意,乃是"戒成王之切"。所以此诗必是周公所作,惟有周公有资格追述父亲的同时又警告后辈,所说皆"圣人之言也"③。文王之德,就是不动意,保持道心常虚常明,为天下和后世作出了榜样。文王之心即天心,文王之德即天德,天下当法则文王,自信自省,发明本心。

本心、人心、道心、真心、天地之心,杨简对这些概念不再一一解释,而是直截了当,全都纳入"道心"中,体现了他对自家理论的自信。

3. 天下无二道,六经无二旨

"人心即道",在杨简看来,虽然事物有本末、精粗、大小之分,道却无本末、大小、内外、精粗、优劣之别。六经阐述圣人之心、之道,旨

---

① 《慈湖诗传》卷十六,《杨简全集》,第832页。
② 同上注,第834页。
③ 同上注。

义是一贯的。

> 某敬惟《易》《诗》《书》《礼》《乐》《春秋》，一也。天下无二
> 道，六经安得有二旨？以属辞比事为《春秋》者，国俗之所教习
> 也，非孔子之旨也。故孔子曰："属辞比事而不乱，则深于《春
> 秋》者矣。"不乱者，不睹其为纷纷，一以贯之也。《春秋》之不
> 乱，即《诗》之不愚，即《书》之不诬，即《乐》之不奢、《易》之不
> 贼、《礼》之不烦也，一也。①
>
> 《易》《诗》《书》《礼》《乐》《春秋》，其文则六，其道则一，故
> 曰"吾道一以贯之"。②

尽管六经所载无论从内容到形式都各不相同，但透过这些纷繁复杂
的内容和事件，可以看到六经所记无非是圣人所思所想，贯穿其中的
自然是圣人之道。至道在人心，人心不愚不诬，不奢不贼，不烦不乱，
故而读经就是体悟本心的过程，"由是心而品节焉，《礼》也；其和乐，
《乐》也；得失吉凶，《易》也；是非，《春秋》也；达之于政事，《书》
也。"③六经就在我的心中，我之心与圣人之心完全一致。

就《诗经》而言，《诗》三百篇多出于民间"贱夫妇人"，孔子取之，
为的是兴起人的良心。

> 《诗》三百篇，多小夫贱妇所为，忽然有感于中，发于声，有所
> 讽，有所美，虽今之愚夫愚妇亦有忽讽忽美之言，苟成章句，苟非
> 邪僻，亦古之诗。
>
> 此心人所自有，故三百篇或出于贱夫妇人所为，圣人取焉，

---

① 《春秋解序》，《慈湖先生遗书》卷一，《杨简全集》，第1844页。
② 《诗解序》，《慈湖先生遗书》卷一，《杨简全集》，第1845页。
③ 同上注，第1846页。

*取其良心之所发也。*①

杨简认为《诗》三百篇大多出自民间百姓创作,乃是人们情感自然的表达。就如现实中那些民间歌谣一样,如果符合韵律,内容健康,就是古代的诗。所以孔子曰:"《诗》三百,一言以蔽之,曰思无邪。"以"思无邪"概括全篇之大旨,并没有什么深奥的含义,"无邪"就是"正",表达内心正当的感情,不越乎常情。此无邪之思,人皆有之,只是自己不自知。孔子取之编成《诗经》,就是为了激发人们这内心本有的无邪之思。

> 至道在心,奚必远求?人心自善自正,自无邪,自广大,自神明,自无所不通。孔子曰:"心之精神是谓圣。"孟子曰:"仁,人心也。"变化云为,兴观群怨,孰非是心?孰非是正?人心本正,起而为意而后昏。不起不昏,直而达之,则《关雎》求淑女以事君子,本心也;《鹊巢》昏礼,天地之大义,本心也;《柏舟》忧郁而不失其正,本心也;《鄘·柏舟》之矢言靡它,本心也。……逮夫动乎意而昏,昏而困,困而学,学者取三百篇中之诗而歌之咏之,其本有之善心亦未始不兴起也。②

可以将这段话概括为两点:第一,"诗言志"之"志"就是本心,又称道心。本心无所不有,一切道德、情感都在我心中。《诗》三百篇都是本心的外在表现。《诗经》乃孔子所编订,孔子取这些诗的唯一标准就是"思无邪",因此这三百首诗所表达的心志、情感无一不正,没有任

---

① 《家记二·论诗》,《慈湖先生遗书》卷八,《杨简全集》,第 2028、2027 页。
② 《诗解序》,《慈湖先生遗书》卷一,《杨简全集》,第 1845—1846 页。

何邪僻之思。第二,既是本心之外在流露,那么读诗、学诗就是为了
激发本心中本有的善良和清明,使其不被外在的物欲和内心的各种
不良意念遮蔽。"兴于诗",就是通过读诗可以兴发内心之正和善。
本心发现,内则修身,外则齐家治国平天下,不必刻意为之,都是自然
而然的结果。

几乎所有的诗,杨简都一一指出其所体现的"道心":《周南·桃
夭》乃"夫妇和乐之正情也,非邪僻也","虽说而非邪,正心也,道心
也"①。《茉苢》,"无邪之诗也,无邪则无往而非道"②。争议较大的
《郑风·将仲子》,《毛传》说诗中的"仲子"就是《左传》隐公元年里
记载的劝谏郑庄公的祭仲,《诗序》则认为本诗讽刺的是郑庄公。朱
熹以此诗乃"淫奔者之辞"。杨简同意此诗与庄公有联系,并认为就
是庄公所作,体现的是"不忍杀其弟之意"。诗中"无折我树杞""无
折我树桑""无折我树檀"之"我",就是亲爱之真情;"畏父母""畏诸
兄""畏人之多言",就是畏忌之心,而非慢易之心。这不忍杀弟之
心、畏忌之心就是道心。《诗序》以为讽刺,"尽掩是诗之善"。③从本
诗来看,这是首爱情诗,写一个姑娘和邻居家的二儿子谈恋爱。姑
娘劝他不要有越礼行为,因为人言可畏。如果用"发乎情,止乎礼
义"来解释,似乎尚说得通。说其"淫奔",朱子的标准未免过于苛
刻了。但与郑庄公联系在一起,就更是离谱。杨简在此未能免俗,
大概是不知道该把姑娘的这种情感归纳成什么本心,于是就顺着
《毛传》的意思,挖掘庄公的本心。可见杨简解诗,不在于诗本意如
何,只要能挖掘出其中的某种本心即可。这便是"六经注我"的味
道了。

正因为贯穿于六经中的是本心,所以《大学》"八目"将身心二

---

① 《慈湖诗传》卷一,《杨简全集》,第455页。
② 同上注,第458页。
③ 以上引文见《慈湖诗传》卷六,《杨简全集》,第558页。

分,"何其支也!"①子思《中庸》分未发之中和已发之和,"何为如此分裂?"②程颐于讲课中说"一以贯之"之"一"多在"忠"上,"才忠便是一,恕即忠之用",杨简批判道:"此论殊为蔽窒! 既已谓之一矣,何多何少?"③凡是把这些本属于本心所具的德行分开来讲的,都背离了圣人的本旨。

三、"不起意"的修养工夫

朱熹释《论语·颜渊》"克己复礼为仁"一节,最后归结为灭人欲而复天理。杨简则认为,既然吾心自明自灵,无丝毫欠缺,与天地为一,范围天地,化育万物,不独圣人如此,尧舜与人本心相同,又何需恢复? 所以他不同意汉儒释"克己复礼"为"克胜其己",认为与下文"为仁由己"说不通。"己"并无二意,就是指本心,本心虚明洞然,本无"己私"可克;"克"不是战胜,而是"能"之意;"礼"也非己外之物,而是"我之所自有"。"克己复礼为仁"就是"能己复礼,则为仁矣"。下文"为仁由己","再言'由己',所以明仁道之在我"。④他反对释"己"为私欲、礼为外在规范,要求直接在"心"上下工夫。

《论语·子罕》:"子绝四:毋意,毋必,毋固,毋我。"杨简特地作《绝四记》,发挥此章之意。

> 人心自明,人心自灵,意起我立,必固碍塞,始丧其明,始失其灵。……知夫人皆有至灵至明、广大圣智之性,不假外求,不由外得,自本自根,自神自明。微生意焉,故蔽之;有必焉,故蔽

① 《论〈大学〉》,《慈湖先生遗书》卷十三,《杨简全集》,第2154页。
② 《论〈中庸〉》,《慈湖先生遗书》卷十三,《杨简全集》,第2158页。
③ 《论〈论语〉上》,《慈湖先生遗书》卷十,《杨简全集》,第2100页。
④ 以上引文见《论〈论语〉下》,《慈湖先生遗书》卷十一,《杨简全集》,第2134页。

之;有固焉,故蔽之;有我焉,故蔽之。昏蔽之端,尽由于此。①

人心无所不有,无所不具,但却因为意、必、固、我而被遮蔽。这四者之中,"意"起决定作用,必、固、我皆是"意"之必、固、我。何谓意?"微起焉皆谓之意,微止焉皆谓之意。意之为状,不可胜穷。"②"意"分利害、是非、进退、虚实、多寡、散合、依违、前后、上下、体用、本末、彼此、动静、今古,等等。"然则心与意奚辨? 是二者未始不一,蔽者自不一。一则为心,二则为意;直则为心,支则为意;通则为心,阻则为意。"③意乃心之所发,本心正则所发之意也正,但本心一旦被遮蔽,则所发之意偏离本心,不专一、支离、阻塞。在杨简看来,唯一遮蔽本心、使之昏聩的就是"意","人动乎意则昏",所以应当"不起意""绝意"。对于人性,杨简深信"人性皆善,皆可以为尧舜,特动乎意则恶"④。此处的"意"自然都是指偏离本心的不好的念头。

朱熹在讲课中,针对"除意见"三个字特别批判道:"某谓除去不好底意见则可,若好底意见,须是存留。如饥之思食,渴之思饮,合做底事思量去做,皆意见也。圣贤之学如一条大路,甚次第分明。缘有'除意见'横在心里,便更不去做。如日间所行之事,想见只是不得已去做;才做,便要忘了,生怕有意见。所以目视霄汉,悠悠过日,下梢只成得个狂妄。今只理会除意见,安知'除意见'之心又非所谓意见乎?"⑤他认为意见有好坏之分,不能尽数除掉,好的应该保留。而且,如果太在意"除意见",这本身就是一种意见。不知这段话是否针对杨简的"绝意",全祖望认为这是对杨简思想的误解。因为杨简也

---

① 《绝四记》,《慈湖先生遗书》卷二,《杨简全集》,第 1856 页。

② 同上注。

③ 同上注,第 1857 页。

④ 《乡记序》,《慈湖先生遗书》卷一,《杨简全集》,第 1849 页。

⑤ 〔宋〕黎靖德编:《朱子语类》卷一二四,第 2972—2973 页。

曾劝告宁宗:"孔子曰'毋意',意不可微起,况大起乎! 起利心焉则差,起私心焉则差,起权术心焉则差,作好焉,作恶焉,凡有所不安于心焉皆差。"①可见,他所说的"意"是以本心之"安"与"不安"为标准,"凡不安于心"者皆是"意",当禁止之。

杨简不同意程朱释"格物"为"穷理",他认为"格物之论,论吾心中事耳"。此心本无物,若有物,格去即可。本心好比明镜,物好比镜上之尘,尘去则镜自明。"天高地下,物生之中,十百千万,皆吾心耳,本无物也。"所谓事物纷纷,"起于虑念之动耳"。只要思虑不动,就没有物我、衣食等概念,就没有纷杂之事物。二程主张"今日格一物,明日又格一物,穷尽万理乃能知至",这可能是他们自己穷理有得,所以才认为必穷理而后可,却"不知其不可以律天下也"。②

具体落实到行动上,基本上两点:第一,读书。"学者当先读孔子之书,俟心通德纯而后可以观子史。"③因为对于普通学者,道心未明,读非圣之书容易陷溺于似是而非之言,误入歧途。圣人之书,当首推孔子之言。对之应该"精而思之,熟而复之",启沃涵养,心通德纯之后再读其他子书史书,就会有自己的判断力,那些非圣之书就不会惑乱人心。第二,人心即道,所以不必修饰雕琢,只涵养便是。本心所发,自然孝悌,自然敬恕,于日用伦常中体会、发明本心,于日用行常中道德践履,在实践中修养本心。

很明显,杨简对本心的认识和规定已经大大超越了陆九渊。陆九渊立论的基础是"宇宙即是吾心,吾心即是宇宙"④,"心即理,理即心,至当归一,精一无二"⑤,对本心的规定基本上是道德本心,只不

① 〔宋〕钱时:《宝谟阁学士正奉大夫慈湖先生行状》,《慈湖先生遗书》卷十八,《杨简全集》,第2271—2272页。
② 以上引文见《论〈论语〉上》,《慈湖先生遗书》卷十,《杨简全集》,第2098页。
③ 《泛论学》,《慈湖先生遗书》卷十五,《杨简全集》,第2181页。
④ 《杂说》,《陆九渊集》卷二十二,第273页。
⑤ 《与曾宅之》,《陆九渊集》卷一,第4—5页。

过将其上升到了本体的高度。其所强调之修养工夫也是辨心志、剥落物欲，提倡易简工夫。杨简则不仅仅停留在道德本体层面，而是以"人心即道""心之精神是谓圣"作为立论根基，将本心视作无体无方、无所不通、变化云为、寂然不动的实体，并强调"意起则昏"，将工夫落在"不起意"上。不起意，不动念，将邪念恶意扼杀于萌芽之时。他对心与觉关系的论述，乃是继承了张九成的思想；对"物"的规定，"物"起于"念虑之所动"，则启发了后来的王阳明，阳明直接提出"意之所在便是物"。

杨简心学，可谓浙东传统心学与象山心学的融合。他生活于浙东，首先受到浙江心学的浸润，故其学有张九成、史浩心学的印记，如以觉言心言仁，心与天、心与意的关系等等。后遇陆九渊，领悟"本心"，于是对本心作了更加详细的规定，并直通六经，认为贯穿六经的就是"本心"之道。杨简之解经，是先悟到本心，然后以之为指导思想解读经典，是"先有心学，后有经学"，异乎张九成逐渐将经典心学化的解经过程。杨简解经的过程，其实是用六经来印证其本心思想的过程。杨简心学所呈现的内容和特点，正表明浙江和江西两地心学于此时交汇，共同影响了浙江学人。

第四节　袁　燮

袁燮（1144—1224），字和叔，鄞县人，号絜斋。官至礼部侍郎，因与史弥远争议和事被罢，后起知温州、进宝文阁直学士，卒谥正献。有《絜斋集》二十四卷、《絜斋家塾书钞》十二卷、《毛诗经筵讲义》四卷存世。

据真德秀所作《正献公行状》，乾道初袁燮入太学，陆九龄为学录。"公望其德容粹盎，肃容起敬，亟亲炙之"。与同里沈焕、杨简、舒璘皆聚于学,朝夕以道义切磨,器业日益充大。后于都城遇象山,"一见即指本心,洞彻通贯,警策之言字字切己。公神悟心服,遂师事焉。研精覃思,有所未合,不敢自信。居一日,豁然大明,因笔于书曰:'以心求道,万别千差;通体吾道,道不在他。'此公自得之实也"。①杨简与其同师象山,但总是说自己所悟不及袁燮。袁燮还从游吕祖谦,"所得益富"。与吕祖俭则相交为友。永嘉陈傅良热衷于制度考订,袁燮与之"从容考订,细大靡遗"。②与以上诸贤交游问学,体现了袁燮"多识前言往行"的一贯理念。当然,袁燮更重视"自得之学":"学以自得为贵,学不自得,犹不学也。"什么是自得? 就好比《论语》一书中孔子所讲多六经所未尝言,而《孟子》一书又多发《论语》所未曾发,难道是孔、孟故意标新立异吗? 当然不是。"得于心,发于言,亦不自知其为异也,夫是之为自得之学。"③故而他的学问,得于象山之点拨与自家之心得。

一、吾心即天也

袁燮解经,亦以本心贯之。如解《尚书·尧典》首句"昔在帝尧,聪明文思"之"聪明":"聪明不是寻常小小智慧,此心虚明洞达,无一毫人欲之私,这是聪明。"④由此奠定了全书的基调。先秦儒家典籍中,"天"是频繁出现且非常重要的范畴。天具有主宰、统治、生育万物之意,灾害祥瑞均自天降。如何理解天人关系,是解经者绕不开的话题。董仲舒讲天人相感,张九成则将"天"归之于心,天地间一切变

---

① 以上引文见〔宋〕真德秀:《正献公行状》,张寿镛编:《袁正献公遗文钞》附录卷三,《四明丛书》,广陵书社 2006 年版,第 7054 页。

② 以上引文见〔宋〕真德秀:《显谟阁学士致仕赠龙图阁学士开府袁公行状》,《西山文集》卷四十七,《景印文渊阁四库全书》,第 1174 册,第 760 页。

③ 以上引文见〔宋〕袁燮:《书赠傅正夫》,《絜斋集》卷七,《景印文渊阁四库全书》,第 1157 册,第 86 页。

④ 〔宋〕袁燮:《絜斋家塾书钞》卷一,《四明丛书》,第 15579 页。

化皆是我心作用的结果。袁燮并不讳言天人相感,认为天人本一致。为何一致?因为"此心无天人之殊"。

> 大凡灾异皆非外物,皆是这里物事。日月剥蚀,星辰失行,水旱为灾,如此之类,莫非有以感召之。一毫欠阙,灾异随应,此无他,只缘天人本是一致。何以见天人本一致?只缘此心无天人之殊。天得此心而为天,地得此心而为地,人得此心而为人,今但为形体所隔,遂见有如此差别。①

袁燮继承了张九成"天人一心,本无彼此"的思想,提出"天人一致"。心无天人之差别,天与人自然无差别。有天叙,有天秩,都是天理之自然次叙、品秩,"所谓天者,吾心以为当然者是已,吾心即天也。"②所谓天,不过是我心的主观表现,所以天叙、天秩不过是我心之次叙、品秩的外在表现。因为天人一致,所以君主失德,立刻就有灾变示警。尧舜之世虽无失德之事,但仍有天象示变,人君当惕然警醒,反思自己所为有未至处。

　　心即是天。人之本心无所不有,"道不远人,本心即道"③,"夫人心至灵,是非善恶,靡不知之"④,"人心至神,无体无方。有如斯鉴,应而不藏"⑤。所谓人心、道心,均是指人的良心。他解释圣人"十六字心传":

---

① 〔宋〕袁燮:《絜斋家塾书钞》卷二,《四明丛书》,第 15617 页。
② 〔宋〕袁燮:《絜斋家塾书钞》卷三,《四明丛书》,第 15632 页。
③ 张寿镛编:《袁正献公遗文钞》附录卷一,《四明丛书》,第 7042 页。
④ 〔宋〕袁燮:《跋陈宣州诗》,《絜斋集》卷八,《景印文渊阁四库全书》,第 1157 册,第 97 页。
⑤ 〔宋〕袁燮:《以鉴赠赵制置》,《絜斋集》卷二十三,《景印文渊阁四库全书》,第 1157 册,第 303 页。

凡是人便有这心。所谓人心、道心者，良心也。人心危而难安，道心微而难明，所谓道心，只是此心之识道理者。人心日与物接，则易为物所诱，孟子所谓"物交物，则引之而已矣"。或动于喜怒，或牵于富贵，或移于声色，安得而不危？然方其喜怒之萌，反而以道理观之，其当喜耶，不当喜耶？当怒耶，不当怒耶？方其声色之接，反而以道理观之，其当好耶，不当好耶？是非美恶昭然甚明，所以知此是非美恶者，谁欤？此正吾之本心，此所谓道心也，只是道心隐微不著。人心既危，道心又微，然则当如之何？惟精惟一者，此圣人之所以用功也。精是精细，一是纯一。十分子细，不敢一毫忽略，是之谓精。……所谓一者，有一毫之私意，有一毫之人欲，便不是一。①

虽然都认为人心道心是一非二，但袁燮对"道心"之解释与杨简不同，杨简反复强调"人心即道，即是道心"，袁燮则强调"道心"乃是本心对是非美恶的判断能力。遮蔽本心的有欲望、有情感，需要下精一的工夫。"精"指精细，精密仔细到不忽略一丝一毫的过失；"一"即纯粹专一，有一毫人欲私意便不是一。这种精微的工夫，可从"战战兢兢，如临深渊，如履薄冰"上领会；专一的工夫，可从大禹专心治水，乃至三过家门而不入、忘记其子出生一事上领悟。

"人之本心，万善咸具。"②所谓德，"得我心之所本然者是也"。《尚书》曰："惟皇上帝降衷于下民"，"民受天地之中以生，所谓命也"。此是何意？"天之所以为天，中而已矣。天得此中而为天，人得此中而为人。天以此中降之于人，人受此中而生焉。故曰：'中也者，

---

① 〔宋〕袁燮：《絜斋家塾书钞》卷二，《四明丛书》，第15618页。
② 〔宋〕袁燮：《跋八箴》，《絜斋集》卷八，《景印文渊阁四库全书》，第1157册，第98页。

天下之大本。'大本者,人心也。人心者,中也。人之本心,固至中而
不偏。"①"中"乃本心固有,本心至中而不偏倚,天地亦恪守中道,故
天地之"中"便是指人之本心。《洪范》讲"皇建有极",皇极即大中,
"是中也,人皆有之。……是心也,即所谓中也"②,与上述是一个
意思。

二、性情论

张九成、范浚、史浩等人均主张人性不可以善恶论,原因是善恶
均是后天之"习","习"与"性"不可等同。袁燮同意人性本善,借《尚
书·汤诰》"惟皇上帝降衷于下民"论证道:

> "衷"之义与"中"同,皆只是人心。天下之至中者,人心也。
> 是中也,天得之而为天,人得之而为人,初非是两个。谓之降衷,
> 则是在天者降而在民,下民之衷即上帝之衷也。以此观之,人之
> 性如何不是善?天道降而在人,初不曾分。孟子所以谓"人皆可
> 以为尧舜",所以谓"人之性善",只缘见得这个道理分明。③

天人一心,天道降而在人,人心即天心。"皇上帝降衷于下民"与"天
命之谓性"其实是一个意思。心良则性善,由此可见,袁燮也是主张
心性一体的。正因为人性天生为善,所以我之性与尧舜之性相同,
"人皆可以为尧舜"才成为可能。那么如何解释恶性?

> 人性本善,欲与纵岂人之性也哉?但太甲习得熟了,欲变而
> 不能,则与性无异。何谓性?不可磨灭者是也。穷天地,亘古

① 以上引文见〔宋〕袁燮:《絜斋家塾书钞》卷三,《四明丛书》,第15627—15628页。
② 〔宋〕袁燮:《絜斋家塾书钞》卷九,《四明丛书》,第15754页。
③ 〔宋〕袁燮:《絜斋家塾书钞》卷五,《四明丛书》,第15673页。

今,此性只如此,何尝磨灭?著是性到得为恶既深,亦磨灭不得,则与性同,此所谓"习与性成"者也。且如乍见孺子入井,皆有怵惕恻隐之心,不待思量计较,是心倏然而起,这个是性。至于见淫声美色,此心便喜,为人所犯,此心便怒,亦不待思量计较而发,可以谓之性乎?此所谓习与性成者也。由此观之,人之所习,岂可不谨?①

所谓性,就是无论天地、古今如何变化,它都是不变的,具有永恒性。如太甲"欲败度,纵败礼",这是后天之习气导致。因为习气太深,浸透到人性里,乃至成为人性的一部分,看上去与性无异,但也还是后天的结果。人们应当关注和谨慎的是后天之习,通过修养摒除恶习,不使其影响本性。

"人生而善,天之性也。有正而无邪,有诚而无伪,有厚而无薄,有天理之公而无人欲之私,所谓本心也。其始如是,其终亦如是,虽历年之久,不变乎其初,所谓不失也。"②人之本心至善至正,仁义礼智均是我心所固有。喜怒哀乐亦是心之所发,是为情。性和情相比,二者是静和动的关系。"夫寂然不动之谓性,有感而发之谓情。性无不善,则情亦无不善。厥名虽殊,其本则一。"③性情是本心的两个方面:本心"未发"之时是性,"已发"之后是情,本心既良,性无不善,则情亦无不善。所谓"喜怒哀乐之未发谓之中,发而皆中节谓之和",中、和皆是本心所固有,性和情不过是本心静、动时的不同表现,心、性、情是一体的。

① 〔宋〕袁燮:《絜斋家塾书钞》卷五,《四明丛书》,第15681页。
② 〔宋〕袁燮:《谷风篇》,《絜斋毛诗经筵讲义》卷三,《景印文渊阁四库全书》,第74册,第25页。
③ 〔宋〕袁燮:《诗序一》,《絜斋毛诗经筵讲义》卷一,《景印文渊阁四库全书》,第74册,第5页。

三、学问大旨在明本心

袁燮反复指出，人生天地之间，之所以异于禽兽者，以此心至灵，知道有义理而已；人超然独贵于群物者，以人有此心。"此心存，则虽贱而可贵；不存，则虽贵而可贱。"①心良性善，只要顺本心、循本性即可。"道不远人，本心即道"，不假外求。学问之道，首先在于不失本心。如何不失？就是要时刻使本心处于"静"的状态。即"念虑之未萌，喜怒哀乐之未发，表里精纯，一毫不杂，静之至也。其初则然，而保之养之，无时不然，虽酬酢万变而安静自若，则本心不失矣"②。言下之意，要息掉念虑，涵养未发。他强调，这里的"静"不同于佛教槁木死灰般的寂灭之"静"，而是物来顺应、当行则行、当止则止的一种状态。学者要善于"静观"，"静观此心与天地同本，与圣贤同类"③，充四端，谨梏亡，互相磨砺。

其次，还要明本心、存人心。学校的设立，目的就是为众生阐发圣人精微秉彝之懿旨，帮助其明义理，提高其判断忠孝奸慝的能力。学者更要学习。"阐斯道之奥，发是心之良，而辅成国家之风教者，其惟学乎！夫学之于人，犹食之有谷粟，衣之有桑麻，岂可一日阙哉！"④学者不可一日废学，要勤于读书，"更宜日课一经一史尤佳"。"学者但慕高远，不览古今，最为害事。……为学要当通知古今，多识前言往行，古人所谓畜其德也。"⑤袁燮反对"学者工夫不在书策"的说法，孔子就曾斥责子路"何必读书"的观点，说明书本绝不可废弃。

---

① 张寿镛编：《袁正献公遗文钞》附录卷一，《四明丛书》，第 7042 页。
② 〔宋〕袁燮：《静斋记》，《絜斋集》卷十，《景印文渊阁四库全书》，第 1157 册，第 125—126 页。
③ 〔宋〕袁燮：《迁建嵊县儒学记》，《袁正献公遗文钞》卷上，《四明丛书》，第 7032 页。
④ 〔宋〕袁燮：《昌国州儒学记》，《袁正献公遗文钞》卷上，《四明丛书》，第 7031 页。
⑤ 以上引文见〔宋〕袁燮：《答舒和仲书》，《袁正献公遗文钞》卷上，《四明丛书》，第 7033 页。

陆九渊也曾告诫学者"束书不观,游谈无根"①,他本人读书经常通宵达旦。袁燮勉励学者勤于读书,正是象山思想的体现。但他反对学者"袭先儒绪言,通遗经训释",而应该自得于心,"未能自得于心,不足以为学"。②

此外,上文提到的"精一"工夫,亦是涵养本心的方法。袁燮同意程朱"主一之谓敬""无适之谓一"的观点,要求细心体察,不放过纤毫过失。同时,他不同意杨简将"念"作为本心的障碍,《尚书》中多次用到"念"字,如"念兹在兹",有念念不忘的意思。"修身之道,要须是能念,然后其德日进。人主治天下,亦须念念不忘天下,然后天下始治。稍有息荒,便不能念,才能念,则所谓逸游息荒这许多事,自然是无。古之人主造次颠沛,无顷刻不在天下,所谓念,只是要不忘了。"③个人只有对修身念念不忘,才会德业日进。君主只有对天下念念不忘,天下才会得到治理。不念修身,不念天下,便容易荒怠——"念"有多种含义,很明显,袁燮发挥了积极的那一面。

四、君民一体

袁燮于宁宗时任经筵侍讲,本《毛诗》说经。《毛诗》以史说经,将《诗经》完全政治化。袁燮也借诗讽谏,劝谏宁宗立大志,以振兴恢复事业为己任。他的《毛诗经筵讲义》推阐经文本有之旨,借古说今,"议论切实,和平通达,颇得风人本旨"④,不显得突兀。《讲义》中所贯彻的仍是本心思想,其所表达的政治思想也与他解《尚书》、各次轮对和进札时所讲内容一致。

---

① 《语录上》,《陆九渊集》卷三十四,第 419 页。
② 以上引文见〔宋〕真德秀:《显谟阁学士致仕赠龙图阁学士开府袁公行状》,《西山文集》卷四十七,《景印文渊阁四库全书》,第 1174 册,第 752 页。
③ 〔宋〕袁燮:《絜斋家塾书钞》卷二,《四明丛书》,第 15610 页。
④ 〔清〕纪昀总纂:《絜斋毛诗经筵讲义四卷》,《四库全书总目提要》卷十五,第 427 页。

　　袁燮指出,天下之大,其安危治乱却系于君主一人之身,心为一身之主,所以对于君主而言,正心修身乃第一要务。

　　　　凡为天下国家,安可不识所先务? 所谓先务,孰急于君德? 正心修身,日彰厥德,此是第一件事。①
　　　　自古圣人立大功业于天下,未有不本于德者。德惟善政,政在养民,本于心术之精微,见于躬行践履,如此而后立天下之大功,皆本原之所发也。②

君主心正身修,才会任贤使德,斥奸远佞;才会修人纪,建民极,推行德政,仁及百姓;才会谨其好恶,表其风仪,引领一国之风俗——“上倡其下者谓之风,下从其上者谓之俗”,所以“一国之风俗,国君为之也”③。对于国君而言,事务也有大小之分。

　　　　人君有大德,有末节。身修而家齐,家齐而国治,德之大者也;威仪之可观,技艺之可喜,节之末者也。

就如《猗嗟》一诗,表面上是赞美鲁庄公之威仪容貌,实际上是讥讽他舍本逐末,既不能追痛其父(鲁桓公),又不能防闲其母(姜氏)。孔子存此诗的目的,就是“欲万世之下,为人君者明于大小之辨,大者不立,其余何观?”④

　　人君之大德,莫过于立大志,成大有为之事业。“人君有志,则危

① 〔宋〕袁燮:《絜斋家塾书钞》卷三,《四明丛书》,第15645页。
② 〔宋〕袁燮:《絜斋家塾书钞》卷四,《四明丛书》,第15666页。
③ 〔宋〕袁燮:《絜斋毛诗经筵讲义》卷四,《景印文渊阁四库全书》,第74册,第37页。
④ 以上引文见〔宋〕袁燮:《絜斋毛诗经筵讲义》卷四,《景印文渊阁四库全书》,第74册,第39页。

弱可为安强;苟惟无志,则终于危弱而不振。"越王勾践卧薪尝胆,念念复仇,卒成其志,转危弱为安强。《式微篇》讲黎侯失国,不得已而寓于他邦。暴露于泥涂之中,其辱甚矣,而居之不疑。曾无奋发之心,终失其国。"黎侯一失其国而卑微如是,真万世人主保邦之龟鉴也。"①平王无志,被迫东迁,从此王室式微,诸侯问鼎。北宋为金所灭,宋室南迁,偏安东南,原都城汴梁为金所有,此耻辱又过于宗周。袁燮借《黍离篇》劝谏宁宗以平王为戒:"圣主诚能反其所为,卧薪尝胆,以复仇刷耻自期,则大勋之集指日可俟也。人情之惨戚将转而为歌谣,岂不伟哉! 惟圣主亟图之。"②

史浩提出"君民相须"的思想,袁燮进一步解释说:

> 君民本一体,"相须"之义,初无尊卑之殊。苟见己之为尊,民之为卑,便是此心不一处。何者? 当其见己之为尊,民之为卑,其心必侈然自大。吾之本心初未尝有侈然自大也,本心未尝有,而外加益焉,非不一乎?③

史浩的"相须",是指君民相互依存,谁也离不开谁;袁燮则大胆提出,"相须"是平等之意,没有尊卑之别。以己为尊,以民为卑,表明本心有杂念,不纯一。如果以己为尊、民为卑,此心必自大,而自大并非本心,本心没有而用外力增加,不是表明本心已经不纯了吗?

强调君民平等,意味着君民一体,"人主欲成功,须与民共之,天下匹夫匹妇不得自尽,则谁与成功乎!"④天下非君主一人之天下,乃

---

① 以上引文见〔宋〕袁燮:《絜斋毛诗经筵讲义》卷三,《景印文渊阁四库全书》,第74册,第26页。
② 同上注,第33页。
③ 〔宋〕袁燮:《絜斋家塾书钞》卷五,《四明丛书》,第15693—15694页。
④ 同上注,第15694页。

天下人之天下,君主应当与百姓一起,泽及每一个人,这样才能功成,天下大治。泽及百姓,就意味着不能与民争利,要让利于民。

> 善为国者,富藏于民;不善为国者,富藏于府库。君民一体也,民既富矣,君安得而不富?不藏于民而厚敛焉,民既竭矣,君亦安能独丰哉!故有若之言曰"百姓足,君孰与不足",荀卿言财货本末源流,亦以为本原在下,而不在上也。①

《硕鼠篇》就是告诫国君勿重敛。应该说,袁燮的这些政治理念都是非常进步的。他在轮对、进札中提出君主应敬天、用贤、纳谏、勤于好问、崇大节、结人心、达民隐,国家应立大本、明政刑、修战守等等,皆是君主反身修德的结果,此不一一赘述。

五、对象山之推崇

袁燮先师事陆九龄,旋即受教于陆九渊,得本心之学而开悟,遂对象山推崇有加。陆九渊去世,袁燮作祭文悼念:

> 嗟惟先生,任道以躬。方其未得,愤悱自攻。一日洞然,万理俱融。如天清明,如日正中。毫发无差,涵养日充。乃号于世,曰天降衷。至大至精,至明至公。兹焉良心,万变不穷。学者初来,胶扰塞胸。先生教之,如橐鼓风。弟子化之,如金在镕。有蔽斯决,有窒斯通。手举足履,视明听聪。式全其大,不沦虚空。此于斯世,允矣有功。②

---

① 〔宋〕袁燮:《絜斋毛诗经筵讲义》卷四,《景印文渊阁四库全书》,第74册,第41页。
② 〔宋〕袁燮:《祭象山陆先生文》,《袁正献公遗文钞》卷上,《四明丛书》,第7035—7036页。

他高度评价了陆九渊的学问以及教化后学之功,认为象山以道自任,以本心之学启发后学,功莫大焉。他还为象山文集作序,力辩象山之学非禅学,为确立象山继承圣学之宗师地位不遗余力。

首先,象山发明孟子本心之学,是道统之继承人。袁燮认为,乾道淳熙年间,义理之学讲切尤精。一时硕学为后宗师者,班班可见。然而,"切近端的,平正明白,惟象山先生为然"①。象山之学,乃其多年深造自得,心理融贯,揭橥当世:"学问之要,得其本心而已","心之本真未尝不善,有不善者,非其初然也"。其发挥《孟子》之精蕴,无一不合孟子之旨。学者读《孟子》而不悟,亲承象山之教后,方悟到圣贤与我同一本心,培育涵养可跻圣俦。象山之言皆从中心流出,上可启沃君心,下而切磨同志,再下可开晓黎庶。儒释之分,义利之别,"剖析至精,如辨白黑,遏俗学之横流,援天下于既溺,吾道之统盟,不在兹乎!"②所以,象山如北辰泰岳,不仅为后学之师表,而且乃孔孟道统的继承人。

关于道统,袁燮并不讳言周敦颐、二程的地位和贡献。孔门弟子中,颜回早夭,斯道无托,幸有曾子、子思、孟子次第相传孔子之学,此乃正大之统,昭晰无疑。之后,诸儒虽有求道之心,未有得道之实。道统寝微,不绝如线。直至周敦颐,精细密察,窥见其真,得颜子之乐,潜养、践履皆见之于书、行之于事。当时名公如赵抃、吕公著、苏轼、黄庭坚等都对他极为称道,为之敛衽起敬。二程之学实渊源于周敦颐。袁燮认为,周敦颐窥见圣道之真,二程则以斯道师表后进,其功不可磨灭。但真正理解且光大孟子思想的,乃是陆九渊。

其次,象山之学并非禅学。朱熹曾抨击说江西之学尽是禅,主要

---

① 〔宋〕袁燮:《题彭君筑象山室》,《絜斋集》卷八,《景印文渊阁四库全书》,第74册,第99页。

② 以上引文见〔宋〕袁燮:《象山先生文集序》,《絜斋集》卷八,《景印文渊阁四库全书》,第1157册,第90页。

是因为象山单提本心,类似禅宗单传心印。袁燮回应道:"此不谓知先生者。先生发明本心,昭如日月之揭,岂恍惚茫昧、自神其说者哉?"①象山之道"甚粹而明",其言"甚平而切","凡所启告学者,皆日用常行之理而毫发无差,昭晰无疑"②。天下翕然推尊,其人虽逝,其教仍著。在其家乡金溪仍有诸多学子趋向不迷,有志斯道,耻为世俗之学,可见其源流之远。象山之发明本心,简易明白,渊源有据,不似佛教模糊不清、自我神秘化。以之为禅,是没有真正读懂陆象山。

袁燮之子袁甫总结父亲一生的学问:"(先君子)谓学问大旨在明本心,吾之本心即古圣之心,即天地之心,即天下万世之心。彼昏不知,如醉如梦,一日豁然,清明洞彻,圣人即我,我即圣人。……先君子之学源自象山,明白光粹,无一瑕疵,可谓不失本心矣。"③袁燮不仅究心于本心之学,他少以名节自期,在朝时屡进谠言,在地方则政绩可观。故而四库馆臣评价他在南宋诸儒中"可谓学有体用者"④。他推尊象山为"道统"继承人,为扩大象山学的影响起了重要作用。

第五节　舒璘和沈焕

"甬上四先生"中,舒璘、沈焕年长于杨简和袁燮,影响却不及后二人,全祖望认为可能是因为舒、沈在当时的名声和地位不及杨、袁

---

① 〔宋〕袁燮:《题彭君筑象山室》,《絜斋集》卷八,《景印文渊阁四库全书》,第1157册,第99页。

② 〔宋〕袁燮:《止善堂记》,《絜斋集》卷十,《景印文渊阁四库全书》,第1157册,第128页。

③ 〔宋〕袁甫:《絜斋家塾书钞原序》,《絜斋家塾书钞》,《四明丛书》,第15577页。

④ 〔清〕纪昀总纂:《絜斋集》四库提要,《景印文渊阁四库全书》,第1157册,第90页。

之故。但是从学问上看,舒、沈要远比杨、袁"平实"。所谓平实,指二人不尚高论,而重在日用常行的践履。

一、"笃实不欺"的舒璘

舒璘(1136—1199),字元质,一字元宾,奉化人,人称广平先生。中乾道八年(1172)进士,曾任江西转运司干官、宜州通判等职。曾教授徽州,被誉为"天下第一教官"。卒,赐谥文靖。袁甫提刑江东,于徽州建祠纪念。舒璘于《诗》《礼》皆有讲解,惜其文集早已散佚,后人辑有《舒文靖集》上下卷,收录于《四库全书》,张寿镛《四明丛书》旁搜博采,厘定《舒文靖公类稿》四卷、《附录》三卷,算是迄今为止研究舒璘思想资料最全的文本了。

舒璘尝自述其问学经历:"幼不知学,溺心利欲之场,以为读书著文但为科举计。既冠,游上庠,获见四方师友,耳闻心受,皆古圣贤事业,乃始渐知曩日之陋。"①和所有其他的读书人一样,舒璘一开始也是为科举而读书。入太学后,结交良师益友,方知圣贤之学。当时张栻为官于京师,舒璘请质从学,有所开警,后与其兄弟舒琥、舒琪一起亲炙陆九渊。朱熹、吕祖谦讲学于婺,璘徒步往谒之。中途以书告其家曰:"敝床疏席,总是佳趣;栉风沐雨,反为美境。"②《浙江通志》据此说他"又从陆九渊、朱熹、吕祖谦学",俨然将舒璘当成了朱熹和吕祖谦的学生。无论《宋史》,还是《宝庆四明志》《延祐四明志》,都只说他闻听朱熹和吕祖谦兄弟在金华讲学,遂徒步"往谒之"。从现存他给朱熹的书信看,他称朱熹为"执事",称其"任重斯文",希望他能不负四海之望,以圣贤事业相期。他亲口说过自己的学问渊源:"吾学南轩发端,象山洗涤,老杨先生琢磨。"③老杨先生即杨简之父杨时

① 〔宋〕舒璘:《谢傅漕荐举札子》,《舒文靖公类稿》卷三,《四明丛书》,第6469页。
② 〔元〕脱脱等撰:《宋史》卷四一〇,第12339页。
③ 〔清〕黄宗羲、全祖望等:《象山学案》,《宋元学案》卷五十八,第1921页。

发。可见,他的学问,就如王应麟所总结的:"讲于张而成于陆,考德问业于朱吕。"①所以,他与朱、吕讲论辩难,属于讲友,并非受业门下。不过从中可见舒璘问学求道范围之广泛,于诸家思想皆有所得,是以"融会贯通,卒为大儒"②。

1. "人之良心,本自明白"

在与诸贤的从游与切磋中,舒璘接受了象山心学,并对本心有了自己的认识:

> 天之赋予我者,至良至粹,无好乐,无贪羡,廓然大公,惟理义之顺,圣贤先获我心之同然。故穷达用舍,安于理义之常。在上而与天地同流,吾不益;在下而与草木俱腐,吾不损。③

他悟到了吾之本心乃至良至粹,无丝毫私欲,充满理义,与圣贤完全相同。认识到这一点,那么无论得意失意,都会安之若素,处之泰然。将自己融入到宇宙中,与天地万物为一体,贵贱荣辱,皆不增不减。他的朋友刘淳之落榜,惆怅不已,并为贫困而忧愁。舒璘回信,讲了自己兄长的故事:舒琥进学,家中甚喜,一日其母问他,为学固然好,万一遇到饥馁,怎么办? 舒琥从容回答说,万一饥饿,自当顺受。如果不知学,必然会惊慌失措乃至寡廉鲜耻;知学,才能安于义理,随顺处境,不至丧失身命。孔子曰:"君子固穷,小人穷斯滥矣。"即是此意。其母听罢,才放下心来。"平时以圣贤经书、前辈议论妆裹作人,自己良心先不明白,一旦处外境不动,难矣哉!"④舒璘安慰朋友,不要被身边动辄追求利欲的言论所左右,应先明悉本心,心志坚定,才

① 〔宋〕王应麟:《广平书塾记》,《舒文靖公类稿》附录卷下,《四明丛书》,第 6520 页。
② 〔明〕黄润玉:《舒文靖赞》,《舒文靖公类稿》附录卷下,《四明丛书》,第 6533 页。
③ 〔宋〕舒璘:《谢傅漕荐举札子》,《舒文靖公类稿》卷三,《四明丛书》,第 6469 页。
④ 〔宋〕舒璘:《答刘淳之》,《舒文靖公类稿》卷一,《四明丛书》,第 6461 页。

能不为外境所动,真正做到"不动心"。

舒璘指出,人之本心自明、自善,遮蔽本心的就是"私念"。"人之良心,本自明白,特患无所感发,一朝省悟,邪念释除,志虑所关,莫非至善。虽圣性所禀与常人殊,至理义同然,初无少间。"①如何去除私念?程朱主张"主敬"的功夫,舒璘表示反对:

> 持敬之说,某素所不取。我心不安,强自体认,强自束缚,如篾箍桶,如藤束薪,一旦断决,散漫不可收拾,理所宜然。夫子教人何尝如是?其曰"入则孝,出则弟","言忠信,行笃敬",与夫"出门如见宾,使民如承祭",如此等处在孩提便可致力,从事无致,则此心不放,此理自明,圣贤事业岂在他处耶?②

他认为持敬的功夫是对本心的勉强体认和束缚,并非自然而然,不能持久,一旦松懈,便不可收拾。孔子教人,都是要求从小在日常人伦、待人接物的道德践履中涵养本心,坚持不懈,此心不放失,心中之理自然彰显。所谓圣贤事业就是在日用间用功。良心不安,需要不断体认,但不是靠刻意勉强,而是靠"省悟"。在人伦实践中,遇事有所感发,"一朝省悟,邪念释除",则所思所想都是至善。这个"省悟"并非"顿悟",而是靠长期的实践,日积月累而成。舒氏三兄弟从学象山时,舒琥、舒琪顿有省悟,舒璘则曰:"吾惟朝于斯,夕于斯,刻苦磨厉,改过迁善,日有新功,亦可以弗畔矣乎。"③可见他是反对顿悟的。正因为如此,他的学问才显得更加平实,处处落到实处。

2."修己作文,初非二事"

舒璘不仅善于教学,而且擅长作文。《宝庆四明志》载:"嘉定

---

① 〔宋〕舒璘:《再与楼大防书》,《舒文靖公类稿》卷一,《四明丛书》,第6454页。
② 〔宋〕舒璘:《再答叶养源书》,《舒文靖公类稿》卷一,《四明丛书》,第6446页。
③ 〔元〕脱脱等撰:《宋史》卷四一〇,第12339页。

初,朝廷革文弊,选前辈程文以范后学,璘文实冠编首。"①文章如何才能既言之有物,又文采斐然,即形式和内容实现有机统一?舒璘主张,第一,学问要有根源,根源即是六经。"六经旨趣深长,苟平时学有根源,发之文辞自不可掩。"②六经无论从内容("道")还是形式("文辞"),都是学问之本原,作文应当以六经为矩矱。他批评当时科举命题的弊端,"近主文往往欲务新奇,故命题多断章取义,不惟有失经旨,使士子投合有司,巧于穿凿,故辞达之文少而巧说之语多。习以成风,争奇取胜,所得之士往往多轻浮躁露,殊乏器识,甚失明经取士之意。"③出题之人追求新奇,所以题目断章取义,本身就不符合经书旨义。士子们迎合考官,穿凿词义,所取之士缺乏识见,科举丧失了明经取士的作用。第二,本心要正,心正自然发而为文,要把修己和作文作为一件事看待,不能分开。"修己作文,初非二事。本原既明,是处流出,以是裕身则寡过,以是读书则畜德,以是齐家则和,以是处事则当,笔端因是而加之文耳。我心无累,此道甚明。……大本未明,故笔下所谓文章反见脉理不贯尔。"④修己是为了明本心,本心无所不有,此心既明,下笔便是文章。大本不明,则所作文章之脉理必然不贯通。

作文和修己的关系,其实就是文与道的关系。《文心雕龙》提出"文以明道",周敦颐提出"文以载道",文章不是纯审美、纯抒发性情的文学作品,而是被赋予明道、载道功能的工具。在舒璘看来,"我心无累,此道甚明",道就在心中,心通则道明,自然会流露于笔端,写出脉理贯通的好文章,反之则不然。所以作文的前提和关键,在于修心。不要把修心和作文截然分开,当成两件事,二者其实是一体的。

---

① 《宝庆四明郡志先贤事迹》,《舒文靖公类稿》附录卷中,《四明丛书》,第6514页。
② 〔宋〕舒璘:《通都漕书》,《舒文靖公类稿》卷一,《四明丛书》,第6448页。
③ 同上注。
④ 〔宋〕舒璘:《答袁恭安书》,《舒文靖公类稿》卷一,《四明丛书》,第6447—6448页。

3."广平之学,春风和平"

文天祥曾评价舒璘之学:"广平之学,春风和平。"舒璘为人就如其学,与人为善,平心静气。杨简作《象山行状》原记有象山评价有子、伊川的话①,舒璘夸奖《行状》写得"洞见表里,其间载有子、伊川事甚当",但他劝杨简还是不要轻易将这些话写进去。他担心"人情蔽欺,道心不著,不知者徒生矛盾,既知之,彼自能辨"②,不理解二程学说的人会因此徒生口角,引起不必要的学术争端;理解的人自然会分辨清楚。朱熹在讲学中多次抨击浙学,有学者为心学抱不平,对此,舒璘劝说道:"晦翁当世人杰地步,非吾侪所及。其有不合者,姑置之。"他担心"后生未闻道,吾侪之论一出,便生轻薄心。未能成人,反以误人"③。他高度评价朱熹乃"当世人杰",其学问不可估量。他要求对学术保留尊重之心,学术观点上有差异,不妨置之不论。真正明道之人会做出自己的选择,不闻、不知道者,尤其是不了解不理解朱熹学问的人,听到批评就会信以为真,轻薄朱熹及其学问,这并非好事。于此可见舒璘之胸怀和见识。

舒璘言行一致,袁燮评价他:"考其生平,发于言论,率由中出,未尝见其一语之妄。"④他用"笃实不欺"概括舒璘一生之言行。这一点,除了有舒璘自己刻苦磨砺、改过迁善的努力外,还有家庭教育的影响。其父舒骥便是忠厚笃实之士,为时人所称颂。"先君忠厚诚笃,敦行孝弟,尚论古人必以检身,夷考载籍务明治道,声色货利不入于心。故处家庭,在乡党,官守涖民,咸有典则可纪述。兴国军教授临川陆先生九龄尝谓人曰:'舒君温恭足以儆傲惰之习,粹和足以消

---

① 据《象山年谱》,象山八岁时读《论语·学而》,即疑有子三章。十三岁时曾说:"有子之言支离。"丱角时闻人诵二程语,即曰:"伊川之言,奚为与孔孟之言不类?"后来在讲课时,又公开说:"伊川蔽锢深,明道却疏通。"
② 〔宋〕舒璘:《答杨国博敬仲书》,《舒文靖公类稿》卷一,《四明丛书》,第6447页。
③ 〔宋〕舒璘:《答孙子方书》,《舒文靖公类稿》卷一,《四明丛书》,第6448页。
④ 〔宋〕袁燮:《舒元质祠堂记》,《舒文靖公类稿》附录卷下,《四明丛书》,第6519页。

鄙吝之心。'闻者以为笃论。"①温恭、粹和便是时人对舒璘一生为人的总结,这也直接影响了舒璘的性格和为人。

"笃实不欺"体现在教学上,便是身先垂范,用心诲人。据袁燮讲述,舒璘教授新安时,新安已久不闻弦歌之声。舒璘奋然曰:"士之媺恶独不在我乎!"当时他尚在选调之中,但他拒绝了,一心扑在教学上。他重新立规矩,"不称门生,不以骈俪语为谢,盖通道甚笃,利禄之念截然不萌。故诸公亦深亮焉。教人以躬行,诸生知向方矣。"他本人则"不惮勤劳,日日诣学,隆寒酷暑,未尝少懈。暮夜亦间往,又筑风雪亭,会集其上,日有讲求涵泳之功。质或不美,毋庸忿疾,端吾榘矱,需其自新。久乃有勇进不可遏者,此邦之人追思至今。"时人感叹曰:"吾乡学问之源,窒而复通者,此先生实开之也。"②舒璘由此被誉为"天下第一教官"。新安之教深入人心,他去世后,新安人立刻建祠堂以示尊崇。

"笃实不欺"体现在仕途上,便是直言不讳。舒璘一生未做过朝官,官职最高也不过是宜州通判。但他却非常关心朝局的变化,当时赵汝愚任宰相,朱熹侍讲经筵,道学中人一时深受鼓舞。舒璘却忧心忡忡,"窃惟当今事势,官爵之崇卑皆不足为吾党贺,而国本之安危则深有可虑者。"他直言官场之弊:"今日诸贤大概回护之功多,而诚实之意少,上焉者谈论不切事情,下焉者又只相安于无事,故虽咸有忧国之心,而未有善后之计。"③他担心错过当前的大好局面,就再也没有机会安固"国本"了。他对经济和治安方面如茶盐、保长、常平、税收、荒政等问题也都提出过建设性意见。

袁甫曾概括舒璘一生之为人:"故先生之胸襟,光风霁月也;先生

① 〔宋〕舒璘:《先君承议公圹志》,《舒文靖公类稿》卷二,《四明丛书》,第6466页。
② 以上引文见〔宋〕袁燮:《舒元质祠堂记》,《舒文靖公类稿》附录卷下,《四明丛书》,第6518—6519页。
③ 〔宋〕舒璘:《通陈郎中英仲书》,《舒文靖公类稿》卷一,《四明丛书》,第6458页。

之节操,山高水长也;先生之咏诗,天籁自鸣也;先生之作文,鸢鱼飞跃也;洙泗风雩之气象,先生有焉。处逆境不知其逆也,居顺境不知其顺也,千变万状,自为纷纷,而不知其为千为万也,亦不知其为一也。先生之言曰:'敝床疏席,总是佳趣;栉风沐雨,反为美境。'此先生之学所以深造自得,而某之所谓真有道之君子也。"①评价可谓全面恰当。舒璘虽然主心学,却极少像杨简那样大谈本心如何如何,也反对顿悟的认知方式,而是主张将本心的认知和涵养落实到日常践履中,在实践中体认,并将本心之至善发挥出来,化作为人处世的准则,做到笃实不欺。笃实不欺,便是良心的具体落实和最好的体现。

二、"反观内省"的沈焕

沈焕(1139—1191),字叔晦,定海人,人称定川先生。二十四岁中乡试第二,入太学,师事陆九龄。中乾道五年(1169)进士,任过余姚尉、扬州教授等职,官至舒州通判。卒,谥端宪。著作久已不传,张寿镛搜求散佚、荟萃后人记录文字厘为《定川遗书》二卷、附录四卷,收录于《四明丛书》中。

和舒璘的"春风和平"相比,"定川之学,秋霜肃凝"②。沈焕以"严威俨恪"要求自己,源自于严厉的家庭教育,"学于家庭,以正心修身、爱亲敬长为本,步趋中规矩,言论有典则"③。其父沈铢曾任镇东军金判,治家谨严。《行状》记载:"金判公每对宾客,君常拱立其旁,侍酒则竟席不敢去。小不合意,严诲饬之,不以年长。故假借父子,自为师友,讲论道义,闺门肃雝。"④有严父时时规饬,沈焕也养成

---

①　〔宋〕袁甫:《奉化县舒先生祠堂记》,《蒙斋集》卷十四,《景印文渊阁四库全书》,第1175册,第496页。

②　〔宋〕文天祥:《郡学祠四先生文》,《舒文靖公类稿》附录卷下,《四明丛书》,第6532页。

③　〔宋〕袁燮:《定川言行编》,《定川遗书》附录卷二,《四明丛书》,第6553页。

④　〔宋〕袁燮:《通判沈公行状》,《定川遗书》附录卷二,《四明丛书》,第6549页。

了一丝不苟的性格。

沈焕入太学时，便不合俗群，"天子学校当隆师亲友，循规蹈矩，以倡郡国"①。他师礼陆九龄，昼夜鞭策，求友如不及。囊中无钱，冬日无絮，亦忍穷自励，惟以讲习为急务。他坦言于诸人："吾侪生长偏方，闻见狭陋，不得明师畏友切磋以究之，安能自知不足？前无坚敌，短兵便为长技，大可惧也。"众人为之悚惕。杨简称自己未出家门时只知有先训，出门后从未听过正言，一度怀疑世间不复有朋友之义。及入太学，一见沈焕，方知正论，遂从其交游，切磨讲肄。五六年间，朋从日盛，大家"相与讲明立身之要，务本趋实为不朽计"，都是由沈焕率先倡导的。②同是州学教授，沈焕和舒璘都乐于教人，但教学风格迥然不同。舒璘曾说："师道尊严，璘不如叔晦；若启迪后进，则璘不敢多逊。"③舒璘师模后进，煦如春阳。沈焕任太学学录时，总是衣冠整齐，哪怕盛夏亦如此。同僚私下相互告诫："沈君庄肃如是，我辈亦当如是。"同列畏谤避嫌，都不敢跟学生说话，沈焕叹曰："将不知兵，兵不知将，情意不接，不可之大者。"④他本人遂"以昔所躬行者淑诸人，亹莫延见学者，孜孜诲诱"，导致同僚"忌其立异"。沈焕容姿伟仪，殿试时立庭下，被孝宗看见，专门遣内侍问姓名，更遭众人嫉妒。同僚以"行道"为笑，有人劝沈焕"姑营职，道未可行也"，沈焕对曰："道与职二乎？"太学考试，他发策试诸生，题目引用了孟子"立乎人之本朝而道不行，耻也"一句，当政者认为这是在讽刺自己，于是提请朝廷罢黜他。沈焕在太学任职才八个月，便去职了。

沈焕因著作不传，难以窥其全貌，只能根据相关记载略见其学问

---

① 《宝庆四明志本传》，《定川遗书》附录卷三，《四明丛书》，第 6562 页。

② 以上引文见〔宋〕袁燮：《通判沈公行状》，《定川遗书》附录卷二，《四明丛书》，第 6549 页。

③ 《宝庆四明郡志先贤事迹》，《舒文靖公类稿》附录卷中，《四明丛书》，第 6514 页。

④ 以上引文见〔宋〕袁燮：《定川言行编》，《定川遗书》附录卷二，《四明丛书》，第 6554 页。

大旨。他崇奉心学,主张"吾儒急务,立大本、明大义耳。本不立,义不明,虽讨论时务条目何为?"①他尝对杨简说:"吾儒之学,在植根本,无妄敝其精神。"这根本、大本就是本心。涵养本心的功夫,他特别指出:"学者工夫,当自闺门始,其余则末也。"何谓也?"昼观诸妻子,夜卜诸梦寐,两者无愧,始可言学。"②夫妇之道乃人之大伦,父子之道乃人之天性,齐家方能治国平天下。白天家庭整肃,夜里问心无愧,有此功夫,才可称学。《行状》记载,沈焕"自以资禀刚劲,非所以欢庭闱。痛自砭剂,大书《祭义》'深爱和气,愉色婉容'数语于寝室之壁,日省观焉。"③后人评价这是"反观内省,慎独之功"④。从"立大本,明大义"出发,他曾主张:"为学未能识肩背,读书万卷空亡羊。"并称赞陶渊明"读书不求甚解,会意欣然忘食,此真善读书"。先明本心,然后读书,读书要抓要旨、要义,不要停留在文章的细枝末节上。他读史籍传记均"采取至约"。后来,他与吕祖谦兄弟讲论,极辨古今,方领略到周览博考之益。于是他开始博览群书,"凡世变之推移,治道之体统,明君贤臣之经纶事业,孳孳讲求,日益广深"。⑤可以说,沈焕的学问,经历了一个由"约"而"博"的过程。

但沈焕始终没有接受朱熹的学说。他敬重朱熹的社会影响,称其乃"进退用舍、关时轻重者"⑥。他给朱熹的书信已全部佚失,从现存朱子给他的信中,可见二人曾讨论《论语》"克己复礼""曾子告孟敬子"之旨,《孟子》"浩然之气"章,《周易》之"蓍卦"义等等。朱熹还公开批评象山心学:"大抵近年学者求道太迫,立论太高,往往嗜简

---

① 〔宋〕沈焕:《定川遗书》卷二,《四明丛书》,第6543页。
② 以上引文见〔宋〕沈焕:《定川遗书》卷二,《四明丛书》,第6543页。
③ 〔宋〕袁燮:《通判沈公行状》,《定川遗书》附录卷二,《四明丛书》,第6549页。
④ 〔明〕李堂:《沈端宪公像赞》,见《定川遗书》附录卷二,《四明丛书》,第6560页。
⑤ 以上引文见〔宋〕袁燮:《通判沈公行状》,《定川遗书》附录卷二,《四明丛书》,第6552页。
⑥ 〔宋〕沈焕:《定川遗书》卷二,《四明丛书》,第6543页。

易而惮精详,乐浑全而畏剖析,以此不见天理之本然,各堕一偏之私见,别立门庭,互分彼我,使道体分裂,不合不公,此今日之大患也。"他对吕祖俭也颇有微词:"子约为人固无可疑,但其门庭近日少有变异而流传已远,大为学者心术之害。"又批评事功学派:"近日又有一般学问,废经而治史,略王道而尊霸术,极论古今兴亡之变而不察此心存亡之端。若只如此读书,则又不若不读之为愈也。""近日一派流入江西,蹴踏董仲舒而推尊管仲、王猛,又闻有非陆贽而是德宗者,犹可骇异。"①沈焕对此有何回应,不得而知。他任职浙东提刑干办时,曾与朱熹会面,各抒己见,之后他"遗书'静廉'二字,复遣其弟炳就学象山门下"②,可见其对朱学之态度,对心学之笃诚与坚定。

沈焕去世后,袁燮为之作《行状》,周必大为之作《墓碣》,史浩、朱熹、杨简、孙应时、袁甫一直到明清均有祭文哀悼之,对其人其学给予高度评价。袁燮的评价可作为代表:"其有功于吾道者,开后学师友讲习之端,得古人相劝为善之义。材质不同,相与磨砻浸灌,而进德日众。"③纵观沈焕之问学经历和为人之道,此评可谓中肯。

第六节　袁　甫

"甬上四先生"之学宗旨一致,却各有胜场。可惜舒璘和沈焕早逝,著述散佚,故影响不及杨简和袁燮。杨简高寿,门下弟子众多;袁氏乃名门望族,袁燮与其子袁甫、袁肃号称"三袁"。一时之间,"槐堂之学,莫盛于吾甬上,而江西反不逮"④。就家学传承而言,以袁燮

---

① 以上见《朱子答沈叔晦书》,《定川遗书》附录卷一,《四明丛书》,第6546、6545页。
② 〔清〕张懋建:《鄞江人物论》,见《定川遗书》附录卷二,《四明丛书》,第6561页。
③ 〔宋〕袁燮:《定川言行编》,《定川遗书》附录卷二,《四明丛书》,第6555页。
④ 〔清〕黄宗羲、全祖望等:《槐堂诸儒学案序录》,《宋元学案》卷七十七,第2570页。

之子袁甫为最著。

袁甫，生卒年不详，字广微，号蒙斋。嘉定七年(1215)状元，曾任江东提举、起居舍人兼崇政殿说书、中书舍人等职，官至礼部侍郎兼国子祭酒，权兵部尚书。谥正肃。据《宋史》本传，袁甫有《孝说》《孟子解》等多部著作，现存的只有《蒙斋中庸讲义》四卷，大概是平时讲课授学的讲义；《蒙斋集》二十卷，是其文集，今本乃是从《永乐大典》辑出。袁甫少服父训，后又从学杨简，故而于心学笃信不疑。他曾在浙江、安徽、江西、福建等地任地方官，所到之处，兴办学校，推行礼乐教化。他创象山书院，兴白鹿洞书院，建番江书院，使理学讲习之风在陆九渊的故乡再度兴盛。

袁甫一尊象山心学，他对本心的看法完全秉承杨简和袁燮。所异者，袁甫对中庸、慎独、自得等概念又有了新的解读，重视道德践履，本体和工夫完全打成一片。同时他对象山学以外的其他学派如闽学、湖湘学、婺学皆尊敬有加，称他们都是圣学正传，摒除门户之见，主张求同存异。

一、本心论

1. 天下万事皆原于心

杨简心学以"心之精神是谓圣"为核心，其注经作文都是发挥此一句。袁甫对"心之精神"作了进一步发挥：

> 盈宇宙之间，莫非精神也。先圣即是以启后学，先生即是以师先圣。……天地变化，天地之精神，吾心之精神也；日月照临，日月之精神，吾心之精神也；是阁之上聚六经群圣人之书，六经群圣人之精神，吾心之精神也；环以先贤之像，先贤之精神，吾心之精神也；登高而望，前云峤后，雷峰左，柏山右，松岭层峦叠嶂，杂然森列者不可胜数，晨昏出没，烟云吞吐，万态呈露，尽得于几

席之上,景物之精神,吾心之精神也。①

天地万物之变化,六经圣人之言,乃至自然风景的陈列,都是我心之精神的外在表现。孟子曰"万物皆备于我",陆九渊说"万物森然于方寸之间",皆是由外而内,强调本心对外物的含摄;杨简和袁甫则由内而外,我心之精神便是宇宙之精神,万物之精神。没有我心的关照,天地就无所谓变化,日月就无所谓照临,六经圣人之言、自然景物之陈列便没有任何意义。后来阳明表达得更直白:"天没有我的灵明,谁去仰它高? 地没有我的灵明,谁去俯它深? 鬼神没有我的灵明,谁去辨他吉凶灾祥?"②这"灵明"便是指本心之精神。

> 天下万事,皆原于心。心本至灵,己私障之。己私既去,洞然大公。无适无莫,常清常明。律己也,抚民也,莅事也,皆是心为之也。③

> 此心神明,无体无方,日用平常,莫匪大道。是谓极,是谓精一,是谓彝伦,是谓乾健坤顺,是谓日月星辰、山川、风雨霜露、鸟兽草木之变化,是谓鬼神之情状。④

> 厥初生民兮,通天地之性情。名之曰觉兮,为万物之最灵。此灵此觉兮,匪自外生。知学之为觉兮,亘千古炯炯以光明。懿姚虞之传心兮,曰惟一以惟精。⑤

---

① 〔宋〕袁甫:《精神阁记》,《蒙斋集》卷十四,《景印文渊阁四库全书》,第 1175 册,第 497 页。
② 〔明〕王守仁:《传习录下》,《王阳明全集》,上海古籍出版社 1992 年版,第 124 页。
③ 〔宋〕袁甫:《跋长沙幕府四箴》,《蒙斋集》卷十五,《景印文渊阁四库全书》,第 1175 册,第 514 页。
④ 〔宋〕袁甫:《跋象山先生集》,《蒙斋集》卷十五,《景印文渊阁四库全书》,第 1175 册,第 518 页。
⑤ 〔宋〕袁甫:《觉赋》,《蒙斋集》卷十九,《景印文渊阁四库全书》,第 1175 册,第 553 页。

本心至觉至灵,无体无方却无所不有,所谓太极、精一、天理、乾坤,均与本心名异实同。本心最大的特点,是其"觉"性。因其觉悟,所以人才为万物之灵长。此心之觉,亦是天生。所以学习的过程即是一个自我觉悟的过程。

2. 心即太极、即诚、即中庸、即一

本心作为宇宙的最高本体,是唯一的,无对的,即不存在一个与之并列、相对应的概念。以之解读经典,则典籍中所有具有本体意义的范畴如太极、道、性、一、中、诚等等,均是独一无二的存在,没有与之对等的概念。以上这些概念,都可以理解为本心。袁甫解读《中庸》,就是把以上这些概念统统解释为中庸,并认为"诚"贯穿《中庸》的始终。

何谓中庸? 袁甫的解释与众不同:"不差之谓中,不异之谓庸。端端的的,何差之有? 日用普平,何异之有? 不差,故名曰中;不异,故名曰庸,中庸言其常不差也。"①所谓不差,意即"中"是本心固有,无需增减一分一毫。"庸"是"中"自有的属性,表示"中"一直是本心的状态。"中者,先天地而存,即太极也,而其充满乎宇宙之间,日用常行,秩然粲然,而不违乎自然之彝伦者,庸也,而无非中也。一中之外岂有秋毫之可加耶?"②中即是庸,庸即是中,中即是太极,都是日用常行的存在。

《中庸》首章:"天命之谓性,率性之谓道,修道之谓教。"袁甫断言:"《中庸》一书,穷理尽性至命之书也。"命属之天,性属之我,"天命之谓性"意味着"性不离命,命不离性,性命不离中庸,知中庸则知性命矣,知性命则知中庸矣"。③如何理解? 就如孟子所言,形色本是

---

① 〔宋〕袁甫:《蒙斋中庸讲义》卷一,《景印文渊阁四库全书》,第199册,第554—555页。

② 同上注,第555页。

③ 以上引文见〔宋〕袁甫:《蒙斋中庸讲义》卷一,《景印文渊阁四库全书》,第199册,第556页。

人的天性,即耳目口鼻四肢之于色声臭味安佚本属人之天性,但同样是大家所共同追求的,有的人得到了,有的人没有得到,这就是命数使然了。若受制于命数,就不能全归于天性。所以性不可离命而言。同样,仁义礼智、天道乃吾性所固有,天性在我,则仁者必寿、大德者必受命,故仁义礼智、天道之于父子、君臣、宾主、贤者、圣人,看似命中注定,其实是天性使然。因此命也不能离性而单独言之。"性不离命,则当听其在天;命不离性,则当尽其在我。听其在天者,即我也;尽其在我者,即天也。"①我即是天,天即是我,性与命其实是名异实同。"人人皆有天命之性,天与我同一太极也"②,一切都源自于"我",这就是性命之道、中庸之道,就是穷理尽性以至于命,都是人所固有。圣人能"允执其中",常人通过努力也可实现,因为中庸乃人所固有。"率性之谓道",循性而行便是中庸之道,"人皆有此性,则皆有此道,道不在性之外也"③。至于"修道之谓教","所谓修者,非有所加益也。修而明之,使无昏;修而全之,使无亏,还其本有者而已。"④本心本性无有不善,不增不减,所谓修德其实就是使其本来面目彰显出来而已。就如明月,本来皎洁光明,只是因有浮云遮蔽,不见其本来面目。只要浮云散去,自然露出明月本真。袁甫最后总结道:

> 性不离命,命不离性,性命一中庸也。性命降自天,率性由道存乎人,人不离天,天不离人,天人一中庸也。道自道也,成己也;推此教人,成物也,己不离物,物不离己,物我一中庸也。⑤

① 〔宋〕袁甫:《蒙斋中庸讲义》卷一,《景印文渊阁四库全书》,第199册,第557页。
② 同上注。
③ 同上注。
④ 同上注,第558页。
⑤ 同上注,第559页。

性命、天人、物我都是对立统一的一对对范畴,不能偏讲其中之一,所以均符合"中庸"之道。下文讲君子戒慎恐惧,"必慎其独也","独"也是一个无对的概念,指的是"念"。无论是与人见面对语,还是单处屋漏暗室,"一念潜动,人知之乎？人不吾知,己自知耳。念之未动,己知之乎？至隐也,至微也,己尚不知,奚可名状？强名之曰独"①。所谓慎独,就是在这"一念之动"上下功夫,"念"之萌动太隐微了,微小到有时候连自己都无法察觉,所以时刻需要谨慎,尤其是有恶念萌动的时候。"谨独非他,常中而已,不离道而已。非不离也,无可离也,离将安之？"②念起于心之萌动,慎独就是直接在心上用功,就是使此心始终保持常中(即中庸)的状态,不偏离常道。慎独即是中庸,本体和功夫是一体的。

至于喜怒哀乐未发之中、已发之和,中和亦是中庸,皆人人所固有。"诚者,天之道也;诚之者,人之道也",诚,具有真实不虚伪之意,但"实"不足以尽"诚"之内涵。因为"诚无对也",实则与虚相对应。无对的概念非常多,"太极无对,性无对,道无对,中无对,诚无对,无对即一也,一乃万之宗也,无对乃有对之宗也"③。所以,太极、性、道、中、诚皆可为宇宙之本,它们都是"本心"在不同场合、语境下的代名词。那些有"对"的范畴,性命、天人、物我、隐显、上下、人鬼等等,皆是一体两面,是诚、太极、太一、中庸的具体表现。

袁甫将《中庸》中所有的范畴都归结为"中庸",中庸就是本心之常道,其实就是用本心的思想贯穿全经,避免在概念上纠缠,落入章句训诂的窠臼。他总结以往解"中庸"之意者有两种:一是混融之说,"中即庸,庸即中";一为精详之说,"中,不偏也,无过不及也。庸,不

---

① 〔宋〕袁甫:《蒙斋中庸讲义》卷一,《景印文渊阁四库全书》,第199册,第560页。
② 同上注。
③ 〔宋〕袁甫:《蒙斋中庸讲义》卷三,《景印文渊阁四库全书》,第199册,第589页。

易也,日用常行也"①。这两种解法都有问题。混融之说意味着中和庸没有区别,既无区别,只说"中"或只说"庸"就够了,为何要两字连说?精详之说将二字严格分开,精确解释,但是庸言庸行无非中道,而这中道乃天下之大本、万古之常道,一定严格分开,于义恐也未安。学者习闻这二家之说,现实中却不能行中庸、守中庸,知与行分离,未免堕入陷阱,尚未真正觉悟其含义。理解"中庸",不妨将以上二家之说综合起来看,子思论舜,言其能执两用中,"用中"就说明"中庸之名虽殊,而实未尝不一也;中庸之实本一,而名不害其为殊也"②。谓"中为不偏,庸为不易"是可以的,不易者必不偏,不偏者必不易,与"中即庸,庸即中"之说并不相悖。说"中为无过不及,庸为日用常行"也是可以的,无过不及者必然可以日用常行,能日用常行者肯定也是无过不及的,这与"中即庸,庸即中"亦不矛盾。所以,对"中庸"的理解,一定要做到默识心通,才能形成自己的学问,并落实到日常践履中。

3. 天下皆在吾仁之内

"仁"作为孔子思想的核心,孔子只是从"如何为仁"的角度开示学生,不曾给仁具体的定义。《中庸》曰:"仁者,人也,亲亲为大。"袁甫解释道:"'仁者,人也',《论语》言仁之方,未尝直指仁体言之。直指仁体者,其惟此一句乎!凡草木五谷芽甲未生,已具一阴一阳矣;人之生也,负阴抱阳,仁即人也。"③他认为,"仁者,人也"直接道出了仁的本质。从仁之"生"意的角度,人因"仁"性而生来就含阴阳之气,成其为人,所以仁即是人之所以为人的本质,仁就是人心。"大哉仁乎!充宇宙,满六合,接于耳目,著于日用,何往非仁之本心?浑全

---

① 〔宋〕袁甫:《蒙斋中庸讲义》卷一,《景印文渊阁四库全书》,第 199 册,第 564 页。
② 同上注,第 565 页。
③ 〔宋〕袁甫:《蒙斋中庸讲义》卷三,《景印文渊阁四库全书》,第 199 册,第 568 页。

通贯,此心即仁,不劳外索。"①仁不仅指爱之德,它本身就是道,就是本体。"道恶在?仁是也。仁恶在?事亲是也。"②道在哪?仁就是道。仁如何体现?从事亲开始。仁表现为爱,但不仅仅是爱自己的亲人,而是表现为天地之大爱,凡有血气者同为一体,爱无差等。

> 吾谓人不能独大如山,而天地亦不能外吾仁。是仁也,天地未判,其存纯纯,天地奠位,其用无垠。当其安止,洞然忘我,曾不累乎一尘。及其无穷以永天年,又奚八千岁之椿?凡有血气,体同爱均,自吾亲以及吾姻,由吾邻以及吾民。③

从形体的大小上说,人在自然界中当然是渺小的。但因为人之"仁"体先天地而存在,其作用无穷无尽。仁即生,"天地之大德曰生",即是天地之仁,天地之仁其实是人之仁心的外化,因为在有人类之前,天地是无所谓生、无所谓仁的,这一切都是人赋予的。所以"天地亦不能外吾仁"。人既为万物之灵,就意味着对宇宙、对万物的责任和担当。人对万物"体同爱均",其实就是张载"民胞物与"思想的另一种表述,体现了天地万物本吾一体的思想。

袁甫于经筵侍讲时也讲了《论语》"颜渊问仁"章,他对"克己复礼"的解释异于杨简。"克己复礼",何谓己?若是指此身体,从天地万物一体的角度,此身与天地相似,与万物一体,没有隔阂,何必"克己"?所以,"己"与天地本无隔阂,当认"己"为身体时,才有了隔阂,所谓"克"就是"内不见己,外不见物","克己"之后便"洞然大公,不

---

① 〔宋〕袁甫:《赠钱融堂诗序》,《蒙斋集》卷十一,《景印文渊阁四库全书》,第1175册,第463页。
② 〔宋〕袁甫:《赠真仁夫序》,《蒙斋集》卷十一,《景印文渊阁四库全书》,第1175册,第468页。
③ 〔宋〕袁甫:《静寿赋》,《蒙斋集》卷十九,《景印文渊阁四库全书》,第1175册,第555页。

见有己矣"。简单地说,就是不要把"己"理解为身体,然后像下文说的用"礼"去规范自己的视听言动,而是把"己"看作天地万物中之一物,有本心与天地相通。何谓礼?"礼者,周流贯通乎天地万物之间,无体无方,无不周遍。"①礼是本心固有的内容,天地间之法则秩序无不是礼的具体体现。只是人总是认"己"为身体,人与天地产生隔阂,所以认识不到礼。只要通过"克己"去掉隔阂,自然"无往非礼",也就是说,不克己则礼失,克己自然礼复。"一日克己复礼,天下归仁焉",一旦此身与天地了无阻隔,天下归仁就是即刻瞬间的事。因为仁、礼均是本心所固有,"天下皆在吾仁之内也,礼之复也,非是外复,仁之归也,非是外归,本一而非二也"②。人一旦从昏昏物欲中猛然醒悟,完全摆脱物欲控制,则本心之清明立刻恢复,人己、天地万物浑然一体。"为仁由己,而由人乎哉",由,在的意思,言为仁完全取决于自己。前面讲"克己",此处讲"由己",似乎矛盾,"己"难道还有两个吗?当然不是。前后两个"己"好比灰尘与明镜、彩云与明月的关系。"克己"之"己"好比镜上之尘、月上之云,未克之前,有尘有云,当然要克之。"由己"讲的是既克之后,尘去镜明,云消月皎,"己"即自家之本心已完全呈现,当然可以完全按本心决定一切了。夫子所言"四目",视听言动都是对身体而言,很显然,遮蔽本心、妨碍自己认识到本心的就是此身体,有身体就会有各种欲望。然而心为一身之主宰,视听言动听命于心,所以非礼勿视听言动其实就是顺着本心固有之"礼"行事就行了。

总之,仁即是本心,"克己复礼为仁"即是克去身体之欲望对本心的束缚,恢复本心,重新回到与天地万物为一体的境界。

---

① 〔宋〕袁甫:《经筵讲义》,《蒙斋集》卷一,《景印文渊阁四库全书》,第 1175 册,第 337 页。
② 同上注。

二、修养论

本心无所不有,自正自明,蒙蔽本心的是各种不良习气、名利、物欲和各种意念。"厥初生人,本无不正,因习有迁,乃流于邪。"①所习妄、浮、污、偷,则人变得刻薄轻浮、卑怯萎靡,本心纯正朴厚之意就泯灭了。人人皆有砥节砺行之心,然而见危临难时却往往做不到奋不顾身,"无他,利欲夺之,本心易昏故也"②。这利欲之心从何而起?"欲从何生? 一念之萌。凝神静观,勿与欲争。云翳既散,日月自明。窒欲之要,不动亭亭。"③欲之生源于一念之萌动,只要克制这"念",欲望自然消失。克"念",就是做到不动心,以静制动。"意"也是如此,"光明本有,意动而昏"④。意、念可以看作同一概念。

1. 慎独

明确了妨碍、遮蔽本心的因素,就可对症下药了。修身之要,首先在于慎独。"学者用力之要何先? 曰:谨独。"⑤"独"的内涵有两个,一个是上文分析过的,指"一念之动",即无论处在什么场合环境,都要平心静气,不使恶念萌发。另一个是,"独即伏羲所画之一也。此一未有天地之前固有之也,即太极也,即太一也,即太始也,即喜怒哀乐未发之中也,即天命之谓性也。谨者谨此也,外此无他道也"⑥。"独"即天地之本原、本体,即本心,谨独就是在本心上下功夫。这两

---

① 〔宋〕袁甫:《跋丙戌御书》,《蒙斋集》卷十五,《景印文渊阁四库全书》,第1175册,第512页。
② 〔宋〕袁甫:《跋杨赡军家藏朱先生帖》,《蒙斋集》卷十五,《景印文渊阁四库全书》,第1175册,第520页。
③ 〔宋〕袁甫:《窒欲箴赠留静翁》,《蒙斋集》卷十六,《景印文渊阁四库全书》,第1175册,第522页。
④ 〔宋〕袁甫:《创东塾告絜斋先生祠堂祝文》,《蒙斋集》卷十七,《景印文渊阁四库全书》,第1175册,第532页。
⑤ 〔宋〕袁甫:《蒙斋中庸讲义》卷三,《景印文渊阁四库全书》,第199册,第595页。
⑥ 〔宋〕袁甫:《蒙斋中庸讲义》卷四,《景印文渊阁四库全书》,第199册,第625页。

种内涵的侧重点略有不同：前者侧重功夫，后者侧重本体。也就是说，谨独一词本身就蕴含了本体和功夫双重意义，体现了袁甫即本体即工夫的思想。

袁甫把《中庸》一书的宗旨归结为慎独：

> 夫《中庸》一书，专是言诚。诚即谨独之谓也，非于性命、中庸之外别有所谓诚也。中庸即诚也，性命即诚也，诚者，不息不已之谓也。
>
> 是书之作，无一语非中庸，无一语非性命，而切己工夫则不过曰：谨独而已矣。①

诚即真实，不欺妄，慎独就是要求此心此意此念始终保持真实的状态，内心真诚，所发之意念自然也是真诚的，落实到行动上，就会堂堂正正，正气凛然。

2. 尊德性而道问学

朱熹在世时就批评陆九渊不读书，不穷理，江西一派提倡的尽是禅学功夫。袁甫生活于南宋末期，陈淳在新安讲学，公开批评杨简及其门人"不读书，不穷理，专做打坐工夫"。无论是朱学还是陆学，在此时的确分别暴露出了一些问题。

> 中兴以后，儒宗继出，以明道为己任，其大端大旨可以概见。而习其学者未明师传，易生流弊，固滞纸上之言说，依仿前人之近似，某窃深病之。尝谓儒者之患，慕上达者每欲超乎形器之表，务下学者未深造乎一贯之妙，道之不明，实基于此。噫，焉有

---

① 〔宋〕袁甫：《蒙斋中庸讲义》卷四，《景印文渊阁四库全书》，第 199 册，第 624、627—628 页。

真知中庸之味者乎！①

　　窃叹世降俗敝，学失师传，梏章句者自谓质实，溺空虚者自诡高明，二者交病，而道愈晦。②

乾淳时期涌现出来的学者如朱熹、张栻、吕祖谦、陆九渊等，学有本末，其宗旨学问没有问题。但是其后学，并没有完全领略理解老师的宗旨，只是学习语录，模仿其形似。要么陷于章句，抓不住核心要旨；要么溺于抽象高明，流入空虚之玄想。这其实主要是朱学和陆学之后学所走向的极端。事实上，陆九渊并不反对读书，只是更强调抓住文章"血脉"，看书只看汉唐古注，反对后人的章句训诂。他担心的就是被繁琐章句束缚住，失去了独立思考的空间，得到的全是别人的东西。所以他一再强调要立志，为学先立大本，将"尊德性"放在首位。朱熹遍注群经，将学问做到了广大而精微的程度，目的也只是想将孔孟千载不传之圣学展示出来。他也始终强调德性的重要性，但是他所做的却是"道问学"远远超过了"尊德性"。他们的后学误解了老师，不能体会其深意，或者因为个人能力等因素不能做到二者兼顾，导致偏颇，也是正常的。袁甫尊心学，反对传注之学，"圣经昭白，真若日星，传注之学愈多愈晦"③。他所批评的"传注之学"是指那些不钻研六经而只读程朱等人传注、语录的学风。圣人之学体现在六经等经典中，为学应该直承六经，后人的传注再经典、再著名，也是传注者本人的解读，为学应该"自得"，自己用心去领悟。所以袁甫主张将尊德性和道问学结合起来，二者齐头并进，缺一不可。

---

① 〔宋〕袁甫：《蒙斋中庸讲义》卷一，《景印文渊阁四库全书》，第199册，第556页。

② 〔宋〕袁甫：《象山书院记》，《蒙斋集》卷十二，《景印文渊阁四库全书》，第1175册，第486—487页。

③ 〔宋〕袁甫：《赠徐通甫序》，《蒙斋集》卷十一，《景印文渊阁四库全书》，第1175册，第464页。

　　盖世有抱负粹美之质而无师友磨砻之功,终至于卑陋而不光明者矣,是问学不明固非能尊德性者也。然至于考核参订极其详博,自以为得圣贤之学,而于本有之德性未能洞彻融通,则所谓问学者非真问学矣。①

"尊德性"就是明本心,先洞彻融通本有之德性,本心不明,即便于典籍内容考订研究极其详博,这学问也不是真正的学问。"道问学"是指师友之间互相讲学磨砺,学问不明,就不可能真正认识到本心之粹美纯正。二者相比,尊德性是道问学的根基,而问学其实是发挥本心之德性,因为本心无所不有,问学就是开发本心。

　　　德性者,问学之根基;问学者,所以发挥其德性。故德性尊于此,即问学由于此,无二致也,此中庸之教也。②

　　尊德性和道问学相须并进,并非只停留在理论上,还要落实到实践中。二者在实践中的表现,便是知行合一。

　　　学者未知而行,谓之冥行;知而不行,谓之徒知。故致知力行二者并进。知及仁守,得乃不失,此中庸所以兼明与行言之也。③
　　　远近高卑,皆道也。致知则于卑近识高远,力行则自卑近而至高远。致知不造其极,则力行亦冥行耳。……读《中庸》之书,正欲验诸履践耳。徒读其书不履诸身,万万无益也。闺门之间,

① 〔宋〕袁甫:《蒙斋中庸讲义》卷四,《景印文渊阁四库全书》,第 199 册,第 608 页。
② 同上注。
③ 〔宋〕袁甫:《蒙斋中庸讲义》卷一,《景印文渊阁四库全书》,第 199 册,第 562 页。

勿谓隐微,一有过差,最为显著。呜呼敬哉!①

没有知指导的行,是盲目的;知不以行为目的,是无用的。知行不相离,二者应当并进。致知是从低到高、由近及远的认识过程,力行则是从低到高、由近及远的实践过程。致知没有到一定的高度,则实践仍是盲目的。所以致知并非无足轻重。但是相比之下,能否落实到日常实践中,才是关键,因为行比知难。读《中庸》,就应该将其中的道理拿到实践中验证。比如慎独,在实践中体会"莫见乎隐,莫显乎微"。最隐微的地方,莫过于家庭。父子兄弟,天性孝友,如果发现孝友之道有亏,就该反思是什么原因,其原因可能是"妻子之私夺之耳"。父母、兄弟、妻子都是身边至亲之人,其中所蕴藏的远近高卑之理微妙难察,如何处理好这些人伦关系,最能验证书本知识是否落到了实处。

袁甫曾夸赞杨简:"先生自幼志圣人之学,久而融贯,益久而纯,平生践履无一瑕玷,处闺门如对大宾,在暗室如临上帝,年登耄耋,兢兢敬谨,未尝须臾放逸,此先生之实学也。"②何谓实学?"言施于事,则非空言;学可及物,则为实学。"③在袁甫看来,实学就是将所学的圣贤理论应用于实践中,言行一致,知行合一。落实到实践中的学问,才是实实在在的学问。只停留在书本上,光说不做、纸上谈兵的,是空谈,是虚学。杨简一生都按圣贤的教导去践行,其学就是实学。杨简并非如陈淳所批判的那样,只知打坐而不读书,他是将尊德性与道问学、知和行结合起来的典范。

① 〔宋〕袁甫:《蒙斋中庸讲义》卷二,《景印文渊阁四库全书》,第199册,第579—580页。
② 〔宋〕袁甫:《乐平县慈湖先生书阁记》,《蒙斋集》卷十四,《景印文渊阁四库全书》,第1175册,第499页。
③ 〔宋〕袁甫:《南康军四贤堂记》,《蒙斋集》卷十四,《景印文渊阁四库全书》,第1175册,第498页。

三、人君当有"五惧"

与很多传统士大夫一样,袁甫具有强烈的忧国忧民、为民请命的淑世情怀。在朝廷任职时,每逢轮对应诏,便进札劝君主修身养性,推行仁政。崇政殿侍讲时,则引经据史,借古说今。任地方官时,汲汲以兴利除害为事。兴学校,建书院,创平粜仓,续惠民药局,为婴儿局增田,所到之处,惠民无算。凡所奏请,皆凿凿可行,不同于一般书生只会纸上谈兵。遇朝廷大事,则侃侃直陈,尤其切中要害。如端平初史嵩之议约蒙古伐金,袁甫极力反对。又力斥史弥远专政,劝理宗独揽乾纲。

袁甫仕于宁宗、理宗两朝,这两位皇帝皆是性格柔弱之主,易于被权相把持朝局。宁宗时有韩侂胄,开禧年间擅自北伐,被杀。理宗朝则前有史嵩之、史弥远,后有贾似道专权。袁甫深知这一点,于是利用轮对、侍讲的机会,发挥经史义理,向皇帝陈述为君之道。

君主当具备至阳真刚之气,方能为天下之主宰。"易"字由日月构成,代表阴阳不相离。《易》最初三画而成卦,是为"三才"之道:天道、地道、人道。道虽为三,其实则一,兼三才于一身者,就是君主。阴阳、刚柔互不相离,阳为至阳,刚为真刚,方能涵藏静柔。"人主之病,莫大乎柔弱。"[1]因为优柔寡断,所以容易被小人左右,哪怕遇到真儒,也不敢任用。"故圣人善用阳刚,上配天道,万古周流而无一息间断。在吾身,则为喜怒哀乐未发之中,而声色玩好之娱自不能惑;在宫庭,则为'闲有家'之初,而险诐私谒之心自不敢萌;在天下,则非独君子登用,而小人亦无失所之忧,非独中国乂安,而蛮夷亦在化育之内,是乃至阳真刚而非偏阳偏刚之所能为也。"[2]君主有阳刚之气,

---

[1] 〔宋〕袁甫:《经筵进讲故事》,《蒙斋集》卷一,《景印文渊阁四库全书》,第 1175 册,第 341 页。

[2] 〔宋〕袁甫:《易发题》,《蒙斋集》卷一,《景印文渊阁四库全书》,第 1175 册,第 334 页。

才不会为声色玩好所迷惑，才会防患于未然，不会萌发险诐私谒之心，君子小人才会各得其所，中国蛮夷俱有所安。而君主用人应怀公心。君主用人，经常犯两种错误：要么失之过严，要么失之过宽。当赏不赏，当罚不罚。究其原因，在于君主以亲疏、新旧论人，而不是贤不肖与否。而之所以论亲疏新故，又与君主存私心相关。"私者，天下之大蠹也。"①若心存公正，就会当舍则舍，当用则用。善用人者莫如诸葛亮，举荐了一批贤才为后主所用，开诚布公，未曾凭己意私自黜陟，故而蜀国呈现出一时的三代王佐气象。

君主当常怀畏天警惧之心。君主乾纲独断，威权在握，高高在上，若无任何敬畏之心，就危险了。首先，君主应当敬畏天。天人相通，君主心诚，诚可感天，天也会护佑君主。北方金国擅启兵端，宋军出兵后，金旋即退兵。"人以为群臣御侮之力，而不知皆天佑皇家之验。"其次，君主应当对目前朝廷和天下存在的问题有警惧之心。袁甫列出了五个主要问题。一是"贤才之用舍，关天心之向背"，现在是端良遭斥，谗谀当道，尽言者罚，蒙蔽者赏，正邪颠倒，黑白不分，"杜忠良敢谏之门，孤上天生贤之意"，可惧也。二是"民生之安危，判天命之去留"，现实是兵戈开启时间已久，粮饷不继，必然从百姓处搜刮。民生乃国家之根本，根本动摇，则国祚岌岌可危，可惧也。三是"广谋从众，乃合天心"，应该下情及时上达。现实是皇帝深居高拱，不与臣下沟通，遇事总是密谋之意多而虚心咨访群臣之意少，最终可能导致一旦天下有紧急情况，皇帝却不知道，也甚可惧也。四是"君臣一德，克享天心"，现实是君主一人忧勤于上而群臣逸豫于下，本来内忧外患已深，大家却和往常一样晏安无事，可惧也。五是"法天行健，是谓君德"，现实是宁宗皇帝恭

① 〔宋〕袁甫：《经筵进讲故事》，《蒙斋集》卷一，《景印文渊阁四库全书》，第1175册，第344页。

俭有余而刚断不足,平庸奸邪苟求富贵却未遭黜陟,将帅交结败坏军风,州郡贿赂廉节全无,而这些都是从贵近之人开始,源头已经污染,流弊愈甚,可惧也。以上还只是显而易见的主要问题,至于其他问题简直不可胜数。如果君主再不警觉自省,及时采取措施,恐怕祸起萧墙,国祚不久了。"上有戒惧之君,则下无可惧之事,惧心不存于我,则彼之大可惧者始见,此必然之理也。"①君主只有惕然内省,怀畏天之心,推清明之本心于整个朝廷,由宫闱之谨肃而达之政令之谨肃,昭公道,破私意,选擢正人,摒斥奸邪,博采公论,庶几可以上合天意,下安民心。

袁甫所陈述的"五惧",其实是他对当时国情的观察了解。从中可见到了南宋中后期,积弊越来越多,上下、内外都危机重重。袁甫之建议,体现了他深重的忧患意识。

此外,他还建议君主当"修明师友讲习之学",克己复礼,谨独戒惧,不矫饰,不荒怠。经营两淮,严帅守之选,并大军之权,兴屯田之利,皆未雨绸缪的长远之计。

四、论乾淳诸学

从师承上说,袁甫师从袁燮和杨简,袁、杨又师从陆九渊,所以袁甫属象山再传。他身处南宋后期,与其同时的学人也基本属于乾淳诸儒的再传。影响最大者,莫过于朱子后学。黄榦在世时,力求公允、平心对待其他学派,朱门内部尚不敢分裂。黄榦去世后,朱子后学开始排陆申朱,尤以黎靖德编《朱子语类》为最著。今人将流行本《朱子语类》与徽州本等对勘考证,发现前者有很多经过了编纂者的改编,尤其是对陆学、浙学、湖湘学的评论,未必能代表朱子

---

① 以上引文见〔宋〕袁甫:《正字上殿劄子》,《蒙斋集》卷二,《景印文渊阁四库全书》,第 1175 册,第 348—349 页。

本人的定见。①这类书反映出朱子后学为了推尊本门学说，树立朱子的"道统"地位，开始不顾一切地贬低、诋毁其他学派。乾淳诸派之后学，以陆学和朱学门弟子最多，影响最大，故双方互相攻击，两派渐成水火之势。袁甫是陆学续传中之佼佼者，无论社会地位还是影响，在当时都是心学派之最主要代表。受家传和师承影响，他主张心学，但他对其他学派一视同仁，从各家的学术宗旨和学术发展规律出发，主张求同存异，平心看待。

乾淳诸学派，以张栻湖湘学、朱熹闽学、吕祖谦婺学、陆九渊心学影响最大。袁甫认为，这四家学问宗旨一致，都继承了道统：

> 夫道一而已矣。学者各植门庭，将以自尊其师，师道不如是也。三代既远，汉儒专门名家破碎大道，自时厥后，纷纷籍籍，不能会于一。我皇朝大儒继作始克，合百川而宗于海。中兴以来，四先生身任道统之责，悉力主盟。凡修之身，行之家，用之国，推以淑诸后进，皆天理人彝，如桑麻谷粟，凿凿真实，不可诬已。四先生无二道，而学者师承多异，于是藩墙立，畛域分。所谓切己之实学，忠君孝亲之实心，经国济世之实用，暌离乖隔，不能会归有极，反甚于汉儒，可悲也夫！殊不思乾淳以来，四先生相为后先，所以明义利，别正邪，羽翼吾道，果为何事？弟子之尊其师，当先识其师之道，大本必正，大旨必明，则道在是矣。奚必于一话言之间，一去取之际，屑屑焉较短量长，以是为能事哉！迹类而心殊，名同而实异，乃后学之大病，又岂可以累四先生耶？若夫四先生之自相切磋，则固有不苟同者矣。正以道无终穷，学无

---

① 汤元宋《语类编纂与"朱吕公案"：以〈朱子语类〉为中心的再考察》一文指出，黎靖德在编纂《朱子语类》时进行了一番增删取舍，有意"将多元的淳熙年间理学群体纳入到朱子学道统谱系的视域之中"（《中国哲学史》2017年第1期，第80页）。

止法，更相问辨，以求归于一是之地，是乃从善服义之公心，尤非后学之所可轻议也。①

张、吕、朱、陆都以继承道统为己任，其学问明义利、别正邪，均是切己之实学，实心实意地忠君孝亲，具有经国济世的实用价值。他们均以天理人伦修身、齐家、治国，乃至教化后进者，其思想在本质上是完全一致的。后世学者因为师承各异，又不明其根本宗旨，只在细枝末节上计较长短高低，于是各立门墙，门户之争由此产生。这是后学们的问题，又岂能归咎于四先生？四先生之间的确有争论切磋，这恰恰说明他们不苟同，学问只有通过争辩才能逐渐会归为一。

对于鹅湖之会，后人以为公开暴露了朱陆两家之分歧，却不懂得朱陆之争的意义。

世谓鹅湖之集，诸老先生论议未能悉同，以是妄加揣摩，其失远矣。夫子尝云"君子和而不同"，不同乃所以为和，不蕲于合，乃所以为一致也。天生英贤，扶植斯道，忠君爱亲敬长，一性灵明，与天地并，亘万古不可磨灭者，或入之也渐，或为之也勇，勇非无渐而渐非不勇也，顾其所由之门然耳。鹅湖之集，谁得而议其异哉？君子讲学，既切之，又磋之，既琢之，又磨之，反覆辨明，惟求一是。若虑其不相合，心非而口然之，此乃浅丈夫之所为耳，何足以窥诸老先生之门墙耶！②

圣人之道只有一个，无非忠君爱亲敬长，但入道的门径却有多条。朱

① 〔宋〕袁甫：《鄞县学乾淳四先生祠记》，《蒙斋集》卷十四，《景印文渊阁四库全书》，第1175册，第502页。

② 〔宋〕袁甫：《四贤堂赞》，《蒙斋集》卷十六，《景印文渊阁四库全书》，第1175册，第528页。

陆之异，便是所由之门径不同而已。朱子走的是"渐入"之路，象山选的是"勇为"之门。君子求同存异但绝不苟同，两家辩论争议，正是君子之间在学问上切磋琢磨，只有通过有效的争论，才能达成真正的一致。君子绝不会为了单纯的"相合"而口是心非。后学不知，只看见两家之异，却看不见两家学问在根本宗旨上是完全相同的。

虽然根本宗旨一致，但毕竟属于不同的学派，该如何绍述修习？袁甫指出，当然要继承学习，关键是学什么，怎么学。

> 然则南轩、晦庵、象山诸先生讲明问辨之学，可无绍而修之者乎？天理人欲之分，南轩、晦庵二先生剖析既甚章明，而喻义喻利之论，象山先生敷阐尤为精至，所以续洙泗之正传者，日星炳炳。诸先生立身立朝大节，追配昔贤，而所以淑诸人者，大要忠君、孝亲、诚身、信友，用则泽及天下，不用则无愧俯仰，如是而已。言论辨说特其土苴耳。执言论辨说以妄窥诸先生之门墙，而于其实德实行、植立修身有益于人之家国者，乃不能取为师法，则不足为善学矣。颜子之钻仰，曾子之战兢，其苦切至到如此，曷尝以口耳之学争夸竞胜哉！①

学者要善于学习，张、朱对天理人欲的剖析，象山对"君子喻于义，小人喻于利"的论述，都是圣学的正确解读，是孔孟圣学之正传。他们立身立朝的大节，他们日常教人的忠君、孝亲、诚身、信友等内容，他们的实德实行和那些有益于家国的修身方式，都值得学习。言论辨说只是表面的无用的东西，要善于将以上内容应用于日常践履中，不要停留于文字表面。颜回对孔子的学问"仰之弥高，钻之弥坚"，曾子

---

① 〔宋〕袁甫：《重修白鹿书院记》，《蒙斋集》卷十三，《景印文渊阁四库全书》，第1175册，第491页。

一生都"战战兢兢,如临深渊,如履薄冰",岂是停留在口头上的学问?
都是在实践中刻苦用心地体会圣学。

袁甫抛弃门户之见,对各家学问都肯定有加。他作《四贤堂赞》,
对陆九渊兄弟、朱熹和东莱的学问都给予了赞叹。他赞扬象山:"即
心是道,勿助勿忘。爱亲敬长,易简平常。煌煌昭揭,神用无方。再
拜象山,万古芬芳。"象山的学问立足本心,其内容简易平常,其功用
却无穷无尽。他赞扬朱熹:"道若大路,曲折万端。辨析毫厘,用力甚
难。上续伊洛,昭哉可观。考亭遗规,世世不刊。"①朱子不畏艰难,
于诸经训诂义理,辨析毫厘,其学问明白可观。其所定之遗规也是世
世不刊之则。袁甫虽然不认同朱熹的学术主张,但他对朱子一直持
尊重的态度,对其为人和学问从没有任何微词。

当然,无论从家学渊源还是学术旨趣,袁甫都最心仪象山心学。
他不仅重新修建了象山书院,初建时写了告文,建好后又正式为之作
记,而且作祭文,跋其文集。在各种场合和文章中介绍象山学问之
宗旨。

> 先生之学,得诸孟子。我之本心,光明如此。未识本心,如
> 云翳日。既识本心,元无一物。先生立言,本末具备。不堕一
> 偏,万物无蔽。②

> 先生之道,精一匪二。揭本心以示人,此学问之大致。嗣先
> 生之遗响,警一世之聋瞶。平易切近,明白光粹。至今读其遗
> 书,人人识我良贵。由仁义行与行仁义者,昭昭乎易判也。集义
> 所生与义袭取者,截截乎不乱也。宇宙内事即己分内事,浑浑乎

---

① 〔宋〕袁甫:《四贤堂赞》,《蒙斋集》卷十六,《景印文渊阁四库全书》,第 1175 册,
第 528 页。
② 〔宋〕袁甫:《祭陆象山先生文》,《蒙斋集》卷十七,《景印文渊阁四库全书》,第
1175 册,第 532 页。

本一贯也。议论一途,朴实一途,极天下之能言者,斯言不可赞也。①

　　先生发明本心,上接古圣,下垂万世,伟矣哉!②

　　袁甫以乾淳四先生之学为道统之正传,所以他推崇象山的初衷,只是因为自己选择了象山心学而已。都是圣学正统,选择哪一家,只是个人爱好而已。在当时各家后学纷纷自立门户、党同伐异之际,袁甫的态度无疑是有积极意义的。他告诫学者们要善于看到各家之"同",而不是扩大其"异";要善于抓住各家学问宗旨,善于学习各家在修身、有利于家国方面的理论,不要在言语表述等细枝末节上做文章。事实上,袁甫已经将乾淳四家之学归纳为"同宗孔孟、同植纲常、同扶名教"了——后来全祖望在《宋元学案》中就如此概括朱陆之同。从这个意义上说,袁甫已经开启了和会朱陆的先河。

第七节　钱　时

　　杨简众多的弟子中,最能承传其学问、影响最大者,乃浙西之钱时。

　　钱时(1175—1244),字子是,浙江淳安人。因杨简尝为书"融堂"二大字,故门人称融堂先生。他年轻时便绝意科举,究心理学。曾因丞相乔行简推荐,以布衣授秘阁校勘,后出任过浙东仓幕等职。江东提刑袁甫建象山书院,招钱时主讲席,学者兴起。"其学大抵发

---

①　〔宋〕袁甫:《初建书院告陆象山先生文》,《蒙斋集》卷十七,《景印文渊阁四库全书》,第 1175 册,第 532 页。

②　〔宋〕袁甫:《跋象山先生集》,《蒙斋集》卷十五,《景印文渊阁四库全书》,第 1175 册,第 518 页。

明人心,论议宏伟,指摘痛快,闻者皆有得焉。"①对经史多有注解研究,现存有《四书管见》《融堂书解》《两汉笔记》和文集《蜀阜存稿》三卷。今人整理点校出《钱时著作三种》②,于以上四部著作只遗《两汉笔记》,为学术研究提供了便利。

《四书管见》和《融堂书解》属于钱时的解经之作,其心学思想也主要体现在这两部著作中。《四书管见》成书于绍定己丑年(1229)。钱时在《自序》中叙述了自己的问学经历及成书过程:

> 时未弱冠,先君子筠坡翁授以《论语》及《中庸》《大学》,且曰只会得"学而时习之"一句,余书不解自通。属遭多难,虽崎岖颠顿万状,服膺斯训,未尝废置。然不过寻绎先儒文义助之演说。年逾四十,忽自警省,始大悟旧学之非。于是取三书读之,洒然如脱缠蔓矣。间因讲习积而成编。后获从慈湖先师游,竟椟藏,弗果出,逮今十有三载。春二月,儿辈请观,乃稍稍删润,附以音训,并述古文《孝经》二十二章,题曰《四书管见》。呜呼,非敢为它人道也。传之家塾,庶几先君子之志云。③

从中可以看出,其问学经历了三个阶段:对《论语》《中庸》《大学》的启蒙来自家学,然后沿袭已有成说,"寻绎先儒文义";四十二岁时④忽领悟旧学之非,重新阅读三书,并将讲习心得整理成编;两年后从游杨简,服膺其说。又过了十三年,《四书管见》最终定稿。《四书管见》共计十三卷。其中《论语》十卷,《孝经》《大学》《中庸》各一卷。

---

① 〔元〕脱脱等撰:《宋史》卷四〇七,第 12292 页。
② 〔宋〕钱时:《钱时著作三种》,张高博点校,中国社会科学出版社 2021 年版。
③ 〔宋〕钱时:《融堂四书管见原序》,《钱时著作三种》,第 267 页。
④ 钱时于《顺堂记》中自述:"予早丧先君,崎岖万状。年四十有二,始微有省。又二年,拜慈湖先生。"见《蜀阜存稿》卷三,《钱时著作三种》,第 631 页。

俱先列经文,略加音训,然后诠释其大旨。在版本上,钱时采用古本
《大学》,析为六章,不分经传。朱熹采用程颐的做法,将《大学》分出
经传,并认为"格物"一章缺传,"诚意"一章错简。钱时为何不用程
朱之本?四库馆臣认为:"盖时之学出于杨简,简之学出于陆九渊,门
户迥殊,故不用程朱之本。"①此说略为牵强。从钱时所作序可看出,
他在从学杨简之前,就已经对《大学》有独立思考、研究并"间因讲习
积而成编"了。他认为《大学》"格物"一章并不缺传,"以愚见观之,
其说甚详,其义甚明"②;他也不同意"诚意"章有错简,"愚据旧文玩
味经旨,自然通贯,本无差舛"③。至于已有的《大学》《中庸》传注,
钱时都认为过于支离,乃至"失其本质"。对《孝经》,他亦采用古文
本。《孝经》有今文和古文之分。今文《孝经》共十八章,是一直通行
的版本。古文《孝经》与《尚书》《论语》同出孔宅屋壁,共二十二章。
但汉唐时古文《孝经》一直遭到排斥,仅孔安国为之传注。唐玄宗亲
自为《孝经》作注,十八章今文《孝经》遂成为定本。钱时在比较了今
文和古文之后认为:"今文与古异者虽亦无几,而辞乖义舛,谬为标
目,鄙浅特甚,大失先圣从容问答之旨,安可苟狥也。"并表示:"本朝
列圣以孝治天下,笃生贤哲,大道昌明,独于古文一书知所崇尚,后生
晚学敢不懋哉!"④宋代从司马光开始重视古文《孝经》,之后朱熹作
《古文孝经刊误》,与钱时几乎同时的董鼎又据朱熹之本为之诠解。
杨简致仕后,所传也是古文《孝经》。受此影响,钱时认为今文《孝
经》缺陷太多,不足以表现"先圣从容问答之旨",故选择古文本进行
注解。现存《融堂书解》是从《永乐大典》中裒辑而成,《伊训》《梓

①　〔清〕纪昀总纂:《融堂四书管见十三卷》,《四库全书总目提要》卷三十三,第
862页。
②　《大学》,《融堂四书管见》卷十二,《钱时著作三种》,第486页。
③　同上注,第491页。
④　《孝经》,《融堂四书管见》卷十一,《钱时著作三种》,第452页。

材》《秦誓》三篇全佚,《说命》《吕刑》中也有阙文,余皆完整。

在钱时思想形成的过程中,杨简对他的影响非常大。钱时自称拜师杨简后:"方知守中庸之妙,方知视听言动、喜怒哀乐、起居食息、日用常行变化纵横,莫非大顺。"①杨简也承认:"子是先已觉,惟尚有微碍。某划其碍,遂清明无间,无内外,无始终,无作止,日用光照,精神澄静。某深所敬爱。"②他对钱时评价甚高:"人心背驰,不知其几。惟子是超然有觉,又能启迪其乡人士。"③可以说,杨简对钱时的启发,是在钱时学有自得、有所觉悟的基础上起到了醍醐灌顶的作用,使钱时豁然开朗,对本心之领悟再无障碍。杨简殁,钱时为其作《行状》,称"受恩师门至深至厚"④。

如果说杨简是用"五经"来证明心学的正确性,那么钱时主要是借"四书"来验证。不过,和杨简的解经风格相比,钱时解经多了平实。他将音韵训诂和义理并用,并不像慈湖那样几乎每一章每一句都要用"心之精神是谓圣"做引领。他解经的思路非常清晰明确,那就是"本心本明,意念害之;觉悟本心,笃志力行"——前八个字是他的心本论,后八个字则是工夫论,充分体现了"即本体即工夫"的特点。同时,也表现出了一定的吸收朱学的倾向。

一、本心本明,意念害之

"本心本明,意念害之"的理念在每一经的首章即被揭示出来,然后贯穿全经。如解《大学》首章"大学之道,在明明德,在亲民,在止于至善":

① 《顺堂记》,《蜀阜存稿》卷三,《钱时著作三种》,第631页。
② 《钱子是请志姊徐氏墓》,《慈湖先生遗书》卷五,《杨简全集》,第1923页。
③ 〔明〕李德恢:《严陵志》,转引自《慈湖先生年谱二》,《慈湖先生遗书》卷二十二,《杨简全集》,第2443页。
④ 〔宋〕钱时:《宝谟阁学士正奉大夫慈湖先生行状》,《慈湖先生遗书》卷十八,《杨简全集》,第2285页。

明明德者,自昭明德之明也。本心本明,本无所蔽,物欲乘之,其明始昏。大学之道,所以去其蔽而明之也。新民者,咸与维新之谓也。同有此心,同有此理,染于习俗,遂至沦污。大学之道,所以去其旧而新之也。虽然曰明曰新,必有用力之地也,故又曰在止于至善。善非外烁也,我固有之也。不容于伪,不参于思,先天地而固存,亘古今而莫变。君子存之,存此而已;先立乎其大者,立此而已。谓之至善,岂欺我哉! 行不著,习不察,是以放而不知求,于此而得所止焉,则所谓明德,如水不波,自然而明,非止之外别有所谓明也。所谓新民,如物去垢,自然而新,非止之外别有所谓新也。①

"明明德"就是彰显本心固有之明德。本心本清明,无所遮蔽,受物欲影响而始昏聩。大学之道就在于去蔽明心。人同此心,心同此理,但人们受习俗感染而沦污,所以要"咸与维新",使所有人都彰显本心。"善"也是本心所固有的,因为此善先天就存在于我心中,且永恒不变,没有任何虚伪思虑存于其中,所以谓之"至善"。"明"德、"新"民,并非向外用力用功,而是在"心"上。德本来就"明",民本来就"新",只要去蔽去习,自然而明,自然而新。于本心上下工夫,就是"止"——明德、新民、止于至善,其实说的是一回事,都是在本心上用功。所以他总结说:"统而论之,则三个'在'字提一书之纲;析而言之,则一个'止'字又三者之要。"②三个"在"把全书的纲领概括了出来,一个"止"又将三个"在"统一起来,即大学之道归根结底就是发明本心,使被遮蔽的本心彰显出来。从此出发,则下文的"格物致知"也是指在本心上下工夫:

① 《大学》,《融堂四书管见》卷十二,《钱时著作三种》,第482页。
② 同上注。

　　　致者,至之也。格,正也,明辨之谓也。物指固有之物,即
　　《志》所谓"有物混成"是也。

　　　格物者,明善之谓也,所以致其知也,故曰"致知在格物"。
　　是物也,混成无亏,范围无外,是谓太极,是之谓一,至精至粹,至
　　明至灵,至大至中,而谓之至善者也。先知先觉,正在乎是,非外
　　物也。非寻流逐末,模拟揣量,事事而求,物物而索,而后谓之
　　格也。①

钱时很明确,"格物"之"物"不是指那些千变万化的具体事物,而是
指"至善";"格物"即明善之意。《道德经》在描述宇宙的本原"道"
时先称之为"物":"有物混成,先天地生。"钱时借用这句话,表明至
善乃先天固有,与"太极""一"这些本体范畴具有同等意义。"至善"
并非外在之物,其载体是心性,因此说到底,"格物"即是正心——不
是就心外之事事物物上求索,而是在本心上下功夫,恢复本心原有之
善、之德。在这里,钱时含蓄地批评了程朱一派所理解的向外部"事
事而求,物物而索"的"格物",认为那是一种"寻流逐末"的行为。

　　与朱子的《大学章句》稍一对比,便可看出二人在经典解读上的
差别。朱子将"明德"释为天理,"至善"则是"事理当然之极",这"三
纲领"就是"尽夫天理之极,而无一毫人欲之私"②。如此在他那里
"格物"自然就是"穷理"之意。

　　钱时解《论语·学而》首章首句"学而时习之,不亦乐乎":

　　　学者,觉其所固有而已。故曰:大学之道,在明明德。心本
　　无体,虚明无所不照,为物所诱,为意所蔽,为情所纵,而昭昭者

---

　① 《大学》,《融堂四书管见》卷十二,《钱时著作三种》,第484页。
　② 〔宋〕朱熹:《大学章句》,《四书章句集注》,第3页。

昏昏矣。是故贵于觉也。不觉则何以习？禹曰"安汝止"，习此者也。文王"不识不知，顺帝之则"，习此者也。孔子"为之不厌"，习此者也。无时而不习，即无时而不明。①

学习是一个觉悟本心的过程。本心作为道德主体、认识主体，没有形体，空虚却无所不有，明亮能遍照一切。因为外物、意念、情欲的引诱、蒙蔽和放纵，清明的本心变得不清不明。所以学习的内容就是觉悟本心之清明。觉悟了之后自然知道该如何"习"——学，朱子取"效"意，认为学习是一个后觉效仿先觉之所为的过程。通过后天的学习，才能够认识人性之本善并恢复之。钱时则认为觉悟本心之善就是学习本身，不然学什么，习什么？《尚书·益稷》中禹告诫舜"安汝止"，孔颖达《尚书正义》注"止"，"谓心之所止"，就是要舜安心静意。《诗经·大雅·皇矣》"不识不知，顺帝之则"，郑玄笺曰："其为人不识古，不知今，顺天之法而行之。"②而在钱时的思想中，"天"就是"心"③，"顺天之法"就是顺着本心的法则。孔子称自己"为之不厌，诲人不倦"，钱时注曰："为犹习也，言用力于仁也。"④而"仁即人之本心"⑤，可见孔子平时也是用力于"心"耳。由此看来圣人如舜、禹、孔子之所"习"皆是觉悟本心。所以觉悟本心才是学习之根本。以此作为指导思想，《论语》便是一部以孔子教学生如何认识本心、开悟本心并涵养本心为主要内容的经书。

其释《孝经》首章"仲尼闲居……先王有至德要道，以顺天下"：

---

① 《论语·学而第一》，《融堂四书管见》卷一，《钱时著作三种》，第 269 页。
② 〔汉〕毛亨传、郑玄笺：《毛诗传笺》卷十六，中华书局 2018 年版，第 372 页。
③ 《孝经》："夫孝，天之经，地之义，民之行。"钱时注曰："天即吾心也，地即吾心也。"见《融堂四书管见》卷十一，《钱时著作三种》，第 462 页。
④ 《论语·述而第七》，《融堂四书管见》卷四，《钱时著作三种》，第 325 页。
⑤ 《论语·颜渊第十二》，《融堂四书管见》卷六，《钱时著作三种》，第 361 页。

德者,得其本心之谓;道者,无所不通之名。非德之外又有
道也。得此为德,行此为道,非二物也。

得乎本心,无不是德,何以曰"至"? 顺此而行,无不是道,何
以曰"要"? 盖孩提之童知爱其亲,良知良能,匪虑匪学,未闻外
此而他有所谓德者,是德之本也,故曰至德,极至之谓也。教所
以阐明斯道,为风化之大原,未闻有外于此而他有所谓教者,是
教之所由生也,故曰要道,枢机之谓也。此二语一书之纲,节节
发挥,无非此旨。①

"德"乃是本心固有之德,"道"是顺着本心而行,无所不通之意。道
即是德,德即是道,都是"本心"的不同表现。之所以称"至德",是因
为本心之良知良能乃天生固有,并非通过思虑学习而获得,本心之外
无所谓德,这是从"德"的本原意义上而言。所谓教化,就是告诉人们
人人皆有此良知良能,发明本心即可。这是教化之根本,外此都不能
称为教化,故称之谓"要道"——通过解释"至德要道",钱时再次重
申道德乃是本心之道、之德,不假外求。《孝经》一书,每一节都是发
挥这个旨意,"本心"思想贯穿全书。

对于"中庸",在钱时看来,"中者,不偏之名;庸者,平常之号。
岂高深幽远,荒忽诞漫,而谓之道哉!"②它就是舜、禹等先王之教法、
百姓平常日用的法则,并非如后儒所解释得那么高深莫测。他解释
《中庸》首章"天命之谓性,率性之谓道,修道之谓教":

天命者,天之与我之谓也。至善而无恶,至灵而不昧,所谓
性也。顺乎此性,斯之谓道。无所不在,无所不通。本何假于修

---

① 《孝经》,《融堂四书管见》卷十一,《钱时著作三种》,第 452、453 页。
② 《中庸》,《融堂四书管见》卷十三,《钱时著作三种》,第 502 页。

哉？惟夫昏于意念，汩于情欲，动于血气，蔽于物我，沦于习俗，而拂乱其所固有者焉。是故不可以不修也。修之如何？顺其固有而已。……性何由？若圣人之教，所以阐斯道觉斯民而使之修，以顺其性者也。是教也，大经大法之所由以立，外是而曰修道云者，君子不由也。①

以"至善而无恶，至灵而不昧"规定"性"，实际上体现了心性一体的思想。因为本心也具有至善无恶、至灵不昧的属性。象山曾把心性概括为"在天者为性，在人者为心"②——针对不同的主体，称呼不同而已，二者名异而实同。钱时接受了象山的这一思想，所以他一上来就用本心的属性规定"性"。"性"就是指天命之性。天命之性，人人所同。受意念、情欲、血气、物我、习俗的影响，人性有了差别，所以要修性。修性其实就是顺着固有的本性，恢复本性即可。圣人作为先知先觉者，其任务就是让百姓认识到自己也具有至善无恶之本性这一事实，然后顺着至善本性行事，这就是圣人的教化。外此皆不能称为"教"——在此，钱时又含蓄地批评了朱熹的《中庸章句》。朱子之所谓"教"，指"若礼、乐、刑、政之属是也"。礼乐刑政等都是国家主导的、用于教化天下的手段，属于外在的方式。在钱时看来，这都没有抓住根本，是"君子不由"的。

　　在遮蔽本心的诸要素中，钱时格外重视"意""念"。在他的思想中，这二者都是消极因素，是需要下工夫摒弃的。把"意"作为贬义词，来源于《论语·子罕》："子绝四：毋意，毋必，毋固，毋我。"钱时解释说："意、必、固、我，皆私也。大抵都从意上起，一节深一节。本心澄然虚明，如何著得此四字？绝者，去之。毋者，所以绝也。"③意、

①　《中庸》，《融堂四书管见》卷十三，《钱时著作三种》，第503页。
②　《语录下》，《陆九渊集》卷三十五，第444页。
③　《论语·子罕第九》，《融堂四书管见》卷五，《钱时著作三种》，第334页。

必、固、我都属于自私，它们从不同的角度，一个说得比一个深。那么意念又是如何产生的呢？因为"我"："大凡意念虽各不同，未有不从我上起，有我则百邪交丛，无我则百念皆空，是故贵于克也。""我"其实就是"心"，意念皆从心上起。"有我"即指心已起意，有了执念；以"我"为中心，自然产生各种私心杂念，所以孔子讲"克己复礼"，"克犹除也，己，我也"，"克己"就是摒除自己心中的一切念头，使心始终处于"虚明"的状态。①本心"澄然虚明"，指的就是没有丝毫意念。孔子称赞颜回能做到"其心三月不违仁"，"不违仁"就是指"无纤毫意念蔽其本心也"②。

钱时于"四书"之首章均以本心思想进行诠释，起到开宗明义、提纲挈领的作用。以这一思想为指导，在解释各章时，无论经文本意如何，都归结到本心上。如解《论语·先进》"回也其庶乎屡空"章，此处的"空"，朱子解释为"匮乏"，钱时则解释说："空则心本洞然，万里昭彻，无纤毫凝滞也。方屡空，所以庶几至于圣，则空空矣。""空"不再是指物质上的匮乏，而是指没有任何私欲的本心。因为颜回能做到"屡空"，所以他几乎可以达到圣人的境界。而子贡"有意理财，务植己私"，怎么能受天命？纵然他"屡中"，"非明睿所照也，空则自明睿"。③这里的"中"不再指子贡理财得手，而是指心具有的"中"这一本性。尽管子贡的本心也有屡次达到"中"的时候，但有私意在其中，所以并非本心真正的清明睿智状态。像颜回那样没有任何私意的"空"，本心自然明睿——显然，朱熹说的是穷富，而钱时讲的是修养。钱时的心学特色于斯可见。

---

① 以上引文见《论语·颜渊第十二》，《融堂四书管见》卷六，《钱时著作三种》，第362、361页。
② 《论语·雍也第六》，《融堂四书管见》卷三，《钱时著作三种》，第309页。
③ 以上引文见《论语·先进第十一》，《融堂四书管见》卷六，《钱时著作三种》，第357页。

二、觉悟本心,笃志力行

本心固有一切,所以修行便不是借助外力,而是依靠本心的自我觉悟。"学者,觉其所固有而已"即是此意。钱时把《论语》中几乎所有的"知"都解释成"觉",如对《公冶长》"令尹子文三仕为令尹"章中"未知焉得仁":"知,觉也,觉其本心而至于常觉常明者,仁。"①令尹子文、陈文子之所以不能称为"仁",因为其本心未觉。所谓仁者,就是觉悟到本心之明并能时刻加以保持的人。以知觉言心言仁,源自程门高弟谢良佐、张九成。谢良佐的"心有所觉谓之仁",张九成的"因心生觉,因觉有仁",都是强调本心的觉醒对仁德落实的重要性。虽然此观点遭到朱熹的极力反对,但并不妨碍钱时对该思想的接受。至王阳明提出"知是心之本体,心自然会知"②,"心不是一块血肉,凡知觉处便是心"③,将知觉当成心体的觉察活动,突显"工夫即本体"的理念,则是对以上诸人思想的继承和深化。

本心不觉悟,是因为意念的遮蔽。因此就要"不起意"。如何才能做到"不起意"? 须"慎独"。何谓慎独? "独即是心之隐微,不睹不闻处。"④"独"就是藏在自己内心深处、不被他人看见听见的东西,即意念。慎独就是将不善的念虑消灭在萌芽状态,也就是在心之"未发"状态时进行涵养。只有在喜怒哀乐未发之时涵养此心,才会在既发之后达到"中节"的状态。但很多人并不知道如何在未发之时用力,他们总是求"中节"于既发之后。钱时认为这是徒劳的。只有通过戒慎恐惧的慎独工夫,才能"保是中,全是和,而顺其固有之性者

---

① 《论语·公冶长第五》,《融堂四书管见》卷三,《钱时著作三种》,第304页。
② 〔明〕王守仁:《传习录上》,《王阳明全集》卷一,第6页。
③ 〔明〕王守仁:《传习录下》,《王阳明全集》卷三,第121页。
④ 《中庸》,《融堂四书管见》卷十三,《钱时著作三种》,第504页。

也。顺固有之性则无所不通矣,是达道也"①。人的本性是至善无恶、至灵不昧的,所谓修性就是顺其固有的本性而行。慎独不过是时刻保持警醒,防止这至善至灵的本性被任何欲望气习遮蔽,保持其纯然的本来面目罢了。

孟子有"尽心"的思想:"尽其心者,知其性也。"何谓尽心？朱熹解释说:"以《大学》之序言之,知性也物格之谓,尽心则知至之谓也。"②尽心相当于"知至","知至"是格物的最终结果,格物即是穷理,所以"尽心"实际上就是穷尽天理。于是在解释《中庸》"唯天下至诚为能尽其性"之"尽性"时,朱子便将其看成一个认识的结果:"能尽之者,谓知之无不明而处之无不当也。"③钱时则认为尽性就是尽心,"尽"是指"洞彻底蕴,略无纤毫欠阙,非谓有加于其所固有也"④。本性本来至善至灵,毫无欠阙,所以"尽性"就是通过"至诚"的修养工夫彻底恢复其纯然的本来面貌,毫无欠缺。通过尽性的工夫,推己及人,尽我之性方能尽人之性,进而尽物之性,从而达到天地万物本我一体的境界。

单纯强调涵养本心,有流入空虚的危险,还需于日常生活、具体事情上磨炼。所以钱时提倡要笃志力行。志"是力行第一个字"⑤。钱时继承了陆九渊"辨志"的思想,主张"论学先论志,天下之事未有无志而成者"⑥。就知行关系言,他主张把致知和力行结合起来:"学而不思,则无致知之功,故罔;思而不学,则无力行之实,故殆。"⑦他

---

① 《中庸》,《融堂四书管见》卷十三,《钱时著作三种》,第 504 页。
② 〔宋〕朱熹:《尽心章句上》,《孟子集注》卷十三,《四书章句集注》,第 349 页。
③ 〔宋〕朱熹:《中庸章句》,《四书章句集注》,第 33 页。
④ 《中庸》,《融堂四书管见》卷十三,《钱时著作三种》,第 529 页。
⑤ 《论语·子罕第九》,《融堂四书管见》卷五,《钱时著作三种》,第 341 页。
⑥ 〔宋〕钱时:《新安州学讲义》,见〔明〕程敏政编《新安文献志》卷三十九,《景印文渊阁四库全书》,第 1375 册,第 505 页。
⑦ 《论语·学而第一》,《融堂四书管见》卷一,《钱时著作三种》,第 279 页。

盛赞孔子"行有余力,则以学文"这句话:"'行有余力'最宜玩味。见得圣门力行功夫,凿凿精实,学文非所急也。"①就言行关系而言,"与其言浮于行也,不若行浮于言也"②。因为学者空言多,力行少,所以孔子以"君子耻其言而过其行"警切之。

三、为政以德,修身为本

钱时关注的"四书"本就具有丰富的政治内容。《论语》提倡"为政以德",《大学》则讲齐家治国平天下之道,《孝经》虽然讲的是孝道,却从如何行孝的层面讲为政当如何,《中庸》更是大讲为天下国家之"九经"。钱时当然赞同以德治国的思想,他借解经的机会,将"本心"贯彻其中,修正了先秦儒家的部分政治观点,表达了他自己的政治主张,也体现出时代特色。

(一) 德者,不失其本心之谓也

《中庸》"哀公问政"章中,孔子提出"为政在人",《论语》主张"为政以德",就是要求在上位者做出表率,以德治国。"德"包括很多细目:敬、俭、恭、宽、信、敏、惠等等,既有个人道德层面的内容,也有指向善政的内容。钱时解释"为政以德":"政者,正也,正人之不正。德者,得也,不失其本心之谓也。"③为政的本质,在于以自己的"正"心去纠正天下人的"不正"之心。所谓"德",归根结底就是保持本心的不丧失。"为政以德"就是把涵养本心、保持本心作为为政的内容。因为本心具备一切道德,良善之本心落实到具体措施上便是德政。《论语·宪问》中,子路问君子,孔子答以"修己以敬",子路再三问,孔子答曰"修己以安人""修己以安百姓"。钱时释曰:"'修己以敬',正《大学》之要旨,所谓治国之道及平天下皆本于是","夫

---

① 《论语·学而第一》,《融堂四书管见》卷一,《钱时著作三种》,第 271 页。
② 《论语·宪问第十四》,《融堂四书管见》卷七,《钱时著作三种》,第 391 页。
③ 《论语·为政第二》,《融堂四书管见》卷一,《钱时著作三种》,第 274 页。

子既答以安人,又答以安百姓,次第推究,不离'修己'二字"。①"修己"的目标是做到"敬"。何谓敬? 与表现于外的"恭"相比,发自于内心者谓之"敬"。按钱时的解释,"敬则私意断绝,本心昭融,通于神明,光于四海,无所不通"②。"修己"就是去除心中一切私意,恢复本心固有的昭明状态,本心既修,则安人、安百姓是顺其自然的结果。"呜呼,敬哉! 外此而求,多也哉!"③只要在本心上下工夫就可以了,在本心之外求如何治国平天下,是多此一举。

　　将"修持本心"看作"为政"的全部内容,这是钱时将"本心"思想贯彻到政治领域的最直接体现。这意味着"为政"不再是汲汲于具体的行政措施,而是只要保持本心,推而至于天下国家,自然就是德政,自然国治天下平。如此再来看钱时解释孔子"无为而治者,其舜也与! 夫何为哉? 恭己正南面而已矣",就不难理解了。

　　　　观舜受尧禅,朝觐诸侯,遍历四岳,庶事从头多整顿过,如何却道无为? 如何又道有天下而不与? 圣心虚明,变化无方,虽为而实未尝为也,虽有天下而实未尝与也。后世才说勤政,便焦劳;才说无为,便不事事,安知所谓"恭己正南面"也哉!④

钱时认为,舜之所以能做到"无为而治",是因为他做到了"恭己正南面","恭己"实际上就是指舜秉持着虚明、无方的本心治理天下,受尧之禅、朝觐诸侯、遍历四岳不过是其本心推广于天下、自然而然带来的结果,并非舜刻意为之。后世君主总是或过或不及,就是不理解"恭己正南面"的真正内涵。

---

①　《论语·宪问第十四》,《融堂四书管见》卷七,《钱时著作三种》,第 397 页。
②　《论语·为政第二》,《融堂四书管见》卷一,《钱时著作三种》,第 277 页。
③　《论语·宪问第十四》,《融堂四书管见》卷七,《钱时著作三种》,第 397 页。
④　《论语·卫灵公第十五》,《融堂四书管见》卷八,《钱时著作三种》,第 400 页。

心为一身之主,所以修身即是修心。在《四书管见》里,修己、修身、修心、正心等含义是完全相同的。正人先正己的思想在《论语》中多次出现。如"其身正,不令则行;其身不正,虽令不从","子帅以正,孰敢不正"等等,充分说明以修身为政教之根本,经典有据。《论语·颜渊》中季康子三次问政于孔子,孔子分别告诉他"子帅以正,孰敢不正","苟子之不欲,虽赏之不窃","子欲善而民善矣",钱时概括曰:"答康子问者三,壹是皆以修身为本。"①

为政之根本在于心,所以《中庸》讲的"五达道""三达德""九经"皆可归结在"心"上。"天下之达道五"指君臣、父子、夫妇、昆弟、朋友这五伦,实行这五伦靠三种德行即智、仁、勇,称为"天下之达德",这三达德,"所以行之者一也"。钱时解曰:

> 一者何? 天是也。我固有之,非外烁也。父子之有亲者,此也;君臣之有义者,此也;夫妇之有别者,此也;长幼之有序者,此也;朋友之有信者,此也。名曰达道,非我所私有也。知此则谓之知,全此则谓之仁,勉勉乎此、自强而不息,则谓之勇。名曰达德,非我所独得也。无间于知愚,无间于贵贱,无间于古今,此心同也,此理同也。②

"一"指的是天,天即是心。五伦之"道"——亲、义、别、序、信皆本心所固有,三"德"也是就本心上而言的——了解本心谓之智,保全本心谓之仁,在本心上勤勉修行、自强不息谓之勇。之所以谓之"达道""达德",因为此心、此理非我个人私有,乃是天下不分智愚、贵贱、古今之人所共同拥有的,"此心同也,此理同也"。

---

① 《论语·颜渊第十二》,《融堂四书管见》卷六,《钱时著作三种》,第369页。
② 《中庸》,《融堂四书管见》卷十三,《钱时著作三种》,第522页。

《中庸》说:"凡为天下国家有九经:修身也,尊贤也,亲亲也,敬大臣也,体群臣也,子庶民也,来百工也,柔远人也,怀诸侯也。……所以行之者,一也。"钱时注曰:

> 天下国家之本在身,故九者以修身为首,即所谓知修身则知所以治天下国家者也。"修身也"而下言其目也。……上言"达德,所以行之者一",而先之曰"知天";此言"九经,所以行之者一",而继之曰"明善"。明善即知天也,所谓一也。不知不明,安知"一"之为何物哉!①

根据《大学》"自天子以至于庶人,壹是皆以修身为本",修身乃治国平天下的根本,所以"九经"以修身为首,其下那八个原则只是"修身"的具体条目而已。钱时将此段与上下文结合起来指出,此一段之前讲"故君子不可以不修身。思修身,不可以不事亲;思事亲,不可以不知人;思知人,不可以不知天",将"修身"落实到"知天"上。此一段之后又讲"诚身有道:不明乎善,不诚乎身也",这说明"诚身"的前提是"明善"。明善和知天,其实是一个意思:善乃本心之善,天即是心;明善即明心,知天即知心。因此,治理天下国家的原则有九个,实行起来其实只有一个,那就是修心。本心本善,本不需修,但因为欲望、意念的蒙蔽,使人认识不到自己的本心,所以需要下工夫去蔽明心。如此一来,钱时便把"四书"中所有具体的德行、德政措施都归结到"本心"上,以修心作为治理天下国家的根本。

《孝经》第三章谈诸侯之孝:"在上不骄,高而不危。制节谨度,满而不溢。高而不危,所以长守贵也。满而不溢,所以长守富也。富贵不离其身,然后能保其社稷,而和其民人。盖诸侯之孝也。诗云:

---

① 《中庸》,《融堂四书管见》卷十三,《钱时著作三种》,第524—525页。

战战兢兢,如临深渊,如履薄冰。"钱时借此发挥道:

> 鲁君自谓:"寡人生于深宫之内,长于妇人之手,未尝知忧,
> 未尝知哀,未尝知劳,未尝知惧。"呜呼,此骄奢之病根也! 有国
> 之主狃于富贵,以骄奢为当然,殊不知骄未有不危,奢未有不溢,
> 危且溢,倾败随至,富贵非我有矣,可长守乎? 夫子此章拳拳,"富
> 贵不离其身"正切人情所欲而言,警动极有力,非徒守富贵、为身
> 计也。富贵者,先君受之天子,以遗其后嗣,以保社稷,和民人,继
> 继相传而不绝者,岂一己私物,可取为恣情纵欲之具也! ……一
> "和"字,其责甚重,才不和,便失分任司牧之意,便失代天理物之
> 意。和民人,就保社稷上看;保社稷,就长守富贵上看;长守富
> 贵,就不骄不奢上看;不骄奢,当就战战兢兢上看。战战兢兢,凛
> 乎如深渊之临,薄冰之履,安敢放逸? 不放逸,自然恭,安得骄?
> 自然俭,安得奢? 不骄不奢,不危不溢,则道心无累,天德内融,
> 变化云为,无非大顺,而民人上下莫不一于和矣。此虽论诸侯之
> 孝,与君天下初无异道。①

鲁君之言岂是他个人之经历? 天下君主莫不如此。钱时引鲁君的自
述,就是要指出其具有普遍性,是产生骄奢之病的根源。骄奢则倾
败,富贵烟消云散。富贵不是君主个人恣情纵欲的工具,而是受之于
祖先,传之于后世,保全社稷,与民同享,代代相传的东西。君主的责
任在于代天理物,分任司牧,使上下和睦,如此才能保全社稷,长守富
贵。如何才能做到这些? 就要不骄不奢。如何做到不骄奢? 就要求
君主时时刻刻戒慎恐惧,修持本心。"人心即道",故称"道心",也就
是本心。本心正,不放逸,就自然恭,自然俭,不骄奢,不危溢;推之于

---

① 《孝经》,《融堂四书管见》卷十一,《钱时著作三种》,第 456—457 页。

政事,自然顺畅和谐,上下和睦融洽。钱时特别指出,此一章虽然是论诸侯之孝道,其中所蕴涵的却是治国平天下之道。这当然是对时君的劝诫。

(二) 重民爱民

为政者将其"本心"推广至具体行政中,自然就是德政。为政的对象是百姓,所以重民、爱民是德政的应有之义。《论语·子路》中"子适卫,冉有仆"章,孔子告诉冉有"庶而富之,富而后教"的治理思想,钱时注曰:"夫子此语,王政之次第也。"①孔子的这些思想不仅适用于当时,但凡行王政者均应采取这一先后顺序。《论语·颜渊》中哀公问有若"年饥,用不足,如之何",有若建议实行"彻"法,哀公担心自己用度会更不足,于是引出有若的名言:"百姓足,君孰与不足?百姓不足,君孰与足?"钱时借此发挥说:"君子厚下安宅,非曰厉民以自养也。鲁初税亩而此意无复存矣。时君但知责不足于民,而不知求足于己,又乌知足民乃所以足国哉!盍彻之言,虽落落于一时,实万世经邦之大法也。"②有若"盍彻乎"的建议其实就是要求统治者减轻百姓负担,没有民富,何来国强!虽然有若之言只是一时之论,其中包含的重民爱民理念却是"万世经邦之大法",不会过时。

《论语》中关于如何从政的言论也有很多。最完备者莫过于《尧曰》篇子张问"何如斯可以从政",孔子答以"尊五美,屏四恶"。"五美"要求管理者"惠而不费""劳而不怨""欲而不贪""泰而不骄""威而不猛",因民之所利而利之,择可劳而劳之,以仁为欲,不骄慢,有威严,一句话,既惠及百姓又德高望重。"四恶"则是对百姓虐、暴、贼、吝于施舍。这是典型的恶政了。钱时评价曰:"知所尊,又知所屏,则君人之道孰外于此哉!此夫子之圣政,万世之大法也。"③很明显,

---

① 《论语·子路第十三》,《融堂四书管见》卷七,《钱时著作三种》,第375页。
② 《论语·颜渊第十二》,《融堂四书管见》卷六,《钱时著作三种》,第366页。
③ 《论语·尧曰第二十》,《融堂四书管见》卷十,《钱时著作三种》,第449页。

"尊五美,屏四恶"是行政的正反两面,体现了对百姓的爱护和重视。对于为政者而言,关键是他得"知所尊""知所屏"。如何才能"知"?当然是保持本心的不丧失,本心无所不有,天然具有"是非之心",会做出是非判断。所以归根结底,只要本心清明,这些德治措施都是必然的结果。孔子此思想亦是"万世之大法",永远适用。

(三) 尊君

钱时对统治者提出了很高的要求,国家的治理都是自上而下,"为政在人",国君之道德品行如何起到决定性作用。但是从人伦关系的角度,有君必有臣,臣也要尽为臣之道。先秦儒家所论君臣关系,基本上是对等的。秦汉大一统之后,君臣关系逐渐倾斜。宋代政治环境宽松,儒家学者们时常抱有"君与士大夫共治天下"的愿望,但这并不意味着君臣关系对等,君尊臣卑,君臣之大义名分必须固守。钱时也不例外。他在提出君主要修心的同时,也要求臣子必须尊君,恪守君臣名分。

孔子曾评价《韶》乐和《武》乐,谓《韶》尽善尽美,《武》尽美但未尽善。武王伐纣,毕竟是以下犯上,虽然孔孟均盛赞"汤武革命",但后世儒家却担心此举会开启臣子篡乱之心。孔子称赞武王也是圣王,却说《武》乐的内容不够"善",该如何看待这一评价?钱时解释说:"《武》未尽善,武王之心有不得已焉。夫子非不满于武王也。《韶》居圣人之盛,《武》处圣人之变。夫子明圣人之心,严万世之大法也。"①孔子说《武》乐"未尽善",并非对武王不满。武王伐纣乃不得已之举,属于圣人之"权变"。孔子理解这一点,所以仍然冠武王以"圣",但以"未尽善"评之,就好比《春秋》之笔削,"严万世之大法"——警告那些有犯上作乱之心的人,以下犯上的事不应当随意发生。

---

① 《论语·八佾第三》,《融堂四书管见》卷二,《钱时著作三种》,第291页。

对于孔子提倡的"君使臣以礼,臣事君以忠",钱时感到有些不安:"君臣之间,非徒势位,君以礼,臣以忠,各尽其分耳。此与孟子犬马寇仇之义不同。先儒把礼与忠对说,恐于臣节有所未安。屈原遭谗放逐,至死而此心皎皎如秋霜夏日,安可一日望哉!"①在他看来,君以礼,臣以忠,都是各尽其名分而已。但是相比之下,"臣事君以忠"是绝对的,无条件的,无论君主如何,臣都要做到"忠"。就如屈原,虽遭放逐,满心愤懑,但其对楚王之忠心至死都没有改变。把礼和忠对等来说,虽然不像孟子犬马寇仇之喻那么激烈,但还是不利于为臣之道的培养。显然,钱时把尊君放在首位。

春秋时期礼崩乐坏,在孔子看来这是"名不正言不顺"的结果。所以当子路问他如果卫君任用他,为政将以何为先时,孔子答"必也正名乎!"钱时对此深表认同:"天地定位而卑高贵贱之名已立。名者,三纲之所以张,五典之所以逊也。'正名'二字,圣人之大法,为国之大经。《春秋》一书,亦只是正名而已。"②齐景公问政于孔子,孔子告之以"君君,臣臣,父父,子子",齐景公慨叹如果名分不正,恐怕自己连饭都吃不上了。钱时注曰:"景公君臣父子皆失其道,故孔子告之以是。政者,三纲九法之所系也。纲沦法致,人道绝矣,岂直为吾粟而已哉!"③名分之正,关涉的是治理国家的三纲九法,纲法沦坏,人道灭绝,其后果可不仅是"无粟"的问题,而是"国本"问题。

综上可见,钱时在注"四书"时贯彻了陆九渊"减担"的原则,提出"圣门炉冶,全在一'裁'字。斐然成章,非所多也。知所以裁,即敛华就实,无非根柢工夫"④。敛华就实,即是抛弃一切华而不实的东西,直接抓住根本,也即陆九渊说的抓住"血脉"。《四书管见》之

---

① 《论语·八佾第三》,《融堂四书管见》卷二,《钱时著作三种》,第289页。
② 《论语·子路第十三》,《融堂四书管见》卷七,《钱时著作三种》,第373页。
③ 《论语·颜渊第十二》,《融堂四书管见》卷六,《钱时著作三种》,第367页。
④ 《论语·公冶长第五》,《融堂四书管见》卷三,《钱时著作三种》,第305页。

"血脉"就是"本心"二字,它既是本体又是工夫,是典型的以心学解经之作。

四、和会朱陆

《四书管见》成书于 1229 年,此时朱熹的《四书章句集注》已经广为流行①。钱时年过四十方悟"旧学之非",他所谓的"旧学"当是指已有的训解之作,当然包括影响最大的《四书集注》。因此尽管他抛弃了旧学,完全以心学解经,但是在行文中并没有完全要求只在本心上下功夫,他将尊德性和道问学结合起来,也强调"道问学"对修德、"知"对"行"的指导意义,同时保留了主敬的工夫。

首先,强调"知"对修养、对践行的指导作用。在大部分字词的音韵训诂上,《四书管见》与《四书集注》相同,但在关键范畴的诠释上,钱时有独见。比如《论语》中的"知",朱子将其作为一种认知活动,钱时则几乎将所有的"知"都解释为"觉",对本心的觉悟。如《公冶长》"令尹子文三仕为令尹"章"未知,焉得仁"句,朱熹释为"未知其皆出于天理而无人欲之私也,是以夫子但许其忠,而未许其仁也"②,钱时则释为"知,觉也,觉其本心而至于常觉常明者,仁"③。一以天理,一以本心,路径截然分明。但在知行关系上,钱时为"知"保留了一定地位。《论语·颜渊》"樊迟问崇德修慝辨惑"章,就这三者的关

---

① 嘉定五年(1212),国子司业刘爚奏请将《四书集注》之说以备劝讲,并刊印作为学宫教材。是否采用没有明确的资料。嘉定十年至十一年,朱熹的弟子陈淳于严州讲学,在读书上最重视《四书》。真德秀就说:"今《集注》之书,家传人诵。"日本学者佐野公治就此得出结论:"很明显,在民间或学校等等的教育机构都已经以《四书》为教材了。"(参见〔日〕佐野公治:《〈四书〉学史的研究》,张文朝、庄兵译,台北万卷楼股份有限公司 2014 年版,第 98 页。)宝庆三年(1227),理宗盛赞《四书集注》"发挥圣贤蕴奥,有补治道",赠朱熹太师,追封信国公。
② 〔宋〕朱熹:《论语集注》卷三,《四书章句集注》,第 80 页。
③ 《论语·公冶长第五》,《融堂四书管见》卷三,《钱时著作三种》,第 304 页。

系,钱时曰:"未有惑不辨而能修慝,慝不修而能崇德也。"①虽然樊迟之问将"崇德"放最前面,钱时却认为"辨惑"才是其他二者的前提,辨惑属于认知,修慝属于修养,崇德则是修慝的结果。《季氏》"君子有三畏"章,为什么小人无所敬畏?钱时解释说:"惟其不知,是以不畏。"②《阳货》"六言六蔽"章,孔子阐述了德与学之间的关系,强调学习的重要性。钱时释曰:"学所以致知。徒好而不学,心有所蔽。有所蔽则所好虽善,而为害反大矣。"③这一阐释与朱子是完全一致的。《尚书·说命上》有"知之曰明哲"句,钱时释曰:"知即觉也,虽然,明哲即知也,明即哲也,哲即明也。"但是为什么《洪范》有"明作哲",《诗经》讲"既明且哲",明和哲的含义似乎不同呢?钱时答曰:"无蔽于心之谓明,无蔽于物之谓哲,故大禹以知人为哲。但明己心,不明外物,是知之犹未尽也,犹有偏也。曰明曰哲,两无所亏,方是洞觉宏通,纵横无碍。"④人不仅要"明己心",还要"明外物",这样认识才会全面。无论是陆九渊还是杨简,都强调"心即理,理即心",自然不会向外求索,只在本心上体悟,钱时则要求认识外部事物。对于《中庸》"故君子尊德性而道问学,致广大而尽精微,极高明而道中庸",钱时解释道:

> "尊德性"而下,是做至德工夫。德性即其所固有也。天爵良贵,尊无与并,人自贱之,人自污之。于德性而知所尊,大本立矣。然而非道问学,则不知其所以尊也。……曰致、曰尽、曰极,皆问学之功也。始由乎问学,终由乎中庸,道之所以凝也。⑤

①　《论语·颜渊第十二》,《融堂四书管见》卷六,《钱时著作三种》,第370页。
②　《论语·季氏第十六》,《融堂四书管见》卷八,《钱时著作三种》,第417—418页。
③　《论语·阳货第十七》,《融堂四书管见》卷九,《钱时著作三种》,第425页。
④　《融堂书解》卷八,《钱时著作三种》,第105页。
⑤　《中庸》,《融堂四书管见》卷十三,《钱时著作三种》,第535页。

"尊德性"是立大本大原,是根本,道问学、致广大、尽精微等等都是工夫。没有这些工夫,大本大原就不可能立起来。其中"道问学"最重要。没有问学的工夫,连尊什么、为何尊都不知道。致广大、尽精微、极高明又都是"问学"的工夫,这广大、精微、高明的学问从哪来? 自然是源自儒家经典。熟读经书,读透经典,用心领悟圣人之心。"尊德性"离不开"道问学",没有"道问学"的工夫就不可能做到"尊德性"。如此一来"道问学"不但不可少,反而显得比"尊德性"更重要了。以上所论均表明,在工夫论上,钱时不仅要求体悟本心,摒除意念,也重视问学,强调认知、学习对实践修养的指导意义。

其次,钱时也保留了"敬"的工夫。主敬是程朱思想中最重要的涵养工夫,其实也是在心上用功。陆九渊和杨简从不讲主敬,钱时则对"敬"作了心学的改造,仍强调这是一种工夫。《大学》连引三首"诗"以推广"止"之意,其中有"穆穆文王,於缉熙敬止",原是赞美文王既光明又做到了敬①。钱时认为,"邦畿千里"和"绵蛮黄鸟"诗都是借喻,"'缉熙敬止'方是事实上工夫"②。至善乃本心所固有,人们之所以冥冥妄行,失其所固有,就在于"不知所止"。唯有时时刻刻保持恭敬谨慎("敬")的状态,才不会失其所止。《中庸》讲"君子不动而敬,不言而信",钱时解释说:"敬信于不动不言之时,则自然无疚恶矣。两节工夫相承。"③在先秦,敬、信本是一种德行;在钱时,既然本心无所不有,那么于不动不言之时保持敬、信,就成了一种工夫。只有始终保持这种状态,本心才不会内疚、惭愧。《尚书·洪范》讲"敬用五事",钱时释曰:"人惟不敬,意动而昏冥颠倒,五者皆缪矣,是故贵于敬用也。"他同时指出,"敬"乃本心所固有,并非外铄,所以在

① 本文采取陈子展先生的翻译。见陈子展:《诗经直解》,复旦大学出版社1983年版,第858页。
② 《大学》,《融堂四书管见》卷十二,《钱时著作三种》,第490页。
③ 《中庸》,《融堂四书管见》卷十三,《钱时著作三种》,第543页。

貌、言、视、听、思上保持"敬"应该是自然而然、不假故意做作的。下文"睿作圣",既然心本自圣,无所不通,为什么还要用"作"?"此所谓'作'乃敬用工夫,由敬用而后全此心之圣,故谓之作圣也。"①这未免陷入循环论证了。无论"圣"还是"敬"都是本心所固有,被意念、欲望等蒙蔽而导致不敬、不圣,那就应该先绝意去欲,使本心完全呈现出来。"敬用"不是作圣的工夫,而应该是绝意去欲后的结果。如果强调他是"作圣"的工夫,那就和程朱所说的"涵养须用敬"没有本质的区别。可见在"敬用"的问题上,钱时似乎还没有弄清它到底是工夫还是本体。或者在他的心里,"敬"既是工夫,"作圣"的工夫;又是本体,本心所固有的德性,难以取舍。这恰说明,道学和心学在阐释儒家经典时,尽管有两种义理上的截然不同,但经典中很多固有的范畴可以成为沟通二者的桥梁,使得两个学派的会通成为可能。

其三,钱时不否认"气习"在人性中的作用。关于人性问题,陆九渊和杨简都主张心性一体,反对像程朱道学那样分心性为二,仔细去追究谁主宰谁、分天命之性气质之性等等的做法。钱时虽然也没有分天命之性和气质之性,但他对人性的整体看法基本和程朱一致。《论语》中孔子谈人性就两句话,一是"性相近也,习相远也",钱时解道:"性无所不善,其初岂相远哉?由所习之殊,遂若天渊之隔耳,性非人力所可为也。"②程朱认为此处之"性"指的是气质之性,而非本然之性,所以说"相近"。钱时解作"性无所不善",显然指本然之性,但既然是性之本然,那就应该是一样的,而不是"相近"。钱时对此没有进一步说明。他说的"所习之殊","习"也是指天生气禀,因为有昏有明,故使人性有了天渊之别。二是"唯上智与下愚不移",钱时解释道:"习而相远,夫人皆然也,惟上智与下愚则断然不移。上之不移

① 《融堂书解》卷十,《钱时著作三种》,第 133 页。
② 《论语·阳货第十七》,《融堂四书管见》卷九,《钱时著作三种》,第 422 页。

于下，下之不移于上，气质昏明，自然而然，不因习而远也。"①因为人性乃天生禀气而成，禀气清明则为上智，禀气昏浊则为下愚，非后天人为所能改变，所以不移。那么又该如何解释《尚书》说的"惟圣罔念作狂，惟狂克念做圣"呢？钱时解释说，狂者和下愚不能等同。狂者是聪明过人，才识过人，但偏离了中庸之道，又不以圣贤为依归，所以谓之"狂"。如果他能一念回转，就距离圣贤不远了。下愚之人不同，这类人禀气昏塞，冥迷颠倒，冥顽不灵又为错误念头所蒙蔽，所以难以改变。但是，人性无有不善，下愚之"愚"在于"罔念"，所以只要"克念"，下愚也是可以改变的。这样，钱时又把变化气质的工夫落实到"克念"上了。不管怎样，他对人性的解释，本质上说与程朱是基本一致的，都承认先天"气禀"对人性的意义。

钱时曾当面对杨简说："卑者习传注，不足以明心；高者习空无，不足以经世。不受二病，大道昭昭，三纲九法，万世无弊。悯天下之溺而援之，于是乎在。"②得到杨简首肯称善。可见钱时已经注意到朱学和陆学之末流所带来的弊端，其经解将训诂与义理相结合，力求朴实，已经有避免两家之弊的意图了。他对知行关系的处理、对"敬"的阐释、对"性"和"习"关系的论述，均说明他对朱学并没有完全抛弃，而是有所保留。如果说袁甫是从道统的角度和会朱陆，钱时则是从理论上尝试着会通朱陆思想。

五、确立心学之"道统"

1226 年，杨简去世，钱时痛悼。他多次在文章中高度评价象山之学、象山和杨简的传道之功。陆九渊尝为弟子题"云峤书堂"四大字，钱时作记曰："象山之学，吾圣人之学也；则所谓书堂之书，吾圣人

---

① 《论语·阳货第十七》，《融堂四书管见》卷九，《钱时著作三种》，第 422 页。
② 《吴县学慈湖先生祠堂记》，《蜀阜存稿》卷三，《钱时著作三种》，第 656 页。

之书也。吾圣人之书,尧、舜、禹、汤、文、武、周公、孔子传心之要旨,经世之大法也。"①陆九渊曾自述其学说乃是"读《孟子》而自得之",其心学是建立在孟子思想基础之上的学问。作为象山弟子和再传弟子,杨简和钱时遍解群经,却独独不及《孟子》,何故?笔者认为最根本的原因是在杨、钱看来,孟子并没有继承圣人之"道",因为他对"本心"的理解是有问题的。何谓圣人之"道"?在《慈湖先生行状》(作于 1227 年)中,钱时给出了答案,并勾勒出了他心目中的儒家"道统":

> 呜呼!三代衰,圣教熄,异端邪说争鞭驾于天下,其后传注以为经,章句以为学,洙泗家法,徒存纸上之空言,穿裂剥蚀,舛于良莠。……于赫我宋,笃生贤哲,而先生又挺出诸儒后。伏羲肇画,初无文义可传;孔子遗书,以从言语上得。本心本圣,无体无方,虚明变化,无非妙用。斯道也,尧以之安安,舜以之无为,禹以之行其无所事,汤以之懋昭,文王以之顺帝则,武王以之访《洪范》,周公以之师保万民,孔子以之为删、为定、为系、为笔削褒贬。是之谓中,是之谓极,是之谓秉彝之则。茫茫千古,智探巧索,如聩商律,如瞙指杓,而先生得之。斯道于是大明,开后学之夷涂,扫群迷之浮论,有功圣门,大矣!……若先生,真所谓天民先觉者欤!②

钱时所理解的圣教之"道",乃是"本心本圣,无体无方,虚明变化,无非妙用",传此之道的统绪是:尧—舜—禹—汤—文王—武王—周公—孔子—杨简。他并不否认孔子之后诸儒贤哲的存在,但直接以

---

① 《云峤书堂记》,《蜀阜存稿》卷三,《钱时著作三种》,第 638 页。
② 〔宋〕钱时:《慈湖先生行状》,见《慈湖先生遗书》卷十八,《杨简全集》,第 2284 页。

杨简为道统的继承人。在这里，他没有提孟子和陆九渊。绍定六年（1233），应吴县县令之请，钱时为杨简祠堂作记，提出："于赫我朝，笃生贤哲，续寥寥绝学于千载之上。慈湖先生踵象山陆文安公以出，而斯道大明。"①算是对《慈湖行状》道统说的一个补足。陆九渊对于杨简之意义，钱时认为，慈湖于双明阁受象山扇讼一悟本心，"终身之所成就定于此日，为大儒，为百世师"②。将陆九渊放在杨简之前，作为道统继承人理所应当。

　　"道统"之中为何不提孟子，却是由杨简对孟子思想的解读决定的。杨简以"心之精神是谓圣"为思想核心，强调本心本圣，变化云为，不可度思；钱时也强调本心的虚明洞然、不杂任何意念的属性。无论怎样，在二人看来，本心都是"无体无方"的，而孟子却把本心看成了有体之物。《孟子·尽心下》："养心莫善于寡欲。其为人也寡欲，虽有不存焉者，寡矣；其为人也多欲，虽有存焉者，寡矣。"杨简认为，有体才有所，有所才可以言存，"本心无体，无体则何以存？"所以孟子所说的"存"，存的是意、我，而不是善心善性。执著于存或不存，是一种"弃真而取伪"的做法，因为本心无体，根本不存在"存"或"不存"的问题。③事实上，杨简对孟子的思想并非全盘接受。他一方面肯定孟子"仁，人心也"、良知良能、"终身王道"的思想和精神，另一方面在讲课中对孟子多有批评，认为他对孔子多有误读④。当然，陆九渊推崇孟子，专门作有《养心莫善于寡欲》一文，对孟子这段话作了详细阐释，提出"故欲良心之存者，莫若去吾心之害；吾心之害既去，则心有不期存而自存者矣"⑤。与孟子思想一脉相承，却与杨、钱的

---

①　《吴县学慈湖先生祠堂记》，《蜀阜存稿》卷三，《钱时著作三种》，第 655 页。
②　《赠洪季思赴吴江簿序》，《蜀阜存稿》卷三，《钱时著作三种》，第 674 页。
③　以上引文见《论孟子》，《慈湖先生遗书》卷十四，《杨简全集》，第 2164—2165 页。
④　详见《论孟子》，《慈湖先生遗书》卷十四，《杨简全集》，第 2163—2169 页。
⑤　《拾遗》，《陆九渊集》卷三十二，第 380 页。

定义相异。

　　就道统而言,杨简明确否定了程朱一脉自认接续孔孟千载不传之学的说法。他遍论诸子,并明言:"自孔子殁,而大道不明。自曾子殁,而道滋不明。孟子正矣而犹疏,荀卿勤矣而愈远。"董仲舒号称儒宗,而"支离屈曲";王通之学"陋甚"。①他对《大学》《中庸》也颇有微词:"作《大学》者,其学亦陋矣! ……《大学》非圣人之言。"②对子思论中和,"孔子未尝如此分裂,子思何为如此分裂?"③二程推尊《大学》,却不识该书之"疵"在于支离④。伊川对《中庸》部分章节的解读,也显得"浅"。如此看来,孔子之后,贤哲虽多,却都没有光大圣人之道。他分析了圣学不传的原因:"圣学之不传,学者之过也。学者之过,在于不求之心而求之名也。"本心即是道,本心即是日用常行之心,本心之发,便是春夏秋冬,便是孝悌忠信,便是仁义礼智,而"学者藩以私情,蔀以小智,绝圣人之大道,昧人心之固有,持异端邪说而欲立乎清虚无为之境,吁,可伤哉!"⑤

　　如上所说,虽然象山对"本心"的解读与杨简的理解有异,但并不影响其在杨简心中的地位。杨简在《象山先生行状》中高度赞扬"先生之道,至矣大矣",并谦称自己"安得而知之","不足以识先生"⑥。在《象山先生集序》又说:"此心本灵、本神、本明、本广大、本变化无方。奚独某心如此,举天下万世人心皆如此。……先生谆谆为学者剖白斯旨,深切著明,而学子领会者寡。某不自揆度,敢稍致辅翼之力,专叙如右。"⑦虽然他对"此心"的规定是他自己的理解,是对陆九

①　《论诸子》,《慈湖先生遗书》卷十四,《杨简全集》,第 2174 页。
②　《论大学》,《慈湖先生遗书》卷十三,《杨简全集》,第 2156 页。
③　《论中庸》,《慈湖先生遗书》卷十三,《杨简全集》,第 2158 页。
④　《论大学》,《慈湖先生遗书》卷十三,《杨简全集》,第 2153—2154 页。
⑤　以上引文见《论诸子》,《慈湖先生遗书》卷十四,《杨简全集》,第 2177 页。
⑥　《象山先生行状》,《慈湖遗书》卷五,《杨简全集》,第 1911 页。
⑦　《象山先生集序》,《慈湖遗书》卷二十一,《杨简全集》,第 2341—2342 页。

渊本心思想的发挥,却也正是对心学的发展。杨简对孟子的评价,对本心的规定,对象山的推崇,钱时是完全认同和接受的。圣人之道即是本心,虽然杨简不满孟子学说,道统之中可以不提孟子,但陆九渊对本心的发明和传扬有目共睹,以之为孔子之后道统继承人,完全符合实际。

尽管杨简、钱时以陆九渊为道统继承人,但钱时概括的"道统"更像是浙江心学一派的宣言。他们都非常尊重陆九渊,也吸收了象山的一些思想,但在学说发展上却并未完全按照象山的轨迹向前推进。更准确地说,他们是按照自己的领悟理解去发展心学的。杨简高寿,作为"甬上四先生"之一,在浙东的影响不言而喻。钱时于淳安讲学多年,弟子千人,自此"淳安之士皆明陆氏之学"。但两浙所传之心学已经是江西和浙江融合之后的心学了。对比一下,朱熹去世后,其最得意门生黄榦在为其所撰《行状》中明确儒学之道统,以程朱为孔孟之学的继承人,并不遗余力地推广朱学。钱时可谓杨简思想的忠实传播者,可惜他虽有弟子千人,却没有出类拔萃者将他所提出的这个"道统"进一步发扬光大——这大概也是浙江心学在接下来的发展势头不如朱学,进而被朱学超越的原因之一吧?

嘉熙二年(1238),时任宰相乔行简向朝廷推荐钱时,称其"山居读书,理学淹贯","其于辨析义理,参错事物,发明疑难,有以起人","人物魁岸,慷慨激昂,有乃祖风,不但通诗书、守陈言而已"①,并乞下严州取融堂所著之书呈上御览。同年九月钱时之著述献至朝廷,总计一百册。淳祐元年(1241),理宗下诏:"朕惟孔子之道,自孟轲后不得其传,至我朝周惇颐、张载、程颢、程颐,真见实践,深探圣域,千载绝学,始有指归。中兴以来,又得朱熹精思明辨,表里混融,使《大学》《论》《孟》《中庸》之书本末洞彻,孔子之道益以大明于世。

---

① 《宋进书原札状》,《钱时著作三种》附录,第777—778页。

朕每观五臣论著,启沃良多,今视学有日,其令学官列诸从祀,以示崇
奖之意。"①正式确立了周、张、程、朱学术的官学地位,朱熹的《四书
集注》也正式被视作正统的注释。同样都是解读"四书",历史最后
选择了朱熹的《四书集注》,从此"四书"有了固定内容,其他"四书"
都被打入另类。景定辛酉年(1261),钱时的学生钱可则于严陵刊刻
《四书管见》并刊写书跋。但是《宋史·艺文志》、马端临《经籍考》皆
未著录,独张萱《内阁书目》(万历年间编定)有之。《四库全书》将
《四书管见》列于"五经总义"类,朱彝尊《经义考》将之列入"群经"。
但是不能否认,钱时的《四书管见》是心学一派保存下来的第一部
"四书"训解之作。与杨简的"五经"注解一起,几乎完整构成心学的
四书五经诠解。四库馆臣评价钱时"以笃实为宗,故其诠发义理类多
平正简朴,不为离析支蔓之言",不同于金溪陆学的"惟凭心悟,或至
于恍惚窈冥"②。他对"物"的定义,释"格物"为正心、明善,将"念"
克制于萌芽中,这些都是后来阳明心学的先声。从杨简、钱时的心学
思想看,虽然都与陆九渊的思想有相似之处,但更多地是他们通过解
经而自悟自得,内容也比象山心学丰富得多。此时浙江心学与江西
心学交汇,但还是能看出浙江心学独有的思想特色。

---

① 〔元〕脱脱等撰:《理宗本纪》,《宋史》卷四十二,第821页。
② 〔清〕纪昀总纂:《融堂四书管见十三卷》,《四库全书总目提要》卷三十三,第
　863页。

第四章　浙江心学在元代的发展

　　钱时于浙西讲学,弟子千人。他本人辞官后,于蜀阜创办融堂书院,日与群徒讲学,是为淳安书院之始。《宋元学案》不止一次地说"严陵自融堂讲学后,弟子极盛","淳安自融堂为慈湖高弟,……故淳安之士,皆为慈湖之学"①。淳安地处浙江、安徽交界,往西便是徽州,袁甫提举江东时特意邀请钱时赴新安、徽州讲学,一时风闻远近。袁甫还作有《赠钱融堂诗序》,赞其学问。《新安文献志》中有《新安州学讲义》,钱时宣讲"论学先论志",讲解"颜渊问仁"章。他还撰写了《新安重建乾明观记》《新安建石梁记》等文章,也是应地方官所请。所以,钱时的影响不止在淳安,他的学说亦在徽州等地流行。

　　徽州本是朱熹的故乡,朱子生前于此多次讲学,所以新安是朱子学的重镇。舒璘也曾教授徽州,还被誉为"天下第一教官",影响甚大。可见,程朱道学和象山心学早就在此交汇。陈淳于1217年过严陵,受太守邀请,留下宣讲朱子学说,并与严陵多位学子通信,严厉抨击陆学。其后袁甫持节江东,钱时作为陆学后进也来此讲学。徽州学子同时受到朱陆学说的熏陶,和会朱陆之思潮悄然形成。

---

　　① 〔清〕黄宗羲、全祖望等:《慈湖学案》,《宋元学案》卷七十四,第2514、2516页。

第一节　钱时心学的传播与影响

钱时去世后,弟子吕人龙为其作墓志,今已不得见。现《蜀阜存稿》中有吕人龙为钱时后人所作《肯堂记》,赞扬"融堂先生以道淑人,续象山、慈湖不传之脉,为世鸿儒,此其表表尤著者也"[1]。钱时学问不仅影响了众多弟子,而且一直延续到元明两代。

夏希贤,字自然,淳安人,钱时弟子。究明性理,洞见本原。杜门不出者三十余年,虽家贫而泰然自如,有古君子之风。学者称自然先生。钱时去世数十年后,他仍然怀念不已,有诗赞融堂:"我观圣贤心,万古无终穷。不必亲听融翁之言,不必亲觌融翁之容。光风霁月,古涧长松。人人具足,物物贯通。于此可以见融翁之真融。"[2]有三子,皆承其学,尤以夏溥最著。夏溥,字大之,博通经书,兼工诗,为安定书院山长,一以安定学规课士。迁龙兴教授。郑玉学于淳安,自言得夏溥启发之功。赵汸亦尝向夏溥请教如何作诗。其诗为时人称道,称为"夏体"。夏溥自称没有见过钱时论学书,仅见过其《两汉笔记》,"议论不诡于正,盖卓然得先贤之传者"[3]。后见到郑千龄、吴暾等人所作墓记,方知其生平,遂有所景仰。

至治元年(1321),钱时过世七十八年后,淳安县尉郑千龄过钱时墓,叹息追慕之余,亲率当地名士吴暾、夏溥、洪震老等整饬墓地,祭以特牲,并表其墓曰:

---

① 〔宋〕吕人龙:《肯堂记》,《蜀阜存稿》卷三,《钱时著作三种》,第682页。据《万历严州府志》,吕人龙字首之,淳安人,景定三年(1262)进士,尝受业钱时之门。讲明义理,所造日高,胸次洒然,有浴沂咏归气象。学者称凤山先生,有《凤山集》问世。

② 〔元〕夏希贤:《谒融堂墓》,《钱时著作三种》附录,第800页。

③ 〔元〕夏溥:《融堂先生墓记》,《钱时著作三种》附录,第793页。

予既为朱子立祠学官,复表融堂先生之墓,所以息党同伐异
之论,而为至当精一之归。夫陆氏之所以异于朱子者,非若异端
之别为一端绪也,特所见出于高明,而或谓智者过之耳。今之学
者发言盈庭,宗朱之说慨行,毁陆之议肆起,岂善学前辈者哉?
且朱子之言无极,天下之公言也;象山之议无极,亦天下之公言
也。偶其所见有不同,故终身有不苟合者。后之党朱而伐陆者,
又岂天下之公言哉?①

在朱学已经成为主流思想、宗朱之风盛行的环境下,郑千龄奋起为陆
学辩解,称其学并非异端,朱陆之争乃是学术上的争论,二者之异也
是学术上的不肯苟同,而不是学说上的根本对立。既同为圣贤之学,
二者自然有共通处,学者可寻其"至当精一之归",而不可党同伐异。
郑氏此说体现了他和会朱陆的意图。郑千龄,字耆卿,新安人。有子
郑玉、郑琏。郑琏字子羡,与其父同拜谒钱时墓,并作诗称赞钱时"人
比昌黎高北斗,地名蜀阜岂西川",称赞陆、杨之学"慈湖当日曾传道,
陆学谁云似说禅"②,陆、杨所传均是圣人之道,陆学并非禅学,这些
显然是受父亲郑千龄的影响。郑玉的观点于下文单独论述。

次年,吴暾亦作《融堂先生墓表记》。吴暾,字朝阳,淳安人。八
岁能诗文,留心性理之学。入元,夏希贤为大师,吴暾继之而出,以
《春秋》教授,成泰定进士。任地方官多有政声,追赠翰林修撰。他在
《记》中亦将朱陆并提,称二人乃继周敦颐、二程之后"相望而起于江
东西之间,有以集群贤之大成"的人物。他回顾了钱时生前在当地的
影响,并赞美其学:"象山一传而得慈湖杨先生,再传而得融堂钱先
生,为能推明往圣不传之妙,警发人心固有之善。时信从之盛,则有

---

① 〔元〕郑千龄:《贞白郑氏表融堂钱先生墓略》,《钱时著作三种》附录,第790页。
② 〔元〕郑琏:《谒融堂墓》,《钱时著作三种》附录,第798—799页。

部使者、郡太守交致书币,聘莅讲席。其后庙堂列荐,史阁奏辟,想望风采,怀慕道德,隐然名动于天下。士趋其学,民化其驯,方之古人,不为过也。"他慨叹时下学风沦丧,重申钱时心学的意义:"瞰窃惟迩年以来,道学湮废,人心沦靡,廉耻之节交丧,功利之习日滋,无复识先生长者之风,则公之所以发明幽光,警畏薄俗,其正人心、扶世教之意深矣。"他自称:"瞰虽末学庸陋,亦尝读先生之书以自淑者,故不敢让,而为之记。"①可见,吴瞰服膺心学,可谓钱时学术之私淑者。吴瞰授徒讲学,弟子最盛。郑玉于淳安受业三年,后虽主朱学,"然追溯生平得力,必曰自朝阳先生云"②。

洪梦炎,字季思,号默斋,淳安人。宝庆元年(1225)进士,尝以大宗丞赞浙幕,召拜司农,差知衢州,卒于任。有文集行世。《蜀阜存稿》中有《赠洪季思赴吴江簿序》,以慈湖三十二岁双明阁订悟本心的经历勉励洪梦炎立志本心之学,"毋以欲而滑也,毋以诱而骜也,毋以美而迁也,毋以朋而比也,毋以阿而循也,毋以慑而挠也,毋以便而逞也","致君尧舜上,再使风俗醇"③,凭此本心从容于簿书尘劳,亦其乐无穷。洪梦炎之族孙中有洪赜,字君实,后改字本一,其为学"要欲本领端厚,不使支离曲碎,破坏心术"。郑玉与之相交为友,前后三十多年,自谓得其往复讨论之功。郑玉主朱学,与洪赜渐不合,但交情甚笃。洪赜去世,郑玉为之墓志,称:"道丧千载,乃生周程。又百余年,朱陆并兴。长江之西,大阐陆学。行不由知,理以心觉。淳安先哲,多游慈湖。先生承之,是训是模。源高流浚,若与众异。天悭其逢,百不一试。潜德幽光,永闶兹土。我作铭诗,用诏终古。"④郑

---

① 以上引文见〔元〕吴瞰:《融堂先生墓表记》,《钱时著作三种》附录,第791—793页。
② 〔清〕黄宗羲、全祖望等编:《慈湖学案》,《宋元学案》卷七十四,第2514页。
③ 《赠洪季思赴吴江簿序》,《蜀阜存稿》卷三,《钱时著作三种》附录,第674—675页。
④ 〔元〕郑玉:《洪本一先生墓志铭》,《师山集》卷七,《景印文渊阁四库全书》,第1217册,第60页。

玉曾公开评价朱陆之学术得失,他本人虽倾心朱学,但并无门户之见。洪赜继承的是陆、杨心学,郑玉不以为意,二人只是学术追求不同罢了。

钱时的影响不仅限于浙江,还远及江西。他曾作《百行冠冕诗》,今已不见。但从元代李存《百行冠冕诗序》可知,该集乃"取昔之孝者忠者而赞之以诗"①。此诗集在元代遇到知音。陈苑(1256—1330),字立大,江西上饶人,人称静明先生。幼业儒,不随世碌碌,尝学道教金丹术。后得象山书读之,喜曰:"此岂不足以致吾知耶? 又岂不足以勉吾之行耶? 而他求也。"于是尽求其书及其门人如杨敬仲、傅子渊、袁广微、钱子是、陈仲和、周可象所著《易》《书》《诗》《春秋》《礼》《孝经》《论语》等书读之,益喜,益知益行。当时科举方兴,用朱子之学,或病其违世所尚,陈苑曰:"理则然尔。"凡从之学者往往有省,由是人始知陆氏学。②陈苑尤其偏爱《百行冠冕诗》,"日与诸生诵咏之"。危素(1303—1370)又版行之,闻者见者又次助之。李存赞道:"之人也,之心也,又岂异于先生者耶? 仆有以知是诗之必将家传而人诵之也。使家传而人诵之,夫岂不可以少增天地之和?"③

李存(1281—1354),字明远,一字仲公,饶州安仁人。学者称俟庵先生。少时博涉典籍,又学古文词。后从学于陈苑,夙夜省察,日日究明本心,遂尽焚其所著书,从此宗心学。"此心苟得其正,则所谓《书》者,此心之行事;《诗》者,此心之咏歌;《易》者,此心之变化;《春秋》者,此心之是非;《礼》者,此心之周旋中节。至若孝友睦姻任恤,皆此心之推也。是故古之学者先其本而后其末,既得其本,则于其末

---

① 〔元〕李存:《百行冠冕诗序》,《俟庵集》卷十九,《景印文渊阁四库全书》,第1213册,第713页。

② 以上引文见〔元〕李存:《上饶陈先生墓志铭》,《俟庵集》卷二十四,《景印文渊阁四库全书》,第1213册,第757页。

③ 以上引文见〔元〕李存:《百行冠冕诗序》,《俟庵集》卷十九,《景印文渊阁四库全书》,第1213册,第714页。

也,若目之有纲,衣之有领,振而齐之而已耳。"①此论实开宋濂"六经皆心学"之先河。

从学陈苑的还有祝蕃、舒衍、吴谦,他们与李存志同行合,并称"江东四先生"。"金溪之道,为之一光。"②元代中期象山心学于江西再次兴起,杨简、钱时等人所解之经书起到了关键的作用。

此外,乌斯道(1314—约1390),字继善,号春草,慈溪人。作有《吊钱融堂先生》诗:"哭罢麒麟几度秋,何人重赋我心忧。词章谩似机中锦,身世空如水上沤。今日修文应帝召,淳风接武独严州。昔人曾挹慈湖水,倾泄桐江浩荡流。"③他赞扬钱时之学对严州地区淳美学风的教化之功,其学源自慈湖,而其影响则有如桐江之水浩浩荡荡。

第二节　赵汸、郑玉之评判朱陆

形成于北宋中期的理学,经过两百多年的发展,学派纷呈,各立宗主。无论是程朱道学,还是心学,都基本上遍注群经,其理论体系的构建和思想内容达到的广度和高度都堪称完善。后人无论宗哪一派,在理论上想超越他们都是有一定难度的。所以元代理学所表现出来的特点,或者是因袭,如北方诸学者刘因、许衡等皆传朱学,理论上没有什么突破;或者是反思,反思朱陆思想的异和同。朱陆之辩乃南宋学术史上的一段公案,它公开了两家学术上的分歧。朱、陆去世

①　〔元〕李存:《与友人书》,《俟庵集》卷二十八,《景印文渊阁四库全书》,第1213册,第802页。
②　〔清〕黄宗羲、全祖望等:《静明宝峰学案》,《宋元学案》卷九十三,第3107页。
③　〔明〕乌斯道:《吊钱融堂先生》,《春草斋集》卷四,《景印文渊阁四库全书》,第1232册,第172页。

后,其后学互相攻击,竟势如水火。门户之见过深,必定不利于学术的发展。元代学者站在第三方的立场,客观分析两家思想的利弊得失,要求消除门户之争,取长补短。这其中比较有名的、受浙江心学影响的就是郑玉和赵汸。

郑玉(1298—1358),字子美,徽州歙县人。曾随父郑千龄于淳安求学三年。郑千龄又亲自拜谒并表记钱时之墓,为陆学张本,主张朱陆之学可以会归为一。郑玉自然受家学影响。从师承上说,郑玉尝曰:“朝阳先生,吾师之;复翁、大之二先生,吾所资而事之;本一,吾友之。”复翁,即洪震老,淳安人,私淑慈湖之学,人称石峰先生。郑玉师从吴暾,夏溥、洪震老对其有启发之功,与洪颐则相交为友。以上诸人要么私淑杨简、钱时之学,要么属钱时续传,所以若论学术渊源,郑玉乃钱时后学。郑玉“覃思六经,尤邃于《春秋》,绝意仕进”①。至正十四年(1354),朝廷除郑玉为翰林待制、奉议大夫,并遣使者赐以御酒名币,浮海征之。郑玉上表,以疾辞。家居以著书讲学为事,因筑书院于师山,故人称“师山先生”。明兵入徽州,守将欲其出山辅佐新朝,郑玉拒绝:“吾岂事二姓者耶!”自缢而亡。《元史》以之入《忠义传》,嘉其忠义也。有《师山文集》八卷、《遗文》五卷存世。

郑玉虽属浙江心学续传,他本人倾心的却是朱学。他曾自述,从十余岁便对朱子之言、之道“好之既深,为之益力,不惟道理宗焉,而文章亦于是乎取正”,并对当时流行的“文章宗韩柳,道理宗程朱”的文道分离观进行了反驳:“道外无文,外圣贤之道而为文,非吾所谓文;文外无道,外六经之文而求道,非吾所谓道。吾于朱子折衷焉。”②道乃圣贤之道,文乃六经之文,六经之文本就是圣贤之道的体现,二者是一体的。在郑玉眼中,朱子之著述文章就是文与道的完美结

① 〔明〕宋濂等撰:《元史》卷八三,中华书局 1976 年版,第 4432 页。
② 〔元〕郑玉:《余力稿序》,《师山集》,《景印文渊阁四库全书》,第 1217 册,第 4 页。

合。所以终其一生,他都服膺朱学。他的师山书院学规就是白鹿洞书院的学规,而他的学生认为他开讲书院乃"复还文公阙里之风"①。

也许正是在淳安接触、了解了心学并入其堂奥,又对朱学颇有研究,郑玉才对两家学术之异同、利弊看得更清楚:

> 二先生相望而起也,以倡明道学为己任。陆氏之称朱氏曰"江东之学",朱氏之称陆氏曰"江西之学"。两家学者各尊所闻,各行所知,今二百余年,卒未能有同之者。以予观之,陆子之质高明,故好简易;朱子之质笃实,故好邃密。盖各因其质之所近而为学,故所入之途有不同尔。及其至也,三纲五常,仁义道德,岂有不同者哉?况同是尧舜,同非桀纣,同尊周孔,同排释老,同以天理为公,同以人欲为私,大本达道,无有不同者乎?后之学者不求其所以同,惟求其所以异。江东之指江西,则曰"此怪诞之行也";江西之指江东,则曰"此支离之说也",而其异益甚矣。此岂善学圣贤者哉?朱子之说,教人为学之常也;陆子之说,高才独得之妙也。二家之学,亦各不能无弊焉。陆氏之学,其流弊也如释子之谈空说妙,至于卤莽灭裂而不能尽夫致知之功;朱氏之学,其流弊也如俗儒之寻行数墨,至于颓惰委靡而无以收其力行之效。然岂二先生立言垂教之罪哉?盖后之学者之流弊云尔。呜呼!孟子殁千四百年,而后周子生焉。周子之学亲传之于二程夫子,无不同也。及二先生出,而后道学之传始有不同者焉。周程之同,以太极图也;朱陆之异,亦以太极图也。一图异同之间,二先生之学从可知矣。②

---

① 〔元〕徐大年:《御酒师山燕诸生致语》,《师山遗文》"附录",《景印文渊阁四库全书》,第 1217 册,第 109 页。
② 〔元〕郑玉:《送葛子熙之武昌学录序》,《师山集》卷三,《景印文渊阁四库全书》,第 1217 册,第 25 页。

郑玉认为,两家后学之所以聚讼不已,在于他们只看到了朱陆之异而未见其同。二者之"异"乃是因朱陆二人之"质"决定,一个笃实,一个高明,并不是学说上的根本分歧。二人同是尧舜,同非桀纣,同尊周孔,同排释老,对天理人欲,对建立根本以达其大道等等看法也都完全一致。二人只是施教不同而已。二者也各有弊端,陆学起点太高,缺乏下学致知的工夫;朱学过于细密,恐耽于致知而难以落于践履。从道统的角度,二人皆是继周敦颐、二程之后的儒家正学,只是入圣的路径不同罢了。他在与友人的信中,又进一步批评了当时党同伐异的学风,并比较了朱陆之学的优劣:

> 近时学者未知本领所在,先立异同。宗朱子则肆毁象山,党陆氏则非议朱子,此等皆是学术风俗之坏,殊非好气象也。某尝谓陆子静高明不及明道,缜密不及晦庵,然其简易光明之说,亦未始为无见之言也。故其徒传之久远,施于政事,卓然可观,而无颓堕不振之习。但其教尽是略下功夫而无先后之序,而其所见又不免有"知者过之"之失,故以之自修虽有余,而学之者恐有画虎不成之弊。是学者自当学朱子之学,然亦不必谤象山也。①

相较之下,陆学要求人领悟,其教人在读书致知上略少,所以"无先后之序"。资质高的人以之自修尚可,若单纯学习模仿,则有流入谈空说妙、顿悟寂灭的风险。所以郑玉建议,朱子之学本末有序,缜密笃实,适于学者修习。但是选择一方,并不意味着去诽谤批判另一方。二者不是对立的。那种先入为主、先立异同的做法是不可取的。

赵汸(1319—1369),字子常,安徽休宁人,号东山先生。初师从

---

① 〔元〕郑玉:《与汪真卿书》,《师山遗文》卷三,《景印文渊阁四库全书》,第1217册,第83—84页。

于九江黄泽（字楚望），得六经疑义千余条、六十四卦大义与学《春秋》之要。黄泽学无师承，以积思自悟为主。当赵汸问及治学之要时，黄泽告之曰："在致思。然不尽悟传注之失，则亦不知所以为思也。"①后拜访夏溥，夏溥闻其所学，"叹以徒费心力为戒，因出示其家传《先天易书》，曰：'此羲《易》一大象也。'"他也曾游于郑玉之门②，闻听郑玉被诏即将赴京后，他写信祝贺并建议郑玉献治安之策以解决现实问题。在虞集处，他始闻吴澄之学。故《宋元学案》列之于《草庐学案》，以为草庐再传。笔者认为，若按师承渊源和学问归属，置于《师山学案》下更合适。赵汸于诸经无所不通，尤精于《春秋》。明初，诏修《元史》，征赵汸入京。书成，辞归，未几卒，年五十一。入《明史·儒林传》。

　　赵汸的学生詹烜这样评价老师的学问："新安自朱子后，儒学之盛，四方称之，为东南邹鲁。然其末流，或以辨析之意纂集群言即为朱子之学。先生独超然有见，于圣贤之授受，不徒在于推究文义之间。故其读书，一切以实理求之，反而验之于己，非有以信其必然不已。""先生之学，以积思为本领，以自悟为归宿，勉夫切己向上之工夫，而至乎穷经复古之成效。"③赵汸游虞集之门，虞集策试他，试题是"江右先贤及朱陆二氏立教所以异同"。赵汸举朱熹《答项平甫》、陆九渊《祭吕伯恭文》中的自我反省之语为证，认为二人思想始异而终同，"使其合并于暮岁，微言精义，必有契焉"。针对当时大家都尊

① 〔明〕周汝登：《圣学宗传》卷十一，《周汝登集》，浙江古籍出版社 2015 年版，第758—759 页。
② 赵汸《与师山郑子美先生》言："某疏远仪刑，倏经两岁，屡谋谒教，辄以事牵。"因为身有宿疾，不便登门，便录了数篇文稿一并寄于师山，请他修改斧正。待病体痊愈后再登门拜谒。见《东山存稿》卷三，《景印文渊阁四库全书》，第 1221 册，第242—243 页。
③ 〔元〕詹烜：《东山赵先生汸行状》，《东山存稿》"附录"，《景印文渊阁四库全书》，第 1221 册，第 386、370 页。

朱诋陆,赵汸为象山辩护:陆学出自孟子,"是故先生非不致知也,其所以致知者,异乎人之致知;非不集义也,其所以集义者,异乎人之集义"。①即便朱子,也多次肯定象山的学问。今日之学者,不足以知象山之高明,亦不足以知朱子之广大。虞集阅罢,批点于后曰:"子常生朱子之乡,而又有得于陆氏之说,……于二家之所以成己而教人者反复究竟,尤为明白。盖素用力斯事者,非缀辑传会之比也。"他慨叹:"一时友朋,若子常之通达而起予者,鲜矣。"②朱陆始异终同的结论,发前人之所未发,正是赵汸积思、自悟的结果,极大启发了后学。

元代反思朱陆之学者并非只有郑玉和赵汸。比他们早的,还有江西的吴澄、金华永康的胡长孺。胡长孺(1249—1323),字汲仲,号石塘。据吴莱(1297—1340,字立夫,私谥渊颖)记述,胡长孺亦对朱陆做过分辨:

夫以周程理学之盛,而邵之数学且不能以并传,于是朱子乃以东都文献之余,一传于闽之延平,而又兼讲于楚之岳麓,诚可谓集濂洛诸儒之大成矣。当是时也,二陆复自奋于抚之金溪,欲踵孟子,曾不以循序渐进为阶梯,而特以一超顿悟为究竟。今则至谓朱为支离,陆为简易,必使其直见人心之妙而义理自明,然后为学。自谓为陆,实即禅也。故曰世之学者知禅不知学,知学不知禅,是岂深溺乎异端外学之故,而遂诬其祖,乃举尧舜以来七圣相授,洙泗以降四子所传道,而悉谓之禅耶?③

① 以上引文见〔明〕赵汸:《对问江右六君子策》,《东山存稿》卷二,《景印文渊阁四库全书》,第1221册,第192页。
② 同上注,第193页。
③ 〔元〕吴莱:《石塘先生胡氏文抄后序》,《渊颖集》卷十一,《景印文渊阁四库全书》,第1209册,第182—183页。

朱熹集濂洛诸儒之大成,以循序渐进为阶梯;陆九渊则欲从孟子,直从本心顿悟,然后为学。二人只是进学顺序不同罢了。但后人误以为陆学尚简易,顿悟人心之妙后义理自明,殊不知这不是陆学,而是禅学。吴莱等六人再次拜访胡长孺时,其中有一人叫傅斯正,他的曾祖父(可能是傅子渊)曾学于陆九渊,他本人也喜谈陆学。胡长孺便说:"自近年科举行,朱学盛矣,而陆学殆绝。世之学者玩常袭故,寻行摘墨,益见其为学术之弊。意者其幸发金溪之故楗而少濯其心耶?"①他看到了以《四书集注》为标准取士导致学者们"玩常袭故,寻行摘墨",学风日坏。所以他认为重拾陆学可以一洗昏浊的本心,拯救当时的学术之弊。宋濂在《胡长孺传》中提到,"长孺为人光明宏伟,务为明本心之学,慨然以孟子自许"②。从师承看,胡氏之学可追溯到叶味道,叶乃朱熹弟子。"初,长孺既于学古获闻伊洛正学,及行四方,益访求其旨,始信涵养用敬为最切,默存静观,超然自得。晚年深慕陆九渊为人,'宇宙即吾心'之言,谆谆为学者诵之"③。可见,他早年用力于朱学,年深日久,有所自得,故晚岁又颇心仪陆学。在他看来,朱陆之学各有所长,可以互补。

　　陈淳在新安讲学时,于讲学和书信中屡次抨击陆学,不仅称其为禅学,而且以之为圣门之罪人。在他眼里,杨简及其后学不宗孔孟,反以禅僧为师,"不读书,不穷理,专做打坐工夫",全是禅门意旨。朱陆两家俨然势同水火。稍后,钱时讲学新安,其著作也开始刊刻流行。他对朱学的态度显然没有陈淳那么绝对,其解经也是从心学的角度耐心开陈,训诂义理并重,并吸收了朱学部分思想。这本身就是

---

① 〔元〕吴莱:《石塘先生胡氏文抄后序》,《渊颖集》卷十一,《景印文渊阁四库全书》,第1209册,第184页。
② 〔明〕宋濂:《胡长孺传》,《宋濂全集》卷二十,黄灵庚编辑整理,人民文学出版社2014年版,第398页。
③ 同上注,第399页。

一种和会的姿态,说明二家之学本就不是截然对立的。通过梳理钱时思想在浙西的传播以及元代诸儒对他的评价,可以看出和会朱陆能在元代形成一股潮流,或者说成为理学反思思潮的一部分,钱时的著述起到了发端的作用。这一思潮极大地影响了宋濂。宋濂为胡长孺立传,与郑玉相交,与赵汸不仅相交甚厚而且互为文集作序。他志在传承吕祖谦金华之学,博采众长,兼收并蓄,提出"六经皆心学"的命题,这既是他本人心学思想的特色,也是对南宋以降浙江心学的总结。

第三节　六经皆心学:宋濂的心学思想

宋濂(1310—1381),字景濂,号潜溪,亦号无相居士,金华浦江人。尝从学于黄溍、柳贯、吴莱、闻人梦吉。拒绝元朝征召,隐居不仕,后受朱元璋礼遇,官至翰林学士承旨知制诰兼赞善大夫。领衔总裁《元史》,明初一代礼乐制作、典章制度等多经其裁定,深受朱元璋赏识,被推为明代"开国文臣之首",道德文章影响深远。卒谥文宪。著述丰富,今有《宋濂全集》出版。

一、宋濂的学术渊源

《宋元学案》在梳理"婺中之学"时,认为自黄榦以后,金华之学经黄榦一传而为"北山四先生",流于章句训诂;再传而为黄溍、吴莱、柳贯,沦为辞章之士;三传而为宋濂,属于"佞佛者流"。据此师承关系,虽然《东莱学案》以宋濂、王袆为"吕学续传",却又将宋濂置于《北山四先生学案》"凝熙门人"之下,以之为"徽公世嫡"。这一论断极大影响了今天的学术界,大部分学者据此认为宋濂乃朱学后传,而未详察其思想特色。

根据宋濂自述,其祖上自宋代迁到金华之潜溪后,一直以务农为生,没有从事儒业者。他的父亲不甘心诗礼之传就此中断,于是鼓励酷爱读书的宋濂"为孝子,为悌弟,为良师儒","大抵门不欲其高,惟有德之崇;有子不欲其侈,惟欲其业之修"①。受此庭训,宋濂"尽弃解诂文辞之习,而学为大人之事。以周公、孔子为师,以颜渊、孟轲为友,以《易》《诗》《书》《春秋》为学,以经纶天下之务,以继千载之绝学为志,子贡、宰我而下,盖不论也"②。"大人之事"即是立圣贤之志,行君子之事,直接以周孔为师,颜孟为友,学习六经之道而不是文辞训诂。他的志向是继承孔孟之后千载不传之绝学,因此他的精力都放在六经上。他天天读书著文,有人以"文人"目之,宋濂怫然怒曰:"吾文人乎哉?天地之理欲穷之而未尽也,圣贤之道欲凝之而未成也,吾文人乎哉?"③他读书,为的是穷天地之理、圣贤之道,文章只是承载道理的工具而已。他要求读书当直通六经,而不是读后人传注,包括濂洛诸书。后人传注只是理解六经的辅助工具,六经之义理究竟为何,还须自己体会。而且沉溺传注,的确有支离破碎之病。

北宋以降,理学兴起,学派纷纷,都自称继承了千载不传之学。各家思想究竟如何?宋濂一一评点,认为王安石新学、蜀学、横浦学、象山学、永康学、永嘉学等均有利弊,唯有张栻湖湘学、朱熹闽学和吕祖谦金华学乃"濂洛之正学"。作为金华人,宋濂对吕学再三致意:

> 曰:"金华之学何如?"曰:"中原文献之传,幸赖此不绝耳。盖粹然一出于正,稽经以该物理,订史以参事情,古之善学者亦如是尔。其所以尊古传而不敢轻于变易,亦有一定之见,未易轻訾也。"④

---

① 《先府君蓉峰处士阡表》,《宋濂全集》卷七十一,第 1719 页。
② 《令狐微第十二》,《龙门子凝道记》卷下,《宋濂全集》卷九十四,第 2238 页。
③ 《白牛生传》,《宋濂全集》卷十六,第 294 页。
④ 《段干微第一》,《龙门子凝道记》卷下,《宋濂全集》卷九十四,第 2212 页。

吕学得中原文献之传,经史结合,粹然纯正,与张栻湖湘学、朱熹闽学鼎立为三。但是到宋濂之时,婺学整体已经到了"殆绝"的地步。对此,宋濂深为不安:

> 吾乡吕成公实接中原文献之传,公殁始余百年而其学殆绝,濂窃病之。然公之所学,弗畔于孔子之道者也,欲学孔子,当必自公始。此生乎公之乡者所宜深省也。①

"欲学孔子,当必自公始",从吕学入手,有助于理解圣人之道。他决定以振兴婺学为己任——这也是老师柳贯对他的期待:"吾乡文献,浙水东号为极盛。自惭驽劣不足负荷此事,后来继者,所望惟吾友尔。"②

宋濂秉承吕东莱兼容并蓄、博采众长的学术特点,在对各家思想进行评判的基础上均有取舍,不专主一家。从整体看,他以心学为主,但对已有的心学思想均有扬弃。

他评价朱熹及其闽学:

> 自孟子之殁,大道晦冥,世人擿埴而索涂者,千有余载。天生濂洛关闽四夫子,始揭白日于中天,万象森列,无不毕见,其功固伟矣!而集其大成者,唯考亭子朱子而已。
>
> 孔子,天之孝子也。以其扶持天地,植立纲常,为千万世计也。朱子之志实与孔子同,是亦孔子之孝子也。③

濂洛关闽皆是孔孟千载不传之道统继承者,而朱熹又是诸家学问的

---

① 《思媺人辞》,《宋濂全集》卷八十六,第 2035 页。
② 〔元〕柳贯:《与宋景濂书》,《宋濂全集》"附录二",第 2800 页。
③ 《理学纂言序》,《宋濂全集》卷三十,第 637、638 页。

集大成者。朱子立孔子之志,扶持天地,植立纲常,是圣人的忠实信徒。他评价陆九渊之学:

> 曰:"金溪之学何如?"曰"学不论心久矣。陆氏兄弟卓然有见于此,亦人豪哉。故其制行如青天白日,不使纤翳可干。梦寐即白昼之为,屋漏即康衢之见,实足以变化人心。故登其门者,类皆紧峭英迈而无漫漶支离之病。惜乎力行功加而致知道阙,或者不无撼也。"

陆九渊之学简易明白,如青天白日,足以变化人心;但他过于强调道德践履,而于致知上有所欠缺,不能不说是个遗憾。不过他还是盛赞陆九渊其人:

> 昔我临川,学者所宗。仰视陆子,其犹神龙。驾风鞭霆,雨于太空。被其泽者,硕大而充。……直究本心,皦如出日。微言犹存,可以寻绎。①
> 金溪之山……笃生大贤,惟我陆子。究明本心,远探圣髓。其道朗融,白日青天。纤尘不惊,万象著悬。②

能于"学不论心久矣"的环境中,单独挺拔"本心",究明本心,以之为圣圣相传之道,光这份勇气和见识,就可以称作"人豪"了。至于江西心学和张九成的关系,宋濂观点很明确:

> 曰:"横浦之学何如?"曰:"清节峻标,固足以师表百世,其

---

① 《补临川危安子定加冠祝辞》,《宋濂全集》卷八十六,第 2052 页。
② 《金溪孔子庙学碑》,《宋濂全集》卷四十八,第 1083 页。

学则出于宗杲之禅,而借儒家言以文之也。儒与浮屠,其言固有同者,求其用处,盖天渊之不相涉也,其可混而为一哉? 金溪之学,则又源于横浦者也,考其所言,盖有不容掩者矣。"①

张九成与大慧宗杲交情深厚,留下很多参禅的故事。其中启发九成最深者,当属"格物"和"物格",宗杲告诉他二者其实是同一个过程。张九成对"觉"和"念"的认识,便源于此。宋濂认为,儒佛在概念上固然有相同之处,但在内涵和具体使用上毕竟有很大差别,不能混用。横浦之学有阳儒阴释之嫌。从心学渊源上说,象山心学源自张九成。宋濂此论,是从二人的思想特征——对"本心"的挺立上来说的,并非真正的师承,因为陆九渊并未师从张九成。宋濂是第一个认识到张九成与陆九渊思想之间的联系,并提出象山心学源于横浦心学的人。

虽然宋濂对濂洛关闽之学推崇有加,且认为朱熹乃是孔子之后第一人,他本人立志发扬的却是婺学。身处元代和会朱陆的学术思潮中,与郑玉、赵汸又交往甚密,他非常赞同二人对朱陆异同的评判。朱陆之学各有利弊,该如何去短集长? 吕祖谦只是让双方都认识到了自己的问题,却没有提出新的思想将二者整合起来。郑、赵也只是指出了异同,按个人兴趣各有所向。宋濂则提出"六经皆心学",试图会通朱陆。

二、心本体论

宋濂对理、气、心、性等理学范畴均有论述,其中,心具有本体的地位和意义。

---

① 《段干微第一》,《龙门子凝道记》卷下,《宋濂全集》卷九十四,第2211—2212页。

（一）心者，万理之原

　　或问龙门子曰："天下之物孰为大？"曰："心为大。"……以形论之，其小固若是；其无形者，则未易以一言尽也。……仰观乎天，清明穹窿，日月之运行，阴阳之变化，其广矣大矣。俯察乎地，广博持载，山川之融结，草木之繁芜，亦广矣大矣。而此心直与之参，混合无间，万象森列而莫不备焉。非直与之参也，天地之所以位，由此心也；万物之所以育，由此心也。①

　　是则心者，万理之原，大无不包，小无不摄。②

　　心能包摄一切，不在其有形，而在其无形，无形之用非言语所能道尽。人之所以能与天地并列为"三才"，在于人之"心"，天地万象森然具列于我心之中，天地万理也源自于心。可见人不是简单地与天地并列，天地各得其所，万物生长发育，都是人"心"作用的结果。所以，天、地、人相比，人实际上高于天和地。人心是万物、万理的本原、本体。

　　作为本体，必须超越于具体形象之上。心之所以能成为本原、本体，原因有三：

　　第一，人心"至虚至灵"。"至虚"是指心没有任何具体的规定性，"心无体段，无方所，无古今，无起灭"③，"视之无形，听之无声，探之不见其所庐。一或触焉，缤缤乎萃也，炎炎乎爇也，莽莽乎驰弗息也"④。心是永恒的，不生不灭，无形无声，驰骋不息。正因为"至虚"，所以才能容纳一切，变化一切。所谓心之"至灵"是指："天地，

---

①　《天下枢第八》，《龙门子凝道记》卷中，《宋濂全集》卷九十三，第 2198 页。
②　《夹注辅教编序》，《宋濂全集》卷二十七，第 563 页。
③　《松风阁记》，《宋濂全集》卷十一，第 200 页。
④　《萝山杂言》，《宋濂全集》卷八十四，第 2020 页。

一太极也;吾心,亦一太极也。风霆雷雨,皆心中所以具,苟有人焉,不参私伪,用符天道,则其应感之速,捷于桴鼓矣。由是可见,一心之至灵,上下无间,而人特自昧之尔。"①天地即太极,心亦是太极,所以心即是天,心与天是一非二,天人相感即是心之"至灵"的具体表现。神仙方技之士以方术实现天人感应,乃是"小数","人心同乎天地,可以宰万物,可以赞化育,而独局于文辞一偏之技,何其陋邪!"②他们没有意识到"心"本身就是天地,宰育万物,天人相感根本不需要什么方术。

第二,心乃"神"之所在。人心之所以"至灵",是因为精神蕴于其中。"冲漠无朕,而万象森然已具者,非心之谓也。心则神之所舍,无大不苞,无小不涵,虽以天地之高厚,日月之照临,鬼神之幽远,举有不能外者。"③天地万物,唯有人是有精神的。人之精神就寓于心中。"心"并非神秘莫测,不可捉摸。天地、日月、鬼神均为心之精神所涵摄。天人之间相隔遥遥,何以相感? 宋濂认为:"人之身,天之气也;人之性,天之理也;理与气合以成形,吾之身与天何异乎?"④茫茫苍天,不过就是理和气所构成;理和气就相当于人性和形体,所以单从形体上说,天人是一致的。但人特殊于天之处,在于人还有"心",即精神。天人相沟通,就是通过这精神。"人事之与天道,诚相表里,有感必有应,始终循环无穷"⑤,"能以诚感,则天宁有不应之者乎?"⑥

第三,心具众德。即此心乃是包含诸德的实体之心。

---

① 《赠云林道士邓君序》,《宋濂全集》卷二十五,第 527 页。
② 《乐书枢第十》,《龙门子凝道记》卷中,《宋濂全集》卷九十三,第 2204 页。
③ 《贞一道院记》,《宋濂全集》卷三,第 81 页。
④ 《吕氏孝感诗序》,《宋濂全集》卷三十,第 648 页。
⑤ 《重荣桂记》,《宋濂全集》卷七,第 147 页。
⑥ 《吕氏孝感诗序》,《宋濂全集》卷三十,第 649 页。

> 众万之生，莫不有心，然北克泰天地者，惟人之心焉耳。而
> 众万之心不与焉者，何也？人心之中具有五性以为德，而众万之
> 心不与存焉，不与存焉则物而已。①
>
> 曰敬、曰仁、曰诚，皆中心所具，非由外烁我也。②

其他生物也有心，为什么唯有人心能与天地并列？就因为只有人心
备具仁义礼智信五德，这些德性乃人心所本有——此心乃是先验的
道德本心。不仅如此，维系社会秩序的三纲五常也天然具于心中：
"吾心之中有物混融，离之为五常，揭之为三纲，昭如日月而无所不
照，大如天地广厚而周通，推之乎其前而无始，引之乎其后而无终，是
为古今之会，事物之宗。"③这些纲常伦理就如天地日月，无始无终，
永恒存在。

由上可见，人心无所不包，无所不有，天地万物、社会伦纲都是我
心外化的结果。

心作为本体，不能直接化生天地万物。通过什么来实现？理
与气。

（二）理气相须

理源自于心，无形无兆，如何认识？通过气。"理无形兆，气其途
辙。气有仪象，理其枢纽。"④充盈于天地之间的是气。天地得以运
行，在于阴阳二气氤氲相荡。而我们之所以能抓住气运行的轨迹，在
于认识主宰其运行的"理"。理是气之体，气是理之用，"理气相须，
而后先难议"⑤。为什么理气难分先后？因为"气不穷御，理斡其枢。

① 《刘氏存心堂记》，《宋濂全集》卷十五，第283页。
② 《观心亭记》，《宋濂全集》卷九，第171页。
③ 《存古堂铭》，《宋濂全集》卷四十七，第1046页。
④ 《三问对》，《宋濂全集》卷八十三，第2006页。
⑤ 同上注。

绝如影形，一息不离"①。气和理犹如形和影，难以分开。"无极之真，浩浩无垠。在乎物先，行乎物后，而何可歧分？"②从本体的角度，理为气之本体，理在气先；从运行的角度，气为理之载体和表现，理在气后，所以不能直接断言理在气先或理在气后。宋濂对理气关系的这一论述明显背离了程朱"理先气后"的思想。

理气不分先后，不等于说二者是平行的关系。相比之下，理主宰气："二气妙运于堪舆之中，杳乎无际，茫乎无垠，糅之不合，析之不分，固有未易测者。然而物之荣瘁亏盈莫不系焉，而弗爽毫厘，是必有宰制焉者矣。宰制者何？理是也。理之所在，有感斯有应。"③阴阳之气交互作用，本来变化莫测，但与之有关的天地万物的荣枯亏盈都非常有规律，这就是"理"在其中起主宰作用的结果。

万物之产生，就是气化流行的结果。"日月星辰之昭布，山川草木之森列，莫不系焉覆焉，皆一气周流而融通之。"④和其他的理学家一样，宋濂接受了传统"天地合而万物生，阴阳接而变化起"的气生成论，以气作为化生万物的直接元素。

（三）性原于天，根于心

《易》有"三才"之说，人之所以与天地并立，乃因人有仁义之德，"立人之道曰仁与义"；《中庸》首章"天命之谓性"。若将二者结合起来，就意味着，从本原上说，人性来自天；从本质上说，人性是纯善的，这是人与天地并立的根本所在，"人性云善，受厥天命。人极因以立，天下由定"⑤。从逻辑上讲，因为天无有不善，所以源自于天的人性也是善的；从现实来说，人性表现为仁义礼智信，而这五常天然地具

---

① 《三问对》，《宋濂全集》卷八十三，第 2007 页。
② 同上注，第 2006 页。
③ 《瑞芝图诗卷序》，《宋濂全集》卷三十三，第 724 页。
④ 《白云稿序》，《宋濂全集》卷二十三，第 471 页。
⑤ 《三问对》，《宋濂全集》卷八十三，第 2007 页。

于心中,怵惕恻隐乃五常之发端。所以说"性原于天,四端具见",
"性根于心,理无不善"①。

张载曾经提出:"合虚与气,有性之名。""虚"乃太虚,是宇宙最
高的实在,由此他把人性分为太虚之性和气质之性。程朱以天理为
最高本体,提出"性即理",于是把人性分为天命之性和气质之性。宋
濂继承了程朱的人性论,"理气吻合,性名斯显。与道同体,性实易
辨"②。即"性"是理和气的统合,当我们将"性"置于与"道"同等意
义上理解时,才能真正明白"性"的含义。"道"是一个本原或本体概
念,用来规定天、地、人等的起源或本质。"性"就是从万物的本然意
义上说的。孟子主张"性善",就是说人性从本质上说是纯善的。至
于恶性,是后天"习"的结果。

宋濂主张,只有"性气兼论",把本然之性与后天禀气说结合起
来,才能完整地诠释人性。"以性分言,性与天一",故从本然意义上
说人性无有不善;因后天之禀气不同,而有通塞明暗。荀子、扬雄分
性气为二,故有性恶、性善恶混之说;告子言"生之谓性",则直接是以
气为性。王安石主张性无善恶,实是忽略了"形色之理"乃人之天性,
否定了"天理"的存在。人之禀气虽各有不同,但因为人人皆有"天
命之性",所以一开始相差并不太远。之所以有智愚的不同,是因为
后天对本性的存养程度不同。

张九成提出"仁即是觉,觉即是心;因心生觉,因觉有仁",以觉训
仁、训心,遭到朱熹及其后学的大力批判,认为是以佛教之"觉"训释
儒家之"仁",乃阳儒阴释。对此,宋濂也认为"觉乃知用,觉难名仁。
爱乃仁用,必有其体存"③。仁是心之体,爱乃仁之外在表现;仁不能
简单地归结为爱,仁是爱之理;觉是从知觉的角度讲仁,也是仁之用,

① 《三问对》,《宋濂全集》卷八十三,第 2008 页。
② 同上注。
③ 同上注,第 2010 页。

觉和仁不能简单画等号。但他也不同意朱熹等人将心学等同于禅学的说法,他认为,儒释之区别在"性"不在"心":

> 佛家论性,与吾儒论性不同。儒之论性以理言,佛之论性以虚灵知觉言。然究其所以虚灵知觉者,何也? 神也。人若能于其神字契勘得破,则知佛所谓法身者,此也;主人翁者,此也;金刚不坏身者,此也;本来面目者,此也;父母未生我前是谁,此也。①

儒释之论心,都是从本体立论。佛教以心法起灭天地,"心生则种种法生,心灭则种种法灭",与儒家的心学在立意上并无不同。就如春生夏长,秋收冬藏,虽有不同,却都是元气作用的结果。如果抛开"心"的内容和修养工夫,仅从心与外物的关系而论,儒佛立场是一致的。但是在性论上,儒佛有根本的区别:儒家从义理上剖析人性,主张"性即理",性不仅是真实不虚的,而且和天理一样是永恒的;佛教则讲"性空",即事物的属性是虚幻不实的,是无常的。形灭神不灭,轮回流转,生生不息。这里的"神"相当于佛性,佛性无漏无灭,自足圆满,所谓法身、主人翁、金刚不坏身、本来面目指的就是这佛性。父母未生我前,灵魂于六道轮回,亦是精神也。儒家讲人性,佛教谈佛性,虽然二者都从本然意义上承认其完满无瑕疵,也要求只有通过后天的不断修养、修行才能使其完美彰显,但毕竟前者立足理性现实层面,后者属于信仰理想层面,如此所论之"性",必定是没法比较的。

(四)六经皆心学

人与其他生物的根本区别在于人心之中天然具有五德。但因为对道德本心的存养程度不同,人与人之间便有了差异。"具是德而恒

---

① 《心经文句》,《宋濂全集》卷八十五,第 2033 页。

存,圣人也;能复之而后存者,贤人也;不知所存而不思有以复之者,众人也;思而有以复之存之而未能者,有志于希贤也。"①圣贤是每一个儒家学者都应追求的理想人格,存养道德本心便是成圣成贤之路。如何存养? 研读六经。

> 天地未判,道在天地;天地既分,道在圣贤;圣贤之殁,道在六经。凡存心养性之理,穷神知化之方,天人感应之机,治忽存亡之候,莫不毕书之。②

先要明确存心养性的道理,然后才知道如何存养心性。而圣贤之道全都体现于六经当中。不仅如此,宋濂还认为,天地之理存诸心,我们如何认识这心之理? 也是通过六经。

> 六经皆心学也。心中之理无不具,故六经之言无不该,六经所以笔吾心之理者也。是故说天莫辨乎《易》,由吾心即太极也;说事莫辨乎《书》,由吾心政之府也;说志莫辨乎《诗》,由吾心统性情也;说理莫辨乎《春秋》,由吾心分善恶也;说体莫辨乎《礼》,由吾心有天序也;导民莫过乎《乐》,由吾心备人和也。人无二心,六经无二理,因心有是理,故经有是言。心譬则形,而经譬则影也。无是形则无是影,无是心则无是经,其道不亦较然矣乎! 然而圣人一心皆理也,众人理虽本具而欲则害之,盖有不得全其正者。故圣人复因其心之所有而以六经教之:其人之温柔敦厚,则有得于《诗》之教焉;疏通知远,则有得于《书》之教焉;广博易良,则有得于《乐》之教焉;洁静精微,则有得于《易》之教

---

① 《刘氏存心堂记》,《宋濂全集》卷十五,第283—284页。
② 《徐教授文集序》,《宋濂全集》卷二十九,第633页。

焉;恭俭庄敬,则有得于《礼》之教焉;属辞比事,则有得于《春秋》之教焉。然虽有是六者之不同,无非教之以复其本心之正也。呜呼!圣人之道,唯在乎治心。心一正,则众事无不正,犹将百万之卒在于一帅。……大哉心乎!正则治,邪则乱,不可不慎也。[①]

圣贤虽往,其理尚在。前圣后圣,心同理同。六经乃是心中所具之理笔之而成的典籍,心学就是关于心之理的学问。理具于心中,理就是心,心就是理。因为心即太极,心即天,于是形成论述天道变化的《周易》;心聚一切政事,于是有了谈论政治的《尚书》;心统性情,于是有了抒发性情的《诗经》;心分善恶,于是形成了寓褒贬于其中、具有微言大义的《春秋》;因为心天然具有条理秩序,所以有了维护社会秩序的《礼》;因为心备人和,所以就有了教化百姓的《乐》。六经作为理之载体,所谓"心与理一"也就是"心与经一"。圣人与众人的心之"理"本来是完全一样的,圣人能做到心理合一,众人因欲望所以丧失本心,心与理歧而为二,而恢复本心的途径就是学习六经。心与经的关系就如形和影一般,有形才有影,有心才会有经。反过来,读经的过程就是求心、修心、正心的过程。六经内容虽各不相同,但其功能都是正心。正如上文所言,心乃万理之原,"能充之则为贤知,反之则愚不肖矣;觉之则为四圣,反之则六凡矣"[②]。能否做到心理合一,完全在于人能否扩充本心、觉察天理。而只要用心"体验"经典,达到心与经的涵摄融通,就完全能够达到"治心"的目的。

秦汉以来,心学不传,往往驰骛于外,不知六经实本于吾之

① 《六经论》,《宋濂全集》卷七十八,第 1877—1878 页。
② 《夹注辅教编序》,《宋濂全集》卷二十七,第 563 页。

一心。所以高者涉于虚远而不返，卑者安于浅陋而不辞，上下相
习，如出一辙，可胜叹哉！……经既不明，心则不正。心既不正，
则乡间安得有善俗，国家安得有善治乎？惟善学者，脱略传注，
独抱遗经而体验之，一言一辞，皆使与心相涵。始焉，则戛乎其
难入；中焉，则浸渍而渐有所得；终焉，则经与心一，不知心之为
经，经之为心也。何也？六经者，所以笔吾心中所具之理故也。
周、孔之所以圣，颜、曾之所以贤，初岂能加毫末于心哉？不过能
尽之而已。

今之人不可谓不学经也，而卒不及古人者，无他，以心与经
如冰炭之不相入也。察其所图，不过割裂文义，以资进取之计，
然固不知经之为何物也。①

明六经方能正本心。所谓"明"是指不受传注影响，直接从经典入手，
用心体会，一言一辞，都有心得，最后达到心与经合一的地步，心与经
合一，也就是心理合一。周公、孔子、颜回、曾参之所以成为圣贤，并
不是因为其心中之理比别人多，而是能尽心体会六经之理，做到了心
理合一而已——这样，宋濂就将心学的"心与理一"转化成"心与经
一"，从而将其涵养工夫从"戒慎恐惧，涵养未发"（张九成提出）、"剥
落"心欲、"辨志"（陆九渊提出）等只在心上用功转变成在六经上下
功夫了。

将心学与经学结合起来，可谓宋濂心学的特色。朱熹曾批评陆
九渊"尽废讲学而专务践履，却于践履之中要人提撕省察，悟得本
心"②，大类禅学。吕祖谦也认为象山之学病在"看人不看理"③。陆

---

① 《六经论》，《宋濂全集》卷七十八，第1878—1879页。
② 〔宋〕朱熹：《答张敬夫》，《晦庵先生朱文公文集》卷三十一，《朱子全书》，第21
册，第1350页。
③ 《与朱侍讲元晦》，《吕太史别集》卷八，《吕祖谦全集》，第1册，第437页。

九渊则讥笑朱熹留心传注,其学过于"支离"。如何既避免象山心学的"力行功加而致知道阙",又避免程朱道学易沉溺传注不能自拔?宋濂"心与经一"的思想便是对二者的折衷:一方面,肯定心为天下之大本,应当在心上下功夫;另一方面,修心正心并不意味着像禅宗那样一味在心上用功,当然,向外格物穷理也无助于本心的涵养。理源自于心,心之理都体现在六经上,所以只要学习、体验六经,便可达到修心正心的目的。读经要脱略传注,直接在经典上用心涵咏。这样,既避免了道学"驰骛于外"、"泛然正如游骑无所归"(程颢语)或者沉溺传注导致"割裂文义"的危险,又避免了心学"不读书,不穷理,专做打坐工夫"(陈淳语)的讥诮。

三、"六经皆心学"的意义

宋濂以心学为主,吸收了张载的气学、朱熹的性论,承认人性分天命之性和气质之性;气化生万物,理和气均由心主宰。他不同意谢良佐、张九成以"觉"训心训仁,避免了误入禅机。同时又指出儒与佛的根本区别,其实是为心学非禅学进行辩护。这些都充分表明宋濂思想的特点:兼容并蓄,博采众长。这也是吕祖谦所创金华之学的特征。"六经皆心学"不仅是他对六经的看法,而且是为了克服朱陆思想的弊端而提出的解决方案。此命题具有双重意义:既是对浙江传统心学的肯定和总结,又冲破了朱子权威,是他"根底六经"问学宗旨的直接体现。

首先,"六经皆心学"是对浙江自张九成以降以注经方式表达心学思想这一做法的肯定和总结。宋濂博览群书,先秦以下经史子集无书不读,对浙江先贤的著述更是了如指掌。张九成、史浩、杨简、袁燮、钱时等人无一不是以传统经典为依托,将心学与经学结合起来,构建或表达心学思想。宋濂没有注经,未尝不是因为前人已经群经注遍,他只要在前人的基础上有所取舍就行了。"六经皆心学"是对以上诸人思想的认可,也表达了自己的学术立场——以六经为根本,防止仅凭心悟;不拘泥于传注,要有自己的心得。他力图克服朱熹和陆九渊学说的弊端,取长补短,这即是他会通朱陆学说的体现。

其次,六经是圣人之心的体现,体会古圣人之心,还须尽自己之心领悟,六经只是载道的工具而已。宋濂于小龙门山中仰观俯察,若有所乐。门人质疑他为何弃经不学,宋濂答曰:"吾正学《易》耳。"又问:"夫子既学《易》,何不日置之左右乎?"宋濂笑曰:"子以为《易》在竹简中耶?阴阳之降升,《易》也;寒暑之往来,《易》也;日月之代明,《易》也;风霆之流行,《易》也;人事之变迁,《易》也。吾日玩之而日不足,盖将没齿焉。子以为《易》在竹简中耶?求《易》竹简中,末矣,陋矣!"①真正的大道存在于宇宙的大化流行、人事的日常生活中,六经之书只是载道的工具。这一思想在张九成、吕祖谦、杨简、袁燮等人那里也有明确的表述,后世的王阳明、章学诚等人均受此影响。

再次,"六经皆心学"要求回归六经经典,以六经之是非为是非,有助于打破权威,不盲从后人传注。宋濂所生活的婺州,朱熹弟子黄榦曾在此做官讲学,传播朱学。承其学者有金华的何基、王柏、金履祥和许谦,号称"北山四先生"。"北山四先生"均服膺朱学,且不愿越雷池一步。何基的为学宗旨便只是熟读《四书集注》,因为"《集注》义理自足,若添入诸家语,反觉散缓"②;许谦也认为"圣贤之心,具在《四书》,而《四书》之义,备于朱子"③。元代开科伊始,便要求以《四书集注》为取士标准,该书立时被奉为圭臬。一种思想一旦成为标准答案,必然会僵化,沦为教条。宋濂也佩服朱子的为人和思想,在其理论建构中也有所吸收,但他清醒地意识到所有孔孟之后的

① 《令狐微第十二》,《龙门子凝道记》卷下,《宋濂全集》卷九十四,第 2237 页。
② 〔元〕吴师道:《节录何王二先生行实寄史局诸公》,《吴师道集》卷二十,邱居里、邢新欣校点,吉林文史出版社 2008 年版,第 475 页。
③ 〔明〕宋濂等撰:《许谦传》,《元史》卷一八九,第 4319 页。

注疏都只是一家之言,不一定符合圣人之意。圣人之意究竟为何,还需本人亲自研读圣人经典,用心体会。后人的著述,包括"北宋五子""东南三贤"的思想,可作为理解六经的辅助,却绝不可以直接取代六经。"六经皆心学"实际上主张否定权威,如果有权威,那就只有孔、孟有这个资格。这一命题也体现了宋濂一生的问学宗旨和人格追求。

全祖望曾言:"明招学者,自成公下世,忠公继之,由是递传不替。……明招诸生历元至明未绝,四百年文献之所寄也。"①浙江心学自张九成开创,由史浩、吕祖谦继承,又经甬上与江西心学的合流,至宋濂融会朱陆,开有明一代学术之端绪。到明代中叶,阳明心学兴起,浙江再次成为心学的中心——这并非偶然,实在是浙江不绝如缕的心学传承使然。毫无疑问,宋濂在这一传承过程中起到了承前启后的重要作用。

---

① 〔清〕黄宗羲、全祖望等:《丽泽诸儒学案》,《宋元学案》卷七十三,第2434页。

第五章　王阳明的理学反思与心学创新

　　宋濂开有明一代学术之端绪,惜其因连坐获罪,卒于流放途中。他去世后,弟子方孝孺冒着政治风险写了多篇祭文和诗,郑楷志其墓。二十年后,方孝孺又因"靖难之变"罹难,十族被诛。明朝以朱熹《四书集注》科举取士,且行八股文,不容有个性的发挥。一时之间,万马齐喑,严酷的政治生态和僵化的科举导向遏制了思想的自由发展。明仁宗继位(1425 年)后,这种政治氛围才稍稍松弛。但是朱学仍然一统天下,理学在思想上是乏善可陈的。那些著名的理学家,曹端、薛瑄等,不过是尊朱述朱的著名儒者罢了。物极必反,至明代中期,社会管控日渐松弛,新的思潮暗流涌动,阳明心学终于打破思想沉寂,风行大江南北。

　　王守仁(1472—1529),字伯安,世称阳明先生,浙江余姚人。弘治十二年(1499)进士,任职刑部,因得罪宦官刘瑾,贬谪贵州龙场,历任庐陵知县、右金都御史、南赣巡抚、两广总督、南京兵部尚书等职,因平定南赣、两广盗乱和宁王朱宸濠之乱,获封新建伯。卒于江西南安,追赠新建侯,谥文成。万历十二年(1584),从祀孔庙。

　　从师承关系看,阳明 18 岁师从娄谅(1421—1491,字克贞,别号一斋,江西上饶人),正是他将阳明引向宋儒格物之学。娄谅乃吴与弼(1391—1469,字子傅,号康斋,抚州崇仁人)的弟子,吴与弼"一禀宋人成说"，主要遵从程朱思想，居敬穷理，中规中矩。所为人称道者，是他刻苦自励，对己对人要求都极为严格。娄谅亦提倡"居敬"，但加入了孟学的成分："以收放心为居敬之门，以何思何虑、勿忘勿助为居敬要指。"①总的来说，仍不脱程朱范围。从阳明一生的学问历程看，他学凡三变：第一阶段，泛滥辞章，出入佛老，笃信朱学，格物致知。第二阶段，龙场悟道。"始知圣人之道，吾性具足，向之求理于事物者误也。"②开始论知行合一。第三阶段，至晚年，专提"致良知"宗旨。从其思想内容看，阳明心学不仅是对心学的集大成，而且几乎所有的观点都是对程朱理学的反动。

一、心之本体

心之本体究竟是什么？张九成、陆九渊、杨简等人均作了不同规定。张九成突出"心即天""觉即是心"，陆九渊强调"心即理"，杨简则反复申明"人心即道"，并从各个角度对"本心"做了描述：人心自善、自中、自正、自顺、自清明、自神、自广大、自无所不通、虚灵不昧、无体无方……阳明将以上观点均纳入到了自己的体系中。

他同意"心即道""心即天"，"心"是地位最高的范畴：

> 心即道，道即天，知心则知道、知天。③
>
> 人者，天地万物之心也；心者，天地万物之主也。心即天，言心则天地万物皆举之矣。④

他也接受程朱的"心即性""性即理"，但是性和理都是本心的本

① 〔清〕黄宗羲：《崇仁学案二》，《明儒学案》卷二，第44页。
② 〔明〕王守仁：《王阳明全集》卷三十三，第1228页。
③ 〔明〕王守仁：《传习录上》，《王阳明全集》卷一，第21页。
④ 〔明〕王守仁：《答季德明》，《王阳明全集》卷六，第214页。

质所有,反对将三个概念分而析之:

> 性是心之体,天是性之原,尽心即是尽性。
>
> 心之本体原自不动。心之本体即是性,性即是理,性元不动,理元不动。集义是复其心之本体。①

他认为张九成等人以"知觉"规定心没什么不妥,知觉是心天生具有的功能,相当于是非之心,即判断能力,也就是"良知":

> 知是心之本体,心自然会知:见父自然知孝,见兄自然知弟,见孺子入井自然知恻隐,此便是良知不假外求。②
>
> 心不是一块血肉,凡知觉处便是心,如耳目知视听,手足之知痛痒,此知觉便是心也。③

至于天理、至善,就更是本心所固有,说明"心"体是实实在在的,不是空虚的。所谓存天理,就是明本心。心之明觉即良知。

> 夫心之本体,即天理也。天理之昭明灵觉,所谓良知也。④
>
> 于事事物物上求至善,却是义外也。至善是心之本体。⑤

综上,阳明以本心为核心,将其作为最高的本体,将性、理、知、至善等统统纳入本心,以之作为心所天然具有的属性,本心无所不具,

---

① 〔明〕王守仁:《传习录上》,《王阳明全集》卷一,第5、24页。
② 同上注,第6页。
③ 〔明〕王守仁:《传习录下》,《王阳明全集》卷三,第21页。
④ 〔明〕王守仁:《答舒国用》,《王阳明全集》卷五,第190页。
⑤ 〔明〕王守仁:《传习录上》,《王阳明全集》卷一,第2页。

无所不有,不必对这些概念再一一定义,更不必纠缠他们互相之间是什么关系。言下之意,朱熹讲"心统性情",从已发未发、动静等角度去厘清性情等概念,实在是过于支离。本心对于天、宇宙具有决定的意义,在此基础上,他提出"心外无物""心外无理"。

二、心外无物

阳明年轻时格竹失败的经历,让他对程朱格物穷理之说产生了怀疑。后来历尽磨难,居夷处困,于龙场一夕悟道,原来"圣人之道,吾性具足,向之求理于事物者误也"①。由此得出结论:心外无事、心外无理。朱熹《四书或问》曰:"人之所以为学,心与理而已矣。心虽主乎一身,而其体之虚灵足以管乎天下之理;理虽散在万物,而其用之微妙实不外乎一人之心。"②阳明指出,"心与理"之"与"字就有心理二分之嫌,"心即性,性即理",心即理也。所以,人之所以为学,只是正人心而已。

朱熹解释"人心道心",以人心为人欲,道心为天理,且"必使道心常为一身之主,而人心每听命焉,则危者安、微者著,而动静云为自无过不及之差矣"③。阳明反驳道:

> 心一也,未杂于人谓之道心,杂以人伪谓之人心。人心之得其正者即道心,道心之失其正者即人心,初非有二心也。程子谓人心即人欲,道心即天理,语若分析而意实得之。今曰道心为主而人心听命,是二心也。天理人欲不并立,安有天理为主,人欲又从而听命者?④

---

① 《年谱一》,〔明〕王守仁:《王阳明全集》卷三十三,第1228页。
② 〔宋〕朱熹:《大学或问下》,《四书或问》,《朱子全书》,第6册,第528页。
③ 〔宋〕朱熹:《中庸章句序》,《四书章句集注》,第14页。
④ 〔明〕王守仁:《传习录上》,《王阳明全集》卷一,第7页。

阳明认为,程颢解道心人心为天理人欲,实际是一心的两个方面,根据心之正与不正来划分。但是朱熹以"道心为主而人心听命",将二者看作主从的关系,截然分开,实际上将"心"分作了两个。人之欲望乃天理自然,只有过度的欲望才违反天理,天理人欲并不对立,也就不存在主从之分。朱熹之说是错误的。

那么如何理解心外无物、心外无理? 阳明重新定义了"物":

> 身之主宰便是心,心之所发便是意,意之本体便是知,意之所在便是物。如意在于事亲,即事亲便是一物;意在于事君,即事君便是一物;意在于仁民爱物,即仁民爱物便是一物;意在于视听言动,即视听言动便是一物。所以某说无心外之理,无心外之物。①

所谓物,都是相对于人而言的。当受到人注意时,便成为一事物;人们没有注意到,便不成为一件事。日常生活中经常说"没注意,不知道此事",也即说对于这个人而言,这件事并不存在。阳明并非否定客观事物的存在,你没注意,并不等于这件事没发生,他只是强调一件事只有得到主体的关注才具有价值和意义。他举例子:"天没有我的灵明,谁去仰它高? 地没有我的灵明,谁去俯它深? 鬼神没有我的灵明,谁去辨它吉凶灾祥?"所谓天高地低、吉凶灾祥都是人对外部世界的规定,没有人的关注,哪有高低这些概念? 天地存在的意义又在哪里呢?

> 先生游南镇,一友指岩中花树问曰:"天下无心外之物,如此花树在深山中自开自落,于我心亦何相关?"先生曰:"汝未看此

---

① 〔明〕王守仁:《传习录上》,《王阳明全集》卷一,第6页。

花时,此花与汝心同归于寂;汝来看此花时,则此花颜色一时明
白起来,便知此花不在你的心外。"①

道理同上。在友人眼里,"心外无物"即万物都在我的心中,可是这岩
中花树明明都在我心之外,与我心毫不相干。阳明则告诉他,此花存
在的意义和价值都取决于人的注意与否。当人们注意到它时,此花
的一些属性如颜色、形状、气味等便进入人们的视野,成为一"物",便
有了存在的价值;如果没有被注意到,则此花寂寂无闻,便如不存在
一般。友人,也是普罗大众所理解的,是心与物在空间意义上的关
系;阳明所讲则是哲学意义上,万物对于人的价值问题。物即是事,
理在事中,心外无物即是心外无理,不是说我心之外什么都没有,而
是指宇宙万物的存在是否有价值是由我心决定的。故而"虚灵不昧,
众理具而万事出,心外无理,心外无事"②,和陆九渊的"万物森然于
方寸之间,满心而发,充塞宇宙,无非此理"意思一致。

　　朱熹将《大学》分成经和传,以"三纲""八目"为经,以下传文皆
与经一一对应,并认为"格物"一章缺传,遂自行补充了一段。阳明根
据《大学古本》,认为不该分经传,朱熹所补没有必要。将《大学》分
成三纲八目,太过支离破碎,三纲八目其实讲的是一件事:诚意。所
以他在《大学古本序》中开宗明义:"《大学》之要,诚意而已矣。"要求
反观内省。罗钦顺提出疑义:如果这样,只需提"正心诚意"四个字就
够了,何必还要提格物一段工夫? 阳明回答道,理无内外,性无内外,
学无内外,工夫也无内外。格物是一种贯穿始终的工夫,并非向外
做,而是在心上下功夫。

---

① 〔明〕王守仁:《传习录下》,《王阳明全集》卷三,第107—108页。
② 〔明〕王守仁:《传习录上》,《王阳明全集》卷一,第15页。

　　故格物者,格其心之物也,格其意之物也,格其知之物也;正心者,正其物之心也;诚意者,诚其意之物也;致知者,致其物之知也;此岂有内外彼此之分哉! 理一而已。以其理之凝聚而言,则谓之性;以其凝聚之主宰而言,则谓之心;以其主宰之发动而言,则谓之意;以其发动之明觉而言,则谓之知;以其明觉之感应而言,则谓之物。故就物而言谓之格,就知而言谓之致,就意而言谓之诚,就心而言谓之正。正者,正此也;诚者,诚此也;致者,致此也;格者,格此也,皆所谓穷理以尽性也。天下无性外之理,无性外之物。①

　　"意之所在便是物",物乃心之所发、意之所在,所以心之物、物之心、意之物、物之知其实是一个意思,格物、致知、诚意、正心也是名异而实同。同样,性、心、意、知、物都是"心"在不同意义上使用的概念,"八目"看上去说的是八件事,实际上说的是一件,即诚意。

　　"大学之道,在明明德,在亲民,在止于至善。"朱熹解"止于至善",认为其意指明明德和亲民都应达到至善的境地方止。这就有向外在事物求至善之嫌。阳明却主张一切皆在心上求。对此,徐爱不解:"至善只求诸心,恐于天下事理有不能尽。"阳明回答道:"心即理也。天下又有心外之事、心外之理乎?"徐爱说,事父之孝、事君之忠、交友之信、治民之仁,其中有许多道理不可不察。阳明回应道:

　　此说之蔽久矣! 岂一语所能悟! 今姑就所问者言之:且如事父不成,去父上求个孝的理? 事君不成,去君上求个忠的理? 交友治民不成,去友上、民上求个信与仁的理? 都只在此心,心即理也。此心无私欲之蔽,即是天理,不须外面添一分。以此纯

---

① 〔明〕王守仁:《答罗整庵少宰书》,《王阳明全集》卷二,第76—77页。

乎天理之心,发之事父便是孝,发之事君便是忠,发之交友治民便是信与仁。只在此心去人欲、存天理上用功便是。①

"至善是心之本体",至善是本心生来具有,只要没有私欲遮蔽,本心便是至善的,体现在行动上自然就是孝忠信仁,不必刻意去探究其中的道理;如果做不到孝忠信仁,说明本心不明,被私欲遮蔽,只要在本心上下功夫,去私欲,道理就在心中,不假外求。"至善只是此心纯乎天理之极便是,更于事物上怎生求?"②"至善"是指本心之至善,本心之天理达到至纯状态即是至善,非指外在事物之至善。

心性是一体的。性也不分什么天命之性、气质之性。"性一而已:自其形体也谓之天,主宰也谓之帝,流行也谓之命,赋于人也谓之性,主于身也谓之心。……人只要在性上用功。看得一性字分明,即万理灿然。"③天、帝、命、性、心也是从不同的意义上对"性"的规定,花时间去分析这些概念之间的关系也没什么意义,只要明了"性是心之体,天是性之原,尽心即是尽性",在心上用功就行了。

这样,阳明就将以上曾经被朱熹逐一分析甄别的概念统统纳入到"心"中,要求在心上下功夫即可。"圣人述六经,只是要正人心,只是要存天理、去人欲。"④简单明了,避免支离破碎。

三、知行合一

心外无理、心外无物,必然要求知行合一。"外心以求理,此知行之所以二也。"⑤"知是心之本体",是本心生来就有的知觉能力、判断

---

① 〔明〕王守仁:《传习录上》,《王阳明全集》卷一,第2页。
② 同上注,第3页。
③ 同上注,第15页。
④ 同上注,第9页。
⑤ 〔明〕王守仁:《答顾东桥书》,《王阳明全集》卷二,第43页。

能力,而不是通过格物获得的知识。此知觉判断能力直接体现在日常行为中。日常生活中,哪些该做,哪些不该做,取决于本心之"知"。所以,"知是行的主意,行是知的功夫;知是行之始,行是知之成"①。知中有行,行中有知,互相包含。学生举例,世人知道父当孝、兄当悌,却不能孝、不能悌,这不正说明知行是分开的,是两件事吗?阳明回应道,这是被私欲隔断,不是知行的本体了。从知行的本然意义上说,"未有知而不行者。知而不行,只是未知"②。比如《大学》"如好好色","见好色"属于知,"好好色"属于行。只是"见好色"同时便已经自好了,不是看见了之后再另立一个心去"好"。也就是说,知的同时已经包含行在其中了。"知之真切笃实处,即是行;行之明觉精察处,即是知,知行工夫本不可离。"③如果知而不行,只能说明其心被私欲隔断,失去知觉判断能力,自然不能行。

二程提出"真知即是行,知而不行,只是未知",所谓真知,就是在实践中获得的认识。就如农夫闻虎色变,是因为他真的被老虎咬伤过,故而终身不敢入山林。农夫对老虎之知,便是真知。很明显,程氏之"真知",是从外在行为而获得,并非本心所具,阳明所说"知而不行,只是未知"与之不是一回事。二程由此主张"知先行后",知对行有指导意义。但如此一来就显得知比行重要了,有忽视道德践履的危险。于是朱熹提出:"论先后,知为先;论轻重,行为重。"无论怎样,知和行都是分开的。所以阳明说:"某今说个知行合一,正是对病的药。"④所对治之"病",就是知而不行、先知后行这些将知行分作两截的病。

---

① 〔明〕王守仁:《传习录上》,《王阳明全集》卷一,第4页。
② 同上注。
③ 〔明〕王守仁:《答顾东桥书》,《王阳明全集》卷二,第42页。
④ 〔明〕王守仁:《传习录上》,《王阳明全集》卷一,第5页。

问"知行合一"。先生曰:此须识我立言宗旨。今人学问,只因知行分作两件,故有一念发动,虽是不善,然却未曾行,便不去禁止。我今说个知行合一,正要人晓得一念发动处,便即是行了。发动处有不善,就将这不善的念克倒了。须要彻根彻底,不使那一念不善潜伏在胸中。此是我立言宗旨。①

只因将知行分作两件事,所以任由不善的念头横行心中,也不去管,这是极其危险的。知行合一的目的,一方面告诉人们知行互相包含,不可分开;另一方面,既然二者互相包含,那么不善之念中就包含着潜在的行,任由不善之念横行,就有化作实际行动的危险。所以,要将这不善之念扼杀在"发动处",彻根彻底,从源头斩断。当然,这是针对不善之念而言的。对于善念,发动时还不算作实际的行,需要切实落实到行动上才可以。可见,阳明"知行合一"的立言宗旨,就是让大家克制恶念,培植善念,有善念才会有善行,整个社会才会向善。

四、致良知

朱熹以"涵养须用敬,进学则在致知"为车之双轮、鸟之两翼,涵养和进学相须并进。同时也意味着将涵养和致知分作两途。阳明既然提出心理合一、知行合一,就绝不赞同朱熹的这一思想。他把《大学》之"格物致知"与《孟子》之"良知"说结合起来,提出"致良知"的思想。

朱熹谓格物即穷理,于事事物物上研究其道理。阳明认为以吾心而求理于事事物物,这就是心理二分。心理二分,是告子"义外"的表现,是孟子深深反对的。务外而遗内,其效则是博而寡要。他重新诠释致知格物:

---

① 〔明〕王守仁:《传习录下》,《王阳明全集》卷三,第96页。

> 若鄙人所谓致知格物者,致吾心之良知于事事物物也。吾
> 心之良知,即所谓天理也。致吾心良知之天理于事事物物,则事
> 事物物皆得其理矣。致吾心之良知者,致知也;事事物物皆得其
> 理者,格物也,是合心与理而为一者也。①

孟子曰:"不学而知者,谓之良知。"即人天生具有的知觉判断能力,它
内存于心底,遇事需决断时便被唤醒。良知即天理,人的良知是符合
天理的。"致吾心之良知于事事物物",就是指做每件事之前,先扪心
自问:这件事该不该做? 良心是否允许? 做了会不会受到良心谴
责? ——这便是"良知"在起作用。它好比一个监察官,时刻检视着
人的行为;它就是人能否做出道德行为的无形的"法则"。良知高于
一切,毕竟,最后能让自己心安理得的就是这时刻伴随左右不离其身
的"道德法则"。

良知即是天理,于心外求物以致知,是不对的。良知之外,别
无知识。因此,"孔子云'吾有知乎哉? 无知也',良知之外,别无知
矣。故'致良知'是学问大头脑,是圣人教人第一义","良知是天理
之昭明灵觉处,故良知即是天理。思是良知之发用。若是良知发用
之思,则所思莫非天理矣"。②有学者提出疑问,将"格物"解作"求本
心",犹可牵合。可是四书五经所讲多闻多见、前言往行、好古敏求、
博学审问、温故知新、博学详说、好问好察等等,皆是要求求知于事物
之际,资学于论说之间,岂是求本心所能涵盖? 阳明一一进行解释:

> "多闻多见",乃孔子因子张之务外好高,徒欲以多闻多见为
> 学,而不能求诸其心以阙疑殆,此其言行所以不免于尤悔,而所

---

① 〔明〕王守仁:《答顾东桥书》,《王阳明全集》卷二,第45页。
② 〔明〕王守仁:《答欧阳崇一》,《王阳明全集》卷二,第71、72页。

谓见闻者适以资其务外好高而已。盖所以救子张多闻多见之病,而非以是教之为学也。夫子尝曰"盖有不知而作之者,我无是也",是犹孟子"是非之心,人皆有之"义也。此言正所以明德性之良知非由于闻见耳。若曰"多闻择其善者而从之,多见而识之",则是专求诸见闻之末,而已落在第二义矣,故曰"知之次也"。夫以见闻之知为次,则所谓知之上者果安所指乎? 是可以窥圣门致知用力之地矣。夫子谓子贡曰:"赐也,汝以予为多学而识之者欤? 非也,予一以贯之。"使诚在于多学而识,则夫子胡乃谬为是说以欺子贡者邪?"一以贯之",非致其良知而何?《易》曰:"君子多识前言往行以畜其德。"夫以畜其德为心,则凡多识前言往行者孰非畜德之事? 此正知行合一之功矣。"好古敏求"者,好古人之学而敏求此心之理耳,心即理也。学者,学此心也;求者,求此心也。孟子云:"学问之道无他,求其放心而已矣。"非若后世广记博诵古人之言词,以为好古,而汲汲然惟以求功名利达之具于其外者也。博学审问,前言已尽。温故知新,朱子亦以"温故"属之尊德性矣。德性岂可以外求哉? 惟夫知新必由于温故,而温故乃所以知新,则亦可以验知行之非两节矣。"博学而详说之者,将以反说约也。"若无反约之云,则博学详说者果何事邪? 舜之"好问好察",惟以用中而致其精一于道心耳。道心者,良知之谓也。君子之学,何尝离去事为而废论说? 但其从事于事为论说者,要皆知行合一之功,正所以致其本心之良知,而非若世之徒事口耳谈说以为知者分知行为两事,而果有节目先后之可言也。①

概而言之,孔子言"多闻多见",是针对子张务外好高之病而发。事实

① 〔明〕王守仁:《答顾东桥书》,《王阳明全集》卷二,第51—52页。

上，"多闻多见"在孔子那里乃是"知之次也"。虽然在弟子们眼里，孔子"多学而识之"，但他本人却说"吾道一以贯之"，"一以贯之"即是致良知。《周易》言"君子多识前言往行以畜其德"，是说"畜其德"为心，而"前言往行"是畜德之事，正体现知行合一。"好古敏求"，求的就是此心之理，与孟子"学问之道在求放心"同义。"温故知新"，温故属尊德性，德性不可外求。"博学详说"的目的是"将以反约"，反约即反回本心，属尊德性。"好问好察"是以中庸之道而致其良知而已。所以，四书五经这些经典中所贯穿的都是致良知、尊德性，致良知才是圣人教人"第一要义"。

阳明同时也指出，他提倡的"致良知"和程朱的"体认天理"差别并不大。"凡鄙人所谓致良知之说，与今之所谓体认天理之说，本亦无大相远，但微有直截迂曲之差耳。譬之种植，致良知者，是培其根本之生意而达之枝叶者也；体认天理者，是茂其枝叶之生意而求以复之根本者也。"①致良知是从本心至具体事物，体认天理则是从具体事物至本心，二者殊途而已。

朱熹将心理二分，进而知行分开，导致的结果便是本体与工夫也分作两截。阳明引用二程语："体用一源，显微无间。"其意为"体用一源，有是体即有是用"②，体即用之体，用即体之用，二者相互含摄。本体和工夫也是这一关系："功夫不离本体，本体原无内外。只是后来做功夫的分了内外，失其本体了。如今正要讲明功夫不要有内外，乃是本体功夫。"③功夫即是本体，本体即是功夫。因此，《中庸》讲"戒慎乎其所不睹，恐惧乎其所不闻"，人之心神应当在不睹不闻上用功，而不是在有睹有闻上驰骛，"盖不睹不闻是良知本体，戒慎恐惧是

① 〔明〕王守仁：《与毛古庵宪副》，《王阳明全集》卷六，第219页。
② 〔明〕王守仁：《传习录上》，《王阳明全集》卷一，第17页。
③ 〔明〕王守仁：《传习录下》，《王阳明全集》卷三，第92页。

致良知的工夫"①。朱熹言"子静以尊德性诲人,某教人则是道问学上多了些子",阳明认为这是将尊德性、道问学分作两件。"且如今讲习讨论,下许多工夫,无非只是存此心,不失其德性而已。岂有尊德性只空空去尊,更不去问学? 问学只是空空去问学,更与德性无关涉? 如此则不知今之所以讲习讨论者,更学何事?"②他要求将尊德性与道问学、致广大与尽精微、极高明与道中庸打成一片,它们分别讲的其实都是一件事,即本体即工夫。

戒慎恐惧,就是慎独工夫。"天理之昭明灵觉,所谓良知也。君子之戒慎恐惧,惟恐其昭明灵觉者或有所昏昧放逸,流于非僻邪妄而失其本体之正耳。"③因为欲望气习使然,良知容易昏昧放逸,失却本体之正,所以需要慎独的功夫时刻涵养。《论语》首章:"学而时习之,不亦说乎? 有朋自远方来,不亦乐乎? 人不知而不愠,不亦君子乎?"阳明解释说:

> 乐是心之本体。仁人之心,以天地万物为一体,䜣合和畅,原无间隔。……时习者,求复此心之本体也。悦则本体渐复矣。朋来则本体之䜣合和畅,充周无间。本体之䜣合和畅本来如是,初未尝有所增也。就使无朋来而天下莫我知焉,亦未尝有所减也。……圣人亦只是至诚无息而已,其工夫只是时习。"时习"之要,只是谨独。谨独即是致良知。良知即是乐之本体。④

乐亦是心之本体,人心本无不和畅,只因客气物欲搅扰,和气时有间断。"时习"就是恢复心之本体的功夫。"时习"之关键,在于慎独,

---

① 〔明〕王守仁:《传习录下》,《王阳明全集》卷三,第123页。
② 同上注,第122页。
③ 〔明〕王守仁:《答舒国用》,《王阳明全集》卷五,第190页。
④ 〔明〕王守仁:《与黄勉之·二》,《王阳明全集》卷六,第194页。

慎独就是致良知，良知又是快乐的本质。归根结底，就是在心上下功夫。

　　阳明曾言："某于良知之说，从百死千难中得来，非是容易见得到此。"①他早年提心理合一、知行合一，晚年则专提致良知，"致良知"实际上涵盖了心理合一、知行合一的内容，是阳明一生在艰难困苦、百死千难中不断体悟的结果，也是他心学的最终结晶。

五、六经皆心，五经亦史

　　宋濂提出"六经皆心学"，阳明继承了这一观点，提出"六经皆吾心之常道"：

　　　　六经者非他，吾心之常道也。故《易》也者，志吾心之阴阳消息者也；《书》也者，志吾心之纪纲政事者也；《诗》也者，志吾心之歌咏性情者也；《礼》也者，志吾心之条理节文者也；《乐》也者，志吾心之欣喜和平者也；《春秋》也者，志吾心之诚伪邪正者也。

尽管在文字表述上有差异，二人对六经的内容和功能看法基本一致。阳明紧接着指出，"六经者，吾心之记籍也，而六经之实则具于吾心"②。六经不过是我心的记录，求"六经之实"还应当直接在心上用功。这不是轻视经典，恰恰是"尊经"的表现。那些习训诂、传记诵、尚功利、崇邪说、竞诡辩、饰奸心的行为才是"侮经""乱经""贼经"。宋濂感慨当时的学人以六经为"进取之计"从而"割裂文义"，所以要求尽其心以体会经典。到了阳明时代，四书五经作为科举考试的教

---

　　①　〔明〕王守仁：《补录》，《王阳明全集》卷三十二，第 1170 页。
　　②　以上引文见〔明〕王守仁：《稽山书院尊经阁记》，《王阳明全集》卷七，第 254—255 页。

材,其思想已经完全僵化,经典沦为教条,这也是阳明回归心学、提出"致良知"思想的原因之一。

　　阳明也赞同浙江传统经史合一的思想。吕祖谦明确提出《诗经》《春秋》《尚书》既是经,又是史。有人质疑吕学优于史而不密于经,对此,宋濂给予了辩护:

　　　　或问龙门子曰:"金华之学,惟史最优,其于经则不密察矣,何居?"龙门子曰:"何为经?"曰:"《易》《诗》《书》《春秋》是也。"曰:"何谓史?"曰:"迁、固以来所著是也。"曰:"子但知后世之史,而不知圣人之史也。《易》《诗》固经矣,若《书》若《春秋》,庸非虞、夏、商、周之史乎? 古之人曷尝有经史之异哉! 凡理足以牖民,事足以弼化,皆取之以为训耳,未可以歧而二之。谓优于史而不密察于经,曲学之士固亦有之,而非所以议金华也。"①

有人质疑吕祖谦的学问史学最好,经学则差些。宋濂反驳他,但知后世之史,不知"圣人之史"。所谓圣人之史,其实是经和史融合在一起,经中含史,史里有经。通常认为,经是阐述义理的,而史是用来记事的。但是,像《书》《春秋》,哪个不是既有经世义理,又有历史叙事? 圣人作经时,理事兼采,并没有截然分开。后世不察,才分理、事为二。看经则专究其义理,看史则只关注史事,这是不会读书的表现,更谈不上经史结合。正如叶适所言:"专于经则理虚而无证,专于史则事碍而不通。"②义理需要史事来佐证,史事需要义理来贯通。"道"须于历史的变化沿革中探求总结。吕祖谦在《左传》上用力甚勤,并非耽于史事,而是挖掘其中蕴含的义理。宋濂之辩,正是体会

①　《大学微第八》,《龙门子凝道记》卷下,《宋濂全集》卷九十四,第2227—2228页。
②　〔宋〕叶适:《徐德操春秋解序》,《水心文集》卷十二,《叶适集》,刘公纯、王孝鱼、李哲夫点校,中华书局2010年第二版,第221页。

到了吕氏的深意。

到了王阳明，宋濂"经史不异"的观点被直接表述为"五经亦史"。

> 爱曰："先儒论六经，以《春秋》为史，史专记事，恐与五经事体终或稍异。"先生曰："以事言谓之史，以道言谓之经。事即道，道即事，《春秋》亦经，五经亦史。《易》是包牺氏之史，《书》是尧舜以下史，《礼》《乐》是三代史，其事同，其道同，安有所谓异？"又曰："五经亦只是史。史以明善恶，示训戒。善可为训者，特存其迹以示法；恶可为戒者，存其戒而削其事以杜奸。"①

经言道，史记事，道与事作为形上形下，道中有事，事中含道，不可分割。所以，五经既是经，又是史。从源头上讲，"五经亦只是史"，其作用是明善恶，示训戒。善的，存其事迹以示教化；恶的，存其惩戒、削其事迹以杜奸。徐爱提出疑问：若果如此，为何《诗》不删郑、卫之风？先儒说"恶者可以惩创人之逸志"，又如何解释？阳明认为，现存之《诗》已非孔门之旧本了，"此必秦火之后，世儒附会，以足三百篇之数"。而淫泆之词，世俗多爱传，如今则闾巷皆然，大家也就理所当然见怪不怪了。至于"恶者可以惩创人之逸志"，"是求其说而不得，从而为之辞"。②

关于经史关系，王应麟（1223—1296）曾考证："文中子言圣人述史三焉，《书》《诗》《春秋》三者，同出于一。陆鲁望谓六籍之中，有经有史，《礼》《诗》《易》为经，《书》《春秋》实史耳。"舜、皋陶之《赓歌》《五子之歌》皆载于《尚书》，说明《诗》与《书》同出于一，"文中子之言当矣"。③也就是说，从隋唐时期的王通开始，就注意到六经中有三部经同出一源，并属于史书了。唐末陆龟蒙、北宋刘恕均持此看法。

---

① 〔明〕王守仁：《传习录上》，《王阳明全集》卷一，第10页。
② 以上引文同上注。
③ 〔宋〕王应麟：《困学纪闻》卷八，第189页。

吕祖谦承中原文献之传，提出"亦经亦史"，并无新意。元代的刘因、郝经也有"古无经史之分"的提法，宋濂提出"经史不异"，阳明提出"五经亦史"，乃至后来章学诚提出"六经皆史"，都是从六经的源头上说的。只是大家在重申这一命题时，所要侧重强调的不一样。吕祖谦要求挖掘史书中圣人之"精神心术"，经史结合，理事结合，他要求读书还是应以经为本。宋濂"经史不异"是为吕祖谦做辩护而提出。阳明则本着形上形下打成一片的原则，五经"其事同，其道同"，一以贯之的是本心，他要求不要在语言文字上作文章，免得支离破碎。

六、陆学不是禅学

朱熹生前，一直对心学不满。他将张九成之书打入"禅者之书"行列，并专作《张无垢中庸解》对张九成的《中庸说》逐一批驳。他批评陆九渊、杨简之学像贩卖私盐，表面看是鲞鱼（儒家者言），里面全是私货（禅学）。其弟子陈淳更是大力抨击杨简及其后学："两浙间年来象山之学甚旺，由其门人有杨、袁贵显据要津唱之，不读书，不穷理，专做打坐工夫，求形体之运动知觉者以为妙诀，大抵全用禅家宗旨，而外面却又假托圣人之言牵就释意，以文盖之，实与孔孟殊宗，与周程立敌。"[1]直接将心学置于孔孟之学的对立面。至明代，朱学成为权威，朱子之言俨然金科玉律。他对心学的评价直接左右了人们的看法。大家附和雷同，不究其实，一概目陆学为禅学。阳明挺身而出，"冒天下之讥"，慨然为《象山文集》作序，为象山辩护、洗冤：

　　圣人之学，心学也。尧舜禹之相授受曰："人心惟危，道心惟微，惟精惟一，允执厥中。"此心学之源也。中也者，道心之谓也；

---

① 〔宋〕陈淳：《与陈寺丞师复一》，《北溪先生全集》卷二十三，《景印文渊阁四库全书》，第1168册，第686页。

道心精一之谓仁,所谓中也。孔孟之学,惟务求仁,盖精一之传
也。而当时之弊,固已有外求之者,故子贡致疑于多学而识,而
以博施济众为仁。夫子告之以"一贯",而教以"能近取譬",盖
使之求诸其心也。逮于孟氏之时,墨氏之言仁至于摩顶放踵,而
告子之徒又有仁内义外之说,心学大坏。孟子辟义外之说,而
曰:"仁,人心也。学问之道无他,求其放心而已矣。"又曰:"仁
义礼智,非由外铄我也,我固有之,弗思耳矣。"盖王道息而伯术
行,功利之徒外假天理之近似以济其私,而以欺于人曰"天理固
如是"。不知既无其心矣,而尚何有所谓天理者乎? 自是而后,
析心与理而为二,而精一之学亡。世儒之支离,外索于形名器数
之末,以求明其所谓物理者,而不知吾心即物理,初无假于外也。
佛老之空虚,遗弃其人伦事物之常,以求明其所谓吾心者,而不
知物理即吾心,不可得而遗也。至宋周、程二子,始复追寻孔、颜
之宗,而有"无极而太极""定之以仁义中正而主静"之说,"动亦
定,静亦定,无内外,无将迎"之论,庶几精一之旨矣。自是而后,
有象山陆氏,虽其纯粹和平若不逮于二子,而简易直截,真有以
接孟子之传。其议论开阖,时有异者,乃其气质意见之殊,而要
其学之必求诸心,则一而已。故吾尝断以陆氏之学,孟氏之学
也。而世之议者,以其尝与晦翁之有同异,而遂诋以为禅。夫禅
之说,弃人伦,遗物理,而要其极归,不可以为天下国家。苟陆氏
之学而果若是也,乃所以为禅也。今禅之说与陆氏之说其书具
存,学者苟取而观之,其是非同异,当有不待于言说者。而顾一
倡群和,剿说雷同,如矮人之观场,莫知悲笑之所自,岂非贵耳贱
目,不得于言而勿求诸心者之过欤! 夫是非同异,每起于人持胜
心、便旧习而是己见。故胜心旧习之为患,贤者不免焉。①

---

① 〔明〕王守仁:《象山文集序》,《王阳明全集》卷七,第245—246页。

阳明干脆从"道统"的角度审视陆学的性质及其在整个儒学发展史中的地位。在他看来,圣人之学就是心学,心学才是圣圣相传之道统。尧舜禹相授受之"十六字心传",讲的是传"中"之学,"中"就是道心。道心精一即是仁,而孔孟之学即是求仁之学,就是心学。孟子辟杨墨,辟告子,提倡学问之道就是求放心,以正人心,振心学。天理说分心理为二,外索形名以求物理,学问支离,精一之学遂亡。周敦颐"无极太极"之说、程颢定性之论,恢复了圣人精一之旨。陆九渊挺出二人之后,提倡心即理,其学必求诸心,实乃直承孟子之传,所以,"陆氏之学,孟氏之学也",而孟子之学又圣人之学也。所以,陆学不是禅学,而是儒学正宗。

世人因朱熹之论而诋毁象山之学为禅学,"一倡群和,剿说雷同",不看其书而盲从权威,是"贵耳贱目"的表现。禅学"弃人伦,遗物理",没有治国平天下之功效。陆学若也是如此,自然与禅学无异。只是,何不亲自看看双方的书,比较一下异同,再下结论?

两年后,友人徐成之与王舆庵就朱陆之是非争论不下,徐成之书信询问阳明的意见。徐成之尊朱,认为朱子以道问学为主,虽未免支离,但其循序渐进符合《大学》之训;象山尊德性,则虚无寂灭,背离了《大学》"格物致知"之学。王舆庵尊陆,认为其学虽以尊德性为主,未免堕于禅学之虚空,但其持守端实,终不失为圣贤之徒;朱子道问学,支离决裂,背离了圣门正心诚意之学。阳明指出,二人之论乃出于求胜之心,负气之论,皆"未免于意度"。

> 夫既曰"尊德性",则不可谓"堕于禅学之虚空";"堕于禅学之虚空",则不可谓之"尊德性"矣。既曰"道问学",则不可谓"失于俗学之支离";"失于俗学之支离",则不可谓之"道问学"矣。①

---

① 〔明〕王守仁:《答徐成之·一》,《王阳明全集》卷二十一,第806—807页。

子思作《中庸》,论学不下千百言,最后以"尊德性而道问学"一语概括之,徐、王不仅将尊德性和道问学割裂开,而且对二者的含义也有误解。问题是,朱陆果真只是各执一端吗?

说象山"专以尊德性为主",观《象山文集》,未尝不教其徒读书穷理。象山说"理会文字颇与人异",其意在于自得之学。其教人曰"居处恭,执事敬,与人忠","克己复礼","万物皆备于我,反身而诚,乐莫大焉","学问之道无他,求其放心而已","先立乎其大者,而小者不能夺",这不都是孔孟之言吗!怎么能说是"空虚"呢?他称自己的学问是"易简"工夫,又讲"觉悟",遂被指为禅。"易简"出自《易·系辞》,"觉悟"虽与佛教说法相同,可是佛教也有与儒家相同的学说,大家却不说佛学是儒学,儒佛之同异本就在"几微毫忽之间","何必讳于其同而遂不敢以言,狃于其异而遂不以察之乎?"说朱子"专以道问学为事",然而朱子言"居敬穷理","非存心无以致知","君子之心常存敬畏"等等,何尝不是以尊德性为事?怎么能是支离呢?只不过他除了注解儒经之外,还对韩愈之文、《楚辞》、《阴符经》、《周易参同契》等书进行注释考辨,所以被疑为玩物丧志。其实众人没有理解朱子的良苦用心,其将格致与诚正结合起来,就是为了避免后世学者躐等而失之妄作、荒谬。总之,徐、王之论,对朱陆之"是"都没有说尽、说透,对二人之"非"自然也是成问题的。

徐成之怀疑阳明站在象山的立场,"含糊两解而阴为舆庵之地"。对此,阳明剖白心迹:"夫君子之论学,要在得之于心。众皆以为是,苟求之心而未会焉,未敢以为是也;众皆以为非,苟求之心而有契焉,未敢以为非也。"①论学、判断事物,完全出自本心、良知,而不是随波逐流,或先入为主地站在某一立场。以此为标准,朱陆之是非自有公论:

---

① 〔明〕王守仁:《答徐成之·二》,《王阳明全集》卷二十一,第808—809页。

　　学也者,求以尽吾心也。是故"尊德性而道问学",尊者,尊此者也;道者,道此者也。不得于心而惟外信于人以为学,乌在其为学也已! 仆尝以为晦庵之与象山,虽其所为学者若有不同,而要皆不失为圣人之徒。……夫晦庵折衷群儒之说,以发明六经、《语》、《孟》之旨于天下,其嘉惠后学之心,真有不可得而议者。而象山辨义利之分,立大本,求放心,以示后学笃实为己之道,其功亦宁可得而尽诬之! 而世之儒者,附和雷同,不究其实,而概目之以禅学,则诚可冤也已! ①

　　所谓学问,就是求尽其心。无论尊德性还是道问学,都是求尽心。朱陆之学虽有异,二人却都算得上是"圣人之徒"。二人对儒学的发展各有贡献。朱子遍注群经,发明四书五经之旨于天下,嘉惠后学之心,其功自不待言。象山辨义利,立大本,求放心,示圣人笃实为己之学于后人,其功又岂可抹煞! 目之以禅学,实在是冤枉。阳明之所以为象山辩诬,因为天下人对朱子之学都已烂熟于胸,无需再辩;而象山之学蒙无实之诬三百多年,无人说句公道话,阳明出于义愤,"以为象山一暴其说,虽以此得罪,无恨"②。

　　几年之后,阳明借为山阴县学作"记"的机会,重提"圣人之学,心学也",并对心学与禅学的异同作了论述。

　　夫圣人之学,心学也。学以求尽其心而已。……夫禅之学与圣人之学,皆求尽其心也,亦相去毫厘耳。圣人之求尽其心也,以天地万物为一体也。吾之父子亲矣,而天下有未亲者焉,吾心未尽也;吾之君臣义矣,而天下有未义者焉,吾心未尽也;吾

―――――――――――

① 〔明〕王守仁:《答徐成之·二》,《王阳明全集》卷二十一,第809页。
② 同上注。

之夫妇别矣,长幼序矣,朋友信矣,而天下有未别、未序、未信者焉,吾心未尽也;吾之一家饱暖逸乐矣,而天下有未饱暖逸乐者焉,其能以亲乎? 义乎? 别、序、信乎? 吾心未尽也。故于是有纪纲政事之设焉,有礼乐教化之施焉,凡以裁成辅相、成己成物,而求尽吾心焉耳。心尽而家以齐,国以治,天下以平,故圣人之学不出乎尽心。禅之学非不以心为说,然其意以为是达道也者,固吾之心也。吾惟不昧吾心于其中,则亦已矣,而亦岂必屑屑于其外? 其外有未当也,则亦岂必屑屑于其中? 斯亦其所谓尽心者矣,而不知已陷于自私自利之偏,是以外人伦,遗事物,以之独善或能之,而要之不可以治家国天下。盖圣人之学无人己,无内外,一天地万物以为心;而禅之学起于自私自利,而未免于内外之分;斯其所以为异也。①

儒学与佛教皆是尽心之学,二者之区别是:儒家讲天地万物本吾一体,不仅尽己之心,而且推己及人及天下,尽物之心,尽天下人之心。故而开物成务,乃内圣外王之学。佛教则专是为己之学,自私自利,外人伦,遗事物,无益于家国天下。根本原因在于儒学无人己、内外之分,以天地万物之心以为心;佛教则只修自己的心,未免有人我、内外之别。一个公,一个私,判然别矣。以此反观象山之学,其要求学者立大本大原,何尝只为自己?

阳明坦言,今古圣贤之学乃为天下之公共所有,"天下之学术,当为天下人公言之"②。他为象山辩诬,是出于公心,出于义愤,他也毫不讳言象山之学亦有很多未尽人意处。

---

① 〔明〕王守仁:《重修山阴县学记》,《王阳明全集》卷七,第 256—257 页。
② 〔明〕王守仁:《答徐成之·二》,《王阳明全集》卷二十一,第 809 页。

又问:"陆子之学何如?"先生曰:"濂溪、明道之后,还是象山,只是粗些。"九川曰:"看他论学,篇篇说出骨髓,句句似针膏肓,却不见他粗。"先生曰:"然他心上用过功夫,与揣摩依仿、求之文义自不同。但细看有粗处,用功久当见之。"①

象山之学"粗",是因为他对很多概念都没有说清楚。比如格物致知。阳明提出致良知,友人问"象山已于头脑上见得分明,如何于此尚有不同?"阳明答曰:"致知格物,自来儒者皆相沿如此说,故象山亦遂相沿得来,不复致疑耳。然此毕竟亦是象山见得未精一处,不可掩也。"②考《象山文集》,象山对于"格物"的解释的确有些笼统模糊。

伯敏云:"如何样格物?"先生云:"研究物理。"伯敏云:"天下万物不胜其繁,如何尽研究得?"先生云:"万物皆备于我,只要明理。然理不解自明,须是隆师亲友。"

理只在眼前,只是被人自蔽了。……见在无事,须是事事物物不放过,磨考其理。且天下事事物物只有一理,无有二理,须要到其至一处。③

他说格物就是研究物理,还要"事事物物不放过",看上去与程朱之说并无不同。虽然他还说"理不解自明","要到其至一处",暗含着理就在心中,心即理,但是不仔细琢磨,还真不易理解,显不出其新意来。他对心性才情等概念也没有明确的定义,只告诉学者要抓住"血脉",不要在末节上用心。这些都表明,象山单提本心,不同于那些"揣摩依仿,求之文义"者,但其理论的确远未到精一的程度,很多问

① 〔明〕王守仁:《传习录下》,《王阳明全集》卷三,第92页。
② 〔明〕王守仁:《答友人问》,《王阳明全集》卷六,第210页。
③ 《语录下》,《陆九渊集》卷三十五,第440、453页。

题表述得比较粗糙。

阳明之学自然也是尽心之学，但他绝非单单承接陆九渊，而是不满于程朱道学将心理、知行、本体工夫等都分作两截的做法，认为此非圣人之意，于是提出心理合一、知行合一、致良知等学说。他对心、性、意、知、物、理等概念都做了界定，并提出"工夫即是本体，本体原无内外"。这些都大大超出了象山心学的范围，已不再是单提本心。"致良知"更是格物说与良知说的结合，发前人所未发，使原本属于士大夫阶层的学问从此走向民间，为普罗大众所认识和接受，从而实现了儒学的大众化、普及化，这些都是象山心学和程朱道学所不及处。阳明也明言自己与陆王学说的关系：

> 吾与象山之学有同者，非是苟同；其异者，自不掩其为异也。吾与晦庵之论有异者，非是求异；其同者，自不害其为同也。[1]

阳明的学问乃从"百死千难"中得来，为象山辩诬，是出于公心；指出朱熹不足，是本着学术立场。并非刻意标新立异，并非出于胜心意气，而是源自切身的自得自悟，出于本心良知。至于惊世骇俗，乃至被指诋毁圣贤，也在所不惜，虽死无悔。阳明之所作所为，真正体现了"致良知"的原则，真正实现了知行合一，其勇气，其才识，不愧为一代之英豪！

---

① 〔明〕王守仁：《答友人问》，《王阳明全集》卷六，第 209 页。

第六章　浙中王门对心学的发展

　　阳明弟子遍天下。受其教者,自近及远,最初都是郡邑之士,龙场之后四方来学者才越来越多。"郡邑之以学鸣者,亦仅仅绪山、龙溪,此外则椎轮积水耳。"①《传习录》最早由阳明最先入门的弟子、也是他的妹婿徐爱所记录,阳明称徐爱是"吾之颜回也",惜其与颜回一样寿数不永,31 岁便去世了。黄绾与阳明处于师友之间,阳明去世后,他为之作《行状》,作祭文,并上书历数阳明之功绩、学问,要求朝廷明是非、定赏罚,与其他弟子一起收集编辑阳明的著述,他本人则对阳明之学说在扬弃的基础上有所发明。钱德洪与王畿是亲炙阳明最久的两个弟子,四方来向阳明求教者甚多,钱、王二人便先疏通大旨,然后其人再卒业于阳明,故二人被称为"教授师"。二人都比较长寿,且长期居家讲学,所以弟子也很多。《明儒学案》按"有所授受"列《浙中王门学案》计五卷,共介绍 18 人。

　　从思想上说,阳明第一批弟子中,钱德洪、王畿属于忠实宣扬阳明思想者,二人分别发挥了阳明的"四有""四无"说;黄绾对阳明的思想既有继承,又有批评和发展,并提出了自己的"艮止执中"说,季本则提出了"龙惕"说。王畿寿数最久,又四处奔波讲学,是以影响最

　　① 〔清〕黄宗羲:《浙中王门学案一》,《明儒学案》卷十一,第219页。

大。至明后期,王畿之后学周汝登、陶望龄等人公开以佛学阐释儒经,延请知名禅师登坛讲学,虽然他们力图解释儒释之别,但末学无知者却不可避免地流入狂禅。刘宗周力挽狂澜,全面反思心学和道学,批判禅学,成为明代最后一位坚守儒学阵地的大儒。黄宗羲著《明儒学案》,对明代学术进行了梳理,以阳明心学为中心,勾勒出了心学在全国各地的传播和发展情况。他本人则宗蕺山之学,以心学为主,兼容并蓄,集文、史、哲、事功于一身,卒为一代学术大家。

第一节　王学的传播与宣讲

一、钱德洪

钱德洪(1496—1574),名宽,后改字洪甫,号绪山,浙江余姚人。阳明平定宁王之乱后归越,钱与同邑数十人前来受学。嘉靖五年(1527)举会试,不廷试而归。阳明征思、田,钱与王畿居守越中书院。嘉靖七年(1529),阳明去世,本来已赴廷试的钱、王二人闻讣告,奔丧贵溪,守心丧三年。嘉靖十一年(1533)始中进士,累官至刑部郎中。终以朝列大夫致仕。"在野三十年,无日不讲学。江、浙、宣、歙、楚、广名区奥地,皆有讲舍。"①万历二年(1574)卒,年七十九。

钱德洪本有《绪山会语》二十五卷和其他一些著述,俱已失传。20世纪70年代,日本学者开始着手辑佚工作。钱明先生在已有成果的基础上,进一步广采博搜,从绪山同时代及后人的文集中又挖掘出了一些与绪山有关的史料,编成《钱德洪语录诗文辑佚》,是目前研究绪山思想最全面的文本依据。

---

① 〔清〕黄宗羲:《浙中王门学案一》,《明儒学案》卷十一,第225页。

阳明晚年提出"四句教":无善无恶心之体,有善有恶意之动,知善知恶是良知,为善去恶是格物。钱德洪和王畿在理解上发生争执。于是就正于阳明。三人晚坐天泉桥,阳明听了二人各自的意见后,提出二人之见"正好相资,不可各执一边"。"四句教"是针对不同资质的人所设,"利根之人,直从本源上悟入","利根之人一悟本体,即是工夫,人己内外,一齐俱透",王畿即是此类人。"其次不免有习心在,本体受蔽,故且教在意念上实落为善去恶,工夫熟后,渣滓去得尽时,本体亦明尽了",钱德洪便是这一类人。①故而"先生(按:指绪山)之彻悟不如龙溪,龙溪之修持不如先生"②。

罗洪先(1504—1564,字达夫,号念庵,江西吉水人)评价钱德洪之学"数变":开始时,以为"为善去恶"就是致良知;已而认识到,良知乃是无善无恶,怎能执本有而为之同时又去之? 之后又意识到,无善无恶是见解,不是良知,我应该"知所以为善者而行之,以为恶者而去之";最后,从阳明"至善者心之本体,动而后有不善也"这句话领悟到"无动","吾不能必其无不善,吾无动焉而已"。③此"无动",相当于杨简的"不起意"。纵观绪山思想,他对"良知"和致知的工夫多有发挥发明。

(一) 良知乃"不动之真体"

良知到底是什么? 阳明告诉大家,良知是"心之本体","良知即是天理","良知不由见闻而有,而见闻莫非良知之用",等等。因为是晚年开始提倡,所以阳明的解释并不多。钱德洪进一步从多个角度诠释良知,试图使这一概念更清晰、更易理解。

首先,"天地间只此灵窍,在造化统体而言,谓之鬼神;在人身而

---

① 以上引文见〔明〕王守仁:《传习录下》,《王阳明全集》卷三,第117页。
② 〔清〕黄宗羲:《浙中王门学案一》,《明儒学案》卷十一,第225页。
③ 以上引文见〔清〕黄宗羲:《浙中王门学案一》,《明儒学案》卷十一,第225页。

言,谓之良知"①。鬼神乃天地之灵窍,良知则是人之灵明、灵窍。看上去有些神秘莫测、变化无穷。但还是有特点可以抓住的。

> 圣人于纷纭交错之中而指其不动之真体,良知是也。是知也,虽万感纷纭而是非不昧,虽众欲交错而清明在躬,至变而无方,至神而无迹者,良知之体也。②

万物纷纭,良知却是寂然不动、真实不虚的存在。即便受各种感官、欲望的纷扰,良知依然是非不昧、清爽明白,变化多端却无方无迹。所以,良知始终是至善的,"心之本体,纯粹无杂,至善也。良知者,至善之著察也。良知即至善也"③。所谓至善,就是既没有恶,也没有善,是一种"虚灵"的状态。因为"虚",所以可以容纳一切。"心无一善,故能尽天下万事之善","无善无恶心之体"就是针对"后世格物穷理之学先有乎善者立言也"④。"良知即至善",意思是良知广大高明,无妄念可去,如果有妄念,那就不是高明广大的良知本体了。本心无体无方,"知"就是其本体,无知即无心。此"知"是一种判断是非的能力,通过感应外部事物而进行是非判断,所以"知无体,以感应之是非为体,无是非即无知也"。良知通过是非判断体现出来。"意"乃心之所发,说的就是心之"感应";"物"就是所感应之事,"知"则是主宰事物是非的法则。"意"有动有静,"物"有去有来,"知"却不会因动静而忽明忽暗,也不会因来去而忽有忽无。它始终就在那,收放自如。

其次,良知无所不在,天地万物皆是我良知的体现。象山说"满

---

① 〔清〕黄宗羲:《浙中王门学案一》,《明儒学案》卷十一,第226页。

② 同上注,第227页。

③ 同上注,第231页。

④ 同上注,第234—235页。

心而发,充塞宇宙,无非此理",在绪山看来,满心而发,充塞宇宙,无非良知。

> 充塞天地间只有此知。天只此知之虚明,地只此知之凝聚,鬼神只此知之妙用,四时日月只此知之流行,人与万物只此知之合散,而人只此知之精粹也。此知运行万古有定体,故曰太极;原无声臭可即,故曰无极。①

天地鬼神、四时日月之特性,无非良知之再现,人不过是良知之精粹。从本原意义上说,良知即太极;从无声无臭、不能直接感觉的角度,良知即无极。《周易》中讲的"易有太极,是生两仪,两仪生四象,四象生八卦",八卦进一步演绎成六十四卦,乃至于无穷,这都是"知"运行的结果。无极言无声无臭,不就是说"知"是"不动之真体""本体常寂"吗!

再次,良知即天理。这本是阳明提出的命题。湛若水与阳明订交论学,也主张"圣人之学,皆是心学",但他认为阳明的"致良知"有本体而无功夫,主张"随处体认天理"。阳明居越时,甘泉移书与他辨正良知与天理的异同。阳明觉得写信说不清楚,可能还会引起误解,便没有回答。紧接着便起征思、田,殁于南安,终未能与甘泉对语以究二者同异。绪山给甘泉写信,做了详细回应:

> 良知天理原非二义。以心之灵虚昭察而言,谓之知;以心之文理条析而言,谓之理;灵虚昭察,无事学虑,自然而然,故谓之良;文理条析,无事学虑,自然而然,故谓之天然。曰灵虚昭察,则所谓昭察者即文理条析之谓也。灵虚昭察之中,而条理不著,

---

① 〔清〕黄宗羲:《浙中王门学案一》,《明儒学案》卷十一,第226页。

固非所以为良知,而灵虚昭察之中,复求所谓条理,则亦非所谓
天理矣。今日良知,不用天理,则知为空知,是疑以虚无空寂视
良知,而又似以袭取外索为天理矣,恐非两家立言之旨也。①

无论是天理还是良知,都是本心自然而然、不需要通过任何学习思考
就具有的东西。良知既然是本心之"灵虚昭察",文理条析乃昭察中
的应有之意。良知所现,即是天理自然,或者说无不符合天理。如果
没有天理,那良知也就丧失了。天理良知是一而非二的关系。天理
是良知的本质内容。如果只说良知,不谈天理,则"知"为空知,良知
就成了虚无空寂、无实质内容的存在了。甘泉显然误解了良知。

(二)戒惧即是良知

钱绪山重视工夫的践履。本心天机自然,一切至善,本体常寂。
由于人能知能识,所以就产生各种功利嗜好、技能闻见,自身再有各
种意必固我、自作知见、自我憧扰,以至丧失至善本体,也不再心如止
水。"须将此等习心一切放下,始信得本来自性原是如此。"②那么该
从何处入手? 有人问"致知存乎心悟否?"绪山回答道:"灵通妙觉,
不离于人伦事物之中,在人实体而得之耳,是之为心悟。"③所谓心
悟,是在日常道德人伦的践履中悟到良知本体的,靠人的亲身体验,
而不是一听到"良知"二字,便以为理解了,不需要"极深研几"了,这
样其实是悟不透的。这正体现了绪山"工夫熟后,本体明净"的思想。

"工夫熟后,本体明净"的理念并不意味着将本体工夫截然分开,
绪山彻底贯彻了阳明本体即工夫的思想,将工夫和本体打成一片。
《中庸》既讲中和乃天下之大本、达道,要"致中和";又要求君子应戒

---

① 〔明〕钱德洪:《上甘泉》,《钱德洪语录诗文辑佚》,《徐爱 钱德洪 董沄集》,钱明
　校整理,凤凰出版社 2007 年版,第 150 页。
② 〔清〕黄宗羲:《浙中王门学案一》,《明儒学案》卷十一,第 227 页。
③ 同上注。

慎恐惧,要慎独。绪山将二者结合起来,提出"慎独即是致中和"。

> 春夏秋冬,在天道者无一刻停;喜怒哀乐,在人心者亦无一
> 时息。千感万应,莫知端倪,此体寂然,未尝染着于物,虽曰发而
> 实无所发也。所以既谓之中,又谓之和,实非有两截事。致中和
> 工夫,全在慎独,所谓隐微显见,已是指出中和本体,故慎独即是
> 致中和。①

喜怒哀乐等情感乃人心所发,和天道之春夏秋冬一样,其实一刻都没
有停息。当为外物所感时,就表现出来;不与外物接触时,就处于寂
然状态,所以无所谓未发已发,中和乃是本心同时具有的常态,是一
非二。所以致中和工夫,就是慎独。所谓慎独就是"莫见乎隐,莫显
乎微",而后者不正是对中和本心的描述吗!

戒惧即戒慎恐惧,通常被当作一种慎独工夫。绪山认为,执着于
本体工夫之区分,本身就是一种执念,反倒成为修行的障碍。时间久
了,本体工夫俱忘,不思而得,不勉而中,良知自然清明,不受任何干
扰。所以,"戒惧即是良知"②,本体和工夫是一体的。

具体该怎么做? 绪山提出"不起意"和"无欲"。绪山同意杨简
"不起意"的提法,但他认为"不起意"也是针对资质不同的人而言。
那些习累不深的质美之人,一经指点,立刻全体廓然,马上领悟;那些
习累既深之人,如果不告诉他做诚意的实际工夫,而只是教他不起
意,可能会让他执着于"意",将意见作本体,欲望发作时又以"意"掩
盖之,终日守此"虚见",于人情物理完全隔膜。本来此心灵动活泼,
结果变得不伶不俐。杨简"欲人领悟太速,遂将洗心、正心、惩忿、窒

---

① 〔清〕黄宗羲:《浙中王门学案一》,《明儒学案》卷十一,第228页。
② 同上注,第226页。

欲等语,俱谓非圣人之言,是特以宗庙百官为到家之人指说,而不知在道之人尚涉程途也"①。实际上,洗心、正心、惩忿、窒欲的工夫还是必要的,毕竟大家的领悟程度和速度有很大差别。

欲望遮蔽本体,所以最根本的就是要能做到无欲。"君子之学,必事于无欲,无欲则不必言止而心不动。""毋求诸已放之心,求诸心之未放焉尔已。"②所谓"放",就是驰骛于物欲,所以从源头上做到"无欲"才是关键。

钱德洪在阳明思想的基础上,将良知、本体工夫等概念更加细化,对廓清人们对阳明思想的误解起到了积极作用。

二、王畿

王畿(1498—1583),字汝中,号龙溪,浙江山阴人。弱冠时参加乡举,下第后归,受业于阳明。会试期至,龙溪不欲前往,阳明劝说他:"吾非以一第为子荣也,顾吾之学,疑信者半,子之京师,可以发明耳。"遂行,中会试。当时当国者不喜讲学,龙溪遂与绪山皆不廷试而归。为阳明守心丧三年后,龙溪始参加廷试,中进士,授南京兵部主事,进郎中。后被斥伪学,乃谢病归。林下四十余年,无日不讲学,不遗余力地宣传师说。"自两都及吴、楚、闽、越、江、浙,皆有讲舍,莫不以先生为宗盟。"③年八十,仍周流不倦。龙溪擅长讲说,能打动人心,足迹所至,听者云集。讲说时时常杂以禅机,也毫不避讳。门徒之盛,与泰州王艮(1483—1541,字汝止,号心斋)不相上下。《明史》称"阳明学派,以龙溪、心斋为得其宗"④。

天泉证道时,阳明称龙溪是"利根之人",能彻上彻下领悟到本体

---

① 〔清〕黄宗羲:《浙中王门学案一》,《明儒学案》卷十一,第 228 页。
② 同上注,第 232 页。
③ 同上注,第 237 页。
④ 〔清〕张廷玉等撰:《儒林二·王畿》,《明史》卷二八三,第 7274 页。

即是工夫。事实上也正是如此。龙溪认为,"四句教"正是"权法",体用显微只是一机,心意知物只是一事,若悟得心是无善无恶之心,则意知物俱是无善无恶。因此他坚持"四无"。他对阳明心学的贡献在于进一步发明良知说、格物致知论,并廓清了一些模糊认识。

(一) 见在良知与见在日履

阳明首揭良知之教,令人耳目一新,天下靡然宗之。门弟子无论直接受教还是间接听闻,对良知之说不敢违背,但对于什么是良知,却众说纷纭,尤以江右学者为甚。龙溪总结出当时流行的六个观点,并一一辩驳。

1. 良知认识的误区

有谓"良知非觉照,须本于归寂而始得",这是聂豹(1487—1563)和邹守益(1491—1562)的理解。龙溪指出,"寂者心之本体,寂以照为用,守其空知而遗照,是乖其用也"①。良知从本质上说是虚寂的,好比一面镜子,有事时立刻"照见"一切,所以"照"是"寂"的外在体现。良知体用不离,只谈本体之"寂"而忽略其"照"之用,是体用分离,不符合良知本身。

有谓"良知无见成,由于修证而始全",这主要是罗洪先的观点,他反对龙溪的良知见在说。"见成"即现成,随时都有的意思。他举例,就如矿石里的金子,没有后天的大火锻炼,是得不到金子的。龙溪反驳道,见孺子入井而恻隐,见呼蹴之食而羞恶,说明仁义之心本来完具,触物即神应,不学而能,不虑而知,是为良知。岂待后天修证而始全? 良知即是心之本体,与金子和矿石的关系并不一样。"若谓良知由修而后全,挠其体也。"②若说良知要待修证才完整,说明还不信"良知本体当下具足"这一结论,对良知理解得还不够透彻。担心

---

① 〔明〕王畿:《抚州拟岘台会语》,《王畿集》卷一,第26—27页。
② 同上注,第27页。

学者不用功,却连本体也一起怀疑,未免矫枉过正了。

有谓"良知是从已发立教,非未发、无知之本旨",这还是聂豹的看法。龙溪谓,良知不分已发未发,无前后,无内外,乃是浑然一体的存在。"良知原是未发之中,无知而无不知"①,未发之时良知是太虚本体,随处充满,"发而中节处,即是未发之中"②。于良知之前别求未发,是为"沉空之见";于良知之外别求已发,即是"依识之学"。良知是先天的,致良知是后天的。"谓良知只说得已发,是未悟致知者也。"③

有谓"良知本来无欲,直心以动,无不是道,不待复加销欲之功"④。王宗沐(1524—1592)即是此意。龙溪认为,古人立教均是为有欲而设。"良知不学不虑。终日学,只是复他不学之体;终日虑,只是复他不虑之体。无工夫中真工夫,非有所加也。"良知本质上是无欲的,是不学不虑的。良知通过学习、思考来发挥作用,学习思考并非额外增加的功夫。王宗沐承认良知本来无欲,却强调"不待复加销欲之功","待"有依赖外力之嫌,"加"有人为增加之意,给人以画蛇添足之感。良知本来不增不减,致良知是人随时随地做的功夫,亦无需加减。致良知要求直从本心,简单直截,所有向外用力都是多余的。因此龙溪主张"做减法":"工夫只求日减,不求日增。减得尽,便是圣人。"后世学术都是"添的勾当",终日勤劳却毫无用处。⑤

有谓"学有主宰,有流行,主宰所以立性,流行所以立命"⑥,所以良知之体与用是分开的。刘邦采(号狮泉)即此看法。龙溪认为,

---

① 《抚州拟岘台会语》,《王畿集》卷一,第27页。
② 《答耿楚侗》,《王畿集》卷十,第242页。
③ 《赵望云别言》,《王畿集》卷十六,第458页。
④ 《抚州拟岘台会语》,《王畿集》卷一,第26页。
⑤ 以上引文见《与存斋徐子问答》,《王畿集》卷六,第146页。
⑥ 《抚州拟岘台会语》,《王畿集》卷一,第26页。

"良知即是主宰,即是流行,原是性命合一之宗。故致知工夫,只有一处用"①。主宰和流行之间的关系是:主宰乃流行之体,流行乃主宰之用,体用一源,不可分开,一分就支离了。良知既主宰又流行——良知是本体,是主宰;致良知是工夫,是良知之流行。

有谓"学贵循序,求之有本末,得之无内外,而以致知别始终"②。龙溪指出,所求和所得也是不能截然分别的:所求乃所得之原因,所得乃所求之证明,始终一贯,截然分别就又支离了。

周敦颐"主静",程门以"静坐"为善学,与孔门之教有异。龙溪指出:"良知本体原是无动无静,原是变动周流,此便是学问头脑。"③若认识不到这一点,只在动静上拣择取舍,就会导致不是妄动便是著静,均不得涵养之要领。陈献章主张于静中体察端倪,因此总有人认为此心应当是常静的。阳明却说"我道心是常动的",如何理解?龙溪认为,"天常运而不息,心常活而不死。动即活动之义,非以时言也"④,"人心虚明湛然,其体原是活泼,岂容执得定?"本心,具有思考和道德判断等功能,当然一直处于活动状态,人怎么能停止思考呢?停止思考,意味着生命终结了。因此,本心并非有时动有时静,而是如天常运不息一样,始终是活泼泼的,让此心如死水一般没有任何波澜是不可能的。"惟随时练习,变动周流,或顺或逆,或纵或横,随其所为,还他活泼之体,不为诸境所碍,斯谓之存。"⑤所谓存心、养心,是顺其自然,随其变化流动,而不是一丝不动;孟子所说"不动心",是不为外在的威逼利诱如富贵、贫贱、威武所动,而不是真的对任何事物都不动心。静下心来,并不意味着此心陷入死寂,而是静中有动。

---

① 《与狮泉刘子问答》,《王畿集》卷四,第81页。
② 《抚州拟岘台会语》,《王畿集》卷一,第26页。
③ 《东游会语》,《王畿集》卷四,第86页。
④ 《南游会纪》,《王畿集》卷七,第156页。
⑤ 以上引文见《华阳明伦堂会语》,《王畿集》卷七,第161页。

2. 见在良知

阳明曾说过："千年学脉，不离见在，故曰致知在格物。"①到底什么是"见在"？见在良知与良知有何不同？龙溪在讲学中突出强调了良知的"见在"性。见在，即现有、当下之义。良知是时时"在线"的，无论独处还是与外部事物相接，良知都在起作用。只不过状态不同：无事时，良知是静默的；遇事接物时，才是活动的。至于"良知"和"见在良知"的差别，龙溪回答道：

> 先师提出"良知"二字，正指见在而言。见在良知与圣人未尝不同，所不同者，能致与不能致耳。且如昭昭之天与广大之天，原无差别，但限于所见，故有小大之殊。若谓见在良知与圣人不同，便有污染，便须修证，方能入圣。②

良知都是现成的，对于每个人都是一样的。普通人和圣人不同的是，圣人随时随处都在致良知，而普通人因为各种因素阻碍，做不到。欲望、各种纷纷扰扰的意念等都是妨碍普通人致良知的因素。这说明良知被污染了，甚至泯灭了，需要下功夫修证。良知呈现，方能达到圣人地步。良知是人的主宰，一直在运行，不管你对它有没有意识或认识，它始终在那里。

阳明有诗云："无声无臭独知时，此是乾坤万有基。"③"良知却是独知时，此知之外更无知。"④"独知"本是相对于"人所共知"而言，龙溪做了具体的诠释："《易》曰'乾知大始'，乾知即是良知，乃混沌

---

① 按，这句话不见于《王阳明全集》，是王畿在书信中称"先师云"。见《答宗鲁侄》，《王畿集》卷十一，第297页。
② 《与狮泉刘子问答》，《王畿集》卷四，第81页。
③ 《咏良知四首示诸生·四》，《王阳明全集》卷二十，第790页。
④ 《答人问良知二首·一》，《王阳明全集》卷二十，第791页。

初开第一窍,为万物之始,不与万物作对,故谓之'独'。以其自知,故谓之'独知'。"①良知是心之本体,亦是宇宙的本体,既是本体,当然是独一无二的。只有自己知道,故称独知。"良知即是独知,独知即是天理"②。良知和独知并无本质区别,只不过"独知"更强调"独"的意义——在别人都不知道的情况下保持本心不变,才是真正的良知。良知或独知天生具足一切,包括天理。或者说,"致良知"就是致吾心之天理于事事物物,按天理准则判断一切。"独知便是本体,慎独便是工夫"③,"慎"不是强制的意思,而是兢兢业业保护着良知,还它本来清净;慎独就是良知本体自然而然,廓然顺应。

良知最大的特点,是"虚寂"或"虚无"。"良知是性之灵窍,本虚本寂。虚以适变,寂以通感,一毫无所假于外。"④"不虚则无以周流而适变,不无则无以致寂而通感。"⑤因其"虚",没有任何物欲、杂虑在其中,所以能周流变通,无所凝滞,适应一切变化;因其"无",所以静,能深入细微,感通一切外来事物,进而做出判断。

3. 见在日履

正因为良知是现成的,所以问学也在当下进行,随时随处发生。"所谓问学,乃见在日履,不论闲忙,无非用力之地。"在当下的日常践履中随时随地运用良知,进而获得更深的体悟,知行是同时进行的。如果抛开当下,所谓的问学又是指什么呢？事情都是在当下发生的。大禹治水,八年在外,三过家门而不入,勤劳如此,除了治水别无他事,一心治水便是大禹的问学。颜回箪瓢陋巷,不改其乐,这便是颜回的问学。"若外此别有所学,忙时是著境,便生厌心;闲时是著空,

---

① 《致知议略》,《王畿集》卷六,第 131 页。
② 《答洪宽山》,《王畿集》卷十,第 262 页。
③ 同上注。
④ 《与莫中江》,《王畿集》卷十一,第 279 页。
⑤ 《白鹿洞续讲义》,《王畿集》卷二,第 47 页。

便生息心,又何得为同道耶?"①如果不在眼前之"事"上着力,以为学在"事"外,那么忙的时候心思在外在的环境上,便容易厌烦;闲的时候又无所事事,容易倦怠。闲忙都是相对的,闲时忙时都不用功,那又在什么时候呢?

"致良知"是"见在日履"的功夫,具体该如何用功?

> 良知是天然灵窍,变动周流,不为典要。觌面相呈,语默难该,声色不到。虽曰事事上明、物物上显,争奈取舍些子不得。然此不是玄思极想推测得来,须办个必为圣人之志,从一点灵窍实落致将去,随事随物,不要蔽昧此一点灵窍,久久纯熟,自有觌面相呈时在,不求其悟而自悟也。②

良知就是天理,却没有统一的规定或答案;它随时发力,随外在事物的不同做出不同的判断。良知发挥作用时也不需要苦思冥想,只要先立下圣人之志,不偏不倚,不含一点私欲,本心完全不受遮蔽,则良知自然会物来顺应。随着实践经验的增加,良知的运用会越来越纯熟,人可以感受体悟到这良知的存在。

4. 良知统"四端"

良知不是知识,而是一种道德判断能力。《孟子》:"不学而知,谓之良知。"很多人据此以为良知是一种知识。龙溪辨析道:"德性之知求诸己,所谓良知也;闻见之知缘于外,所谓知识也。"③良知内在于人心,是一种是非判断能力,它本身无善无恶,却能辨别是非善恶;知识则是一种认识,是人通过感觉器官从外部世界获得的认识。"良

---

① 以上引文见《答宗鲁任》,《王畿集》卷十一,第 297 页。
② 《留都会纪》,《王畿集》卷四,第 97—98 页。
③ 《水西同志会集》,《王畿集》卷二,第 36 页。

知知是知非,而实无是无非。"①良知生来就有,无善无恶,所以也无所谓对错;知识是后天习得的,是有对有错的。良知是天然具足、不增不减、无先后内外、浑然一体的,知识却是不断变化的。良知靠体悟,知识靠学习。

良知是一种知觉,没有知觉就没有良知,但良知不完全等同于知觉。"仁"是孔子的核心思想,程朱提出仁包诸德,仁义礼智四端中,"仁"处于统领地位。龙溪提出,"知者,心之本体"②,"仁统四端,知亦统四端。良知是人身灵气。医家以手足痿痹为不仁,盖言灵气有所不贯也。故知之充满处即是仁,知之断制处即是义,知之节文处即是礼。说个仁字,沿习既久,一时未易觉悟;说个良知,一念自反,当下便有归著,唤醒人心,尤为简易,所谓时节因缘也"③。"知"即良知,如果一个人麻木不仁,说明其内心的良知泯灭了。就好比体内的气不贯通,手足就会麻木一样。仁就是指良知充满时,义就是良知判断时,礼就是良知约束行为时,因此亦可以说"知"统领四端。和"仁"相比,良知更通俗易懂,更容易唤醒人心,所以阳明提出"良知"说后立刻风靡天下,大受民间百姓欢迎;"仁"因为沿习太久,又太抽象,大家反而没啥新体会了。

良知之于人,上至圣人,下至匹夫匹妇,都是一样的。只不过圣人生知安行,无需加困勉之功;愚夫愚妇则应该在日常生活中切实地"致良知",在人情事变上理会和体悟。归根结底,到底什么是良知,还得靠自悟。所谓"悟",不是悟到本心无是无非或知是知非这些事实,而是不执着于是非,"忘是非而得其巧,即所谓悟也"④。如何得悟? 龙溪自述,师门有三种教法:通过语言诠释,从知解而得,谓之

① 《惺台说》,《王畿集》卷十七,第503页。
② 《答退斋林子问》,《王畿集》卷四,第82页。
③ 《东游会语》,《王畿集》卷四,第84页。
④ 《与阳和张子问答》,《王畿集》卷五,第126页。

"解悟";从静中而得,谓之"证悟",依赖于环境;在人事磨炼中而得,忘言忘境,无论外界如何摇荡,吾心都凝然不动,是谓"彻悟"。不执着于善恶是非,不先入为主,完全凭良知本心应接人伦事物,随机而动,应事而发,不受周围环境所左右,这才是致良知,才是真正的彻悟。

(二)"格物是圣门第一段公案"

湛甘泉批评阳明的"致良知"有本体无工夫,其结果必然会落入空虚,黄绾于晚年亦做如是观。龙溪特意分辨道:"自圣人分上说,只此知便是本体,便是工夫,便是致;自学者分上说,须用致知的工夫,以复其本体。博学、审问、慎思、明辨、笃行,五者废其一,非致也。"①致良知是本体和工夫的统一。对于不同资质的人来说,体悟却不同。对于圣人而言,本心清明,良知时时做得主宰,悟得本体便是工夫;对于普通人来说,欲望遮蔽本心,良知昏暗,故需要用学、问、思、辨、行的工夫去欲明心,良知方能再现。这是一个由工夫达本体的过程。甘泉认为"致良知"只谈本体而忽略工夫,是没有完全理解其内涵。

钱绪山曾言:"吾师接初见之士,必借《学》《庸》首章以指示圣学之全功,使知从入之路。"②阳明通过重新诠释《大学》,提出"致良知"和"天地万物为一体"的思想。具体著作有《大学问》《大学古本傍释》《大学古本序》,其中《大学问》最为详细。据绪山说,阳明一开始只是口授《大学》之意,并不想写成文字。起征思、田前夕,门人一再请求,方录成书。还写信给绪山,担心"借寇兵而赍盗粮",引起不必要的纷争。阳明殁后,门弟子各以己见立说。绪山深为担忧,将其置于阳明《文录续编》之首。绪山本人的著作全佚,不知道他是如何

---

① 《冲元会纪》,《王畿集》卷一,第3页。
② 〔明〕王守仁:《大学问》,《王阳明全集》卷二十六,第967页。

阐释发挥的。龙溪在讲学中,时常与同门朋友讨论,对偏离阳明之意者时时加以纠正。其门人录有《大学首章解义》《中庸首章解义》,还有《致知议略》《致知议辩》《格物问答原旨》,辨析同门和后学之异议。从中可见他对阳明思想的进一步细化和发挥。

对"三纲",明德是体,亲民乃明德之用,至善乃是明德亲民之最高准则("极则"),指没有任何私信小智掺杂其间。这一点,龙溪与阳明完全一致。但他随即认为,"至善"是心之本体,即本体即工夫,乃圣人之学。悟到这一点,"只'止至善'一句已是道尽"。常人悟不了,才有下文"知止"一段,这是"学者用功之要"——对这一段的解释,龙溪较阳明要更详细些。"知止"之"知",领悟之义。心之本体本来是至善无欲的,"无欲则止,有欲则迁",悟到了心之本体至善无欲,心志自然有固定方向,故能不乱而定、不动而静、不危而安。心体无所不通,故能虑,"虑"是指本心通达万变,与天下国家相感应。"'虑而后能得',得者,得至善而止之也",本心通达、无任何阻碍,自然就是至善——其体即明德,其用即亲民。①这是用工夫以复其本体,领悟到了,"知止"二字便已道尽。常人悟不到,于是复有下文格、致、诚、正、修、齐、治、平的工夫次第。

对"八条目"的解释,从修身开始,龙溪与阳明略不同,阳明曰:"修身者,为善而去恶之谓也。"②龙溪在阐述了身心合一之后,"修身云者,非礼勿视听言动之谓也"。心为一身之主宰,无心即无身,故欲修身,必先正心。心无形体,无从而正,才要正心,便属于意。意乃心之所发。心本至善,动于意始有善有不善,所以欲正其心必先诚其意。"诚意云者,真无恶而实有善之谓也。"但是辨别善恶的关键,在于良知,"良知者,是非之心,善恶之则。"不发挥良知的作用,就会真

---

① 以上引文见《〈大学〉首章解义》,《王畿集》卷八,第176页。
② 〔明〕王守仁:《续编一·大学问》,《王阳明全集》卷二十六,第971页。

妄错杂,不可能做到诚意。所以,欲诚其意必先致其知,"致知",即是致吾心之良知。致良知不是空谈,必须落实到具体的事物上,"物者,事也,良知之感应谓之物","格者,天然之格式,所谓天则也"。"'致知在格物'者,正感正应,顺其天则之自然而我无容心焉,是之谓格物。"①阳明释"格"为"正","正其不正以归于正","正其不正"是"去恶","归于正"是"为善","格物"便是为善去恶。辨别善恶在于良知,"致知在格物"就是通过致良知而为善去恶。阳明对"八条目"的解释,后来概括为"四句教"。就良知与物的关系而言,阳明云"意之本体便是知,意之所在便是物"②——阳明以"诚意"为《大学》的"要旨",所以"八条目"围绕"诚意"展开。龙溪则以"良知"为贯穿之旨:良知是"是非之心,好恶之实","诚意"是真好真恶,所以是不自欺其良知;"正心"使好恶不产生,所以是复还其良知之体;"修身"使好恶不偏颇,所以昭示了良知之作用。好恶同于一家则家可齐,好恶同于一国则国可治,好恶同于天下则天下可平。"自诚意以至平天下,好恶尽之矣。好恶之实,是非尽之矣。是非之则,致知尽之矣。"③"八条目"最后都归结到"致良知"上。

当然,致良知和诚意并不冲突,"致知格物者,诚意之功也。"④只不过,龙溪对"物"的解释更具体:"良知是天然之则,物是伦物所感之应迹。"⑤"伦物"指人伦事物,有父子之物就有慈孝之则,有视听之物就有聪明之则,等等。日常生活中,运用良知去感应人伦事物,才会有该"物";感应时循其天然之则,而后"物"得其理,这就是物理。所谓物理,并非以物为理,而是良知法则在"物"上的体现。良知本体

① 以上引文见《〈大学〉首章解义》,《王畿集》卷八,第 177 页。
② 〔明〕王守仁:《传习录上》,《王阳明全集》卷一,第 6 页。
③ 《〈大学〉首章解义》,《王畿集》卷八,第 177 页。
④ 《格物问答原旨》,《王畿集》卷六,第 142 页。
⑤ 《新安斗山书院会语》,《王畿集》卷七,第 163 页。

是至善的,有正邪之分的是"意","物者因感而有,意之所用为物",
"物从意生,意正则物正,意邪则物邪"。①良知是一个浑然整体,所以
能应万物之变。"有意有欲,皆为有物,皆为良知之障。"②阻碍良知
本体的不是外在的事物,而是自身产生的"意"和"欲"。"意到动处,
便易流于欲,故须在应迹上用寡欲工夫。寡之又寡,以至于无"③,这
便是格物的功夫。良知感应外部事物时,应以无欲的心态,这样心才
正,意才正,感应所形成之物才正当。"吾人一切世情嗜欲,皆从意
生。心本至善,动于意,始有不善"④,他完全接受了杨简的观点。他
也认为杨简的"不起意"有道理,但他要求"在先天心体上立根",这
样所发之"意"便无不善、一切世情嗜欲便不存在了,致知工夫会易简
省力许多;"若在后天动意上立根",未免杂有世情嗜欲,致知工夫会
繁难费力。所以,"正心,先天之学也;诚意,后天之学也"⑤。颜回
"有不善未尝不知,知之未尝复行",便是先天易简之学;原宪"克伐
怨欲不行",便是后天繁难之学。

他特意强调"格物是圣门第一段公案",为何?"致知在格物,谓
不离伦物应感以致其知。"⑥"不离伦物应感",意味着所谓"良知"必
须落实到"伦物"这些实事上,才有意义。简单地说,必须日日常生活
中进行道德践履。"良知是本体,致良知是工夫",即是此意。离了工
夫,本体就空虚无意义;当然,离了本体,工夫便没有头脑,荡而无归。
《大学》中,"致知"是主脑,"格物"却是关键。可见,龙溪并非像后人
所说的,重本体而轻工夫。

针对龙溪的良知"无内外,无先后",本心先天无善无恶、后天有善

---

① 以上引文见《新安斗山书院会语》,《王畿集》卷七,第 163 页。
② 《鲁江草堂别言》,《王畿集》卷十六,第 456—457 页。
③ 《新安斗山书院会语》,《王畿集》卷七,第 163 页。
④ 《三山丽泽录》,《王畿集》卷一,第 10 页。
⑤ 同上注。
⑥ 《格物问答原旨》,《王畿集》卷六,第 142 页。

有恶,聂豹提出质疑:邵雍以体用分先后,而不是以善恶,《周易》《中庸》都言内外,《周易》《大学》也都言先后,而你以统体言工夫,与圣经、前贤不符;"良知之前无未发,良知之外无已发"似是浑沌未判之前语,以"见在良心"为具足,恐怕非中人以下者所及也。龙溪辩之曰:

> 先天是心,后天是意。至善是心之本体,心体本正,才正心便有正心之病,才要正心,便已属于意。"欲正其心,先诚其意",犹云舍了诚意更无正心工夫可用也。良知是寂然之体,物是所感之用,意则其寂感所乘之几也。知之与物,无复先后可分,故曰"致知在格物"。致知工夫在格物上用,犹云《大学》明德在亲民上用,离了亲民更无学也。良知是天然之则,格者正也,物犹事也,格物云者,致此良知之天则于事事物物也。物得其则谓之格,非于天则之外别有一段格之之功也。①

致良知的工夫表现为格物,没有格物就没有致良知,二者是一件事,没有先后之分。大家习惯于把"物"理解成外在事物,于是格物便成了向外用功,这是对"物"的误解。"物"是"意之所在",是良知所感之迹,当我们没有注"意"或良知"应感"不到之处,这件事物对我们来说就是没意义的,或者说就不成为"一件事"。从这个意义上说,良知是无内外、无先后的,良知所做出的一切感应都是在当下,随时随地;良知也无所谓已发未发,无论是否与外界应感,它都一直在那,对人的各种意念、行为做出是非、善恶的判断。

有学者囿于以往传注尤其是《四书集注》的解释,提出若按阳明的说法,致知反在格物之先,不格物何以致知? 龙溪再一次耐心答道:

---

① 《致知议辩》,《王畿集》卷六,第133页。

　　夫先师格物致知之旨,本无先后。致知者,致不学之知,是千古秘密、灵明之窍;格物者,格见在之物,是灵明感应之实事。故致知在于格物,则知非空知;格物本于致知,则物非外物。此孔门一贯之旨,无内外,无精粗,而不可以先后分者也。世固有以明心见性为致知者矣,而遗弃人伦物理,则真性便有不遍之处,是谓落空。亦有以穷至物理为格物者矣,而以知识为知,反在事物上求个定理,则内外便成对法,是谓玩物。二见纷纭而圣学始亡,道之不明于世,有自来矣。①

　　"致知"不是朱子所讲的获得知识,而是一种工夫,致良知的工夫。这种工夫直接体现在"格见在之物"上。通过格见在之物(或致良知)获得的体验,是直接来自亲身实践的"知",是实知而非空知;致良知于事事物物之"物",乃是主体"意"之所注,也发自本心,故非外物。所以说格物无精粗(都是当下时刻发生的事情)、无内外(心外无物),不分先后。佛教以明心见性为致知而抛弃人伦物理,其性为空性;程朱以穷物理之至极为格物,求心外之理,分内外为二,这就是玩弄事物,流于支离。这两种对"格物"的误解,使圣学衰亡,直至阳明才真正大明于世。

　　(三) 圣学只在"几"上用功

　　"意"分正邪、善恶,也可作"念"。《尚书·多方》:"惟圣罔念作狂,惟狂克念做圣。"圣狂只在一念之间,那就要在"一念"上下功夫。

　　　　千古学术,只在一念之微上求。生死不违,不违此也;日月至,至此也。一念之微,故曰千古圣学,只在慎独。②

① 《答茅治卿》,《王畿集》卷九,第229页。
② 《水西经舍会语》,《王畿集》卷三,第59页。按,"千古学术……至此也"一句是其学生心得体认之语,唯恐不合龙溪本旨,故请示于龙溪。后一句"一念之微……只在慎独"是龙溪批示,从批语看,龙溪是认可学生这段体悟的。

千古圣学只从一念灵明识取,只此便是入圣真脉路。当下保此一念灵明,便是学;以此触发感通,便是教。随事不昧此一念灵明,谓之格物;不欺此一念灵明,谓之诚意;一念廓然,无有一毫固必之私,谓之正心。直造先天羲皇,更无别路,此是易简直截根源。①

"一念之微",即"几"。《周易·系辞上》:"夫《易》,圣人之所以极深而研几也。"几,苗头、预兆之义。"念者,心之用",心是见在的,念也是见在的,故"念不可以有无言"。②不能说"无念",念一直都存在,只是有时候处于沉寂状态,有时候比较清晰罢了。圣狂之分,就在"克念"与"罔念"之间。"使圣人一时不克念,良知做不得主宰,便是作狂。"③圣学功夫,就是察识这一念之"几",让邪念没有成型的机会。尤其是独知之念,更需要下功夫。格物、诚意、正心的目的都是保持此"一念灵明",一念灵明,则良知便是主宰,直达先天本心。《论语》说"回也,其庶乎屡空",何意?"空者,道之体也。……颜子气质消融,渣滓浑化,心中不留一物,故能屡空。""屡空"不是指物质匮乏,而是心体没有任何欲望、世情牵扯,已到至善境界。只不过颜回尚只做到了"其心三月不违仁",故只是"屡"空,"圣人则为全体之空,仁之至也"。④

"一念之微,只在慎独。"所谓慎独,"其所慎之几,不出于一念独知之微。是故一念戒惧,则中和得而性情理矣;一念摄持,则聪明悉而耳目官矣;一念明察,则仁义行而伦物审矣。慎于独知,所谓致知

---

① 《水西别言》,《王畿集》卷十六,第451页。
② 以上引文见《别曾见台漫语摘略》,《王畿集》卷十六,第464页。
③ 《答章介庵》,《王畿集》卷九,第210页。
④ 以上引文见《书累语简端录》,《王畿集》卷三,第75页。

也;用力于感应之迹,所谓格物也。"①独即独知,独知之念最难克制。在这独知之念上谨慎,才是真正的致知;在独知之念所感应之物上用力,方是格物。本心无欲无求,无需增减,只需勤加呵护此良知,使其常保清净,不受各种意欲影响即可。良知本身就是天理,所以也不需要什么存天理的功夫。慎独也不是在喜怒哀乐未发时下功夫,心体无时无刻不在运动流行,无所谓未发已发,恰恰需要在喜怒哀乐发动时体会"致和",致和即是致中的结果和表现。

孟子提倡"善养浩然之气",龙溪解释道:"浩然之气,由集义所生,即是致良知,即是独知。……(告子)惟不致其良知,所以有不得于心、不求于气之病,反将盛大之体壅于桎梏。"②"义者,宜也",指行事的正当性。"正当"本身就是良知的体现。所以,浩然之气是在致良知的实践中积累起来的一股堂堂正气,是致良知的结果。孟子又提出本心"操则存,舍则亡,出入无时,莫知其乡",什么是操心? 龙溪解释说:

> 操是操练之操,非执定把持之操也。良知者,人心之灵体,平旦虚明之气也。操心即是致之之功,'操则存'者,随时随处练习此心,复其本来活泼之机而已;不操则便泥于时、滞于方,心便死了,故谓之亡。'出入无时,莫知其乡',正是指本来真体,示以操之之的,非以入为存、出为亡也。只此便是常存他虚明体段,只是养心之法。③

"操心"就是致良知的功夫,不需要刻意把持操练,而是随时随地地去妄念,保持良知本来的生机;没有这随时随地的工夫,良知被邪念把

---

① 《新安福田山房六邑会籍申约》,《王畿集》卷二,第51页。
② 《周潭汪子晤言》,《王畿集》卷三,第58页。
③ 《册付养真收受后语》,《王畿集》卷十五,第438页。

持,本心就真的死了。"出入无时,莫知其乡"是形容良知本来状态的,养心就是涵养这种虚明的状态。

龙溪强调"悟须实悟,修须真修"①。"实悟",就是实自本心之悟,心悟才是真正的领悟,非言语可描述,如哑巴做梦,自己意会,难以言传。"真修",就是"体自本性",从自身上体会,如病人求医,心里非常急迫,半点都不想等待。悟而不修,只是在玩弄精神;修而不悟,徒增虚妄。实悟和真修,尽在"致良知"三字中。良知是本体,于此天天著察,即是悟;致良知是工夫,于此勿忘勿助,即是修。所以"致良知"并非寻常话头,须仔细琢磨体会,就知道其中蕴含丰富的内容。

良知是本心一点灵明,是人之为人的根本,是人本有的道德法则。凭良心办事,便可"无过"。龙溪强调,"吾人一生学问只在改过,须常立于无过之地,方觉有过,方是改过真工夫","良知真体时时发用流行,便是无过,便是格物"②。人有过,是因为昧着良心办事;若要无过,就要时时保持本心纯良,良知发见,这才是下功夫处。

(四) 儒者之学,务为经世

与"致良知"相应的是"天地万物为一体"思想。阳明认为"大学"即大人之学,"大人者,以天地万物为一体者也,其视天下犹一家,中国犹一人焉"③。大人能以天地万物为一体,是其心本有仁德的缘故,故能推己及人,及于家国天下。龙溪积极宣扬阳明学说,亦发挥了阳明这一思想。针对当时有些学者空谈心性、学术空疏的现象,龙溪一再强调儒者务为有用之学:

> 夫良知在人,圣愚未尝不同,然而有能有不能者,利害毁誉

---

① 《留都会纪》,《王畿集》卷四,第89页。
② 《答聂双江》,《王畿集》卷九,第199页。
③ 〔明〕王守仁:《大学问》,《王阳明全集》卷二十六,第968页。

有以蔽之也。吾人诚有意于经世,岂忍一日悠悠,甘于退托,漠然视之而已也? 天地万物,一体相随,生生之机,自不容已。一切利害毁誉之来,莫非动忍增益,以求尽吾一体之实事,随其力之所及,在家仁家,在国仁国,在天下仁天下。所谓格物致知,儒者有用之学也。①

良知在心,就不会忍心坐视天下苍生不管,就不会真的退隐山林而对世事不闻不问。圣贤与愚不肖均有良知,区别在于前者能致良知而后者做不到,原因是利害毁誉等遮蔽了其良心。天地万物本吾一体,对于我们这些常人来说,所谓致良知,就是于日用常行中面对利害毁誉时,能做到动心忍性,不断增益自身,力所能及地做好每一件实事,在家仁家,在国仁国,在天下仁天下。格物致知,并非像一些学者说的是认识活动,而是实践之学,是用于家国天下的有用之学。

> 儒者之学,以经世为用,而其实以无欲为本。无欲者,无我也。天地万物本吾一体,莫非我也。惠爱节宣,翕张与夺,设诱用间,乘机度变,直而养之,曲而成之,无非尽吾一点之衷。②

无欲、无我即是"虚",这是良知的最大特点。只有"虚",才会不受干扰地凭良知去判断一切;只有"虚",才会无私,才会做到"公",才会溥爱万物。龙溪跟随阳明学习时间最久,亲眼看见老师四处平叛,深思巧谋,用兵如神,收服叛军却从未大肆屠戮,而是直击对方良心痛处予以感化,收效奇佳。这正是阳明本人理论在实践中得到的最佳验证。龙溪总结道:

---

① 《王瑶湖文集序》,《王畿集》卷十三,第350—351页。
② 《贺中丞新源江公武功告成序》,《王畿集》卷十三,第367页。

> 儒者之学,务为经世,学不足以经世,非儒也。……自阳明
> 夫子倡道东南,首揭良知之旨以觉天下,天下之人皆知此心之灵
> 贯彻天地,而生民之疴痒疾痛始与吾人休戚一体相关,为之维持
> 抚摩,以求尽其心而致其命者,始炯然不容于自已,所谓生生之
> 仁也。①

人立于天地之间,为万物之灵长,自然有人之为人的担当和责任。张
载提出"为天地立心,为生民立命",这就是经世之学。立心、立命并
非虚气可以承当、空言能够领略,必定要体现在实事中才可以。只可
惜,道丧千载,圣学不传,天地与吾人、吾与生民漠然分开,《大学》所
谓大人之学完全沦为空谈。阳明倡道东南,拈出良知之宗旨,告诉天
下人,人人皆有良知,推此良知于天下万民,则百姓之疾痛疴痒便与
自己息息相关。所谓尽心致命,所谓生生之仁,都体现在"致良知"
中。人惟有致良知,才能实现天地万物本吾一体,才是真正的经世学
问,才是真正的儒者。

(五) 良知乃"范围三教之枢"

三教异同之争,一直是热门的话题。理学兴起后,儒家开始发挥
经典中的心性思想,视佛老为异端,往往只看到儒与佛老之异,并将
心性思想与佛家相似的学派都视作禅学。张九成以降凡是以本心为
核心思想展开讨论的,都遭遇到"类禅"的批评。陆九渊生前如此,阳
明更是如此。针对时人对三教异同的看法,对阳明心学的质疑,龙溪
均给予了充分的回应。

有朋友提出,佛教心性论精妙,乃形而上一截;传统儒家所讨论,
未免在形而下发挥,所以欲谈心性之学,还得借助佛教。龙溪回应
道:此说似是而非,所谓上下两截其实并不存在。说佛教"形而上",

---

① 《王瑶湖文集序》,《王畿集》卷十三,第350—351页。

无非就是佛教谈"虚""寂""微""密";这些范畴在儒家典籍中早都讲过,"此是千圣相传之秘藏,从此悟入,乃是范围三教之宗"①。只是圣学不传,后儒反将此秘藏拱手让于佛老,一说空寂便以为是异学,不肯承认担当。其实佛、道教皆是出世之学,尧舜时的巢父和许由之流即其宗派。阳明曾有"屋舍三间"之喻,唐虞时这三个房间都是自己的家当,到了后世,圣学不起,仅守住了一间,而把其他两间送给了佛、老。儒家拿什么来"范围三教"呢?那就是阳明的良知之学。"先师良知之学乃三教之灵枢,于此悟入,不以一毫知识参乎其间,彼将帖然归化。所谓经正而邪慝自无,非可以口舌争也。"②良知既涵盖了佛老所讲的虚寂、虚无之本体,又有致知的工夫,仔细体悟便可明白。

时人都将佛、老视作异端,龙溪不以为然,他指出,孔子说过"攻乎异端,斯害也已",那时佛教尚未传入中国,孔子也曾向老子问礼并有"犹龙"之叹,所以不可能视二者为异端。"吾儒之学,自有异端。"③佛教遗弃人伦物理,究心虚寂之学,一开始就比较荒诞,这是显而易见的。但是目前最大的问题并不是佛教,而是俗学。儒学与禅学、俗学之间具体有何差别呢?

> 吾儒之学与禅学、俗学,只在过与不及之间。彼视世界为虚妄,等生死,为电泡,自成自住,自坏自空,天自信天,地自信地,万变轮回,归之太虚,漠然不以动心,佛氏之超脱也。牢笼世界,桎梏生死,以身徇物,悼往悲来,戚戚然若无所容,世俗之芥蒂也。修慝省愆,有惧心而无慼容,固不以数之成亏自委,亦不以物之得丧自伤,内见者大而外化者齐,平怀坦坦,不为境迁,吾道

---

① 《三山丽泽录》,《王畿集》卷一,第14页。
② 同上注,第15页。
③ 同上注,第14页。

之中行也。①

佛教视一切为虚妄,为梦幻泡影,皆不离成住坏空,讲究生死轮回,一切归之太虚,对外部世界漠然不动心。虽然超脱,却无济于世。俗学则太看重名利,被世俗一切所羁绊,为物欲驱使,拿不起放不下,心中充满对世界的怨恨。只有儒学,用之于内则可修身养性,修愆省愆,能做到不以物喜,不以己悲,用之于外则可修齐治平,避免了佛学与俗学的极端,可谓中行之道。佛教追求虚寂,老庄讲究虚无,"虚寂""虚无"也是良知的本性,但是良知之学从来没有离开过对人伦事物之感应,从不离日用伦常,这是儒与佛老最大的区别。因此,不能一提"虚寂""虚无"就说是堕入佛老,儒与佛老,毫厘之差,正在于此。

儒与佛、老亦有相通之处。吾儒之"良知",就相当于佛教之"觉"、道家之"玄",但立意各有侧重,功用亦不同。儒家主于经世,佛、道主出世。主于经世,哪怕是退藏宥密,也都是经世之事;主于出世,哪怕是普度未来众生,也都是出世之事。一个是顺世、为公,一个是逆世、为私,判然别矣。

儒家和道教相比,从本体上说,"吾儒之学,主于理;道家之术,主于气"②。主于理,会顺乎性命,大公无私,观天察地,含育万物,以天地万物为一体;主于气,则以为有方术制炼丹药,不免盗窃天地万物,逆而用之,自私其身,不能通于天下。就功夫而言,"吾儒致知以神为主,养生家以气为主"③。儒家用戒慎恐惧的功夫存神,神住则气自住,当下回到虚寂状态,这就是无为;以气为主,是从气的流动上用功,气结神凝,神气含育,终还是有为。所以,还是儒家更胜一筹。

龙溪认为,儒与佛老之异其实非常细微,"须从源头上理会,骨髓

① 《自讼长语示儿辈》,《王畿集》卷十五,第 426—427 页。
② 《寿商明洲七褒序》,《王畿集》卷十四,第 403 页。
③ 《三山丽泽录》,《王畿集》卷一,第 12 页。

上寻究"①。就是因为没有深入探究,儒家对二教的误解始终只停留在文字言说表面,如罗洪先就认为"释主空明,老主敛聚,其于真性咸有断绝"之论。龙溪指出,讲到断灭种姓,二乘禅和下品养生术可能会有,连佛、老都指责这是邪魔外道。佛老主静的宗旨,讲空明却普照众生,讲敛聚却充遍全身;佛教讲"无住而生其心",说明从不反对六根同时发挥作用,道家讲"观其复",原不曾脱离万物。吾儒不必在这些细枝末节上与佛老斤斤计较,应该先穷自家之源头,才能领会他们的源头;我们先深入自家的骨髓,才能深入研究他们的骨髓。自家学术尚且没搞明白,又怎么能说清三家的异同呢? 到最后,只是徒增纷纷议论罢了。

那么三教之争是怎么形成的呢? 龙溪指出,这是吾儒自己的问题。道家曰虚,儒学亦曰虚;佛教曰寂,圣学亦曰寂,该如何分辨呢?"世之儒者不揣其本,类以二氏为异端,亦未为通论也。"②深究儒学本源,未尝与二氏相异。孔子说"吾有知乎哉? 无知也",这是说良知本于无知;"有鄙夫问于我,空空如也","空空"就是虚寂之义;颜回善学孔子,孔子说他"庶乎屡空",就是在深深赞许他达到了"虚寂"的境界。汉儒以章句训诂为主,掩盖了"空空"之旨。佛教传入中国,圆修三德六度,万行归于一念,空性常显,圣凡差别只在修行的层次。末流教徒沦于虚无寂灭,谓之沉空,这是其不善学之过,并非佛教本身的问题。如何正确看待三教的关系?

> 人受天地之中以生,均有恒性,初未尝以某为儒、某为老、某为佛而分授之也。良知者,性之灵,以天地万物为一体,范围三教之枢。不徇典要,不涉思为,虚实相生,而非无也;寂感相乘,

① 《书陈中阁卷》,《王畿集》卷十六,第477页。
② 《三教堂记》,《王畿集》卷十七,第486页。

而非灭也。与百姓同其好恶，不离伦物感应，而圣功征焉。学佛老者，苟能以复性为宗，不沦于幻妄，是即道释之儒也。为吾儒者，自私用智，不能普物而明宗，则亦儒之异端而已。毫厘之辨，其机甚微。吾儒之学明，二氏始有所证，须得其髓，非言思可得而测也。吾党不能反本自明其所学，徒欲以嘘声吓之，只为二氏之所哂，亦见其不知量也已。①

如上文所提到的，从源头上说，儒释道这三间"屋舍"本都属于儒家所有；从人性的角度，都是受天地所生，所以一开始也没分那么清楚。阳明重新拈出的"良知"乃心性之灵明，以天地万物为一体，足以含摄三教。虚无、寂灭都不是三教的根本区别所在，研习佛老之学的，如果能坚持"复性"的宗旨，不沦于幻妄，就仍是儒家；吾儒如果自私耍小聪明，不能仁爱万物，彰显圣学宗旨，那就是异端。所以，应当先深入领会自家的学问，才能比较出三教的异同。自家学问不明，对佛老嘘声相吓，只会徒遭人耻笑，不自量力而已。毫无疑问，龙溪的态度是比较客观中肯的。

罗汝芳在讲课中常用佛教的因果报应说接引下根之人，龙溪批评说，这就如痴人前说梦，怕对方不喜欢，又增加了一些梦话罢了。对吾儒之学应当自信自达，自己与百姓同作同止，对方自然信奉，不必以奇特伎俩进行引诱。"惟只时时提省良知，从一念不可欺、不容昧处默默体究，高者俯而就，下者跂而及，至微而彰，至近而神，以共进此道，更觉省力无弊耳。"②良知之学自有其魅力所在，能时时提醒，让对方默默体究，无论上根下根，都能做到，既省力又没弊端，不是更好吗！归根结底，还是对吾儒之学信心不够。

_____

① 《三教堂记》，《王畿集》卷十七，第 486—487 页。
② 《与贡玄略》，《王畿集》卷十二，第 317 页。

（六）道统观

阳明是通过梳理圣学相传之"道统"为象山辩护的。他断言："圣人之学，心学也。"尧舜禹圣圣相传者，就是心学。孔孟之后，只有周敦颐和程颢"始复追孔颜之宗"，之后便是陆九渊。"陆氏之学，孟氏之学也。"所以象山之学乃传圣之心学。不过，阳明不仅提"孔孟之学"，还说"孔颜之宗"。道统之"道"不仅是"心"，更是此心之"虚灵明觉"，即良知。"孔子无不知而作，颜子有不善未尝不知，此是圣学真血脉路。"①"知"即良知，良知无所不知，孔门中只有颜回在心地上用功，充分发挥良知的作用，是以能见"圣道之全"。"颜子没而圣学亡"，之后重新拈出良知宗旨并深入阐释的是王阳明——阳明暗示自己的学说才是圣学正宗②。龙溪的全部思想，都是围绕"良知"而展开。他在阳明的基础上，将"孔颜之宗"解释得更清晰、明确。

> 夫学，心学也。人心之灵，变动周流。寂而能感，未尝不通也；虚而能照，未尝不明也。此千圣以来相传之宝藏，人心之所同有，惟蔽于私而始失之。学也者，学去其蔽而已矣，非有加也。③

尊德性和道问学相比，尊德性是根本。心性是一个人自立之根本，读书只是帮助修身养性的手段。根本不立，即便天天背诵六经，也是玩物丧志。所以圣人之学，就是指心性之学。虚寂是人心的最大特点，人心因之而能感通一切、判断一切。此心人人皆有，常人被私欲所蒙

---

① 〔明〕王守仁：《传习录下》，《王阳明全集》卷三，第104页。
② 吴震认为："阳明提出'颜子没而圣学亡'，其根本用意之一在于将自己的良知心学与程朱理学划清界限，并将心学源头追溯至孔颜正派。"见吴震：《心学道统论——以"颜子没而圣学亡"为中心》，《浙江大学学报》（人文社会科学版）2017年第3期，第64页。
③ 《周琛集序》，《王畿集》卷十三，第353页。

蔽而失却本心,学习就是如何去蔽而已。它不是额外增加的负担,而是随时随地要做的事情。程朱一系以程朱接续孔孟,以居敬穷理为圣学宗旨。龙溪明确反对:

> 唐虞之时,所读何书?危微精一之外无闻焉。后儒专以读书为穷理,循序致精,居敬持志,隔涉几许途程?……先师信手拈出"良知"两字,不学不虑,以直而动,乃性命之枢、精一之真传也。
>
> 夫学有嫡传,有支派,犹家之有宗子与庶孽也。良知者,德性之知,性无不善,故知无不良。明睿所照,默识心通,颜子之学,所谓嫡传也。多学而识,由于闻见以附益之,不能自信其心,子贡、子张所谓支派也。……颜子没而圣学亡,后世所传者,子贡、子张一派学术,沿流至今,非一朝一夕之故,先师所倡良知之旨,乃千圣绝学,孔门之宗子也。①

唐虞之时,无书可读,因此其所传乃心传,"十六字心传"之外别无其他。程朱讲的居敬穷理显然与此宗旨相去甚远。孔门弟子众多,只有颜回默识心通,领略到了孔学的本质,是为嫡传。子贡、子张讲多学而识、学问由闻见而入,不信本心,是为孔门支派。颜回死而圣学亡。周敦颐"主静无欲"之旨,阐千圣之秘藏;明道以"大公顺应"发天地圣人之常,龟山、豫章、延平递相传授,每令"观未发以前气象",这都是在心体上用力,所以均可视为与圣学一脉相承。至朱熹,"专以读书为穷理之要,以循序致精、居敬持志为修养之法,程门指诀,至是而始一变"②。朱熹所传承的是子贡、子张之学,属于支派。一直

---

① 《与陶念斋》,《王畿集》卷九,第225页。
② 《答吴悟斋》,《王畿集》卷十,第248—249页。

到阳明揭示出"良知"宗旨,才回归惟精惟一,接续孔颜之学,因此是圣学正宗。

对于本朝的学术源流,龙溪亦有梳理:

> 粤自明兴以来,学术渐著。肇于薛敬轩,沿于吴康斋、胡敬斋,而阐于陈白沙。敬斋以行修,康斋以悟入,敬斋祖薛而得证于吴,白沙宗吴而尤主于自得。学将有所归矣,延绵衍溢,至于阳明夫子,首提良知之旨,示之学的,而后灿然大明。①

> 我朝理学开端,还是白沙,至先师而大明。白沙之学,以自然为宗,"从静中养出端倪"犹是康节派头,于先师所悟入处,尚隔毫厘。②

有明一代学术始于薛轩,由吴与弼、胡居仁继承,大阐于陈献章。胡居仁重修行,吴与弼重体悟,陈献章学问宗吴与弼,更强调"自得"。陈献章以自然为宗旨,"从静中养出端倪"虽也是心性之学,却更近于邵雍,与后来的阳明不同。经过这些学者的开拓,至阳明揭良知之旨,圣学才真正地灿然昭明。所以,若说本朝理学,应始于陈献章,至阳明而大明于世。

确定阳明接续圣学的正宗地位,既是向广大学人进一步阐明圣学宗旨,又是对当时人怀疑心学是禅学的回应。他大声疾呼:

> 吾人甘心不学则已,学则当以颜子为宗。颜子不远而复,且道颜子是何学?乃孔门易简直截根源、先天之学,非可以知解想像而求者也。……先师一生苦心,将"良知"两字信手拈出,直是

① 《周琛集序》,《王畿集》卷十三,第354页。
② 《复颜冲宇》,《王畿集》卷十,第260页。

承接尧舜孔颜命脉,而其言则出于孟氏,非其所杜撰也。①

阳明生前,虽战功赫赫,却深遭廷臣嫉恨。他去世后,廷臣污蔑他"事不师古,言不称师",被追夺爵位、免去世袭。隆庆元年(1567),穆宗继位,下诏追赠阳明新建侯,谥文成。阳明之子王仲时承袭爵位,王畿深表忧虑,担心他沉溺富贵,有失众望。于是作《袭封行》,勉励他善述父志,无坠家声。他自称:"我忝师门一唯参,心诀传我我传君。良知两字中天柄,万古回看北斗文。"②孔子曾告诉曾参"吾道一以贯之",曾子回答了一个"唯"字就退出来了。有门人问夫子是何意,曾子回答:"夫子之道,忠恕而已矣。"③曾子悟出了老师学问的"一贯"宗旨:忠恕。龙溪称自己是王门之曾参,意味着他也悟到了老师学问的"一贯"之旨,即良知。阳明根据自己的切身体悟,50岁时"始揭致良知之教",声称"近来信得'致良知'三字,真圣门正法眼藏"。此后他反复强调"良知"的意义:"我此良知二字,实千古圣圣相传一点滴骨血也。""某于此良知之说,从百死千难中得来。"④可以说,同样是心学,正是"致良知"这一本体和工夫完全打成一片的命题将阳明与象山区别开来,成为阳明思想的发明和特色。龙溪也正是看到了这一特色,也领悟到了老师的心思,因此他的思想完全围绕"良知"二字展开。他对同门有关良知的论述逐一分析批判,他从各个角度对"良知"的内涵做出阐释说明,以之作为"道统"之内容,以之范围三教,不仅有助于廓清人们对"良知"的模糊认识,而且扩大了阳明学的影响。

在阳明生前的好友和第一批学生中,王龙溪寿数最长,故黄绾的

① 《答茅治卿》,《王畿集》卷九,第230页。
② 《袭封行》,《王畿集》卷十八,第566页。
③ 《论语·里仁》。
④ 以上引文见《年谱二》,〔明〕王守仁:《王阳明全集》卷三十四,第1278—1279页。

"艮止",季本的"龙惕",聂豹、欧阳德、邹守益、罗洪先等江右学者对"格物致知"的不同解读,湛若水对心学的批评等等围绕阳明心学产生的问题,他都非常了解,是以能够通过书信、会讲的方式有针对性地予以回应,从某种程度上起到了澄清概念、深化理论、普及阳明心学的作用。他曾自信地评价自己:"师门'致良知'三字,人孰不闻?惟我信得及。"①只有他,对"致良知"宗旨始终坚信不移,并在四十余年的讲学生涯中,孜孜不倦地通过各种方式宣讲。万历四十七年(1619),《龙溪先生集》二十卷付梓,门人周汝登作序,谓其书讲本体则不堕玄虚,讲工夫则不落阶级;谓其人守阳明之成说,实则志自冲天;说他扩阳明之未言,实则发不离彀。"人而不欲希圣则已,欲希圣则必究文成之宗旨;不宗文成则已,宗文成则必绎先生之语言。"②龙溪全集实与阳明全书相羽翼,均是吾道之正宗,高度评价龙溪卫护师门、传道之功。素以狂妄著称的李贽(1527—1602)也为之作序,称龙溪文集二十卷无一卷不是谈学之书,无一篇不是论学之言,读之忘倦。"余尝谓先生此书,前无往古,今无将来,后有学者可以无复著书矣!盖逆料其决不能条达明显一过于斯也。"③之后学者所著之书都是狗尾续貂,绝不可能超过龙溪的水平。这简直就是膜拜得五体投地了。

也许还是黄宗羲的评价比较客观中肯:"象山之后不能无慈湖,文成之后不能无龙溪,以为学术之盛衰因之。慈湖决象山之澜,而先生疏河导源,于文成之学,固多所发明也。"④龙溪与慈湖皆高寿,杨简对象山心学的发展和传扬贡献巨大,而龙溪于阳明心学的阐发与大力传播亦功不可没。

---

① 《遗言付应斌应吉儿》,《王畿集》卷十五,第442页。
② 〔明〕周汝登:《刻王龙溪先生集序》,《王畿集》附录五,第857页。
③ 〔明〕李贽:《龙溪先生文录抄序》,《王畿集》附录五,第859页。
④ 〔清〕黄宗羲:《浙中王门学案二》,《明儒学案》卷二十,第239页。

三、张元忭

张元忭(1538—1588),字子荩,号阳和、不二斋,浙江山阴(今绍兴)人,乃南宋名臣张浚的后裔。隆庆五年(1571)状元,官至左谕德兼翰林侍读,因不辞辛劳南北往返为父鸣冤,又为人耿直,不随众逢迎权臣张居正,故被时人誉为"忠孝状元"。著述甚丰,包括《朱子摘编》、多部地方志、笔记等,今人所编《张元忭集》收录了其文集和遗稿,其心学思想就主要体现在这些文集和遗稿里。

黄宗羲认为,张阳和之学"从龙溪得其绪论,故笃信阳明四有教法"[1]。王龙溪去世后,张元忭作祭文,高度评价龙溪之学问和卫护师门之功。龙溪对于阳明之学的理解和把握,已经不仅是升堂入室,而是"神解心承,直窥阃奥";龙溪在王门的地位,就相当于孔门之颜回、闵子骞、程门之游酢、杨时。阳明殁后,龙溪几十年来"总持三教,狎主宗盟",江左江右,浙东浙西,无不为之"兴叹于望洋"。阳明之学脉绵延不绝,实在是由龙溪为之表率。"先生未死,文成犹生;先生死矣,文成其不复生也。绝学如线,谁与主张? 末俗如鹜,谁与典刑?"[2]他甚至绝望地认为,龙溪活着,阳明学就在;但龙溪一死,阳明学也就断绝了。对于阳明学的宣传,对于末俗之学的流弊,谁去担当和纠正呢? 不过,高度的肯定并不意味着高度的认同。从二人的书信往来看,尽管张元忭是后学晚辈,但龙溪始终将其视为同道的道友。阳和曾针对"四无"说与龙溪往复辨证,现存龙溪文集里有完整的《与阳和张子问答》。阳和自述他是"直遵阳明之说"[3],"阳明先生致良知之学,直是远契颜、孟,近接周、程,考之经传,无不吻合。仆

---

①　〔清〕黄宗羲:《浙中王门学案五》,《明儒学案》卷十五,第323页。
②　以上引文见〔明〕张元忭:《祭王龙溪先生文》,《张元忭集》卷十三,钱明编校,上海古籍出版社2020年版,第347—348页。
③　《答许敬庵》,《张元忭集》卷五,第138页。

味之愈深,信之愈笃"①。可见,从师承上说,张元忭之学并非来自龙溪,而是通过阅读《传习录》等文字形成自己的见解,并在与同道中人的讲学问难中不断精进的。

"四无"说主张心体无善无恶,悟得本体即是工夫,是为"上根之人"所设。张阳和则针对当时的学风,担心学者单言本体而忽略了功夫,流入空虚。所以他主张"四有",反对良知现成、良知不分善恶说,要求不能混淆知和行。

(一) 良知本有,致之为难

阳明之后,讲学之风盛行,尤以龙溪影响最大最广。阳和将当时的讲学之弊归结为三点:

第一,"议论多而实践少"②。自阳明提出"致良知"之后,人人皆能道良知,"讲学诸公不论人之贤否,事之精粗,开口便说良知,言之者轻,听之者厌"③,却不谈如何修行,如何才是"致"的工夫,直把圣学变成了俗学。无论是宗心学还是奉朱学者,都过多关注形而上之本体,而忽略了向下的工夫。有人拿朱陆之异说事,抨击心学过于高妙,"但象山之学,每于人情事变上用工夫,则岂偏于高明者哉?"宗心学者批评朱学泥于琐碎,"晦翁之学,尝读其诗窥之,如所谓'源头活水''中流自在''无中含有''体用无间'云者,则岂泥于事物者哉?"朱陆之学都是既重视本体又强调工夫的学问,"夫外事物而言虚无,此二氏之妄也;外心而言事物,此俗儒之谬也,皆非所以语二先生也"。④天下万事皆起于心,心无事而贯天下之事,心无物而贯天下之物,这就是孔门"一贯"之旨。离事物而单言心,这是佛老之学;离心而向外求事物,这是俗儒之见。朱、陆都是大儒,他们看似在高谈本

---

① 《与毛文学》,《张元忭集》卷五,第155页。
② 《又答田文学》,《张元忭集》卷三,第88页。
③ 《寄冯纬川》,《张元忭集》卷四,第99页。
④ 以上引文见《又答田文学》,《张元忭集》卷三,第89页。

心或格物穷理,实际都没有忽略道问学或涵养心性的工夫。而当下的俗儒"徒言良知而不言致,徒言悟而不言修",都喜欢夸夸其谈地议论,落实在行动上的却非常少。故他要挽救时弊,"不但曰良知,而必曰致良知;不但曰理以顿悟,而必曰事以渐修"。①

第二,"谈本体而讳言功夫"。② 阳和指出,人的资质禀赋有高下,所以讲学教人应当有权有实。"直指本体,不落阶级者,其实也;旁引曲辟,务以渐入者,其权也。"③对上根之人,可以语"实";中下根之人,当以"权"论。现实的情况是,讲学之人每每对人大谈本体而讳言功夫,以为"识得本体便是功夫"。"某谓本体本无可说,凡可说者皆功夫也。"④良知人人都有,体悟其含义、存有并不难,既然靠体悟,说明良知非言语所能描述。良知虽不可言说,但如何"致"良知却是可说的。讲学者只谈本体而不说功夫,会误导学者,使良知之学流入空虚,也与圣学宗旨不符。

第三,讲学者纯用禅语,混儒释为一。当时讲学之人,嘴里说的、笔下写的都是禅宗术语,如"头面""色相""业障因缘"之类,俨然已经成为套语了。六经之书、孔孟之言俱在,为什么一定要借用西方话语?有人说,程朱等大儒也用过如"活泼泼地""素犹见在"等词,阳和指出,偶尔用一次是可以的,但连篇累牍、纯用其语就太过了。这是对世道人心的误导和破坏。龙溪还要用"良知"来"范围三教",更是违背了先贤严辟佛老的态度和立场。大家为何如此津津乐道于禅语呢?"今人谈释老者,非真能行其言也,乐其言之足以饰私肆欲也",⑤简直就是欺人欺天的行为。

---

① 以上引文见《寄周海门》,《张元忭集》卷五,第 153 页。
② 《寄罗近溪》,《张元忭集》卷五,第 122 页。
③ 同上注,第 121 页。
④ 以上引文见《寄罗近溪》,《张元忭集》卷五,第 122 页。
⑤ 《寄冯纬川》,《张元忭集》卷四,第 99 页。

在批评不良学风的同时,阳和的立场和观点也越来越明确:"良知从践履上体验得过,方为真知;彻内彻外,无一毫私欲掺杂,方是致良知。但若曰知得到便是行,以是为易简要诀,恐空虚之病终所不免。"①他把良知当成一种"知",良知知善知恶,只有经过亲身的实践体验,才是真知。因此他反对龙溪的良知"见在"说,认为良知不是现成的,它是后天形成的;良知也不是无善无恶,而是有善有恶的。说良知不分善恶,就相当于告子的"生之谓性"论,将人性与物性相等同了。所谓"良",是指"自然而然,纯粹至善"②;若掺杂各种私欲人为,就只能称之为"知"而不能叫"良知"了。正因为良知有善有恶,所以格致诚正的工夫才有必要,否则,圣人们又何必言"克己""慎独"呢?至于"不思善,不思恶",这是禅家之语。《大学》既言"止于至善",就说明"思善"在先了——必先思善,然后才知如何止、止于何处。颜回"有不善未尝不知",良知也;"知之未尝复行",致良知也,这才是知行合一。"知行合一以成其德,其颜子之学乎? 舍实行而语真知,非善学颜子者也。"③说良知无善恶,恐会有学者以妄念为良知;不思善恶,则让学者不知该如何下手。

(二) 识得本体,方可用功夫

那么该如何用功? 阳和提出两点:

1. 虚心

虚与实相对应,只有先"虚"掉一切,才能容纳一切。"学者种种病痛皆起于不虚,卑之汩于利欲,高之骋于意见,其弊有不可胜言者。"④心中装满各种利益私欲,或者各种成见,先入为主,就不可能

① 《寄冯纬川》,《张元忭集》卷四,第92页。
② 同上注。
③ 同上注,第93页。
④ 《答邹聚所》,《张元忭集》卷四,第101页。

再接纳别人的意见。"虚之一字,乃自治之要机,凡外有所系,内有所执者,皆虚之障也。"①凡是对外有牵挂,对内又固执,都不可能真正"虚"下来。要"致虚",最好的境界,就是"一念不起,万应常寂"②。无事时心头各种杂念纷纷,当然是不虚;尚未践履,便起一念,就是先入为主,也是不虚。完全清空一切杂念、成见,随事随应,才会达到"天下无余事"的境地。"惟虚则善言易入,惟虚则应事不疏。"③颜回能"有不善未尝不知",就是"致虚"的结果。

2. 悟修并进、知礼兼持

既然"凡可说者皆功夫",那么识得本体后,就知道该如何用功了。正如程颢所言:"识得仁体,以诚敬存之。"诚敬便是存仁的功夫。《楞严经》也说:"理以顿悟,事以渐修。"悟和修不可偏废。"得悟而修,乃为真修;因修而悟,乃为真悟。"④具体表现为戒慎恐惧的慎独工夫,"独"即独知,即良知。"静时惺惺然戒慎,动时惺惺然恐惧,于潜隐而常若昊天之现前,于微暗而常若上帝之临照。"⑤他十分认同季本的"龙惕说",该说以龙喻心,以龙之警惕喻心之常惺惺,通过警惧的功夫而实现良知本体之自然。

"仁"是孔子思想的核心,但孔子教学生的,皆是"求仁之功"。求仁必先"识仁",然后"体仁",体仁的功夫即是"克己"。阳明揭示"良知"二字,在张元忭看来,"良知即仁也"。⑥ 良知是本体,致良知的功夫就是"格物"。他引用阳明的话:"意有所向便是物。物有正有不正,格其不正以归于正,此之谓格物。物格而知自致,意自诚,心

---

① 《寄赵定宇》,《张元忭集》卷四,第119页。
② 《答邹聚所》,《张元忭集》卷四,第101页。
③ 《又答查毅斋》,《张元忭集》卷五,第129页。
④ 《寄罗近溪》,《张元忭集》卷五,第122页。
⑤ 同上注。
⑥ 《寄查毅斋》,《张元忭集》卷五,第123页。

自正,身自修,一以贯之者也。要而言之,只是遏人欲以存天理。"①
阳和据此指出,千古圣学,只是遏人欲、存天理,若只有天理,没有人
欲,则虞舜何以曰"人心""道心"?《易》何以曰"闲邪存诚"?孔子
何必说"克己复礼"? 格其不正之心以归于正,格其不诚之意以归于
诚,格其不善以归于至善,格其不明以归于明,这就是格物,就是止于
至善,就是明明德。简单地说,格物就是在心体上做"改过迁善、惩忿
窒欲"的工夫。改过迁善、惩忿窒欲乃是圣学第一义,是学者入门下
手处,但当时很多学者都忽略了,将其作为第二义,其实违背了阳明
之训。②

　　如何改过迁善、存理去欲? 宋儒所讲的养德、讲学不可缺少。时
人张口便讲良知、致良知,以为只在心上用功,遂鄙薄宋儒尤其是朱
子学之主敬穷理功夫,其实根本不理解"良知"的内涵,更不理解阳明
拈出"致良知"的用意。张阳和引用闽学学者陈让(字原礼,号见吾)
的话解释道:"阳明先生惧人谓格物只是穷理,穷理只是读书,故以格
物为主于行;惧人以致知为致闻见之知,故加一'良'字于'知'之上,
非良知不足以言知,非格物不足以言致良知。""宋儒之学,万分之中
不无一失,阳明发明其所未至,将以为宋儒之忠臣益友,而非欲拾彼
之短以形己之长也。今讲阳明之学者,辄掇拾宋儒之短以为口实,语
养德之学,则为薄德,语讲学之事,则无益于学,而徒使阳明得罪于先
儒,可为深戒。"③事实上,养德、讲学怎么可能欠缺? 慎独便是养德,
是时时刻刻的事;不讲学,不亲师取友,又怎能相互砥砺、学有所进
呢? "每对学者,必以悟修并进、知礼兼持为说"④,"世有忠信廉洁以

————————

①　《答许敬庵》,《张元忭集》卷五,第137页。按,这段话不见于《王阳明全集》,是
　　张元忭在给许孚远的信中,自称"弟平生参究,独有味乎阳明先生之言,以为的然
　　无可更疑者。其言曰",然后引用了这段话。
②　以上参见《答孟我疆》,《张元忭集》卷五,第150页。
③　《见吾陈公传》,《张元忭集》卷九,第241页。
④　《寄罗近溪》,《张元忭集》卷五,第122页。

自砥砺者乎？无论其学,余诚愿为之执鞭。"①讲顿悟,讲良知固然不错,但顿悟之后仍需修行,或者通过渐次修行以达顿悟之地;良知判断是非,是为人处世之底线原则,但儒家之"礼"仍需持守,不可废弃。"修"和"礼"是对当时空疏学风的纠偏,要求将功夫落到实处。

(三)力辟佛老

时人指心学为禅学,王龙溪的回应方式是辨儒释于毫厘之际,张阳和并不认同,他甚至认为龙溪其实是混儒释为一,以"良知为范围三教之宗旨"的三教一途说更是违背圣人之教。对待佛老,当以异端视之。他不反对读佛书,他本人也读,但他觉得佛经有很多重复饶舌之处,不如儒家六经"简直而切于世用"。如果六经尚未遍观,于佛经就更不需要花时间阅读。况且,"学者苟平其心,直其行,即不识一字,何妨?"②否则即便诵《法华经》三千部,跟自己又有什么关系呢? 对于当时讲学者纯用禅语讲说写作的现象,他深恶痛绝,要求同道君子"一遵中正之训,尽删佛氏之言,以正人心,息邪说,于世教大有赖焉"③。

对当时大家热衷讨论的杨简之学,阳和也直言不讳地说,慈湖之"不起意"说乃是禅家语,虽然其微旨与"诚意"相同,但的确出自禅宗,"此三字终非所以为训也"④。但他肯定了慈湖的"心之精神是谓圣",认为与阳明"心之良知是谓圣"一致,良知即精神,体现了心外无道、心外无学。有人说陈献章之学也是禅学,阳和觉得也不奇怪,因为白沙有诗云:"千休千处明,一了一切妙……"这分明就是禅家偈语嘛! 但是有人攻击阳明的良知说是禅学,阳和完全反对,他坚决维护阳明承继孔颜的道统地位。首先,良知与精神皆指心而言,万事万

---

① 《赠王学博序》,《张元忭集》卷二,第60页。
② 以上引文见《答周继实》,《张元忭集》卷三,第86页。
③ 《寄冯纬川》,《张元忭集》卷四,第91页。
④ 同上注,第92页。

物皆起于心,古圣相传也只此一心。尧舜禹所谓"中",孔子所谓"仁",《大学》之"致知",《中庸》之"慎独",孟子之"求放心",其本质是一样的。其次,孔子提出"仁者,人也","仁,人心也",这是从仁体立论。孔门屡发"求仁"之教,但其宗旨并非始自孔子。《周易》曰:"天地之大德曰生","复,其见天地之心乎!"都讲的是天地生生不息之心、之德。人之生,以天地之心为心,以天地之德为德,便是仁德仁心。有此仁心,故天地万物与我一体,毛发痛痒,无不相关。"求仁"乃千古圣贤相传之要,舍此非学也。阳明揭出"良知"二字,"良知即仁也,虚而灵,寂而照,常应而常静,无而非无,有而非有,人之所以生,而心之所以不死者,唯此而已"①。"良知"一词出自孟子,阳明借此发挥了孔门仁学之底蕴,其"致良知"一言,"真是千古之秘传,入圣之捷径"②。

许孚远(1535—1604,号敬庵,浙江德清人)训"格"为"则",主张物物皆有定则,遵循而不违背此定则就是"格物",并认为阳明的"致良知"并非孔门之教。阳和连连致信,与之辩论,称其对"格物"的解读其实与阳明之教"本不相戾",只是在阳明"意之所在便是物"上增加了"剂量",更强调"物"之"则"罢了。许孚远更重视"通彻于物",并指阳明之说"未尽",阳和批评道,阳明"四句教"格不正以归于正,即是"闲邪存诚",即是"克己复礼",与孔学脉络没有丝毫区分,况且其学乃从万死一生中得来,岂可轻易论说? 对于许氏否定"致良知"乃孔门正脉的说法,阳和的态度更加激烈:

　　　　今闻粤间拘曲之士,徒以积习之见,据风闻之言,辄肆排诋,几于病狂,姑不暇与辨。乃贤智如兄,又幸生阳明之乡,向来同

---

① 《寄查毅斋》,《张元忭集》卷五,第123页。
② 《再寄徐鲁源》,《张元忭集》卷四,第113页。

盟共信,且欲率天下之人共学其学,而何忍一旦与之相左乎? 人
之于道,固各有所从入,不必尽同。就兄所独悟,虽与阳明小异,
亦自无害,但谓致良知非孔门正脉路,则安可为是言哉! 始阳明
与考亭异,举天下而争之,至今乃渐定。今兄又与阳明异,不知
天下之争之者,又何时而定也。阳明之于考亭,不得不异;吾辈
于阳明,又何必舍其是而与之异乎?①

攻击诋毁阳明之学者,基本上是闽粤地区固守朱学且没看过阳明著
述的人。许孚远仅仅因为对"格物"的不同理解,就认定阳明之学非
圣学,以"小异"而舍其"是",未免过于轻率。况且作为同乡,曾经与
众人同盟共信,共传其学,怎能因小小意见不同而再惹朱、王后学相
争? 阳明曾著《朱子晚年定论》,认为朱陆早异而晚同;张阳和认为
"朱陆同源",又从朱子论著中摘出与阳明之意相符者汇成《朱子摘
编》,与阳明互相发明。其友杨起元(字贞复,号复所,广东归善人)
评价曰:"盖自《定论》出,而朱子之学不湮于传注;自《摘编》出,而阳
明之辑果得其精华。阳明有功于朱子,是编复有功于阳明,而为同志
之助多矣。"②可见张阳和卫护阳明学说之笃定。

万历甲戌(1574)仲夏,张元忭担心龙溪"溺心虚寂,将外伦物而
习于异教,亟来劝阻"③,二人相会于云门山中,商订旧学,并叩新功。
阳和将其对"四无"说的疑问和盘托出,龙溪一一为之解答。针对阳
和提出的"无善无恶""不思善,不思恶"恐让人糊涂无下手处的担
忧,龙溪告诫他,以知为本体,以行为功夫,依旧是将知行分作先后
了;恐无下手处,认妄念为良知,"正是不曾致得良知"之故④。对于

① 以上引文见《答许敬庵》,《张元忭集》卷五,第146—147页。
② 〔明〕杨起元:《跋朱子摘编》,《张元忭集》附录三,第551页。
③ 《天山答问》,《龙溪会语》卷六,《王畿集》附录三,第774页。
④ 《与阳和张子问答》,《王畿集》卷五,第124页。

季本的"龙惕说",龙溪将自己与季本的通信内容向阳和重申了一遍,并指出,学者们谈妙悟而忽视戒惧,乃至于无忌惮而不自知,恰是"不曾致得良知,非良知之教使然也"①。针对阳和提出的"良知之旨不择人而语"的疑问,龙溪告诉他,良知是彻上彻下语,不论根机如何,只要肯用心体悟,都会有不同层次的收获。就如性与天道,子贡说不可得而闻,但孔子未尝不言,只是有得与不得之异罢了。"良知知是知非","良知无是无非",弃前者而谈后者,这是"不善学之病,非良知之教使之然也"②。两人三反三复,龙溪还教阳和如何调息,解释"操心"之法,等等。

　　龙溪耐心地答疑解惑,阳和也基本上接受了。他之所以一再强调践履工夫的重要性,只是担忧当时的学风过于"玄虚",并非是与龙溪唱反调。况且,并非所有人像龙溪那样敏悟,直截悟得本体便是功夫,其流弊余风已经很严重了。从这个意义上,阳和之说在矫正学风、纠正时弊上具有重要意义。阳和虽然抨击佛教,但他与当时的著名高僧云栖袾宏关系密切,并在讲学和书信中时常用"偈"来表达思想。如他告诉朋友邹德涵(邹守益之子),"近尝为一偈云:我有摩尼珠,裹之以破衲。盗贼不得窥,夜深弄明月"③,以此表达对"良知"的理解。可见他只是反对讲学著述纯用佛教术语,而非禁止读佛经、作偈语。但是以此便认为他"有儒释归一之趋向"④,则不能苟同。

　　张元忭思想的地位,可借用时儒吴达可(1541—1621,字安节)的评价:"先生自悟本体,而以操修立教,可谓善发阳明氏之蕴奥者乎!门人序言有曰:'见彻则进以褆修,行高则启以觉悟,摹拟古人则以自信为真,空谭玄妙则以践履为实。提醒人心,修悟并进,是岂徒事口

---

①　《与阳和张子问答》,《王畿集》卷五,第124页。
②　同上注,第126页。
③　《寄邹聚所》,《张元忭集》卷三,第86页。
④　钱明:《张元忭集》"编校说明",第4页。

耳者可窥闯其藩篱也。'"①四库馆臣也说他"矩矱俨然,无蹈入禅寂之病,与畿之恣肆迥殊"②。其对阳明学的宣传、阳明地位的维护,对阳明后学流弊的纠偏,功不可没。

第二节　王学的进一步发明

和张阳和有同样担心的,还有季本。阳明晚年提出"致良知",将本体与工夫打成一片,虽然也一再强调戒惧的工夫,听讲者却未必都能领略其中的深意。王龙溪是影响最大的弟子,却敏悟聪慧,属于上根之人,到处宣讲"四无"说,容易使人陷入空谈本体而忽略功夫的误区。鉴于此,季本专门提出"龙惕说",强调慎独工夫。黄绾晚年则对阳明良知说多有批评,发明了"艮止说"。

一、季本

季本(1485—1563),字明德,号彭山,会稽人。正德十二年(1517)进士,官至长沙知府。因锄击豪强过当而罢归。少师王文辕,后师事王阳明。其学"贵主宰而恶自然",与龙溪等人相对。著《龙惕》一书,认为"今之论心者,当以龙而不以镜。龙之为物,以警惕而主变化者也。理自内出,镜之照自外来,无所裁制,一归自然。自然是主宰之无滞,曷常以此为先哉?"③王畿和邹守益都劝他不要将警惕和自然对立起来,他自信其说,不为所动。季本著述甚丰,有《易学四同》《诗说解颐》《春秋私考》《四书私存》《说理会编》等一百二十卷。

---

① 〔明〕吴达可:《题阳和张先生文选序》,《张元忭集》"附录三",第547页。
② 〔清〕纪昀总纂:《不二集文选七卷》,《四库全书总目提要》卷一七九,第4821页。
③ 〔清〕黄宗羲:《浙中王门学案三》,《明儒学案》卷十三,第272页。

龙惕说的理论基础是理气关系论。季本主张,理乃阳之主宰,乾道也;气是阴之自然流行,坤道也,所以"知理则知阳,知阳则知阴矣"。就如乾主宰坤,理是气的主宰。"自然者,流行之势也,流行之势属于气者也。"一旦流行起来,必然重而难返,理却可以反之。从这个意义上说,谈到自然,必然以理为其主宰。自然即顺理,二者等同。"理非惕若,何以能顺? 舍惕若而言顺,则随气所动耳。故惕若者,自然之主宰也。"①"惕若"出自《周易·乾》九三爻辞:"君子终日乾乾,夕惕若,厉无咎。"言君子昼则勤勉,夜则警惕,虽处危境,亦无咎灾。君子若不"惕若",怎么能顺理? 只会随气而动。所以惕若是自然的主宰。同理,"命"是自然,"天命"就意味着天是命的主宰。"道"是自然,说"率性之谓道",说明性是道的主宰。"和"是自然,"和曰中节",说明中是和的主宰。如果没有主宰,则命、道、和就会偏离正轨。

　　季本解释自己为何以龙而不是以镜言心,因为心如明镜之说出自佛教,照自外来,无所裁制。龙则代表乾乾不息之诚,理自内出,其主宰者是心。他自信地说,此理发自孔子和孟子。《论语》讲"居敬而行简",敬即惕然有警,属乾;简则自然无为,属坤。若任自然而不以敬为主宰,则志不帅气,必为气所动,虽无所为,不亦太简乎? 孟子言"行吾敬",即是龙之义也。

　　惕若即惕然,警惕之意。在儒家便是"敬",敬在内,非在外。所以主敬即是"戒慎恐惧于独知之地,不使一毫不善杂于其中,即是惺惺而为敬也"。慎独,不是在"用"上求自然,而是于"体"上做工夫。工夫应在不睹不闻上做,不睹不闻即"最微之处",不为闻见所牵,反之入身后便成为本体之知;自然是指道之著于显处,言其用,"显"表现为闻见,为闻见所累则物失其则,不可以言道了。因此,慎独乃自

---

　　① 〔清〕黄宗羲:《浙中王门学案三》,《明儒学案》卷十三,第273页。

然之主宰,"舍慎独而言自然,则自然者气化也"。①

　　"惕若"归根结底就是慎独工夫。"圣人之学,只是慎独。""独"即独知,意即我所得之于天命,我自知之,非他人所能与也。"慎于独知,即致知也。慎独之功不已,即力行也。故独知之外无知矣,常知之外无行矣,工夫何等简易邪!"②如此本体工夫合一、知行合一,只要在本心上下工夫即可。

　　季本钻研《周易》,认为圣人作《周易》的目的就是使人自复其本心。"吉凶悔吝"相当于本心之四德——仁义礼智:为善则吉,"吉"就是人之心安处;为恶则凶,"凶"即人之心不安处;自凶而趋吉则悔,"悔"是人心有所悟而欲改处;自吉而向凶则吝,"吝"是心有所羞愧而不欲为之处。此心觉悟,吉凶悔吝自现,又怎么会重蹈祸患呢? 他还认为,"圣人画卦,全在心上见得此理"③,所以卦象都是描画德之刚柔,不一定是仰观俯察天地万物而得到的。天地万物皆是气,气乃德之外在表现,知德便知天地,万物自在其中。《易传》说包羲氏仰观于天等等,应该是春秋以后学《易》者之说,非出自圣人之手。

　　季本的"惕然"说源自他对主宰和自然关系的不同解读,将《周易》与主敬、慎独等结合起来,不失为一种创新。张元忭非常认同此说,写信给龙溪,认为此说有"救时"之意。龙溪解释道:良知乃自然之明觉,警惕乃自然之用,并非乾主警惕、坤主自然,警惕时自然,自然时警惕,不能将二者分开。戒慎恐惧,是自然而然的,不是刻意为之的,"未尝致纤毫之力"。如果担心学者谈妙悟而忽视戒惧,乃至于无所忌惮而不自知,正是不曾致得良知的结果,并非良知之教使然也。尽管如此,"龙惕说"仍具有重要的补偏救时的现实意义。

---

① 以上引文见〔清〕黄宗羲:《浙中王门学案三》,《明儒学案》卷十三,第276页。
② 同上注,第277页。
③ 〔清〕黄宗羲:《浙中王门学案三》,《明儒学案》卷十三,第280页。

二、黄绾

黄绾(1480—1554)，字宗贤，号石龙、久庵，台州黄岩人。以祖荫入官，官至礼部尚书兼翰林学士。著有《五经原古》(今仅存"序")、《久庵日录》等，今人整理有《黄绾集》。

黄绾思想的形成，亦经历了大概三个阶段。据他自述，"少尝有志圣学，求之紫阳、濂洛、象山之书，日事静坐"[①]，历十年而无所得。31岁时，阳明馆于京，友人极力向黄绾推荐阳明之学，黄绾遂拜见阳明，一见相契，次日又引见湛若水，三人相与订交，终日共学。后阳明归越，黄绾拜访，闻致良知之教，大为信服，曰："简易直截，圣学无疑。先生真吾师也，尚可以为友乎?"[②]正式拜阳明为师，称门弟子。阳明去世后，廷臣诋毁，谓其学为伪学，黄绾上疏，历数阳明之大功有四，其学之要有三，要求朝廷明是非，定赏罚。他还将阳明之子正亿接至南京，以女妻之。晚年隐居翠屏山，读书讲学，开始反思心学。从《周易》《尚书》中悟出"艮止""执中"，将其贯穿于四书五经，作为圣传宗旨。综上，他对阳明学是始信而终疑，最后形成自己的思想。

(一)圣圣相传，乃艮止、执中之学

自从韩愈提出"道统"说后，这圣圣相传之"道"究竟是什么，众说不一。程朱道学认为是天理，心学认为是本心。他们都是从四书五经中得出的结论，都认为自家才是正统。黄绾覃心研读五经，对《周易》之"艮其背，不见其止;行其庭，不见其人"、《尚书》之"惟精惟一，允执厥中"详加体味，指出，若论功业之大、道德之盛，无过于唐虞三代之君臣。"夫功业由道德，道德由其学，其学由于其心，必知其学，然后其心可得知也"。那么自伏羲以降至三代之学，究竟是何学

① 〔明〕黄绾:《阳明先生行状》,《黄绾集》卷二十四,张宏敏编校,上海古籍出版社2020年版,第460页。

② 〔清〕黄宗羲:《浙中王门学案三》,《明儒学案》卷十三,第280页。

呢?"盖自伏羲以来,以'艮止'启存心之法,至尧以'允执厥中'示由道之要,至舜、禹以'人心道心''危微精一''安止几康'明'允执厥中'之要,至汤、文、武以'钦止艮背'明'建中绥极'之要,其实皆'艮止'也。"①《大学》言"知止","止"字之义本于《易》之"艮"。"艮"之义,源于伏羲、文王而发于孔子。孔子曰:"艮其止,止其所也。""止其所","止"之主体是谁?"所"又是指何处?这还得从《大学》中找答案。

阳明《大学古本序》:"大学之要,诚意而已矣。"②格物即是诚意,致知就是致良知,并以之为"孔子—颜回—曾子"的"一以贯之"之道。黄绾不同意。他认为:"《大学》之要,在'致知在格物'一句。"接着,他对格物致知作了新的诠释。

> 其云致知,乃格物工夫;其云格物,乃致知功效。"在"者,志在也,志在于有功效也;"致"者,思也,"心之官则思,思则得之,不思则不得也";"格"者,法也,"有典有则"之谓也。③
> 夫独知者,人心本体也。致知则是格物工夫,格物则是致知功效。习察即是致知,行著即是格物。"喜怒哀乐未发谓之中",于此戒恐乃致知也。"发而皆中节谓之和",得其中和乃格物也。"物"者,吾之君臣、父子、夫妇、长幼、朋友之事也。"格"者,停当而不可易也。事至于格则至善矣,故上文云"在止于至善",即下文云"致知在格物"也。此一"在"字实管上文三"在"字。大学之道,只在尽性尽伦而已,故曰"在明明德,在亲民"。尽性尽伦必皆至于至善而后无余蕴,故曰"在止于至善""在格物"也,

---

① 《书经原古序》,《黄绾集》卷十三,第 249 页。
② 〔明〕王守仁:《大学古本序》,《王阳明全集》卷七,第 242 页。
③ 《久庵日录卷二》,《黄绾集》卷三十五,第 667 页。

此谓成己成物皆止于至善也。①

朱子以格物为致知的工夫，所以以格物为穷究事物之理，不知"有典有则"就是格物，反而向外求物，失之于支离，非圣人之学；阳明亦以格物为致知的工夫，将格物释为正心，格其不正以归于正，又将孔子教颜回的"克己"工夫理解为在"格"字上用，也没有领悟"有典有则"就是格物，求之于心，失之于内，导致空虚放旷，亦非圣人之学。二人的共性，是把"致知在格物"之"在"字都理解成了"在于"，致知的工夫在于格物；又将"致知"之"致"与下文的"知至"之"至"等同，于是都不把"格物"当成功效，只看作是工夫。

实际上，"致知在格物"之"在"是"志在"的意思。"格"指法则，"物"即事，指的是成己、成物之事。成己，即明明德、亲民；成物，即齐家治国平天下之事。成己的结果必然是成物，二者是内外合一的关系。有事必有则，五伦之典则尽之矣。五伦之典则并非外铄，它天然存在于人心之中，所谓"至善"指的就是这些典则。"格物"的意思是，君子应立志尽性（"明明德"）尽伦（"亲民"），达于至善，这是君子的目标和追求。如何实现？通过"致知"。"致"指思考，在这里指"精一"的工夫，"知"即独知。《大学》先务，只在于致知；圣功之本，只在于独知，故工夫皆在'知'字上用。"②独知即独有自己知道的念头或想法，与"人所共知"相对应。阳明曾说过："所谓'人虽不知而己所独知'者，此正是吾心良知处。"③"此独知处便是诚的萌芽。"④当大家都知道你的想法时，很容易做到谨慎不苟；难得的是"己所独知"时，仍能表里如一、诚实不欺，这才是良知的真正体现。因为是自

---

① 《与人论学书》，《黄绾集》卷二十一，第 394 页。

② 《久庵日录卷二》，《黄绾集》卷三十五，第 667 页。

③ 〔明〕王守仁：《传习录》卷三，《王阳明全集》，第 119 页。

④ 〔明〕王守仁：《传习录》卷一，《王阳明全集》，第 34 页。

己心里时不时冒出的念头,别人不知道,所以"独知"总是无声无臭
的。"致知"就是于"独知"时致精一的工夫。人心有人欲,有天理。
发于人欲者,谓之人心,"人心惟危",如忿懥、恐惧、好乐等情感,使本
心不得其正;发于天理者,是谓道心,隐微不显。于此"精而一之,一
以守之,念念不失"①,做到不自欺("诚"),便是"致知"。"学问工夫
只是致知而已",《大学》"诚意"章分五节内容专论致知格物之义:

> 其曰"毋自欺"者,致知也;"如恶恶臭,如好好色"者,致知
> 之实工也;"此之谓自谦"者,致得其知,不待勉强而谦,谦以自牧
> 也;"故君子必慎其独"者,此提撕致知之所在也;小人不知致知,
> 故闲居而自欺,人皆见其肺肝,则愈见不致知之无益也。然此独
> 知之地,人不睹闻,最为隐微,即其自知而言则莫见莫显,虽"十
> 目所视,十手所指",不是过也,恶可欺之? 故曰"其严乎!"苟能
> 于此戒惧,以至于"德润身"而"心广体胖",此致知之极功也。②

诚意即"毋自欺","毋自欺"便是致知的工夫。"如恶恶臭,如好好
色",人天生有是非之心,致此是非之心于色、臭上,必然会恶恶臭、好
好色,这就是"毋自欺"的表现。所以,"'毋自欺'之一言,此真孔门
之适传,千古论学之无弊者,莫此过也"③。阳明将《大学》归结为"诚
意",二人其实是一致的。只是黄绾更强调"独"字。"五伦"含尽家、
国、天下,其根本却在于一身,身之主宰是心,因此,"要紧只在一
'独'字","知于此致力,则心体归一,乱虑不生,故曰'知止'"④。所
谓"知止",就是知道这"独知"该止于何处,使良知时时显现,无论对

---

① 《久庵日录卷六》,《黄绾集》卷三十九,第 712 页。
② 《与人论学书》,《黄绾集》卷二十一,第 394—395 页。
③ 同上注,第 393 页。
④ 同上注,第 395 页。

内对外都以"诚"相待。"止"非泛止,止必有所。"所"即心中之窍,即良知。良知是人心之灵窍,也是天地之根、阴阳之门,五行皆备于此。道教所谓气机、魂魄之合,儒家所谓帝衷之降、天命之性、神、仁,皆在此灵窍之内。"若知所止,则此心自然能定、能静、能安,故虑即得之。"[①]当完全认识到良知才是自己所有念头("独知")的归宿后,此心自然就定、静、安下来,所以说,我们是通过思考后才领悟到这个道理的。虑即思,即"致知";得即得其道,即"格物"。致知是工夫,格物是最终的功效。

"致知"既肯定了心之本体——独知,又道出了精一的工夫,所以是本体与工夫的合一。在黄绾看来,整篇《大学》的关键是"致知在格物","'知止'二字,实千古作圣心学之秘诀"[②]。尧舜以来列圣相传之格物致知之学所以晦而不明,就在于人们忽略了"知止"二字。不知此秘诀,导致不知于何处用致知之工,故以格物为工夫而以致知为功效,颠倒了二者的关系,专于物上穷理,必欲于"众物之表里精粗无不到",然后"吾心全体大用无不明",方谓"知至",从而走向了支离。心学谓心体无意无思,意、思皆障蔽心体之要素;又以"物"为私物,下克己工夫格去其物,主张无物,然后良知自明、物来顺应。这些均与六经不符。《诗经》讲"天生烝民,有物有则",既然"有物有则",岂能克之成无?《孟子》说"心之官则思,思则得之,不思则不得",既然有当思不当思,又怎能使之"无"?若"无物",则良知何在?若不用思,则致知何措?若良知、致知都不讲了,所谓体用一源、知行合一、物来顺应又从何谈起?

(二)反己笃志,学思结合

明确了圣人之学在于"知止",需在独知上用精一的功夫。为避

---

① 《与人论学书》,《黄绾集》卷二十一,第396页。
② 同上注,第395页。

免陷入空虚,黄绾提出笃志、学思结合等具体方法,作为实用的修养法门。

1. 反己笃志

阳明以"致良知"为孔门"一贯之要",黄绾不同意,提出"一贯之要,只在反己笃志而已"①。反己即反求诸己,"今欲学圣人,惟求之吾心而已。不知反之于心,求其累与害者去之,徒以博物洽闻为有事,旁寻远觅为会通,是乃逐物而滋蔽也。故古圣传授皆以克己去私为至要,私去则心无所蔽,其体清明而天下之本立矣"②。反己就是反求己心,心体本清明,私欲牵累害之,要克去私欲,复还清明之心。这不是一朝一夕、一次两次的事,而是终身要做的功夫。是否愿意反求诸己,能否坚持不懈,关键在于"笃志"。

笃志即笃志于圣人之道,圣人之道即"精一而执中"。"精者,思也;一者,道也,思得其道则无过、无不及矣"③,就是将平时的习染尘情"痛抉勇去",不使纤毫混于胸中,"日择日莹,随其事物之来,无动静,无内外,无大小,无精粗,无清浊,一皆此理应用",不管有事无事,此独知之心都时时是"入德之地",时时具有"造道之工"。④孔子十五岁而志于学,至七十岁而从心所欲不逾矩,就是此志日笃的结果。光提倡静坐、主敬而不先立志,恐怕会动静交违、顾此失彼。"笃志"才是万世为学之秘诀。宋儒惟陆九渊明确说要立志,明白痛快,直抉根源,却被目之为禅。近世陈献章等人之学皆不符合圣门宗旨。圣人之道,即是对"一""中"又思又执,只有禅学才不执不思。阳明的"致良知"是"致吾心之良知于事事物物",直接在日常实践中体现。"致良知"隐含着一个理论前提,即认识到良知乃我心固有,天然具足,我

① 《寄阳明先生书》,《黄绾集》卷十八,第 340 页。
② 《复王纯甫书》,《黄绾集》卷十八,第 336 页。
③ 《赠王汝中序》,《黄绾集》卷十三,第 230 页。
④ 以上引文见《寄阳明先生书》,《黄绾集》卷十八,第 339 页。

与尧舜相同。如此才能在实践中时时"致良知"。黄绾当然赞同致良知，但是他担心有些学者以为"良知既足，则学与思皆可废矣"①。不学六经，不知道孔子所说的志道、据德、依仁、游艺究竟指何事，更不去思考儒释之别，如此便很容易流入空虚。因此他主张在"致良知"之前先"笃志"，明确"致良知"的目的和归宿；要致思，"夫独知之有知觉，乃为良知；知之而思，乃为圣功之本，此乃圣学宗旨之至要"②。独知与良知还是有区别的，独知时有知觉、不麻木，才可称为良知；认识到这一点并以精一的功夫时时守护，才是根本功夫。独知人人都有，关键在于对其进行思考判断。所谓慎独，独即独知，"独知之地，四端所在，万理攸具"，岂可不慎？"于此致思则曰惟精，于此归缩则曰惟一，惟精惟一，乃尧舜学问之传也。"③

黄绾非常重视励志，不仅立志而且要坚持不懈。"为学只在励志，常励志则不息而久，久而不息，所以诚身。"④他隐居深山后，离群索居，日益深省，"方知学问之难，惟在立志"⑤。佛老考虑的是生死问题，于世俗一尘不染，勇猛精进，然后有所收获。吾儒一切学问，只在人伦之中，仰事俯育，何所不关？怎么可能顿然无事，一切无染于心呢？如果没有坚定的信念，于日用事物中求其当然之理，光靠静坐，心能真静、性能真定的人实在太少了。

2. 以我观书

时人辨朱陆之异时，以为陆学专门尊德性而不及道问学，遂疑其为禅。黄绾为象山辩护，象山尝言"束书不观，游谈无根"，何尝不教人读书？只是他所明、所知、所读异于众人，学者没有想到罢了。朱

---

① 《久庵日录卷一》，《黄绾集》卷三十四，第656页。
② 《赠王汝中序》，《黄绾集》卷十三，第232页。
③ 《寄罗峰》，《黄绾集》卷二十，第369页。
④ 《久庵日录卷六》，《黄绾集》卷三十九，第708页。
⑤ 《寄甘泉书》，《黄绾集》卷十八，第341页。

陆生前相互尊重,门户之争起于朱子后学,他们专事简册,舍己逐物,流传至今,将朱子著述编辑成科考资料,满天下流传,即便三尺童子都能摇唇鼓舌,诵习一番。若有人谈及德性,立刻目之为禅,显然已经将德性视作身外之物,六经也无心深究,大道晦蚀,一至于此。鉴于时人只读《四书集注》等后人著述而不读六经原典的风气,黄绾提出"以我观书",即自己用心体会经书之义理,"深求至当",形成自己的心得,而不是把后人著述当成标准答案。正如陆象山所说:"自立自重,不可随人脚跟,学人言语。"①朱子之书是朱子自己的心得,象山之书自是象山本人的心得,都不是我们自己的。只有形成了自己的心得体会后,才知道于众家学问中该如何取舍。

> 吾人学问惟求自得以成其身,故曰:"诚者自成也,而道自道也。"实无门户可立,名声可炫,功能可矜。与朱陆之同异有如俗学者也,苟求之能成吾身而有益于得,虽百家众说皆可取也,况朱陆哉!苟求之不能变吾气质而无益于得,虽圣言不敢轻信,况其他哉!②

问学的目的在于成己,凡有利于成己、让自己有所收获的,皆可取;凡不利于变化气质、无所收获的,即便是圣人之言亦不能轻信。因此应直接读四书五经,体会圣人之道。黄绾为其读经的山阁取名"家经阁",有客人不解,问:"四子五经,天下古今之典。子以为家,何也?"黄绾回答道:

> 《大学》道圣学之方,圣方非我之家物乎?《中庸》道圣学之

---

① 《语录下》,《陆九渊集》卷三十五,第461页。
② 《答邵恩抑书》,《黄绾集》卷十八,第332页。

要，道要非我之家物乎？《论语》尽圣人之道，尽道非我之家物乎？《孟子》明圣人之用，明用非我之家物乎？《易》道三才之德，三才非我之家物乎？《书》道群圣政事，政事非我之家物乎？《诗》道古人性情，性情非我之家物乎？《礼》道君子节文，节文非我之家物乎？《春秋》道帝王赏罚，赏罚非我之家物乎？①

家是一个小的国，国是一个大的家。四书五经所载内容各不相同，却都是修身齐家必备之书。别人家以珠玉金帛为宝，黄绾则以四书五经为家藏的宝物，日日玩味，终身珍视。

3. 志道、据德、依仁、游艺

黄绾不认为象山之学是禅学，但他认定杨简之学肯定是禅学，因为他以"不起意"为宗旨，又说《易传》"议拟成变化"非圣人之言，"必欲废思与学，及志道、据德、依仁、游艺之事，乌得而非禅哉！"②他认同杨简对"本心"的看法，如人心自善、自灵、自明，人心即道，人心即神，人皆有四心，四心是四德，此心圣贤与凡愚皆同。但是，与慈湖又有许多不同，其一便是他强调学问在于志道、据德、依仁、游艺，而这一切杨简都不提倡。若遵信杨简之学，其结果必然和禅宗一样，最终沦于虚无。在黄绾看来，《论语·述而》中孔子说的"志于道，据于德，依于仁，游于艺"才是圣门所有事，才是平时功夫实下手处。他重新解释了这句话：

> 行之于身，无不中节，谓之道；成之于身，温良恭俭让，谓之德；全其仁义礼智信于心，谓之仁；切于民生日用，衣食居处必不可无，谓之艺。故道曰志，德曰据，仁曰依，艺曰游。此乃圣学之

---

① 《家经阁记》，《黄绾集》卷十五，第 294—295 页。
② 《久庵日录卷一》，《黄绾集》卷三十四，第 661 页。

所有事者也。①

尤其是对"艺",不再指六艺,而是指与民生日用密不可分的衣食住
行,这是每个人天天都要面对的,修行工夫就体现在这日用平常中。
若不以此为工夫,会有很多不良后果:

> 人为学若不知止,则必流于禅;若不知志道,则处事必不中
> 节;若不知据德,则气性必不好;若不知依仁,则心术必不良;若
> 不知游艺,则所守必不固。纵或勉为苦节以终身,后必不可
> 继也。②

"知止"即本体即工夫,是修行的根本;志道、据德、依仁、游艺是
具体的落实,平时笃志圣学、涵养气质、修心养性、固守道德,坚持不
懈,方能有所成就。黄绾曾自述他少年时刻苦自励的经历,他八岁
时,母舅为其延请塾师,前后一二人皆市井浮薄之徒,所引学生也多
是市井浮薄子弟。他当时虽知羞愧,但也未免受影响。后来幡然醒
悟,悔恨发愤,把自己关起来,终日终夜不食不寐,罚跪自击,无所不
至。又在本子上分两行写"天理""人欲"四字,发一念为天理,便用
红笔点一下,发一念为人欲,便用黑笔点之。每十日一数,以红黑数
多寡看功效。又在手臂上系一绳,在木牌上书写当戒之言藏于袖中,
经常检视以自警。如此坚持了数年,仅能免过咎,却无法完全遏制欲
望的萌发。"由此益知气习移人之易,人心克己之难。又久而思之,
圣人之学,以诚为本,诚之为功,以毋自欺为要,毋自欺之实,皆在独
知之中致力,虽衽席之上,不可忽也。"③可见,黄绾从《大学》中拈出

---

① 《久庵日录卷一》,《黄绾集》卷三十四,第664页。
② 同上注,第661页。
③ 《久庵日录卷二》,《黄绾集》卷三十五,第669页。

"知止"二字,要求学思结合,要求功夫落到实处,是他多年实践和不断思考得出的结论。

(三)批判与反思

黄绾的理论也是建立在批判和反思的基础上的,主要是对佛老的批判,对宋儒、同时代人思想的反思。

对于儒学与佛、老的关系,黄绾认为三者有同有异。"三教之言性皆同,而作用不同。"①人有生命,性是生命之根本。所以儒、佛、老为教,皆从性开始。性无二道,故三教言性皆同,但作用则大不一样。儒家讲经世,有体必有用,有功夫必有实效,所谓齐家治国平天下也。佛、老讲出世,故有体而无用,有功夫无功效。儒家讲的作用功效恰恰是佛、老所要避开的。其次,佛、老言"无",儒家言"有"。只有佛老讲无欲、无念、无意、无心、无情,这些都不是儒家六经所提倡的。如佛教讲无情,不能有七情六欲,细求人心,忿懥、恐惧、好乐等喜怒忧惧之情怎么可能完全"无"呢?"今欲无之,乃是禅学宗旨。"②儒家所要做的,是通过精一的功夫,依循天理,使这些情感"发皆中节",这就是圣人的经世之学。天理人欲不可分,人不可能完全"无欲",通过修养使欲望合乎天理即可。"人心之灵,无时而不知觉,寤寐之时,形体虽息,心之知觉则未之或息。"③"知觉"即天理,天理存乎人心,隐微难见,思则得之,不思则不得。既然心一直是活动的,就不可能不产生各种意、念、情感。圣学之功不在于使儒学趋同于佛老,而是保持清明的本心,使其所发之意、念、情均合乎天理。所以,周敦颐《通书》讲"无欲",明道《定性书》讲"心普万物而无心"、"情顺万物而无情",杨简讲"不起意""无念",都属于流入禅学而不自知。黄绾干脆下结论:"宋儒之学,其入门皆由于禅:濂溪、明道、横渠、象山则由于

---

① 《久庵日录卷一》,《黄绾集》卷三十四,第651页。
② 《复王汝中书》,《黄绾集》卷二十一,第402页。
③ 《与人论学书》,《黄绾集》卷二十一,第392页。

上乘,伊川、晦庵则由于下乘。"①大家都说圣学至宋代而倡明,但语焉不详、择焉不精者太多了。程朱大讲"主敬""致知"之功,皆是下乘之学,距离圣学尤其远。"盖宋儒之学,自是宋儒之传,原非尧舜之传,尧舜之传至孟子而绝,在今则无传矣。"②尧舜禹圣圣相传乃"精一执中"之学,精一执中即艮止,孔子于《艮卦·象传》明此旨,授于曾子,曾子于《大学》提出"知止而后有定",授之子思,子思授孟子,孟子殁而无传。宋儒号称接续了孔孟千载不传之绝学,但他们所讲的,动辄无极太极、无欲、清虚、主敬主一、不起意、今日格一物明日格一物,等等,完全与圣学宗旨不符。

宋儒大本既失,则其作用必然难以发挥。"其尤蔽者,莫甚于礼与治。盖自尧舜至孔孟以来,其见于礼与治者,皆本于诚,未始有二。宋儒于礼于治,皆不本于诚,歧而二之。"③礼、治均是"诚"的外在表现:"诚"之道运用于交际上下、动静语默、揖让进退、动容周旋之间,就是礼;运用于治国安民,就是治。并不是像宋儒那样,为礼之前先弄清仪文度数,为治之前一定要严格法制禁令。宋儒显然把仪文度数这些"礼文"等同于"礼"、把严格法制禁令这些措施当成"为治"本身了。他们实际上是沿袭了汉儒之论,汉儒论礼,原于叔孙通;汉儒论治,原于管仲、商鞅,皆与尧舜、三代、孔孟之精神不符,可见,圣王之精神命脉在孔孟之后就完全断绝了。

黄绾指出,宋儒之流弊,一直延续到他这个时代,而且愈演愈烈。湛若水虽与阳明交游甚好,却不认同阳明的"致良知",批评它有体无用。他提出"随处体认天理":"格者,至也。物者,事理也。此心感通天下之事理也。格之者,意、心、身皆至也,即随处体认天理也。"天下之理皆在于物,故功夫全在格物上。黄绾曾向甘泉叩问过"随处体

① 《久庵日录卷一》,《黄绾集》卷三十四,第658页。
② 同上注,第653页。
③ 同上注,第665页。

认"之旨,得到的答案是:"随处体认天理者,皆在外而不在内。"黄绾断言:"其学支离,不足以经世,乃伊川、晦庵之为弊也。"①和程朱的格物穷理并无本质区别。程明道曾说:"天理二字,却是自家体贴出来。""体贴",即内心的体悟,说明天理在内而不在外。那么甘泉说的"体认",怎么会是"在外"呢?可见其并没什么新意。

至于阳明思想,黄绾对之始信终疑,最终批评。1512 年,黄绾归天台,阳明特意作"序"为他送行。"序"中提到"宗贤于吾言,犹渴而饮,无弗入也,每见其溢于面。今既豁然,吾党之良,莫有及者"②。现存阳明生前给黄绾的最后一封信,写于 1527 年。他叮嘱黄氏"须是克去己私,真能以天地万物为一体,实康济得天下,挽回三代之治,方是不负如此圣明之君,方能报得如此知遇"③。黄绾当时对阳明学说可谓深信不疑,阳明对他也甚有期待。阳明去世后,面对廷臣对其学其功之非议,黄绾毅然上疏,历数阳明之学,"其要有三":致良知、亲民、知行合一。致良知,"实本诸先圣先贤之言也"④。在祭文中,他还称这些学问"乃先生极深研几之妙得,继往开来之峻功"⑤,"续往圣不传之宗,救末代已迷之失"⑥。晚年隐居深山,黄绾对《大学》有了新的体悟,于是开始反思阳明的格物致知说和万物一体说。阳明释格物为正心,将身、心、意、知、物通通合为一"物",作为良知之条理;将格、致、诚、正、修合为一"事",通通为致良知之工夫;还让看《六祖坛经》,领悟其"本来无一物"、不思善、不思恶、见本来面目、为直超上乘,与良知之至极相合;又认为《悟真篇后序》深得圣人之旨;认为《论语》所言皆下学之事,非直超上悟之旨。"予始未之信,既而

① 以上引文见《久庵日录卷一》,《黄绾集》卷三十四,第 658 页。
② 〔明〕王守仁:《别黄宗贤归天台序》,《王阳明全集》卷七,第 233 页。
③ 〔明〕王守仁:《与黄宗贤》,《王阳明全集》卷六,第 220 页。
④ 《明是非定赏罚疏》,《黄绾集》卷三十二,第 626 页。
⑤ 《祭阳明先生墓文》,《黄绾集》卷二十九,第 564 页。
⑥ 《祭阳明先生文》,《黄绾集》卷二十九,第 563 页。

信之,又久而验之,方知空虚之弊,误人非细。"①他认为阳明的这些
理论似是而非,已经与禅宗无异,流入空虚。阳明提出"大人之学,仁
者以天地万物为一体",吾与天下之人,乃至山川鬼神、草木瓦石皆为
一体,皆同其亲爱,没有差别。黄绾认为,若这么说,圣人讲的"亲亲
而仁民,仁民而爱物",要求情有亲疏,爱有差等全都是错误的了。这
一观点其实已经堕入墨子之兼爱,流于空虚了。他曾用心体察"朋
友"一伦,自己的儿子病了,一晚上起来一次,心里就非常不安了;哥
哥的儿子病了,哪怕一晚上起来十次,他心里都没有任何不安。这说
明兄之子固当爱,但是和爱自己的儿子相比,这种爱是有差别的。
"安与不安者,乃其本心,此天性人情之真。大人之学,皆由其真者,
因其差等,处之各不失其道,此所谓仁,此所谓大人之道也。"②既然
要致良知,当然要从真性出发,不应有任何的矫饰伪装。关系既然有
亲疏远近,爱当然就是有差别的,是不可能平等的。天地万物一体之
仁,在实践中是无法实现的,要么流入空虚,要么矫饰虚伪。

阳明去世后,以钱德洪、王畿为首的弟子们在各地建立学会,定
期聚会讲学讨论,宣讲阳明思想。以王畿影响最大。他毕生致力于
宣传阳明的"致良知"教,不厌其烦地解疑释惑,称"致良知"乃"千古
绝学","承接尧、舜、孔、颜命脉",阳明俨然就是与孔孟并肩的圣人。
对此,黄绾曾委婉地讥讽道:

> 予以艮止存心,以执中为志,以思为学,时止时行,无终食之
> 间违仁,兢兢业业,无一言敢妄,一行敢苟,欲寡其过,恒惧不能,
> 贤犹未及,焉敢云圣? 每见今之学者,动以圣居,其徒皆以圣尊
> 称之,稍有不称,辄肆攻诋,予诚不知其何心谓何为也。③

---

① 《久庵日录卷一》,《黄绾集》卷三十四,第 657 页。
② 同上注,第 657—658 页。
③ 同上注,第 665 页。

这也算是他对自己学说、平生实践的概括总结。他自认从少年起便严格自律,兢兢业业,一言一行都发自诚心,如此都不敢说自己是贤人,何况圣人？但现在的学者动辄以圣自居,其门徒也以圣尊称之,真不知道他们是怎么想的,到底有何了不起的贡献就说自己是圣人了呢？

黄绾对《大学》的不同解读自然是他思考的结果。认识本来就是主观的,见仁见智实属正常。从他对阳明的批判看,很明显他对"致良知"和"万物一体之仁"有很深的误解,或者说,他没有真正读懂阳明的思想。不过,他说阳明学有落入空虚之弊,还是引起了王门其他弟子的警觉。钱德洪便写信给王畿,提醒他"日来论本体处,说得十分清脱,及征之行事,疏略处甚多,此便是学问落空处"①。他认识到了可能会出现重本体轻工夫的现象,所以他更重视由工夫合本体。这一点与张元忭是完全一致的。

第三节　王学与禅学的合流

其他浙中王学门人,董沄悟道器无二、费隐一致,徐用检之"志学",王宗沐之"不息",等等,皆有所见。他们或直接师承阳明,或学于龙溪、绪山,在对阳明心学宗旨的理解上各有所得。明代晚期,佛教复兴,一些佛教大师如憨山德清、蒱益智旭等以禅意解读儒、道经典,会通三教,引起极大反响。越中(绍兴)本有学会,龙溪曾主教席,张元忭也时时号召,阳和去世后,学会不复从前盛况。周汝登奋起,与其弟子陶望龄共同挑起重振学会的重任。二人将禅风引入讲学,尤其是陶望龄引荐了很多禅学大师,浙东由此宗风大盛。晚明学术

---

① 《复王龙溪》,《钱德洪语录诗文辑佚》,《徐爱 钱德洪 董沄集》,第 150 页。

流入狂禅,此二人关系非小。

一、周汝登

无论从哪个角度,问学经历、地域、思想传承还是自我认同,周、陶都属于龙溪后学,属浙中王学,《明儒学案》却将其置入"泰州学案"之下。周汝登(1547—1629),字继元,号海门,浙江嵊县人。万历五年(1577)进士,官至南京尚宝司卿。曾创办鹿山书院、宗传书院,宣讲阳明之学。著述丰富,有《文录》《圣学宗传》《王门宗旨》《东越证学录》《佛法正轮》《四书宗旨》等,今人将前五种作品合编成《周汝登集》出版。

(一)学问渊源

周海门自述,"忆在庚午之年(1570)",他与友人共游于王龙溪之门。当时他只有24岁,是以对龙溪之言不能完全领会。《明儒学案》称,海门有从兄周梦秀闻道于龙溪,海门因之而知向学。后见到了罗汝芳,七日无所交流开示。他偶问了一句"如何是择善固执",近溪答曰:"择了这善而固执之者也。"从此便有了领悟处。近溪曾让其看《法苑珠林》,海门看了一两页,刚要说话,被近溪制止,让他继续读下去。"先生竦然若鞭背。故先生供近溪像,节日必祭,事之终身。"①罗汝芳学于颜山农,颜是泰州学派创始人王艮(1483—1541)的弟子,故罗属泰州后学,这大概是周海门被置于"泰州学案"下的主要原因。但是从《海门先生文集》和《圣学宗传》看,海门称"龙溪先师"处最多,还专门为龙溪文集作"序",称其书"前无往古,今无将来,后有学者,可以无复著书矣",称其人乃"圣代儒宗,人天法眼,白玉无瑕,黄金百炼"②,是阳明学的嫡嗣。他还将龙溪和近溪之学做

---

① 〔清〕黄宗羲:《泰州学案五》,《明儒学案》卷三十六,第853页。
② 〔明〕周汝登:《圣学宗传》卷十四,《周汝登集》,张梦新、张卫中点校,浙江古籍出版社2015年版,第738页。

了个比较："龙溪子之语,上中下根俱接得着;近溪子之语,须上根方能领略,中下根人凑泊不易。"①龙溪之学适合所有的学人,近溪之学只适合上根之人,而阳明"天泉证道"时明言自家的学问是随机而设,学者们可以各取所需,是适用于所有人的。可见,海门虽然视近溪为师,对其学却并不亲切。相反,他对王艮评价甚高,将其与阳明、龙溪并列,号称"三王":"心斋王先生,其东海之圣人矣乎!""圣学不明,凡几百年,而阳明先生作。继有先生,又有龙溪先生,共将此心此理昭揭示人,一时三王,可谓千古奇遇。……三王之书流行于世,皆世间一日不可无者。""先生之言与越中二先生之言,一而已矣,千古一而已矣。"②海门为王畿、王艮的文集都作了序,却没有为罗汝芳的文集留下只言片语;在《圣学宗传》中他也只是概括了罗汝芳的学术要旨,罗列了他的一些经典语录,没有做任何评价。

不过,对于王艮,他也稍有微词。王艮重新解释了《大学》之"格物":身是天下之本,家国天下是末;安身是立天下之本,齐家治国平天下都是安身的结果,诚意正心则是修身立本的手段。格物之"格",意为絜矩,吾身是规矩,天下国家是方圆。"格物"就是知本、安身,"知止"就是知安身。他只承认"吾身"是"物",其他心、意、家、国、天下都是手段或结果,不是"物"。对此,海门道:

> 心斋格物之说,自是归根之旨,然亦不能舍却家、国、天下、心、意另求一物。阳明子所谓致吾心之知在事事物物之间,格其不正以归于正。夫事物非迹,即是吾知;吾知非虚,即是事物。工夫即格即致,本末难分。如此修证,与孔门博约、中和之训无

---

① 《南都会语》,《周海门先生文录》卷二,《周汝登集》,第71页。
② 《重刻心斋王先生语录序》,《周海门先生文录》卷四,《周汝登集》,第129—130页。

不合辙。故区区谓惟当遵阳明子之说,着实做去,不必别立新
奇也。①

王艮讲究修身安身,没有离身心根本,所以不能说是错的。但他将本
末分开,将家国天下都当成"末",是安身的结果,这离"致良知"的本
旨就比较远了。"致良知"要求踏踏实实地"致吾心之良知于事事物
物",就是在包含了家国天下的人伦物理上进行践履,本体工夫融为
一体,不分本末。周汝登建议,当与阳明之说发生矛盾的时候,应以
阳明说为准的。

海门对阳明之学深信不疑,也是他"独参自证"的结果。他年轻
时面见过王龙溪,又学于罗汝芳,但归根结底还要靠自己的体悟。
"不肖近岁来独参自证,益信阳明'良知'二字是千圣真血脉。"②他立
志以传播发扬阳明学为己任:"我辈去阳明先生之世,几八十年矣。
阳明先生初倡此学时,不知经多少风波,后赖龙溪先生嗣续,亦不知
受多少屈抑。今日我辈得此路头,坦然趋步,可忘前人之恩力耶?"
"越有阳明,犹鲁有仲尼;龙溪,一唯参也。今日正须得一孟子,而后
仲尼之道益尊。谁其任之? 各自力而已矣!"③阳明如孔子,龙溪似
曾参,而他周海门要立志做孟子,继续光大阳明学,使后世益尊之。
他还特意作《王门宗旨》,录阳明语录及其门人数语,"旨称宗者,明
为千圣之嫡嗣也"④。

从思想上看,周汝登所认可和发扬的正是"四无"说。

(二) 良知无善无恶

周汝登与许孚远同主持南都会讲,有一天他宣讲"天泉证道",许

① 《与赵学博怀莲》,《周海门先生文录》卷十,《周汝登集》,第 297 页。
② 《寄赠李楮山先生》,《周海门先生文录》卷五,《周汝登集》,第 136 页。
③ 《越中会语》,《周海门先生文录》卷二,《周汝登集》,第 61、62 页。
④ 《王门宗旨序》,《东越证学录》,《周汝登集》,第 433 页。

孚远不以为然,作《九谛》以示,表示"无善无恶不可为宗"。周答以《九解》,一一为之辨析。

许孚远举《周易》《尚书》《大学》《孟子》等为证,说明圣人皆讲"善",而不讲"无善",性无善无不善,乃是告子之说。今以无善无恶为宗,恐不符合经传本旨。且经传中都是两两相对,善恶、中正偏颇、黑白、是非等。天道福善祸淫,人道为善去恶,古人也有善庆恶殃之说,若说无善无恶,"则人将安所趋舍与"?周海门回应道,无善无恶与为善去恶并不冲突,为善去恶的最终目标就是无善无恶。善恶是相对而言的,没有善也就无所谓恶,既然无善,又何必忧虑会入于恶呢?没有恶,善也不必再立。就好比无病便不须疑病,既然无恶,又何必怀疑会缺少善呢?无善无恶是谓至善,经传中的"厥中""一贯""至诚"等都指的是至善。经传中的"善",多数是与"恶"相对而言的;但发明心性的地方,就不与"恶"相对。如"中心安仁"之"仁"不与"忍"对,"主静立极"之"静"不与"动"对,《大学》在"善"之上加一"至"字,就更能说明问题。除了至善外,还有至治、至德、至仁、至礼等,都是因为没法用语言文字去形容,所以用"至"字来表达。正因为"善"没法形容,不易体认,所以要先"明"善乃可"诚"身。如果是与"恶"相对之"善",有何难辨?何必先"明"后"诚"呢?明道曰:"人生而静以上不容说,才说性时,便已不是性也。"正是此意。至于中正偏颇、是非等价值判断,"皆自我立名,自我立见,不干宇宙事"。天地山川皆自然而然,不因人赋予其属性便有善恶之分。人事也如此。有不孝方有孝子之名,真孝无孝;有不忠方有忠臣之名,真忠无忠。"若有忠有孝,便非忠非孝矣。"[1]以赏善罚恶、庆殃之说等来论性,都比较粗糙;如果悟到了人性的宗旨,悟到一切皆自然而然,不必刻意造作,就会明白"趋舍"二字实是学问之大病,不可有也。

---

[1]　以上引文见《九解·二解》,《周海门先生文录》卷一,《周汝登集》,第23页。

　　许孚远认为，若心、意、知、物都是无善无恶的，格、致、诚、正的工夫便无处下手，难道《大学》是专为中下根人所设，而今皆上根之人，不待学而能了吗？经传所讲的下学而上达、好古敏求、忘食忘寝，乃至克己复礼、闲邪存诚、洗心藏密、惩忿窒欲、改过迁善等，都是教志于道者应当竭其修为之力。今日教学者顿悟无善之宗，力跻神圣之地，这是要胜过孔子了吗？海门回复道，人性至善，不明此则成蔽陷。心意知物，其实只是一个，《大学》分开说，是为了方便罢了。下手工夫只有一个，即明善，明则诚，格致诚正之功都在于此，上中下根人都如此。若善恶不明，便去格致诚正，恐怕就步入歧途了。说"无善无恶"只讲顿悟而废修为，阳明教人，何尝不教人修为?!"即'无恶'二字，亦足竭力一生，可嫌少乎？既无恶而又无善，修为无迹，斯真修为也。"①《论语》中，以子文之忠、文子之清、原宪"克伐怨欲之不行"，都是竭力修为者，孔子却不以"仁"许之；而敏求忘食、复礼存诚、洗心藏密等，都是"无迹"之修，孔子倡之，阳明之教与孔子不正相吻合吗！

　　许孚远最后质疑道，《天泉桥会语》乃出自龙溪之手，以"四无""四有"判为两种法门，当时钱绪山便已不满。借阳明之口，"汝中所见是传心秘藏，颜子、明道所不敢言"，这是在刻意抬高阳明、龙溪的地位，超越在孔、颜、明道之上。看似尊阳明，实则病之，所以《天泉桥会语》实在是画蛇添足，不可以作为讲学之极则。海门回答道，人有中人以上、中人以下二等，发自孔子，并非判自阳明。同一言语，不同的人有信有疑，并非有人令其如此，而是其人自悟的程度不同罢了。闻道与否，应该归咎自己，不该怀疑所教之人，更不可怀疑所教之道。对于有志之人，如果自信得及，不妨立论高一些、承当得大一些。孟子未必超过颜回、闵子骞，却叫公孙丑"姑舍是而学孔子"；曹交连万章之辈都比不上，孟子却教他尧舜之道，令其法尧舜之言行。"四无"

---

　　①《九解·六解》，《周海门先生文录》卷一，《周汝登集》，第27页。

之说,岂是凭空自创?"究其渊源,实千圣所相传者。"①《易》之何思何虑,舜之无为,禹之无事,文王之不识不知,孔子之无意无我、无可无不可,子思之不见不动、无声无臭,孟子之不学不虑,周茂叔之无静无动,程明道之无情无心,均与"四无"之宗旨一般无二。圣人设教,都是应病设方,病尽方消,并无实法,语言只是提供方便理解的工具罢了。如果拘泥于语言而不求其实质,恐怕所有的语言都成障碍了吧!

周汝登立足心本论,在讲学中廓清了许多基本理论问题。程颐曰:"释氏本心,吾儒本天。"以为儒释之别。海门辨之曰:"后世论学,有本心、本天之别。然观虞廷,则止言心矣。明道谓:即心便是天,更不可外求。邵子亦谓:自然之外别无天。自然者,即吾心不学不虑之良也,故天与心不可判。判天与心而二之者,非惟一之旨矣。先后诸儒,皆明大舜惟心之旨。夫惟心,乃所以为惟一也与!"②首先,将天、心二分不符合经传本旨。舜言"人心道心",只说心,不说天。程颢也说此心便是天,不可外求。邵雍之"自然"指的就是吾心,所以天心无二。其次,舜还讲"惟精惟一","惟一"即惟心,"一"即是心。以本心本天判儒释,是不成立的,吾儒也讲"心"。

有人问,周敦颐的《太极图》"只是形容得天地间大道理否?"海门回答:"是绘吾身心影像。"又有人问"理气如何分",海门答道:"理气虽有二名,总之一心。心不识不知处,便是理;才动念虑,起知识,便是气。虽至塞乎天地之间,皆不越一念。"③有人问何谓本体? 海门借《老子》的理论告诉他,"本体"难以用语言形容:"汝见虚谷乎? 呼之则响应,谷中何有? 又不见橐龠乎? 动之则风生,橐中何有? 能生响生风,则决不会断灭,然虚而无有,无法形容。周子言'无极而太

---

① 《九解·九解》,《周海门先生文录》卷一,《周汝登集》,第30页。
② 《武林会语》,《东越证学录》卷一,《周汝登集》,第414页。
③ 同上注,第412、413页。

极'，以明无而不灭也；言'太极本无极'，以明有而无物也。孟子言
乍见孺子之心，只说得响与风，以上难说。"①本体不断不灭，似虚无
却实有，无法用语言形容。所以周敦颐言"无极而太极"，又说"太极
本无极"，来描述本体无而不灭、有而无物的特征。孟子用"乍见孺
子"的例子来形容本心，是用"有"来说明"无"，归根结底，本体是不
可言说的。

（三）心悟与自得

本体既不可言说，那么该如何认识？靠体悟和反观自得。

1. 悟与习

《论语》首章"学而时习之，不亦说乎？"周海门解释道，悦乐乃
心之本体，是见在现成、无需安排的。"学者，觉也；时习者，常觉
也。"②学习就是一个不停觉悟的过程。所以，"学问只在心悟，全
不由闻见帮凑"③。从闻见上凑泊者是"末"，谓之摘叶寻枝；从心
体上参证者是"本"，谓之直截根源。阅读典籍经传，需要用心领
悟，抓住根本。周海门的读书法与陆九渊非常相似，象山要求抓住
文章的"血脉"，海门要求抓住六经之"神"，即精神，悟得精神则全
经皆通。

> 《论语》中具有六经，盖其神也。得其神，不必更读六经，读
> 六经，亦语语融通矣。"一以贯之"，《易》之神，一即乾卦之一画
> 也。"是亦为政，奚其为为政"，《书》之神。"思无邪"，《诗》之
> 神。"子闻之，曰'是礼也'"，《礼》之神。"子语鲁太师"，《乐》
> 之神。"以吾从大夫之后，不敢不告也"，《春秋》之神。悟此，则

---

① 《武林会语》，《东越证学录》卷一，《周汝登集》，第411页。
② 《越中会语》，《周海门先生文录》卷二，《周汝登集》，第45页。
③ 同上注，第58页。

一坐语之间,而六经具备。①

一部《论语》,涵盖了六经之精神。只要抓住其中的一句话,细细体悟,就可以贯通整部经;悟到了这六句话的精神,则贯通六经只是片刻的工夫。还有《孟子》,"孟子认得头脑清,处处言'我'字、'反'字、'自'字、'约'字、'己'字,最堪悟入。论治,则不离'民'字"。从这些关键字咀嚼体悟,对《孟子》的心性宗旨自然有体会。还有良知的"良"字,汉代注疏训"甚",极为恰当。推而广之,至善、至德、至礼、至乐、太极、太初等中的"至""太"字,都可训为"甚",仔细体会,"有不可拟议、不可名言之妙"。②《大学》和《中庸》也都有宗旨:"《庸》言明善,《学》言知止,此宗旨也,须从此入。"③

　　《四书》作为入圣之阶梯,内容丰富,思想博大精深。海门对其语言特点作了分析:"《四书》中语,有个微妙处,有个切实处,又有个直截处。知切实而不悟微妙,则为俗学;知微妙而不知切实,则为空谈。然切实微妙,又非可以拟议而合,悟其直截,则微妙即切实,切实即微妙。"④如《论语》"朝闻夕死""可使由,不可使知",是指示微妙处,切实就是不厌不倦。《大学》"在止于至善",是指示微妙处,切实就是好恶。若论直截,《论语》"知之为知之,不知为不知"、《大学》"未有学养子而后嫁者也"即是。总之不要仅停留在文字表面,以心悟不以意识,以默喻不以言宣,方可得《四书》之精髓。

　　学问靠悟,并不意味着只是玄思妙想,还要和读书、日常道德践履("习")结合起来。"诸宗儒语录,须令熟玩,改过迁善,不可不时

---

① 《越中会语》,《周海门先生文录》卷二,《周汝登集》,第40页。
② 以上引文见《越中会语》,《周海门先生文录》卷二,《周汝登集》,第44页。
③ 《共学心期录》,《周海门先生文录》卷一,《周汝登集》,第40页。
④ 《越中会语》,《周海门先生文录》卷二,《周汝登集》,第50—51页。

提醒。以此始,以此终,初无二法。"①"诸宗儒"应该是指他在《圣学宗传》中所列的诸儒著述语录,习读揣摩,体悟圣人之心。同时时时提醒自己"改过迁善"。他本人每次与一同证修的诸生讲话时,"皆令从家庭日用上践履,从声色货利上勘磨。若于此打不过,于此踏不实,更论何学!"②有一个叫张嘉相的乡农,割股疗父,海门特地为其取字以示表彰,并当众对诸生说:"此人朴实无知,乃能尽孝若是,可见良心自具,不由学习。多有士人读书万卷,家庭中一字用不着,虽多读,何益?"③光读书而不在实践中运用良知,是无意义的。"此学别无下手,只在人情事变得力。人情事变上一毫不到,即是学之亏欠。"④

许孚远批评近时学者喜谈妙悟而忽视了下学上达的工夫,并质疑海门讲"悟"与禅宗无异。海门解释道,躬行须有宗旨和归宿,古人讲学问思辨之功,正是要弄清楚这些"不可言解"之旨归。不然,《大学》为何首提"知止"?《中庸》何以根归"明善"?知、明即所谓悟,并非禅门始有。"知知止、明善为孔门道脉,则避却悟字不得。"⑤

2. 反观自得

"悟"本身是一种反求自身,通过反观而自得。何谓自得?"不待人之谓自,本无失之谓得。不待于人,则物无所加;本无所失,则己无所欠。"⑥不依赖于任何人,完全靠自己体悟;良知本自具足,不放失、不蒙蔽就是得。保持良知的本来面目,身心就会悠游舒泰,日常中没有任何障碍。"反观"是一种向内的工夫。海门把学问分成内外两种:

① 《与钱仲将》,《周海门先生文录》卷十,《周汝登集》,第268页。
② 《与陶石梁》,《周海门先生文录》卷十,《周汝登集》,第266页。
③ 《剡中会语》,《周海门先生文录》卷三,《周汝登集》,第86页。
④ 《与赵学博怀莲》,《周海门先生文录》卷十,《周汝登集》,第291页。
⑤ 《南都会语》,《周海门先生文录》卷二,《周汝登集》,第70页。
⑥ 《刘子卷跋》,《周海门先生文录》卷四,《周汝登集》,第125页。

　　圣人学问，只有内外之辨耳。何谓外？格套上检点，见闻上凑泊，情识上把持，一切是外。外则虽做到无渗漏，亦非圣贤之学也。何谓内？一念入微处识取，不睹不闻上戒惧，常见己过处潜修，此方是内。内则无圣贤可为，而亦无圣贤不可为也。于此时时省察，不使放过，则所谓"认良知""不退转"方有下落耳。①

　　格式套路、见闻情识，都是外在的，将精力和功夫用在这些事物上，即便做得完美，也只是俗学，非圣人之学。只有对自己的一念之微、独知、常见的过错不断反省改进，才是向内的功夫，才是圣学。如何识取、戒惧、潜修？具体来说，就是"从一念灵明上自省自勘，常觉常明，如睡必寤，如倦必起，如临深履薄，而时不敢悠悠泄泄，玩弄承当。要须顷刻不至遗忘，万境不能回换，然后可以言事亲从兄，可以言览胜收奇，可以言随意逍遥，闲旷而行无事"②。简单地说，就是时时刻刻在"一念"上不停地反省勘察，因为念头总是一闪即逝的；保持本心常觉常明，摒弃一切声色欲望，只有达到了无论何时都不遗忘、无论什么环境都不动心的地步，才可以从容做一切事情——前提是在"一念灵明"上时刻"自省自勘"。

　　有一老者请教海门：心一也，为何会有人心道心种种引论，不一而足？海门反问道：人一也，为何会有正人邪人之分呢？他告诉对方，这一类分疏论辩没有任何意义，"老年光阴有限，但反观自照，讨此身心实受用处便了"③，不要把时间都花在这些概念上。总之，他要求学者"随事随时，察识磨炼，遇声色货利，莫随之而去。伦理上率践，性情上调理，不要好高务奇。虚其心，不先主一物，莫落情识

---

① 《与张中一》，《周海门先生文录》卷十，《周汝登集》，第269页。
② 《送和卿过江西序》，《周海门先生文录》卷五，《周汝登集》，第139页。
③ 《新安会语》，《周海门先生文录》卷三，《周汝登集》，第100—101页。

窠臼"①。只有自作主宰,切身随时随事磨炼,不被已有的情识俗套
所牵引,对本心和良知的体悟才会越来越深刻,自身才会越来越
成熟。

(四) 儒释之辨

从罗汝芳让周汝登看《法苑珠林》并制止他急于发表意见的过程
看,已经有禅宗不言之教、默示开悟的宗风了。周海门对佛教的态
度,与龙溪基本一致:理性看待二者的异同,不盲目排斥,也不拘泥于
佛理,维护儒学的地位。

1. 辟佛须自有安身处

对于儒释之辨,周海门的态度是"不诤":

> 儒佛之辨,不诤为是。两者是非不自今日矣,前人辨之,已
> 不知多少;驱辟异端,亦不自今日矣。前时斥逐,亦不知几变。
> 有能真为自己性命者,究到精微去处,自然晓得同异。不然,浮
> 游之徒,与言何益?②

真正明事理、求性命之学的人研究儒佛理论至精微处,自然知道两家
之异同;不懂的人,你跟他争辩也没什么用。很多儒家学者,包括周
汝登的朋友,出于本位立场,不喜欢谈论,也不愿意听人谈佛。海门
告诫曰:

> 辟佛须自有安身处,不可茫然随俗诋毁。如朱晦翁辟佛,其
> 自身如泰山乔岳,有安顿处,不如今人,茫茫然随人口转也。然
> 其所辟,亦皆二乘之学,游定夫所谓彼不自以为然者。世间若尽

---

① 《新安会语》,《周海门先生文录》卷三,《周汝登集》,第96页。
② 《与刘冲倩》,《周海门先生文录》卷十,《周汝登集》,第309页。

作二乘见解,亦不成世界。能知如此,辟佛者亦不可无,吾亦不敢不敬承之也。①

可以辟佛,这是个人的选择。但是不要盲目随波逐流,茫然跟着别人走,得自家有主见,学问立身都有根本。换今天的话,辟佛得有辟佛的资本。就如朱熹,他敢于猛烈抨击佛教,因为他自己的学问站得稳、立得住,就如泰山乔岳不可撼动。但是在众人看来,朱子所辟也只是二乘之学,没有抓住佛教的要害。如果大家都做二乘见解,这世界就不成样子了。有人说宜宗孔子,不当言佛、老。海门回应道:"吾人服儒服,行儒行,自然诵法孔子。只是孔子精蕴处,须自体究,不可徒徇口耳。"对方又说本体元自完全,只为气习所蔽。海门问他:"气习从何来?"对方答曰:"从劫前来。"又问:"如何是劫前?"答曰:"父母未生前。"海门旋即曰:"此两语儒门中未有,汝何得又窃二氏语耶?"②可见,当佛教在中国已流传了上千年之后,反佛、辟佛者真的能完全避开佛教用语吗? 很多术语早已化入人们日常生活,只是大家没有意识到罢了。

　　反佛者通常认为佛教主张出家抛弃人伦,有悖伦理;而信佛者也认为出家是佛教徒天经地义的事。周汝登批评说,这是泥于"迹"而不识"理"的表现。有朋友问:儒生中有深信佛法而出家的,怎么看? 海门答道:此举漫说儒家不许可,连佛法也不许可。佛陀有过教导,治生与产业原不相违背,宰官身、居士身、比丘身,各各随缘,不相混滥。《坛经》也说"若欲修行,在家亦得",且有一偈云"恩则孝养父母,义则上下相怜。心平何来持戒,行直何用修禅"。大慧禅师亦言"学道就从尘劳中打出,不须毁行易姓,弃妻子,灭宗祀,作名教中罪

---

①　《南都会语》,《周海门先生文录》卷二,《周汝登集》,第66页。
②　《新安会语》,《周海门先生文录》卷三,《周汝登集》,第101页。

人,佛不教人如此"。如来、祖师、大善知识均如此教导,必欲出家,岂是真知佛教者? 凡一切做作,弃此就彼,都是取舍心、奇特心。此心调服消化不去,还说什么皈依佛法?!①

客中还有持斋念佛而不合于家人父兄之心者,海门深切教导他:"学术不外寻常,舍了家庭,更无所谓学者,故吾儒以尧舜之道尽孝弟。……万法总是调心,如释门中教人,布施所以破悭心,礼拜所以破慢心,持斋所以破杀心,种种方便,总不出调理自心。岂外有功德可希冀耶?"儒佛之道虽异,但从根本上说,都是为了"调理自心",即修心。对于在家居士而言,"以尧舜之道尽孝弟"便是修行,持斋念佛只是"迹"而已,岂有说吃了一口斋就能了尽一切究竟法的? 况且有古德云:"万法无过方寸,此心不明,终靠佛力不得已。"②持斋念佛的法力有限,若能致良知于家庭人伦,于此修心,便是功德,与佛门中人无异。

2. 儒释"不可合,不可分"

儒与禅到底是什么关系? 周海门的回答是:二者既不可合,也不可分。就如水,水有江有河,江不可为河,河不可为江,不可合为一个。但是江河又有一些相同的属性,如湿性、流向、利济万物、同归大海,一定要将二者分开,也不行。儒释关系就是如此。"不可合者,因缘之应迹难齐;而不可分者,心性之根宗无二。"③二者"迹"异"道"同,这"道"便是心性,二者皆以心性为宗,只是具体进路不同。正所谓一致百虑,殊途同归。那些为儒禅之辨者,都站在自家的立场,拘泥于分合之"迹"而不及"道"。儒者病禅,称其为"异端",足以乱正道,于是将忘言绝虑之旨、知生知死之微全推给了禅家,凡是谈此话题者皆认为是禅,却忘了孔子也讲"朝闻道夕死可矣""无可无不

---

① 以上参见《新安会语》,《周海门先生文录》卷三,《周汝登集》,第103页。
② 以上引文见《越中会语》,《周海门先生文录》卷二,《周汝登集》,第57页。
③ 《佛法正轮引》,《周海门先生文录》卷九,《周汝登集》,第249页。

可",《周易》亦讲太极之旨。禅者病儒,谓儒乃世法,反对出世,于是将日用饮食之常、经世宰物之事皆推给了儒家,不敢自己承当,却忘了如来讲过治生产业与实相不相违背,悟了《维摩经》《华严经》之旨,可以用世,可以超世。儒者放弃了精微之学,其结果就是儒门日益粗浅淡薄,有志者逃禅也就不足为奇了;禅者反对齐家治国平天下这些经世之业,被崇儒者大力排斥也就很正常了。"孔子之旨,阐在濂洛以后诸儒;如来之旨,阐在曹溪以下诸师。嗟乎! 人而有悟于此,则儒自儒,禅自禅,不见其分;儒即禅,禅即儒,不见其合。"①儒和禅同中有异,异中有同,全在体悟者自己把握分寸。

座中有人歌慈湖之诗:"若问如何是此心,能思能索又能寻。"陶望龄问:"能思能索既是心,如何佛斥阿难云'此非汝心'?"海门答曰:"若言心不思索,则心是槁木死灰矣,故云'能思能索又能寻'。若言思索是心,则心有起灭断续矣,故云'此非汝心'。能思能索者,即心即佛;此非汝心者,非心非佛。"②"能思能索又能寻"是从正面说明本心的功能,思索只是心之"用",它本身不是心。"能思能索"从正面肯定了即心即佛,"此非汝心"则用否定的方式告诉对方不要执着于概念本身,空掉一切。

当时已经出现了狂禅的现象。"狂禅"主要表现为王门中的一些学者重本体而轻功夫,重体悟而废修行;这些人个性张扬,浸淫于禅学之中,离经叛道,甚至诋毁圣贤,给人以"狂者"的印象。季本、张元忭等人强调功夫的重要性,就是为了防止此类现象发生。周汝登明确反对狂禅,他认为狂禅是没有实现内外合一,或心境合一的结果。"盖境即是心,心即是境,原不得分之为两。但因近世学者之病,不得不如此分疏。只在境上着力,而不知境是心者,此俗学之不著察;虚

① 《佛法正轮引》,《周海门先生文录》卷九,《周汝登集》,第250页。
② 《越中会语》,《周海门先生文录》卷二,《周汝登集》,第57—58页。

自承当,谓心已明白,而境上打不过者,此狂禅之无忌惮。有此二病,故只得说‘心明境炼’四字耳。”①阳明说意在于事亲,则事亲便是一物,格得事亲之物,则事亲之知方致,这也是“明心炼境”之意。“大抵才落言诠,便非密义。”②心与境其实就是内外之别,只在外在的境遇上下功夫,就是俗学;内心已明白,却架不住各种境遇的诱惑而不凭良知办事,就是狂禅。所以“明心炼境”还是要求在日常生活中踏踏实实致良知,本体与工夫、内外打成一片,于践履中提升自己的道德境界。

周汝登本人与当时的高僧憨山德清交往,并请他登坛讲学。他还与湛然和尚、竹溪上人交往,为《起信论》作“序”,为僧人觉音题辞,为禅寺以及许多募缘册题辞。在讲课中,他也经常用反问或设问的方式,教人直下承当,促人猛醒,颇有禅宗棒喝做派。一生问:“浩然之气,塞乎天地,何处见得?”海门曰:“何处见不得?”一生问:“寻仲尼、颜子乐处,毕竟所乐何事?”海门曰:“且说如今所讲何事?”③尝忽然问门人刘塙(字静主,号冲倩):“信得当下否?”曰:“信得。”曰:“然则汝是圣人否?”曰:“也是圣人。”海门喝之曰:“圣人便是圣人,又多一也字!”④诸如此类,在其文集中甚多。只要能令学者当下开悟,悟到圣学本旨,禅宗的接引手段当然可以借用。

3. 陆、王之学非禅学

阳明为象山辩护,称其学非禅学,但他自己也遭到时人诟病。其后学都有儒释之辨,或截然与佛教划清界限,坚决辟之,如张元忭;或者辨儒释于毫厘,要求勿轻易否定佛学,如王龙溪。周汝登既然以阳明之“致良知”为圣学之嫡传,自然不认为陆王之学为禅学。他本人

---

① 《与范孟兼》,《周海门先生文录》卷十,《周汝登集》,第268—269页。
② 同上注,第269页。
③ 《东粤会语》,《周海门先生文录》卷三,《周汝登集》,第95页。
④ 〔清〕黄宗羲:《泰州学案五》,《明儒学案》卷三十六,第854页。

又深入儒释之堂奥,讲课又通俗风趣,所以在回答众人疑问时亦能轻松应对,用浅显的比喻开示对方。

　　或问:象山、阳明之学杂禅,是否?

　　先生曰:子还体认见之,抑随声和之者? 夫禅与儒,名言耳。一碗饭在前,可以充饥,可以养生,只管吃便了。又要问是和尚家煮的,百姓家煮的?

　　或问:是饭便吃,将无伤人而不觉乎?

　　先生曰:伤人者,只恐不是饭耳。若是饭,岂得伤人? 尔欲别其是饭非饭,须眼看口尝始得,不可悬度。二公之学,若是弃君臣、离父子,一切与人不同,这便害人,不是饭矣。今二公所举者孝弟忠信,所扶者伦理纲常,朝饔夕飧,家常无改,试受用之,便自知味。何得随声妄度,只在门面上较量,不思自己性命,求个实落安顿处?①

儒、禅只是一个称号概念而已,只要对自己的心性修行有用,何必问是谁的理论? 那些动不动就说心学杂禅的人,要么随声附和,根本就没读过陆王的著述;要么只停留在文字表面,看不到本质和宗旨。在讲学时,周汝登也多次引用杨简的语录,并不认为其有丝毫杂禅。对于被众人质疑否定的“心之精神是谓圣”一语,海门明确表示,“此子思闻之夫子者,慈湖数举以明宗”。有人(如湛若水)怀疑此非夫子之言,认为圣人相传乃“中正”而不是“精神”。海门举例论证,“夫舜曰惟精,孟曰不可知之谓神,精神犹云少中正耶?”②“仁,人心也”亦

---

　　① 《南都会语》,《周海门先生文录》卷二,《周汝登集》,第66页。
　　② 《武林会语》,《东越证学论》卷一,《周汝登集》,第423页。

不言中正,为何被视作孔门心印? 这些人太孤陋了。

海门阅读二程《遗书》,深深赞同程颢之论学、论性之语,以为都是"直截吐露、最为吃紧者也"①。他断言象山、阳明之学就是得了明道之真传。为了使这些语录不被埋没,他从《遗书》中摘抄出程颢的语录,分为八篇,名《程门微旨》,并表示"学不尊程,难以语学;尊不真信,难以语尊"②。该书编成后,仍有人认为其中语录近禅,请他另外解释。海门觉得真的不知道该怎么解释了。后读邵雍、杨简的诗,"其语弥近禅,而其旨弥彻",于是从中分别摘抄了数十首,附在《程门微旨》之后。他希望读者读这些诗时,不要问是禅还是非禅,一味地起信起疑,而是花时间参悟体究,久而有醒悟,能体会其"道",就不虚此生了。他又特意著《王门宗旨》,录阳明论学之"要语",以及奏疏行移等,以征学问之实用,后附数门人之所见。在《序》中他为阳明的"致良知"辩护,再次阐述了良知乃是彻上该下之语。最后,他总结道:

> 孔子而后,人尊濂洛。予以为濂洛之道,至先生而大明。盖良知所以善发太极,致良知所以善体识仁,欲溯濂洛,必自先生。夫以先生之有功于濂洛,则谓自孔子以来未有盛于先生,可矣!③

在周海门眼里,如果说周、程开启了宋代道学,那么王阳明实乃继周、程之后的第一人,濂洛之学赖阳明而大明于天下。他之前还作《圣学宗传》,就是要证明从伏羲画乾卦,到阳明提出"良知",圣圣相传之"道"是完全一致的。虽然名目不同,但"万途宗于一

① 《程门微旨引》,《周海门先生文录》卷一,《周汝登集》,第 30 页。
② 同上注,第 31 页。
③ 《王门宗旨序》,《东越证学论》卷一,《周汝登集》,第 433 页。

心",圣圣相传,"以心传心而已","东海西海,廓尔同心;前圣后圣,居然一揆"。①

　　黄宗羲评价泰州学派:"阳明先生之学,有泰州、龙溪而风行天下,亦因泰州、龙溪而渐失其传。"②"渐失其传"最主要的原因是,二人援释入儒,尤其是泰州后学以赤手搏龙蛇,完全不再顾及儒释之别,宗风之盛,无人阻挡。"罗汝芳师事颜钧,谈理学;师事胡宗正,谈烧炼、飞升之事;师僧玄觉,谈因果、单传直指。"③其讲学多用因果开示,龙溪当时在书信之中便规劝过。周汝登则直接请憨山大师登坛讲学,丝毫不规避自己对佛、道的好感和亲密关系。被黄宗羲所诟病的当然不是这些交往关系,而是思想。梨洲认为,周汝登与许孚远争辩"无善无恶",周的最大问题是将阳明的"无善无恶心之体"解释成了"无善无恶性之体",偏离了阳明宗旨。心、性毕竟有别,心体可以无善无恶,但讲"性无善无恶",便与佛教之"性空"没有区别了。儒释之别,正在于此。后来东林学派的顾宪成、甘泉一派的冯从吾都因为"无善无恶"一言而排斥指摘阳明,其实与阳明毫无干系,都是周汝登的不当解释误导了大家。那么周汝登是故意偷换概念,将"心"换成了"性",还是他本来就主张"心"无善无恶,"性"也是无善无恶呢?其实在《王门宗旨序》中,海门就心性关系做过阐述:

　　　　心、性有两名,而无两体。知是知非之谓心,不识不知之谓性,似有分矣。然而不识不知,非全无知识之谓,即知是知非,而不可以知识言也。此知通乎昼夜,宁有间时。方其是非未萌,无是非而知则非无;及其是非既判,有是非而知亦非有。知而无知,无知而知,是之谓良知。即心即性,而谓之未彻乎上,不可

①　以上引文见〔明〕陶望龄:《圣学宗传序》,《周汝登集》,第 481 页。
②　〔清〕黄宗羲:《泰州学案一》,《明儒学案》卷三十二,第 703 页。
③　〔清〕黄宗羲:《泰州学案三》,《明儒学案》卷三十四,第 763 页。

也。不能离知言性,则不能离知言学,无离事物之知,则无离事
物之致良知之提示。①

心性一体,不能截然分开。《诗经》有"不识不知,顺帝之则",《中庸》
谓"天命之谓性",所以"不识不知"说的是"性","知是知非"说的是
心。但"不识不知"并不是说完全没有知识,而"知是知非"也不意味
着可以用知识概括心。"知是心之本体",始终运动,没有间断。心体
处于静止时,无是非可言,但不等于"知"不存在;接触事物之后,有了
是非判断,但不意味着"知"一直停留在那个"是"或"非"的状态。良
知随时随物而不停地进行是非判断,正所谓"良知知善知恶,良知无
善无恶","知善知恶"说的是其判断能力,"无善无恶"说的是其"虚
无"特性,因为"虚",不先入为主,才能在面对不同事物时做出正确
的判断。心即是性,性即是心,不能离知言心,也不能离知言性,良知
是范围了心和性在内的。

"性无善无恶"也并非周汝登首先提出的,两宋时期,不以善恶名
性的观点已经非常流行和普遍,范浚、张九成、湖湘学派等均持此立
场。尤其是湖湘学以"性"立天下之大本,"性"超越善恶,说明人们
已经认识到,作为本体意义的"性"和其他本体概念一样,都是没有具
体规定,不可言说的。程颢说过:"人生而静以上不容说,才说性,便
已不是性矣。""心即性,性即天,一也。"邵雍、张九成直到王阳明都
表达过同样的看法。从上文提到的周海门对"本体"和对待儒释关系
的态度来看,他与以上众人的立场是完全一致的。"性无善无恶"并
非佛教的"性空",后者讲的是事物的属性空,进而得出一切都是短暂
的、虚幻不实的结论;前者则是从人性本然的角度,先天无善无恶,具
体的善恶是后天形成的。儒释虽然对"性"的看法不同,其教人却都

---

① 《王门宗旨序》,《东越证学论》卷一,《周汝登集》,第 432 页。

是趋善避恶。在周海门眼里，无善无恶是心之本体还是性之本体，并无本质区别，辨析这个问题也没有意义，儒佛之间并没有明显的界限。只要有助于成圣成贤，走哪条路不一样呢？

本着"万途宗于一心"的原则，只要与孔孟宗旨不相违背，只要有利于心性修养，就可以为我所用。以此为标准去衡量前贤，也会得出不一样的结论。荀子因为主张"性恶"，与孟子相对，而为世人诋毁，其书不传。周汝登引程颢之言为荀子辩护："善固性也，恶亦不可不谓之性。"可见其立言并非全无道理。况且《性恶篇》在最后谓人皆有圣人之质、有圣人之具，故"人皆可以为禹"，这与孟子"人皆可以为尧舜"的宗旨不是完全一致吗！韩愈自比孟子，后人对韩愈也多有称许，然而在海门看来，韩愈提出"性三品"说，与孟子之性论多有相悖，源头已差，怎么能与孟子相比呢？周汝登对佛教开放的态度，对早有定论的荀子、韩愈做出异乎众人的评价，再加上他秉持的是中下根人难以领悟的"四无"说，这才是他被诋为"狂禅"的真正原因吧！

二、陶望龄

与周汝登志同道合、深受其器重和期待的是陶望龄。陶望龄（1562—1609），字周望，号石篑、歇庵，绍兴府会稽县人。自幼聪慧卓异，却体质羸弱。万历十七年（1589）探花，授翰林院编修，与同在翰林的焦竑（1540—1620，字弱侯，号漪园、澹园）互相激发，共研圣人之学。万历二十三年（1595），上剡溪拜谒周汝登，之后书信往来频频，成为入室弟子。后二人在山阴阳明祠共创"证修会"。万历三十一年（1603），妖书事起，沈一贯当国，欲陷害沈鲤和郭正域。陶望龄不顾个人安危，挺身而出，面责沈一贯。沈、郭二人因之得以免罪。虽然陶望龄有志于圣学，但终因体弱多病，壮志难酬。万历三十七年（1609），因病去世，年仅48岁。谥文简。陶氏著述丰富，他校订了海门撰写的《王门宗旨》，为其《圣学宗传》作序。他本人于宋代诸儒，独喜欢杨简,辑有《慈湖金錍》,于明代则推崇王阳明,尤其喜欢王畿和罗汝芳之语,为近溪辑有《盱江语要》,辑龙溪之书尚未完成便去世了。他倾心佛、道,著有《老子解》《庄子解》。今人将其著述汇集为《陶望龄全集》出版。

陶望龄十七岁时曾随表兄学习古文词,"搜讨百氏,力通先秦",故其在文学上造诣颇深。在翰林国史编修馆中,人才济济,"同馆中,诗文推陶望龄,书画推董其昌"①。在其文集中,他也多次表达对文道关系、本朝文学发展状况的看法。对心学,他的贡献在于一再强调"王阳明—王艮、王畿、罗汝芳—周汝登"一脉相承的路线,强化以上诸人的"道统"地位;并以佛学解儒、道,公开倡导三教相通。因为寿数不永,所以他对阳明心学的进一步发挥非常有限。

(一) 良知者,心之图绘也

"良知"二字出自《孟子》,但千百年来除了陆九渊之外,鲜有提及。阳明重新将其拈出,到底有多重要?石篑指出,"物必有职,得职而后物举"。就如农夫之职是耕织,商人之职在贸迁,农不知耕织、商不知贸迁便是失职,失职就不能再叫农、商了。同样的道理,"性者,人之所以为人",人之"职"在于知性。②如果不知性为何状,便失人职了。人失人职,便与禽兽、鬼魅无异,这是最令人哀痛之事。阳明先生为不使天下人旷失人职,于是标举"良知"二字,"以立判乎人禽鬼之关"。何谓良知?

> 夫自私用智,生民之通蔽也。自私者,存乎形累;用智者,纷乎心害,此未达于良知之妙也。混同万有,昭察天地,灵然而独运之谓知;离闻泯睹,超绝思虑,寂然而万应之谓良。明乎知,而

---

① 〔清〕张廷玉等撰:《明史》卷二八八,第7394页。

② 以上引文见〔明〕陶望龄:《重修阳明先生祠碑记》,《歇庵集》卷六,《陶望龄全集》,李会富编校,上海古籍出版社2019年版,第366页。

形累捐矣;明乎良,则心害遣矣。良知者,所以为人而远禽与鬼之路也。①

世上之人,均自私自利,爱耍小聪明。自私自利,就会疲于奔命;耍小聪明,劳心害命。这都是没有充分发挥良知作用的结果。看似与万物没啥区别,却能明察天地万物,且灵然独自活动,这就是"知";不睹不闻,无思无虑,寂静暗然,却能感应一切,所以叫"良"。良知能体察一切,良知清明,就不会再自私用智,也不会累形害心了。所以,"良知"是人与禽鬼的根本区别。致良知便是远离禽鬼之路。圣圣相传之道就是"心",而"良知"就是心之图画。

> 事者道之事,道者事之道;道之外必无事,事之外必无道。……是道也,尧谓之中,孔谓之仁,至阳明先生揭之曰良知,皆心而已。中也,仁也,心之徽称乎? 诏之以中而不识何谓中,诏之以仁而不识何谓仁,故先生不得已标之曰良知。良知者,心之图绘也。②

中、仁都是"心"的美好称呼,但是当告诉大家何谓中、何谓仁时,大家却仍然不理解,于是阳明不得不用"良知"来标识"心",良知就好比心的形象描画,要认识心,就去体会何谓良知就行了。子思作《中庸》,圣人之道即是中,"中也者,常道也","庸者,自然而常然,大同而无异者"。圣人治天下至易至简,特揭此道名曰"中",所以中庸即是至易至简、自然而然之常道。因为天下人不知"道即心",故曰道心;因为天下人不知道心之微妙而求之迹,故曰惟微。道心即

---

① 以上引文见《重修阳明先生祠碑记》,《歇庵集》卷六,《陶望龄全集》,第367页。
② 《重修勋贤祠碑记》,《歇庵集》卷六,《陶望龄全集》,第364页。

是中。那些出于私智、离乎天性、偏离中正的，都是人心。"中则安，非中则危。"①道事不离，大道至简，以道行事则至易矣。良知即是道心，即是中，若要更真切地体认良知，可以通过日常处理各种人情事物的实践来实现。

(二) 濂洛还孔、颜，姚江还伊、周

石篑盛赞阳明的传道之功，认为他不仅使明代之理学度越前朝，而且也是圣圣先传的"道统"继承人。他不仅在思想上使圣学大明于天下，其文治武功尤其令人瞩目、叹服。

> 宋程氏，还孔孟者也；明王氏，还伊周者也。意者天其递昌斯道耶！……阳明子之柄吾道也，以奇伟广博、焯赫无前之名，而谈易简冲夷之旨。天下疑之，而不得不信其人；信其人，而遂不敢疑其说。……自阳明子出，而功名材艺之士之所就镉矣。非独此也，其巨者足以雪千古圣贤阔迂难用之谤，明吾道同人己、一体用之实，而释其事理岐立之疑。阳明子之功于是为烈，吾故曰："王氏，还伊周者也。"②

在石篑看来，如果说宋代二程还原了孔孟之学，那么明代的王阳明就是恢复了伊尹、周公的功业。他弘扬儒道，以奇伟广博、前无古人之声名，而谈易简平淡的学问。天下人因其人而信其说。在阳明面前，那些功名材艺之人皆黯然失色。阳明最大的贡献，在于他以轰轰烈烈的功绩一雪千百年来对圣贤迂阔不实用的毁谤，让天下人都看到吾儒体用兼具、人己一体的事实，也回答了事理不二的疑问。从他的丰功伟绩看，说他恢复了伊尹、周公之事业一点都不为过。有人觉得

---

① 以上引文见《尧舜以来相传之意》，《歇庵集》卷七，《陶望龄全集》，第 407—408 页。

② 《寿大中丞崑严郑公六十序》，《歇庵集》卷四，《陶望龄全集》，第 204 页。

有些夸大其词,石篑进一步解释道:

> 其道以不学不虑为宗,故千变万容而常虚;以格物为用,故
> 廖焉无一事而常实。明此之谓道德,抒此之谓词章,举而措之天
> 下之民之谓事业。其施于用也,逢、比让节,左、史让文,管、葛让
> 政,穰苴让算。……所明即所行,所言即所用。于是儒者阔疏无
> 用之诮,与理学家虚静闲寂、不可成务定业之疑,先生业以身示
> 之,足以破群说,关众喙,而道德事功之途至是昭然合为一辙。
> 愚尝论古今道统,唐、虞而君,殷、周而相,春秋而韦布,涣解凌
> 迟,更数千岁,而天乃以濂洛还孔颜,姚江还伊周,非妄说也。①

阳明的学问,看似虚,实则实;良知不学不虑却能应对千变万化,看似
寂寥无事却随时可致良知于事事物物。其致良知的学问集道德、辞
章、事业于一体,一旦见于施用,古人讲气节者如龙逢、比干,讲文章
者如左丘明、司马迁,讲政事者如管仲、诸葛亮,讲军事者如田穰苴,
都略逊一筹。其学至简至易,知行合一,他以亲身的实践、举世瞩目
的事功,破除了儒生阔疏无用之讥诮,让那些怀疑心学为禅学的人闭
嘴,阳明之学就是道德与事功完美合一的表现。所以,从"道统"的角
度说,古今持"道"者,尧舜时是君主,商周时是辅相,至春秋时则是沦
为布衣的士人了。之后大道凌迟,读书人不言道,言道者非其人,道
统中断。天生濂洛、阳明,从其贡献看,说他们还原了孔颜之学、伊周
之勋业,并非妄言。

　　时人诋毁杨简、阳明之学为禅学,阳明弟子均为师说辩护,力辨
非禅。石篑指出,"心之精神是谓圣",是孔子之言,慈湖数称之,却被
诋为禅;"良知"乃孟子之言,阳明数称之,也被诋为禅,为什么呢? 就

---

① 《重修勋贤祠碑记》,《歇庵集》卷六,《陶望龄全集》,第364—365页。

因为慈湖师象山,而阳明之学似象山,无论是师事还是相似,都不为尊朱者所喜。因为尊朱而排杨、王,说得过去;但以此累及孔孟,这是真正的尊朱吗?"教之异也,有权有实。杨、王之语有程朱,犹程朱之语有杨、王也,读者未之察耳。"①程朱宗孔孟,尊程朱就不当疑孔孟,尊孔孟,就不应因杨、王之引用而否定之。可见,那些排诋慈湖和阳明的人,蔽于所闻,拘于所习,实在是太狭隘了!

阳明之后,心学盛行于天下。尤以浙江、江西最盛。其弟子中,最著名者当属王艮和王畿,时称"二王"。王艮之后有罗汝芳,与王畿并称"二溪"。

> 新建之道,传之者心斋、龙溪。心斋之徒最显盛,而龙溪晚出寿考,益阐其说,学者称为二王先生。心斋数传至近溪,近溪与龙溪一时并主讲席于江左右,学者又称二溪。余友人有获侍二溪者,常言"龙溪笔胜舌,近溪舌胜笔"。余生既晚而愚,未尝见二先生,独嗜其书耳。而嗜近溪语尤甚,口诵手钞,汇成一帙。②

石篑对王畿和罗汝芳之学都赞叹不已,反复阅读二人之书,尤其喜欢罗近溪之语,口诵手抄,摘成《盱江要语》,又称《近溪语录》。他盛赞这些语录"无一语不精妙,无一字不紧切,真人天之眼,贤圣之腮",并断言:"我朝别无一事可与唐宋人争衡,所可跨跱其上者,惟此种学问。出于儒绅中,为尤奇伟耳。"③读其书,就会想其人。石篑对泰州一门在当时的讲学盛况向往不已。"予闻心斋父子盛时升堂谈道,则万众咸集;既退,虽皂隶臧获,人人意满,若怀宝而去者;至先生时,号

---

① 《程门微旨序》,《歇庵集》卷三,《陶望龄全集》,第147—148页。
② 《盱江要语序》,《歇庵集》卷三,《陶望龄全集》,第160页。
③ 以上引文见《与何越观七首》,《歇庵集》卷十五,《陶望龄全集》,第907页。

为尤盛。由今观之,真不妄也。"①罗汝芳不仅口才好,文采也佳,相比之下,"龙溪语,知者或闷"②,不若近溪之言痛快淋漓。

但是石簧绝不是要贬低龙溪的学问,单就浙中而言,能传承阳明学的只有龙溪,因其寿数长,影响大。还有钱绪山,石簧对其语录也评价甚高:"人知龙溪先生妙得师传,而于绪山语殊阔略,不知其直截痛快,乃至于是。把卷踊跃,不觉为之涉笔。"③这是他协助周海门编订《王门宗旨》,读了绪山语录后,在给友人的信中情不自禁发出的感叹。从文字和思想上说,他更亲近钱绪山,可惜绪山影响不大。

> 古今谈道术者不为不盛矣,而未有如阳明先生。……居先生之门而讲其说,分徒领众,几遍于海内,不为不盛也,而未有如龙溪先生。④

使阳明学说发扬光大、遍及海内、盛极一时的是王龙溪。二人不仅言理学,绍厥统,使道术大明于天下,而且言语文字也妙乎一世。有人说,明文学最盛,修古业、为词章者甚多,但能将文与道结合起来,超越唐宋者却少之又少。阳明、龙溪之文,"非文人之文,而文王、孔子之文。孔子既没,文不在兹乎?"明兴二百年而有此二人,足可以"耀前代、传来兹"了。"郁郁乎,明文于斯为盛!"⑤

> 自龙溪之没,而士之明道讲学于其乡者久而始得一海门子。
> 海门子者,天下之大,百余年之久,众心众目所群聚而交责之

---

①　《盱江要语序》,《歇庵集》卷三,《陶望龄全集》,第160页。

②　《与何越观七首》,《歇庵集》卷十五,《陶望龄全集》,第908页。

③　《与余山阴舜仲十首》,《歇庵集》卷十五,《陶望龄全集》,第904页。

④　《招隐篇》,《歇庵集》卷十二,《陶望龄全集》,第733页。

⑤　以上引文见《海门文集序》,《歇庵集》卷三,《陶望龄全集》,第159页。

身也。①

　　越自龙溪先生既没,微言将陨,赖海门丈复起而续之。……生赋质暗弱,染指于斯既十余载,而力不精猛,坐成跌磋,百年几半,怀愿未盈。②

龙溪之后,王学寝衰,于是周海门继之而起,王学复振。周海门少闻龙溪之学,晚年造诣愈深,又自信其力,于龙溪之说尊信益坚,不修文辞却甚有说服力。四方从游者皆曰:“先生今龙溪也。”③众目所瞩,任重道远。石篑本人亦有心出一份力,奈何他身体羸弱,实在是有心无力。

(三) 儒释关系

　　相比周海门,陶石篑对佛道的感情更加深厚,完全不避嫌疑。这大概与他的身体不好有关,毕竟身体疾病带来的精神困扰,在阅读和批注佛经道书的过程中兴许会暂时忘记或减轻,这些书对他而言就是“闲书”,不似四书五经,一读起来就会有传承学脉、兼济天下之重担压在心上。他在书信中与海门畅快地讨论“华严十信”的问题,认为孔子“三十而立”时就相当于“信位”了。他还向弟弟陶奭龄推荐《楞严经》和《圆觉经》,声称除了《坛经》外,惟有《圆觉经》直截明白,让他顺文解说给母亲听。他本人的佛学造诣自然已经很深,所以对儒佛关系,对辟佛言论看得很清楚。

1. 反对辟佛

　　唐代以降,激烈排佛者如韩愈,要求对佛门火其庐,焚其书,之后宋代理学家中辟佛的人更多。石篑对辟佛之行为不以为然。他分析从前众人辟佛的原因,是因为佛、道教徒“皆务以道术易天下”,极盛

---

① 《招隐篇》,《歇庵集》卷十二,《陶望龄全集》,第733—734页。

② 《与萧若拙广文》,《歇庵集》卷十六,《陶望龄全集》,第938页。

③ 《海门文集序》,《歇庵集》卷三,《陶望龄全集》,第159页。

时声势浩大,寺庙道观鳞次栉比,香火旺盛,"至比于清都帝宫"。于是大儒们要求殄灭其教而尽庐其居。"盖古之所辨者独道之同异耳。"那时候是担心二教动摇儒学的地位。如果那时儒术能混异致同,杜绝其学,那些宫殿也就只剩下供奉灵像的作用了,又何足患哉!现在呢?佛道不复往日之辉煌,香火惨淡,寺观里只有几个瑜伽师、病恹恹的符箓道士,墙壁倾颓,像设颓暗,"吾儒扶正辟邪之力幸可置弗用,而韩子之谕抑亦有亟于当日不甚亟于今者"。①佛道二教思想仍在,但对儒家再也不构成威胁了,所以辟佛的人也少了。可见,辟佛者所排斥的不是其思想,而是其影响,甚至是嫉妒其影响。

在石篑看来,对儒学有害者,主要有五个要素,即"殉小利、饰小谨、兢小节、矜小闻、骛小辨","小利败名,小谨贼德,小节破义,小闻灭质,小辨乱真"②。简言之,就是见小利而忘大义,格局太小,见闻狭隘,又爱在细枝末节上斤斤计较。以上五个要素,均与佛道无关。他认为,称佛道为"异端",批评他们"绝欲去智,恬淡寂灭"。但这世上多嗜好、设智故、竞华艳者太多了,愿意成为像佛道教要求的绝欲、恬淡之人太少了。即便有这样的人,对世人又有什么危害呢?有人说,二教会强迫一个人信从。石篑有些哭笑不得:牵着一个多欲好械之徒,让他绝嗜好、去智故;对一个追逐华艳的人说恬淡寂灭,就好比让一个天天吃美味佳肴的人去吃粗饭喝菜汤,让一个住惯豪宅的人去住树林,怎么可能呢?即便真的"强迫"成功了,对社会又有什么危害呢?他指出,韩愈著《原道》,哓哓然而与二氏辩,"其所谓道者固非道,而其所谓二氏又非二氏也"。韩氏自己都没搞清楚儒家之"道"是什么,就把儒"道"不兴的原因归在佛老上,实在是有病而投错了医,吃错了药。"医者不治谵迷中风,而徒咎吐吸导引之无益,不

---

① 以上引文见《修长春观碑记》,《歇庵集》卷六,《陶望龄全集》,第355—356页。
② 《原学》,《歇庵集》卷七,《陶望龄全集》,第399、400页。

亦迂远阔事理哉？"①

　　石篑认为，儒家辟佛久矣，最浅者是韩愈，深者如程颢，最深者如阳明、龙溪——二人恐别人说自己是禅，自然也辟佛。但是，只有像明道那样的人，才有资格辟佛，因为他"名判而实近"；像阳明、龙溪那样的人，也才有资格辟佛，因为他们"阳抑而阴扶"。②今之学佛者，全是因为"良知"二字引诱使然。明道虽真辟佛，儒学却因此一变，其门人最终都归于佛矣。所以，明道和阳明，表面上看是辟佛，实际上却有功于佛教。如此看来，辟佛的意义到底在哪里？

　　2. 儒释相通

　　既然辟佛没有意义，还不如老老实实探讨三教之间究竟有何相通之处。在儒释的异同上，陶石篑的看法与海门一致，认为不能停留在"迹"的层面看两家之异，而应着眼于"道"或"理"，即两家的宗旨和目标。

　　　　君子有三戒，又有不睹之戒；释宗以自性无染为戒，而又有菩萨、比丘、沙弥、优婆塞等戒：其旨正合。然或者谓："吾儒既受戒孔子矣，更受佛戒，是为二本。"然世有诲敕于父母而复誓神祇者，要以坚为善而已，谓之二本可耶？又或以不睹、无染为精，诸戒为粗，此皆盲人臆说，世岂有行污而性净、慎独而毁昭者哉？③

无论是孔子所讲的"君子有三戒"，还是《中庸》说的不睹不闻的慎独功夫，其目的都是要人修身养性，做君子，为善或向善。禅宗讲自性清净，以及各种戒律，其目的也是要人向善。二者的根本宗旨是完全

　　①　《原学》，《歇庵集》卷七，《陶望龄全集》，第 400 页。
　　②　以上引文见《辛丑入都寄君奭弟书十五首》，《歇庵集》卷十六，《陶望龄全集》，第 963 页。
　　③　《书常山詹生光仲休倩扇头》，《歇庵集》卷十二，《陶望龄全集》，第 739 页。

一致的，不存在"二本"的问题。有人还以精粗来划分这些功夫戒律，简直就是闭眼说瞎话:岂有行为卑污而自性清静、内心慎独却行为招毁之人? 功夫戒律是不分内外精粗的。所以，无论儒家的功夫，还是佛教的戒律，只要有利于人为善、向善，都可以为我所用，不必拘泥于门户之见。

石篑也经常用佛理解读儒家经典。比如，曾子临终易箦，说了一句"吾知免夫"，所免何事? 子张临终，道了一句"吾今日其庶几乎"，庶几于何道? 这两件事成了儒门公案，少有人解。石篑引用圭峰禅师的话作答:

> 圭峰老人曰:"作有义事，是惺悟心;作无义事，是散乱心。散乱由情转，临终被业牵;惺悟不由情，临终能转业。"即名教语，岂有异邪? ……三教圣人努力闻道，正恐夕间死未得耳。孔子曰:"未知生，焉知死?"庄周亦云:"善吾生者，乃所以善吾死也。"所谓善生，不过以惺悟心作有义事而已。①

惺悟心就是本心始终保持惺惺醒悟的状态，在其支配下所做之事便都是正当的事;相反在散乱心支配下做的事都是不正当的。散乱，是因"情"而转，临终又被业力牵制;惺悟，则不但不受情支配，临终还能转化业力，为一生画上圆满的句号。曾子和子张就是以一颗惺悟心做了正当的事，临终之言不过是对一生的行为做了一个总结，表示此生无愧无悔。无论孔子还是庄子都对生死有过深刻的思考，若不知或领悟不了"生"的真谛，又怎能领悟"死"呢? "死"需要在"生"中去体悟。善生即善死，所谓善生，就是以一颗惺悟心去做正当的事而已。换做阳明的理论，就是致良知，凭良心办事，这样才会一生坦坦

---

① 《董浔松先生夕可卷跋》，《歇庵集》卷十四，《陶望龄全集》，第821页。

荡荡,临死也不会有任何遗憾。

周海门与许孚远就"无善无恶"问题往返辩论,许作《九谛》问
难,周作《九解》作答。石篑自然是支持海门的。他认为许孚远过于
执着"有"而轻视"无"了。"无善即进善之捷径,无非乃去非之要津。
何必自滞有途,指为实境,反疑妙悟,摈作虚言乎?"①无善、无非并非
真正的"无",因为其"虚无",所以才能容纳一切是、一切善。良知是
一种知是知非的判断能力,即孟子说的"是非之心",不能用善恶来形
容。如果一定要形容,那也是"至善"。良知高于一切。先入为主,固
执己见,是妨碍良心正确认识和判断的最主要因素。许孚远执着于
"有"和"实",怀疑无善无恶为禅,妙悟是虚言,恰是没有领悟"无"所
蕴含的奥妙。事实上,儒家经典中讲"无"之处甚多,如海门在《九
解》中所列举的不见不动、无声无臭、不学不虑、无静无动、无情无心
等等,与无善无恶异曲同工,均是以双遣、遮诠的方式让学者领悟其
难以言说的境界。佛教讲"空",儒家和道家讲"无",如果不被文字
言语束缚,不存门户之见,实际上可以相互启发,很多思想都是相
通的。

陶石篑还作有《解老》《解庄》,是他在丁母忧中偶阅《老庄翼》,
得其微旨,便以之训教儿子陶履中。怕儿子忘记,"于是标其要义,书
诸册端,凡若干段"②,未竟而卒。这两本书主要是贯通佛老。注中
多引用鸠摩罗什和友人焦竑的注解。因为主要是标要义,所以内容
并不多,有的只寥寥几句,甚至只有一句简单评论。当时有人质疑为
何用禅语作注,石篑不及回应,时人张鲁唯在《序》中代答:"《老》
《庄》与禅语奚必不同? 若从其异者求之,《老》《庄》固非同调也。"他
认为,若论精于用世,老子独出众人之上。庄子则无所归宿,为后世

---

① 《书周子九解后》,《歇庵集》卷十四,《陶望龄全集》,第 823 页。

② 〔明〕陶履中:《刻老庄解后跋》,《陶望龄全集》附录二,第 1409 页。

隐居者之滥觞。庄子和佛氏有些相似,但"佛氏严密而庄生则稍疏诞矣"。尽管种种不同,但"万物之总,皆阅一孔,百事之根,皆出一门"。石篑精于禅,故所见皆是禅,因此可以谓之"老庄禅"。①

　　陶望龄未及五十而逝,令友人痛心不已。众人作祭文、诗文悼念,赞扬他为人正直,自奉廉谨,文章著述可为轨范。黄宗羲评价认为,石篑泛滥方外,还说阳明、龙溪于佛氏乃阳抑阴扶,是只得其近理而不察其毫厘之辨;引进湛然、密云等禅师,致使浙中宗风大盛,其流弊所及,"重富贵而轻名节"②,石篑实在难辞其咎。但在妖书事件中,他又"犯手持正",秉持良知本心,完全符合儒家士大夫传统,可见其谈禅只是清谈,无关邪正,其行事作风仍是儒学根基。陶望龄因为早逝,所以其对心学思想没有更多展开和创新。在文章书信中他论述最多的就是推崇阳明及其后学,极力让大家认识到阳明在儒家"道统"中度越前人的地位,并确立龙溪、海门等人是阳明的继承人。他对佛老有好感并引之入儒,因为在很大程度上,他对心学的开悟是在阅读佛经、参禅的助力下完成的。他持身中正严谨,也喜欢登山游水,却没有因醉心佛老而陷入狂禅,始终保持着儒家士大夫本色。至于浙中宗风大盛以及由此带来的流弊,窃以为是学习者根机肤浅,又不愿下功夫修行所致,与石篑引进禅师登坛讲学无关。毕竟,同样是参禅习禅,何以王龙溪、周海门、陶石篑等人都能保持儒家本色而他们不能呢?

第四节　刘宗周对朱、王思想的扬弃

　　刘宗周(1578—1645),字起东,号念台,浙江山阴人,因长期在蕺

①　以上引文见〔明〕张鲁唯:《老庄解序》,《陶望龄全集》附录二,第 1406—1407 页。
②　〔清〕黄宗羲:《泰州学案五》,《明儒学案》卷三十六,第 868 页。

山书院讲学,人称蕺山先生。万历辛丑(1601)进士,曾任礼部主事、顺天府尹、左都御史等职。多次上书劝崇祯修仁德,行仁政,崇祯嘉其忠而叹其迂。明亡,绝食而卒。蕺山师从许孚远,其学"以克己为要"①。与东林书院高攀龙等人讲习为友,亦参加了冯从吾首善书院之会。越中自阳明之后,"一传为王畿,再传为周汝登、陶望龄,三传为陶奭龄,皆杂于禅"②,蕺山很忧虑,筑证人书院,讲肄其中,黄宗羲亦受学焉。刘宗周为人严恪刚直,在朝时经常面折君过,举动一丝不苟;家居时布袍粗饭,乐道安贫。黄宗羲评价老师在思想史中的地位:"识者谓五星聚奎,濂洛关闽出焉;五星聚室,阳明子之说昌;五星聚张,子刘子之道通,岂非天哉!岂非天哉!"③刘宗周是继王阳明之后又一个全面反思、总结理学的人。

据其子刘汋所撰《刘子年谱》,刘宗周 37 岁时悟到天下无心外之理、心外之学。40 岁时《论语学案》成。48 岁时始有慎独之说。49 岁时始信周敦颐主静立极之说。所以其学问是在对儒家经典反复阅读、体会,在讲学过程中不断切磋磨炼,对程朱、陆王学说不断比较反思的基础上,最终成型。黄宗羲概括其学问"以慎独为宗",但他对慎独的诠释并不是完全来自心学或道学,而是综合各家所成。因此,不能说刘宗周的学问是以心学为主还是以道学为主,他对各家思想均有扬弃,乃自成一家。

一、盈天地间一性也

与众人都关注"心"这一范畴相比,蕺山认为大家对"性"的误解更大。性与很多概念相关:心性、性情、性命,进而有未发已发、动静、义理气质等等。不澄清"性"的含义,以上范畴和关系就理不

---

① 〔清〕黄宗羲:《甘泉学案五》,《明儒学案》卷四十一,第 973 页。
② 〔清〕张廷玉等撰:《刘宗周》,《明史》卷二五五,第 6591—6592 页。
③ 〔清〕黄宗羲:《蕺山学案》,《明儒学案》卷六十二,第 1514—1515 页。

清楚。

从理气关系的角度，"理即是气之理"，所以理不在气先，也不在气外，而就在气中。据此，既然"人心即道"，那么道心其实就是"人心之本心"，义理之性就是"气质之本性"，而不是有两个心、两个性。①"凡言性者，皆指气质而言也"②，"性只是气质之性，而义理者，气质之本然，乃所以为性也。心只是人心，而道者，人之所当然，乃所以为心也。人心道心，只是一心；气质义理，只是一性"③。只有气质之性，没有所谓义理之性。例如，既然说"性即理"，那么说"气质之理"是对的，难道可以说"义理之理"吗？显然说不通。分"心"为人心道心，分"性"为义理和气质，是支离的表现。本着一心一性的原则，工夫也应该是一非二。"识得心一性一，则工夫亦一。静存之外，更无动察；主敬之外，更无穷理。其究也，工夫与本体亦一。"④朱子于"主敬"之外加"致知"的工夫，后学便认为慎独之外还有穷理工夫，亦陷入支离了。

朱子以"未发为性，已发为情"，性言静，情言动，蕺山亦不同意。他认为，"心体本无动静，性体亦本无动静"⑤，"喜怒哀乐，人心之全体，自其所存者谓之未发，自其形之外者谓之已发。寂然之时，亦有未发已发；感通之时，亦有未发已发。中外一机，中和一理也"⑥。未发已发只是针对喜怒哀乐与人心的内外关系而言，无论人心是否发动（寂然还是感通），未发已发都是相互涵融、并存的。周敦颐主静之"静"与动静之"静"迥然不同。动静生阴阳，二者缺一不可，只有其

---

①　以上引文见〔明〕刘宗周：《学言中》，《语类十二》，《刘宗周全集》，第 3 册，吴光点校，浙江古籍出版社 2012 年版，第 369 页。

②　《学言中》，《语类十二》，《刘宗周全集》，第 3 册，第 377 页。

③　《中庸首章说》，《语类十》，《刘宗周全集》，第 3 册，第 271 页。

④　同上注。

⑤　《学言下》，《语类十二》，《刘宗周全集》，第 3 册，第 410 页。

⑥　〔清〕黄宗羲：《蕺山学案》，《明儒学案》卷六十二，第 1535 页。

中一个就不可能化生万物。周子之所以单独下个"静"字,是因为不知该用什么去形容主宰之"心","只得就流行处讨消息"。由此可见"动静只是一理,而阴阳太极只是一事也"。①

世人多爱心性相对、性情相对,蕺山指出,这也是有问题的,"凡所云性,只是心之性,决不得心与性对;所云情,可云性之情,决不得性与情对"②。质之六经,亦有所据。如《周易》讲"利贞者性情也",就是即性言情;《周易》"六爻发挥,旁通情也",《孟子》"乃若其情",《大学》"无情者不得尽其辞",《论语》"如得其情",均是即情即性,都不曾把性情对立起来。孟子说的"乃若其情",就是指恻隐羞恶辞让是非之心,孟子说恻隐心就是仁,并不是说恻隐之情发动后才看见所存之仁。后人注解说"因所发之情,而见所存之性;因所情之善,而见所性之善",将性情截然二分,与经典本意不符。

就心和性的关系而言,"性本虚位,心有定理"③,性善还是性恶取决于心之善恶。二程曾以水喻性,水最初皆清,后受外界影响,渐流而至于浊,由此将性分为义理之性和气质之性。蕺山认为,根据《周易》"各正性命,乃利贞","成之者性也",说明古人言性均主后天,乃至于"人生而静以上不容说"。水,不是性,而是心;清,才是性。水有时而浊,但没有改变清的本质,仍可以再变清;如果水最终还是浊,说明后天之"习"太顽固了。所以,性乃"心之性",性因心而有其名。不能离心言性,但也不能以心代性,二者各有内容。"心一也",心合性,即是仁;心离性,即是觉。觉是"仁之亲切痛痒处"④,但觉不是仁,性也不是心。天下"一性也,自理而言,则曰仁义礼智;自气而言,则曰喜怒哀乐。一理也,自性而言,则曰仁义礼智;自心而言,则

① 以上引文见《学言上》,《语类十二》,《刘宗周全集》,第 3 册,第 341 页。
② 《学言下》,《语类十二》,《刘宗周全集》,第 3 册,第 418 页。
③ 〔清〕黄宗羲:《蕺山学案》,《明儒学案》卷六十二,第 1540 页。
④ 《学言上》,《语类十二》,《刘宗周全集》,第 3 册,第 350 页。

曰喜怒哀乐"①。

不能离心言性,也不能离性言命。《孟子·尽心下》"口之于味也"章提到性与命的关系,殊为费解。蕺山指出,孟子于耳目口鼻之欲"言命不言性",是为"致遏欲存理之功";于父子君臣等伦物纲常之则"言性不言命",是为"致尽人达天之学"。由此可见,"性命本无定名,合而言之,皆心也。自其权藉而言则曰命,故常能为耳目口鼻君;自其体蕴而言则曰性,故可合天人,齐圣凡,而归于一"②。命和性一样,都可看作"虚位"。"命"是心之权柄("权藉"),言心之主宰义;"性"是心之体量蕴含,言心体之广大。若从体用的角度看,性乃心之体,命乃心之用。性、命归于一心,不可分割。据此,蕺山进一步指出,就因为儒释道三家都没搞清"性"是怎么回事,凡是和"性"搭配在一起的,都当做独立的存在而与另一个相对应,所以儒家始终战胜不了佛老。佛教言"性空",空与色相对,将"空"当做一物。道教讲"性玄",玄与白相对,将"玄"当做一物。儒家讲"性理",理与气相对,将"理"当做一物。佛老之论背离了"理",而儒家也被"理"遮蔽得看不透,误入歧途,怎么可能胜得了对方呢?

最后,他得出结论:"惟天下无心外之性,所以天下无心外之理也。惟天下无心外之理,所以天下无心外之学也。"③通过辨析理气、心性、性情、性命之间的关系,蕺山批驳了朱子将这些概念二分的做法,最后将他们都归结于"心",进而开展对心的论述。

二、意乃心之主宰、心之所存

许孚远反对"四无"说,作《九谛》与周汝登辩论。蕺山同意老师的观点。他认为"四无"之说于《阳明集》中并不经见,其说乃出自龙

---

① 《学言上》,《语类十二》,《刘宗周全集》,第 3 册,第 353 页。
② 《学言下》,《语类十二》,《刘宗周全集》,第 3 册,第 420 页。
③ 《原学中》,《语类九》,《刘宗周全集》,第 3 册,第 256 页。

溪,既无善恶,又何有心意知物? 最终还会得出无心、无意、无知、无
物的结论,如此,"致良知"三字从何谈起? 有无不立,善恶双泯,只任
一点虚灵知觉之气在活动,怎么会不堕入佛氏窠臼呢?

　　关于"意",杨简、钱时都认为本心本明,意念害之。此处的"意"
应是指《论语》"毋意、毋必、毋固、毋我"中的"意",如意见、看法先入
为主等等。应保持虚心,心虚方能容纳一切。杨简主张"不起意",也
明言不起恶意,但总有笼统之嫌。阳明提出"心之所发便是意,意之
所在便是物","意"不再具有褒贬意味。从"有善有恶意之动"来看,
意又有善恶之分,王畿即持此看法。刘宗周对以上诸人批评道:

> 　　慈湖宗无意,亦以念为意也,"无意"之说不辨,并夫子"毋
> 意"之学亦不明,慈湖只是死念法。禅门谓之心死神活,若意则
> 何可无者? 无意则无心矣。龙溪有"无心之心则体寂,无意之意
> 则应圆"等语,此的传慈湖宗旨也。文成云"慈湖不免着在无意
> 上",则龙溪之说非师门定本可知。若夫子之"毋意",正可与诚
> 意之说相发明。诚意乃所以无意也,"毋意"者,毋自欺也。①

蕺山指出,"不起意"就是"无意",但意怎么可能"无"呢? 无意即是
无心。王畿讲"无心之心""无意之意",其意与杨简同。阳明批评过
杨简过于执着"无意",可见王畿已经背离了阳明的宗旨。孔子讲
"毋意"是"毋自欺"的意思,相当于《大学》中的"诚意"。蕺山也不同
意阳明"心之所发便是意"的观点,他提出"意者心之所存,非所发也"。

> 　　心无善恶,而一点独知,知善知恶。知善知恶之知,即是好
> 善恶恶之意。好善恶恶之意,即是无善无恶之体,此之谓"无极

---

①　《学言上》,《语类十二》,《刘宗周全集》,第 3 册,第 381 页。

而太极"。意者心之所存,非所发也。或曰:"好善恶恶,非发乎?"曰:"意之好恶,与起念之好恶不同。意之好恶,一机而互见;起念之好恶,两在而异情。以念为意,何啻千里!"①

心之"一点独知"即良知,具有知善知恶的认识判断能力。此知善恶之"知",就是好善恶恶之"意",此"意"也是心之本体,这才符合知行合一,才符合"一念发动处,便即是行"的理念。所以,"意"是心所固有的,不是心发出来的。有人问:既然"意"是指好善恶恶,难道好恶不是心之所发吗? 蕺山回答道:要将"意"与"起念"区分开。好善恶恶和知善知恶一样,都是心本身固有的,都是良知;"舍好善恶恶,无所谓知善知恶者,好即是知好,恶即是知恶"②,并不是知了之后再去好恶,"知"与"意"是一体的,不分什么精粗动静。"起念之好恶",是刻意立的好恶,"念"才是心之发动。据此,蕺山认为,"有善有恶意之动,知善知恶知之良"两句绝不相容,因为这分明是将"意"和"知"分作两件事。是"意"先动,"知"后随之呢,还是"知"先主,"意"继之? 如果是意先动而知随后,则"知"落后了,算不得"良";"有善有恶意之动"意味着善恶杂糅,如果知为主而意继之,则"知"之"良"又落脚在哪里呢("向何处讨归宿"③)?

意乃心之所存,二者之间地位如何? 蕺山指出,"心一也,自其主宰而言谓之意"④。阳明以意为心之所发,发则有善有恶,蕺山反问:善恶是意呢,还是好善恶恶是意呢? 如果好善恶恶是意,则意是有善无恶的,与意有善有恶相矛盾。况且,"有善有恶意之动"与《大学古本序》中首句"《大学》之道,诚意而已矣"的说法也是难以自洽的。

若意分善恶,则"诚意"就是诚其有善有恶之意。诚其有善之意,自然可以成为君子;诚其有恶之意,岂不是要成为小人?致知即是致良知,难道在致良知之后,要落得半个小人吗?

戴山也反对阳明"意之所在便是物"的观点。阳明举例子,意在于事亲,则事亲便是一事等等。戴山指出,"只意在于事亲,便犯个私意了",冬温夏清,昏定晨省,自然而然,近乎于本能,"何处容得意在于事亲耶?"①事亲还需要注"意"吗?阳明提出"无善无恶者理之静,有善有恶者气之动",戴山指出,理不分动静,气也有静的时候;离气无理,动静有无,是一非二。阳明这两句话以理为静,以气为动,说有说无,"善恶之辨,辗转悠谬矣"②。把本来明了简单的理论讲得复杂而且错误了。

那么《大学》讲"诚意",难道不是"诚"了之后"意"才善吗?如果"意"本善无恶,何需用"诚"?戴山解释道,"意还其意之谓诚"③,诚意就是"还意"的意思,还其本来之善。从这也可看出,"意"乃是心之主宰,学者下功夫应在"意"而不是"心"。后人多强调"心",发挥"正心"比较多,于"诚意"则谈得少。事实上,《中庸》讲"自诚明,谓之性;自明诚,谓之教",以"诚"贯性之全体,以"明"为工夫之所入。《中庸》曰"诚身""明善",《大学》曰"诚意""致知",旨义相同。因为,"明善"之善,不外乎一"诚"字,"诚则明矣,明则诚矣";"致知"之知,不离此"意",致之即是诚之。本体工夫本来就是打成一片的。

戴山指出,"学术不明,只是《大学》之教不明",《大学》之教不明,不在于格致之辨,而在于诚正之辨。诚正之辨,关键在于对"意"和"心"的关系始终模糊不清。"辨意不清,则以起灭为情缘;辨心不

① 《学言下》,《语类十二》,《刘宗周全集》,第3册,第405页。
② 同上注,第396页。
③ 同上注,第398页。

清,则以虚无落幻相。"①无论哪种情况,都有堕入佛教的危险。其中,"意"最微妙难察,所以最容易被忽略。弄清了"意"是心之主宰,不是心之所发,"诚意"是复还本善之意,则意诚心正就说得通了,阳明"《大学》之道,诚意而已矣"也成立了。"诚者,不思而得,良知,不虑而知。良知,一诚也;致知,诚之者也。此文成秘旨。"②

蕺山总结道:"自心学不明,学者往往以想为思,因以念为意。及其变也,以欲拒理,以情偶性,以性偶心,以气质之性分义理之性,而方寸为之四裂。审如是,则心亦出入诸缘之幻物而已,乌乎神!物以相物,乌乎人!乌乎人!"③思和想,意和念,经常混说,不分彼此;理欲、性情、心性、气质义理,经常对说,支离破裂,导致"心"的内涵越来越复杂。这样下去,有可能"心"也成为有多个因素和合而成的虚幻概念了,其精神又在哪里呢?精神不明,与物相类,又怎么能称为人呢!通过对以上概念一一进行辨析之后,蕺山找到了学问之枢纽,那就是"诚意"。由此,提出了他的工夫论。

三、学问之功,在复性

关于本体和工夫的关系,刘宗周在阳明的基础上总结得更具体:"大抵学者肯用工夫处,即是本体流露处;其善用工夫处,即是本体正当处。非工夫之外别有本体,可以两相凑泊,则亦外物而非道也。"④工夫本体不相离,工夫即是本体,从工夫可见本体。既然"意"是心之主宰,所以工夫应在"意"上,"诚意之后,更无正心工夫"⑤。意是纯善无恶的,诚意就是还复他纯善之意,就是复性。

① 以上引文见《学言下》,《语类十二》,《刘宗周全集》,第3册,第407页。
② 《学言下》,《语类十二》,《刘宗周全集》,第3册,第417页。
③ 《原心》,《语类九》,《刘宗周全集》,第3册,第251—252页。
④ 《答履思二》,《文编中》,《刘宗周集》,第5册,第274页。
⑤ 〔清〕黄宗羲:《蕺山学案》,《明儒学案》卷六十二,第1558页。

孔子曰："性相近也，习相远也。"于是后人大多主张要慎所"习"，有人论证说，有习境就会有习闻，有习闻就会有习见，有习见就会有习心，有习心就会有习性，所以要慎习。蕺山反问："审如是，又谁为专习之权者而慎之?"学问之功在复性，不在慎习。理由是：

> 人生而静，天之性也，浑然至善者也。感于物而动，乃迁于习焉。习于善则善，习于恶则恶，斯日远于性矣。无论习于恶者非性，即习于善者，亦岂性善之善乎? 故曰"性相近，习相远"，盖教人尊性权也。然则学以复性也，如之何? 曰：性不假复也。复性者，复其权而已矣。①

人之天性，是浑然至善的。受后天各种习气的影响，发生改变。习于善则善，习于恶则恶，日远于本性。习于恶则恶，自然不是本性；但是习于善则"善"，与本性之"善"是一回事吗? 并不是。后天所变，乃是具体的行为，不是本性；本性至善，不是与"恶"对立之"善"，不是具体的善行。"性相近，习相远"是教人尊性，不是复性。那么讲"学以复性"是何意? 既然人性至善无恶，就不需要"复"，"复性"是指恢复性之"权"。什么是性权? "习于善则善，未有不知其为善者；习于恶则恶，未有不知其为恶者。此知善而知恶者谁乎? 此性权也。"可见，这里的"权"是职能之意。性权即人性之职能，其职能就是"知"，就是良知。"复性"就是，知其为善而为之，为之必尽，乃至无善可习；无善可习，反观吾性之本体，本来就无善可习。恶亦然。"此之谓浑然至善，依然人性之初，而复性之能事毕矣。"②简而言之，就是从工夫入手，为善必尽，去恶必尽，到无善可习、无恶可习的地步，这时回

---

① 以上引文见《习说》，《语类十》，《刘宗周全集》，第 3 册，第 280 页。
② 同上注。

过头来看人性之初，本就无善恶可习，人性是浑然至善的。这就是复性。

那么后天之"习"就可以不管了吗？当然不是。既然语言、嗜欲、起居、酬酢等都是我们离不开的"习"，那就"知"其语言、嗜欲、起居、酬酢而慎之，如此即习即性，"知"习的过程就是复性的过程。"凡境即性境，凡闻即性闻，凡见即性见。无心非性，无性非习。大抵不离独知者近是。"性乃心之性，习乃性之习，境、闻、见这些"习"都是"性"之习，所谓"习与性成"是也。因此不是在"习"上下功夫，而是在"性"上。性权就是独知，何谓独知？"知之为言也，独而无偶，先天下而立，以定一尊，而后起者禀焉，是之为性权。"①"良知"这一范畴，没有与之相对的概念，且人人各不相同，故曰独知。"良知"先天固有，人禀良知而生，良知便成为人性之职能。因此，所谓慎习之功，就是慎独，慎独就是慎其独知。"独之外，别无本体；慎独之外，别无工夫。"②

"独知"一词，出自朱熹《中庸章句》："独者，人所不知而己所独知之地也。""独知"是指"幽暗之中，细微之事，迹虽未形而几则已动，人虽不知而己独知之，则是天下之事无有著见明显而过于此者"③，如此，"独知"是指只有自己先认识到的那几微之动。蕺山不认同这样的理解，在他看来，"独即意也"，知则是指"意"之精明④。意念是无声无息且变化无常的，只有自己知晓而难以被他人察觉。这也是《大学》讲"诚意"、《中庸》讲"戒慎恐惧"的意义所在。朱子于"独"字下加一"知"字，可谓扩前圣之所未发。但为什么只针对

---

① 以上引文见《习说》，《语类十》，《刘宗周全集》，第 3 册，第 281 页。

② 《中庸首章说》，《语类十》，《刘宗周全集》，第 3 册，第 270 页。

③ 〔宋〕朱熹：《中庸章句》，《四书章句集注》，第 18 页。

④ 刘宗周："一心耳，以其存主而言谓之意，以其存主之精明而言谓之知，以其精明之地有善无恶归之至善谓之物。"见《答史子复》，《文编三》，《刘宗周全集》，第 5 册，第 337 页。

"动念"来说呢？难道静中无知吗？若"知"于动静有别的话，那就不能叫"知"了。他批评朱熹于《大学》格致之说"最为吃紧"，"于诚意反草草"。慎独明明是尽性吃紧工夫，《大学》和《中庸》均谈到且旨义相同，但是朱子仅以"心之所发"解释，过于粗略。"朱子一生学问，半得力于主敬，今不从慎独二字认取，而欲掇敬于格物之前，真所谓握灯而索照也。"①

慎独工夫，并非只是有事时才需要做，而是时时刻刻都需要。"无事，此慎独即是存养之要；有事，此慎独即是省察之功。独外无理，穷此之谓穷理，而读书以体验之；独外无身，修此之谓修身，而言行以践履之。其实一事而已。知乎此者，谓复性之学。"②有事无事都需要慎独。独外无理，独外无身，"穷理"就是研究此"独知"，可通过读书帮助理解；"修身"就是修此"独知"，需要在日常言行中践履。刘宗周评价认为，阳明言良知，"最有功于后学"③，但他只传了孟子教法，于《大学》"诚意"之说辨析不明。其"四句教"更是将"意""知"等概念割裂开。不讲主敬，不讲诚，而单提"良知"，"鲜有不流于禅者"④。

由上可知，刘宗周认为"慎独"是在性体上下功夫，具体的方法则是读书和日常践履。读书，自然就是阅读儒家经典。蕺山断言，贯穿四书六籍的便是"慎独"："《大学》之道，慎独而已矣；《中庸》之道，慎独而已矣；《论》、《孟》、六经之道，慎独而已矣。慎独而天下之能事毕矣。"⑤就众人爱讲的"静中养出端倪"，蕺山解释道："端倪，即意，即独，即天。"⑥日常言行践履，要求不刻意，不为了慎而慎。"慎其

---

①　以上引文见《学言下》,《语类十二》,《刘宗周全集》,第 3 册,第 406 页。
②　〔清〕黄宗羲:《蕺山学案》,《明儒学案》卷六十二,第 1560 页。
③　《良知说》,《语类十》,《刘宗周全集》,第 3 册,第 285 页。
④　〔清〕黄宗羲:《蕺山学案》,《明儒学案》卷六十二,第 1548 页。
⑤　《文编九·读大学》,《刘宗周全集》,第 6 册,第 867 页。
⑥　《会录》,《语类十四》,《刘宗周全集》,第 3 册,第 466 页。

独,慎其无形之独也。为形而慎,非慎独也。"①所谓"诚于中,形于外,故君子必慎其独也",君子慎独没有任何外在的目的,完全发自内心的自觉,有任何功利目的的掺杂其中,都说明已经起了"意",不算是真正的慎独了。

四、孔门之学,莫先于求仁

刘宗周的思想,是在对朱、王学说有所扬弃的基础上建立起来的。他对儒家经典均有讲解,形成专著的只有《论语学案》。据《蕺山刘子年谱》,《论语学案》乃是蕺山"与诸生讲《论语》,日书其大旨,久而成编,至是乃出示学者"②,时年40岁。蕺山早年不喜象山、阳明之学,但于37岁时悟到"天下无心外之理,无心外之学",并作《心论》,便接受了心学思想。所以《论语学案》中的心学思想比比皆是,其实是一部以心学解经之作。如他在"司马牛问仁"章说:"自仲弓而下,论仁则但告之以求放心之道,使之由此而自得乎本心之理。"③评价孔子的志向"老者安之,朋友信之,少者怀之":"圣人之志,以老安少怀为极致。事即宇宙事,宇宙内事皆吾分内事,此洙泗学术之宗也。"④他直接引用陆九渊的"宇宙内事皆吾分内事"作为孔门学术宗旨,其以心学为宗不言自明矣。《年谱》又言其学问历程:"始致力于主敬,中操功于慎独,而晚归本于诚意。"⑤《论语学案》正是其中年之作。主敬与慎独工夫合一。"主敬"源自二程,是涵养心性的工夫,蕺山则认为"敬"的思想含摄于各个经典中。"古来无偷惰放逸的学问,故下一'敬'字,摄入诸义。就中大题目,只是克己复礼、忠恕、一

---

① 《经术五·大学古记》,《刘宗周全集》,第3册,第593页。
② 《附录·蕺山刘子年谱》,《刘宗周全集》,第9册,第67页。
③ 《论语学案》卷三,《刘宗周全集》,第2册,第411页。
④ 同上注。
⑤ 《附录·蕺山刘子年谱》,《刘宗周全集》,第9册,第168页。

贯、择善固执、慎独、求放心便是。"①所以,《论语学案》可谓蕺山综合
朱、王思想的典型经学之作,亦体现了他的仁学思想。

《论语》记载孔子及其门人弟子之言行,所论话题甚多。程颢曾
作《识仁篇》,主张"学者须先识仁",先"识"然后才能正确地"行"。
于是围绕"仁"的含义,有了"生""公""觉"等新解。刘宗周则直接
从实践入手,一言概括:"孔门之学,莫先于求仁。仁者,人也,天地之
心也。"②仁即是人心,求仁就是求心。如何求仁? 从克己复礼入手。

> "子曰:克己复礼为仁。"此孔门论学第一义也。求仁是圣学
> 第一义,克复是求仁第一义。③

"子曰:克己复礼为仁"出自《论语·颜渊》首章。颜渊是孔子最喜欢
的弟子,孔子对其期许与众不同。故当颜渊问仁时,孔子告之"克己
复礼为仁"。此章历来为注家所重视。本文于此只附《论语学案》
"颜渊问仁"章释义部分:

> 仁,性之德也;礼,仁之辨也,辨其远于己者也。就其井然不
> 淆处识是礼,就其杂然拘蔽处识是己,盖天理、人欲之别名也。
> 人生有己则有仁,有仁则有礼。仁者,善之长也;礼者,嘉之
> 会也。礼即仁之始而亨者也。仁不可见,而礼有体,礼有体则别
> 于己矣,不可奸也。"克己复礼"者,撤尽气拘物蔽之障,而复还
> 先天继善之良。如是,则能尽其性矣,仁矣。夫仁是己之仁,而
> 天下其量也,诚一日克复而天下归吾仁焉。谓不足以尽仁乎?
> 然则为仁之功断可识矣。吾克吾己,吾复吾礼,吾致吾一日之力

---

① 《论语学案》卷三,《刘宗周全集》,第 2 册,第 456 页。
② 《证学杂解·解一》,《语类八》,《刘宗周全集》,第 3 册,第 233 页。
③ 《读书要义说》,《刘宗周全集》,第 3 册,第 281 页。

而已,曾别有等待,别有推诿乎哉? 夫以由己之事而己自诿之,
偷安一日,自弃千古,亦终与于不仁而已矣。然己所逃匿处最难
搜检,没于东而生于西,若无有克处。如追赶盗贼,四路兜挐,更
无躲闪,方得渠魁、胁从一齐就缚。故请问其目,而以非礼勿视
听言动告之,直用全体精神,一克尽克矣。非礼勿视听言动者,
心存于视听言动之时而不动于己私之谓也。视听言动,一心也。
这点心不存,则视听言动到处受病,皆妄矣。必此心时时涵养,
时时省察,断然不使非礼者加乎其身,而天理于此周流矣。到
此,克无剩法,复无遗体,此为一日克复者也。礼只是一礼,己只
是一己,若言视思明、听思聪、言思忠、动思敬,犹近支离。挐这
己礼与非礼两行分途判得清楚,随吾心发见之端而致力焉,便是
千流会海,万象归宗,精微直截,洞然证此心之本体矣。此为仁
者真条目也,颜子于是知所以用力矣,故"请事"云云。"请事"
云何? 曰:有不善未尝不知,知之未尝复行是也。至于其心三月
不违,而所得于圣人之教多矣。此孔门授受第一义也,学者
体之。[①]

蕺山的解释有些抽象,故而其学生在他讲完之后便详细询问。
蕺山的回答与上文一起构成完整解读。此段解释内容非常丰富,包
含了如下几层含义:

1. 仁礼互依

对于"仁"的含义,孔子有"仁者,爱人"之说,因此后人多以"爱"
解之,仁爱并提。二程曾以"生""公"释之,谢良佐、张九成则训之以
"觉",至朱熹则提出仁不是爱,而是"爱之理"。吕祖谦综合诸家,认
为以上诸说均有道理,是从不同角度对"仁"的诠释:"指其用则曰

---

① 《论语学案》卷三,《刘宗周全集》,第2册,第407—408页。

爱,指其理则曰公,指其端则曰觉,学者由此皆可以知仁。若直以爱以觉为仁,则不识仁之体,此所以非之。"①"爱"是仁的具体体现,"公"指仁的溥博无私,"觉"则指不麻木,是仁的觉醒和开始。仁包含了爱、觉之意,反过来,爱或觉却并不等同于仁。

蕺山认为以上解释"亦仅举其动机言,尚遗却静中体段,故不若孟子曰'仁者,人也'"。"天地以生物为心,人亦以生物为心,本来的心便是仁,本来的人便是仁,故曰'仁,人心也',又曰'仁者,人也'。"②仁是什么?仁就是本心,是人之所以为人的根本,是人区别于禽兽的本质属性。无论是"生""觉",还是"公""爱",都是从动态的角度诠释"仁",但是从本然的角度,"仁体湛然,不容一物。才有物,不论善恶是非,都是不仁"③。"仁体"即是心体,心体清澈干净,没有丝毫杂质(物欲),才着一丝杂质,便是不仁。

在蕺山的思想中,"性"有两层含义:第一,其本义是"生";第二,"性因心而名者也"。"盈天地间一性也,而在人则专以心言,性者,心之性也。心之所同然者,理也。生而有此理之谓性,非性为心之理也。"④他根据"性"的字形结构,否定了程朱"性即理"的说法,性不是心之理,而是"心之生",是使心"生而有此理"者。"仁,性之德也",可以理解为仁是本心之全德,遮蔽仁体的有各种气习、私欲,"礼"则帮助我们辨识私欲是否已经远离仁体。所以仁礼不可分:"仁只是浑然生意,不落善恶区别见。礼乃是仁之别也,故言仁不言礼,不精。"蕺山用《周易》"元""亨"比喻仁和礼的关系,学生问什么是"仁是善之长,礼是嘉之会"? 蕺山回答说:"生生而不穷,非元乎?

---

① 《答朱侍讲所问》,《东莱吕太史别集》卷十六,《吕祖谦全集》,第 1 册,第 595 页。
② 《论语学案》卷三,《刘宗周全集》,第 2 册,第 409 页。
③ 同上注,第 410 页。
④ 《语类九·原性》,《刘宗周全集》,第 3 册,第 252 页。

物物而有则,非亨乎?"①仁生生不穷,所以为众善之首;万物皆有规则("礼"),所以秩序井然,体现宇宙之美。仁体抽象难名,非感觉可直观,何以体现? 通过"礼"。"礼即仁之始而亨者也。仁不可见,而礼有体,礼有体则别于己矣,不可奸也。"通过宇宙之井然秩序去体会万物一体之"仁"。礼有体有用,礼之本体即是仁,与"己"区分开;礼之用即下文所说的非礼勿视听言动。所以"仁"是"礼"之本体,礼是仁之体现,体现了仁德之美好。

仁礼之间相互依存,不可分割。当时周汝登曾提出"不识仁而能复礼者,无有是处",蕺山认为此说"极为有见"②。"克己复礼为仁",就是要先认清何谓仁、何谓礼以及二者之间的关系,否则做不到复礼。

2. 己礼对立

从"人生有己则有仁""仁是己之仁"来看,很显然,"克己复礼"之"己"与"为仁由己"之"己"的含义并不相同。如果都解释成"私欲",则上下扞格,于理不通。从"就其井然不淆处识是礼,就其杂然拘蔽处识是己"来看,"克己复礼"之"己"是指杂然拘蔽"仁"的那些要素,如习气、欲望等,其实就是私己。"克己复礼",就是指"撤尽气拘物蔽之障,而复还先天继善之良"。而下文"为仁由己"之"己"则指身心个体,每个个体都有视听言动,视听言动则主于一心,所以"为仁由己"即是时时刻刻省察涵养此心,不使非礼之事加乎其身。

己和礼,"盖天理、人欲之别名"——也只是"别名"而已,蕺山接着指出,礼不是外在的行为准则,更不是"天理",而是内心的自我约束和修养。

---

① 以上引文见《论语学案》卷三,《刘宗周全集》,第 2 册,第 409 页。
② 《语类七·圣学宗要》,《刘宗周全集》,第 3 册,第 210 页。

礼者,敬而已矣。便是视则还他明,听则还他聪,言则还他
物,动则还他恒。①

"礼"是心所固有的一种"敬"的状态。按程朱的解释,何谓敬?"主
一之谓敬。"何谓一?"无适之谓一。"敬就是心思专一。"复礼"就是
复还本心之"敬"。心为一身之主宰,眼耳等感觉器官皆听命于心,所
谓"四勿"其实就是"一勿",即保持本心的"勿动",处于"莹然不起"
的状态。非礼勿视听言动,已经是"动而省察"了,蕺山之意,应在
"静"时下工夫,防患于未然,"吾返吾视","吾却吾听","守之以
默","守之以静",当视听言动发生时,内心仍始终处于"敬"的状态,
不给欲望、私意等发生的机会。"总是此心常存,动亦定,静亦定,孰
为涵养,孰为省察。"所以当学生问"己如何克将去",蕺山答曰:"只
是'不从己上起见'便是'克',故即克即复。"②"不从己上起见"即不
起私见,私见不起,心之本体自然呈现,即克即复,二者不存在先后关
系。正因为"克己"表现为静时省察涵养,所以有学生问"克己力量
如何?"蕺山答曰:"未尝致纤毫之力。"③"克己"并非刻意用力去
"克",而是工夫用在平时。

蕺山反对将"克己"和"复礼"分成两截,"圣人言克己复礼,后儒
多言复礼克己"④。后儒多将"礼"看作外在的行为规范,所以多主张
履行了这些规范,才能克尽私意。程朱则把"礼"解释为"天理","克
己复礼"便是克尽己私、恢复天理之意,显然把克己和复礼当成了前
后因果关系。蕺山则将"克""复"作为一个过程,将"礼"释作"敬",
完全将工夫内化在心上了。

---

① 《论语学案》卷三,《刘宗周全集》,第 2 册,第 409 页。
② 同上注。
③ 同上注,第 410 页。
④ 同上注,第 409 页。

综上,"克己"就是指不起私见,于心"未发"("静")之时下工夫。心上没有任何私意成见,时刻处于"敬"的状态,就是"复礼"。实现了"克己复礼",先天良善之本心就会时时呈现,这就是"为仁",因为仁就是人心——蕺山此解,完全体现了即工夫即本体的特点。

3. 克复之旨贯穿六经

蕺山在通释全章之义后,又进行了总结,高度评价此章论仁与《尚书》《中庸》《大学》等经书旨意一致,体用该贯,道器相通,明了这一章之大旨,则六经之意皆通。

> 此章论仁是学问全局。既就形骸中直指夫礼而先天之体睹,又就本体中胪列视听言动而后天之用彰;既从天下归仁著圣仁之功化,又从一日由己决反约之要归。高之不堕于玄虚,卑之不溺于形器,此万世儒学之极规也。分己礼而对立,其要归于克复而为仁,是虞廷之训也。提一礼以溯性命之体,而合之于睹闻、显见、发必中节,是《中庸》之教也。首拈克复为纲领,终分视听言动为四目,壹是修身为本,是《大学》之道也。学者明克复之旨,而六经无余蕴矣。①

"颜渊问仁"章从本体上揭示仁即人心,仁为礼之体,礼为仁之用。为仁从个体开始,由"为仁由己"而"天下归仁",既有圣人之功效,又落实到个人之努力。《尚书·大禹谟》:"人心惟危,道心惟微,惟精惟一,允执厥中。""惟精惟一"即是主敬,己礼对立、克复为仁的工夫与此相合。涵养未发、静中体察,则与《中庸》之戒慎恐惧、慎独工夫相一致。以"克己复礼"为纲领,以"四勿"为目,归根结底都是讲修身,正是《大学》"壹是皆以修身为本"之旨。

---

① 《论语学案》卷三,《刘宗周全集》,第2册,第408—409页。

至于六经，"六经之教，皆以阐人心之蕴，而示人以为学之方也"①。具体言之，"读《易》而得吾心之阴阳焉，读《诗》而得吾心之性情焉，读《书》而得吾心之政事焉，读《礼》而得吾心之节文焉，读《春秋》而得吾心之名分焉"②。简言之，六经皆心学，读经即是发明本心的过程。克己复礼的宗旨，就是发明本心。

可见，"颜渊问仁"章上承尧舜等圣王之训，渊源有自，其宗旨贯穿了《大学》、《中庸》、六经之教，领略了克复为仁之宗旨，则圣人之学尽在其中矣。

五、总结宋代以降之学术

宋代理学兴起，形成了诸多学派。至元明时期，影响最大的就数程朱道学和象山心学了。阳明接踵而起，一时风靡大江南北。刘宗周生活在朱子思想为主流、阳明学泛滥的时代，他从自己的学术立场出发，对朱、陆、王的学说进行了全面评价：

> 象山直信本心，谓一心可以了当天下国家，庶几提纲挈领之见，而犹未知心之所以为心也。故其于穷理一路，姑置第二义，虽尝议朱子为支离，而亦不非议朱子格致之说，格致自格致耳。惟其学不本于穷理，而骤言本心，是以知有本心，不知有习心，即古人"正心""洗心"等语皆信不过，窥其意旨，屡犯朱子"心行路绝""语言道断"之讥。③

陆九渊单提"本心"，可谓提纲挈领，但他却没有指出本心因何为"本"。他讥笑朱子之学支离，却没有否定其格致之论。他不主张穷

---

① 《论语学案》卷二，《刘宗周全集》，第 2 册，第 366 页。
② 《语类十·读书说》，《刘宗周全集》，第 3 册，第 268 页。
③ 《与王佑仲问答》，《语类十一》，《刘宗周全集》，第 3 册，第 301 页。

理,而骤提本心,只知有本心,不知有习心,也不信正心、洗心之说,所以朱子讥讽他"心行路绝、语言道断",恰中其弊病。

> 文成笃信象山,又于本心中指出良知二字,谓"为千圣滴骨血",亦既知心之所以为心矣。天下无心外之理,故无心外之知,而其教人,独惓惓于去人欲存天理,以为致良知之实功,凡以发明象山未尽之意。特其说得良知高妙,有"妄心亦照""无照无妄"等语,颇近于"不思善恶"之说,而毕竟以自私自利为彼家断案,可为卓见。①

王阳明笃信象山之学,于本心中指出"良知"二字,解决了心之所以为心的问题。又提出心外无理、心外无知,以去欲存理为致良知之实功,这都是高出象山学之处。但他把"良知"说得过分玄虚,近乎禅,其后学流于狂禅,与他对"良知"的解说分不开。

至于朱熹,他将心理、心性、性情、未发已发、动静等概念皆一一分而析之,其学支离,在上文论述中已经提到,蕺山都做了批评。

> 合而观之,朱子惑于禅而辟禅,故其失也支;陆子出入于禅而避禅,故其失也粗;文成似禅而非禅,故不妨用禅,其失也玄。②

朱熹大力抨击禅学,力图将儒家这些范畴一一和禅学划清界限,不可避免地陷入支离。陆九渊出入禅宗却刻意避之,故其学说显得粗略。阳明之学乍看上去像禅学,其实不是禅,但他用禅机、借禅语表达思

---

① 《与王佑仲问答》,《语类十一》,《刘宗周全集》,第3册,第301页。
② 同上注,第301—302页。

想,失之玄奥。王门有王艮和王畿,皆主顿悟,世称"二王"。在他看来,龙溪学道八十年,却犹未寻着归宿,尚在沿门持钵乞讨而已。"心斋言悟虽超旷,不离师门宗旨。至龙溪,直把良知作佛性看,悬空期个悟,终成玩弄光景,虽谓之操戈入室可也。"①他不认同王畿的儒释之辨,认为不但没辨清楚,反而将吾儒混同于佛教了。他为阳明之学不是禅学辩护道:

> 阳明先生……其解《大学》处,不但失之牵强,而于知止一关全未勘入,只教人在念起念灭时用个"为善去恶"之力,终非究竟一着。与所谓"只于根本求生死,莫向支流辨浊清"之句,不免自相矛盾。故其答门人有"即用求体"之说,又有"致和乃以致中"之说,又何其与龟山门下相传一派显相矛盾乎?然则阳明之学,谓其失之粗且浅、不见道则有之,未可病其为禅也。阳明而禅,何以处豫章、延平乎?只为后人将"无善无恶"四字播弄得天花乱坠,一顿扯入禅乘,于其平日所谓"良知即天理""良知即至善"等处全然抹煞,安得不起后世之惑乎?阳明不幸而有龙溪,犹之象山不幸而有慈湖,皆斯文之阨也。②

阳明于"致知""止于至善"解释得不透,只教人在"一念发动处"用为善去恶的功夫,这与其"莫向支流辨浊清"有些自相矛盾。但这只能说阳明之学粗浅、不见道,不能说它是禅学。如果在心、念上用功就是禅,那么该如何评价罗从彦、李侗呢?二人主张于静中体察未发之中,都是在心上下功夫。导致阳明学流入禅学的原因,在于其后学(主要是王畿)只谈"无善无恶",将良知即天理、良知即至善这些阳

---

① 〔清〕黄宗羲:《师说》,《明儒学案》,第9页。
② 《答韩参夫》,《文编中》,《刘宗周全集》,第5册,第318—319页。

明的教导完全抛弃,致使从学者惑于禅学。蕺山明确指出,象山之后,杨简背离了师门宗旨;阳明之后,王畿偏离了师门正轨。象山、阳明之学被误解为禅学,实是其后学未能正确传承的结果。这也是斯文的一大不幸。

总之,朱熹和王阳明的学问之异,并非根本上的不同,"朱子之学,孔子之教也。阳明先生之学,孟子之教也。"①孔、孟之间又有多大的差异呢! 从这个意义上说,阳明之学可谓是继承并发展了朱子之学。通过总结以上诸人的学术得失,可见刘宗周的学术取向:他反对朱熹之学的"支离",完全摒弃了他对心理、心性等范畴的论述,而取其主敬、诚等实在的功夫论;他认同阳明的良知说、诚意说,但认为其粗疏、自相矛盾处甚多,他的任务就是将良知说细化、理顺。于是他深入考察各个概念,尤其是对"知""意""性"的内涵及其相互关系的解释,真可谓抽丝剥茧,极深研几。最后归结为"慎独",又将读书和践履结合起来,避免空疏。

刘宗周没有像前人那样提出一个圣圣相传的"道统",他只是以是否觉悟儒道进而启悟群生为标准,提出儒学的发展经历了几个阶段:孟子曰:"天之生斯民也,使先知觉后知,使先觉觉后觉。"故而生斯世,为斯民,可学之为后觉,"以觉先觉之所觉"。最先觉者,当属尧舜。"尧舜之道,尧舜之心为之也;尧舜之心,即吾人之心,同此心,同此觉也。"尧舜之后,孔子以"中庸"为至道至德,一时令乱臣贼子惧,此吾道之一大觉。战国时期,"杨墨横议",孟子起而言"性善",人乃知恶非本性,于是仁昭义立,君父之伦益尊于天地间,此吾道之又一大觉。之后人们沉浸名理,佛教明心见性之说盛行,儒道大晦。周敦颐倡无极之说,提出"诚者,圣人之本",使吾道大明,此又一觉也。之后又辨说日烦,支离转甚,进而流于辞章训诂。王阳明起而救之,拈

---

① 《会录》,《语类十四》,《刘宗周全集》,第3册,第466页。

出"良知"二字唤醒沉迷,如长夜之旦,此吾道之又一觉也。阳明借《大学》言良知,却未尽《大学》之旨,后人辗转,复失良知之旨。时节因缘,"司世教者又起而言'诚意'之学,直以《大学》还《大学》耳","故学以诚意为极则,而不虑之良于此起照,后觉之任,其在斯乎!"①在此,刘宗周当仁不让,他本人就是继"尧舜—孔—孟—周敦颐—王阳明"之后,又一个"觉悟"者,他要用"诚意"之学启悟后觉。

刘宗周的一生,是在理论上精进不已、实践上严格律己的一生,是真正实现了知行合一、表里一致的一生。明亡,蕺山绝食明志,勉励学生:"为学之要,一诚尽之矣,而主敬其功也。敬则诚,诚则天。"卧于榻上,尚不忘问学生:"吾今日自处无错误否?"②修养之勤,律己之严,四库馆臣评价他:"大节炳然,始终无玷,为一代人伦之表。"③信斯言矣!

第五节　传统浙江心学在明代的重新登场

阳明去世后,有大臣奏其"事不师古,言不称师。欲立异以为高,则非朱熹格物致知之论;知众论之不予,则为朱熹晚年定论之书。号召门徒,互相倡和","传习转讹,背谬弥甚"。要求朝廷追夺其爵位,"禁邪说以正人心"。④嘉靖下旨,停其世袭,恤典俱无。穆宗继位后,诏赠侯赐谥。万历十二年(1584),从祀孔庙,此时距阳明去世已有55年了。

---

① 以上引文见《证学杂解·解二十五》,《语类八》,《刘宗周全集》,第3册,第247—249页。

② 《会录》,《语类十四》,《刘宗周全集》,第3册,第491—492页。

③ 〔清〕纪昀总纂:《圣学宗要一卷、学言三卷》,《四库全书总目提要》卷九十三,第2402页。

④ 〔清〕张廷玉等撰:《王守仁》,《明史》卷一九五,第5168页。

阳明开始宣讲他的学说时,闻者就如徐爱所言,通常都是始而"骇愕不定,无入头处";闻之既久,"渐知反身实践"后始信其学乃孔门嫡传;思之既久,则"不觉手舞足蹈"。①阳明所到之处,公务之余便讲学不辍,是以"弟子盈天下"。随着心学风行于大江南北,如张九成、杨简、钱时、宋濂等理学家,因其著作中的心学思想与正流行的阳明学多有暗合之处,于是重新回到人们视野,他们的书籍也得以重新刊刻流行。

一、张九成

张九成生前谪居江西南安 14 年,长年寓居宝界寺,与生徒讲学,闲则闭门读书。因眼睛不好,经常倚立庭柱,执书就明,久之地砖上两个脚印隐然可见。谪居结束,离开南安时,他在柱子上题字作纪念:"平生好书,老来病目,执书就明于此十四年矣。"淳熙年间南安军倅胡元质怕时间长题柱坏了,便将其剖下来,保存在延松堂。结果数日之后,连地上的双跌也不见了。不过宝界寺和这个典故,却流传了下来。宝界寺后来被建成五贤祠,张九成列祀其中。其家乡盐官,淳熙年间建三先生祠堂,其中有张九成。县有净居院,绍定二年(1229)县令赵汝艖建张无垢祠于堂上,并刻其简帖十余张。菩提山下还有张九成读书台。斯人虽逝,古迹犹存,供后人凭吊。

张九成乃南宋理学名臣,在其生前,其学其人就名动天下。理宗时丞相史弥远奏其乃"渡江大儒",应予表彰。于是追封九成崇国公,谥文忠。其书在浙东广为流传,朱熹看了后忧心忡忡,以为"洪水猛兽",斥之为禅书。中经元代,张九成与其他心学家一样,渐渐湮没无闻。至明代,渐有人访南安等地古迹,开始提起张九成。

明初解缙(1369—1415),字大绅,号春雨,江西吉安人。他过南

---

① 〔明〕王守仁:《传习录上》,《王阳明全集》卷一,第10—11页。

安,访宝界寺,作诗云:"少年见说张横浦,曾访南安旧谪居。跌迹宛然存石础,至今重到已荒芜。"①邵宝(1460—1527),字国宝,号二泉,无锡人。过南安,有《拜横浦像》一首:"横浦先生像有碑,我来曾此一瞻之。《日新》数卷遗书在,却忆当年下笔时。"②许相卿(1479—1552),字伯台,号云村老人,海宁人。作为张九成的同乡,他对家乡的名迹非常熟悉。他题诗张九成读书台:"古台全草没,闲户半云扃。往哲犹生气,狂夫欲乞灵。蜗书阴藓碧,鸟破晚烟青。高节存遗传,闲来读旧铭。"③眼中的古迹皆已荒芜,但其人之风骨宛然尤在。知其名,想其人,读其书,无限感慨溢于诗中。

元代赵汸提出朱陆早异晚同说,明代程敏政(1445—1499,字克勤,号篁墩,徽州休宁人)著《道一编》附和之,阳明取朱子议论与象山相合者编在一起,成《朱子晚年定论》,与赵、程相唱和,于是该说盛行于天下。陈建(1497—1567,字廷肇,号清澜,广东东莞人)著《学蔀通辨》与之论辩,将佛教、陆、王三家之学称为"学之三蔀"。蔀,本指用草席覆盖、遮盖,引申为障碍之意。陈建是朱学的忠实信徒,对心学没有一丝好感,所以他引用朱熹语录,追根溯源,对北宋谢良佐以降,凡是以觉言仁或言心太重太多者,都加以无情的抨击。对心学人物如张九成、陆九渊和杨简,抨击尤甚。朱熹认定九成之书是禅者之书,且对他与大慧宗杲的交往深深不满,认为张九成阳儒阴释都是来自宗杲的教唆。陈建据此提出:"后世学术阳儒阴释之祸,实起于宗杲之教,子韶所关非小矣。"罗钦顺(1465—1547,字允升,号整庵)著《困知记》,也认为"张子韶以佛旨释儒书,改头换面,将以愚天下之

① 〔明〕解缙:《重过南安二首》,《民国大庾县志》卷十三,《中国地方志集成·江西府县志辑》,第86册,江苏古籍出版社1996年版,第351页。
② 〔明〕邵宝:《拜横浦像》,《民国大庾县志》卷十三,《中国地方志集成·江西府县志辑》,第86册,第353页。
③ 〔明〕许相卿:《题张九成读书台诗》,《民国海宁州志稿》卷八,《中国地方志集成·浙江府县志辑》,第22册,上海书店出版社1993年版,第249页。

耳目,其得罪于圣门甚矣。而近世之谈道者,犹或阴祖其故智,往往假儒者以弥缝佛学,律以《春秋》之法,吾知其不能免矣"。陈建借此评论道,"近世假儒者以行佛学,正犹昔人所谓挟天子以令诸侯"。意不在于儒书,"不过借儒书以行其扇诱来学之计耳"。①门户之见之深,于斯可见。

在心学流行的明朝后期,批判所带来的后果,也许不是对手的沉沦,而是引起大家的好奇和围观。在一片批评声中,张九成之著述再次得到刊刻。万历四十二年(1614),新安吴惟明手校《横浦先生文集》并梓行于世,焦竑为之作《序》。《序》中称:"自晚宋绌二氏之空寂,而圣人无声无臭之密旨因以不传。……横浦先生少受学于龟山,以未发之中为宗,于圣人之密旨业升其堂而入于室矣。其著述甚伙,发明载籍之韫奥甚晰。晚宋诋为禅者之经而摈之,不得与训诂家并行。语云'至言不出,俗言胜也',岂不然哉!"②《诗·大雅·文王》:"上天之载,无声无臭。仪刑文王,万邦作孚。"表示上天默默无闻,却化育生长万物。孔子也说:"天何言哉?四时行焉,百物生焉,天何言哉?"无声之教,无言之旨,是最高的境界。焦竑认为张九成以未发之中为宗旨,已深得圣人无声无臭之奥义。可惜其著作却因此被斥为禅书,长期不能传行于世。

次年,海昌方士骐再刻《横浦文集》,黄汝亨(1558—1626,字贞父,钱塘人)为之序:

> 先生尝受业于龟山,龟山本之明道,当时推先生为渡江大儒。其学以未发之中为宗,以仁为有宋家法,而不受权贵之饵,不讳赵鼎之党,寒逆豫之胆,折和议之奸,澹泊简静,形骸俱遗,

---

① 以上引文见〔明〕陈建著,刘佩芝、冯会明点校:《学蔀通辨后编》卷上,吴长庚主编《朱陆学术考辨五种》,第169页。

② 〔明〕焦竑:《书张横浦先生集》,《张九成集》"附录",第1341页。

清明刚正,国家是急。使尽展其用,足以挽弱宋而奋中兴。……
余尝妄论宋之儒者务明理而不尽明心,能研心而不能任事。能
明能任,横浦庶几兼之,而不竟其用。①

黄氏不仅高度赞扬张九成的人格和才能,而且认定张九成之学是明
心之学,是事功之学,能明能任,在宋儒中不多见。

张九成有《论语绝句》一百首,以七言绝句的形式表达自己对
《论语》的理解。士大夫们竞相唱和,并结成《唱和无垢集》,周汝登、
陶望龄分别为之作了"题"和"引",引为知音。周汝登题曰:"宋张无
垢《心传录》中有咏《论语绝句》诗若干首,一洗笺释,自阐性灵,游戏
咿唔,描摸圣意,如唐人落月屋梁、松际微月之句,以诗为画,面目俱
无,而颜容宛尔,盖真神品哉!"②他认为,"道不可象,圣人不得已而
示以言",但是那些训诂之言只是寻声执影,难以传达道之本真。张
九成的《论语绝句》却不然,描摹圣意却不落痕迹,以诗为画,读之如
见圣颜。这大概是该诗集受欢迎的原因所在。

陶望龄"引"称:"《论语》之有子韶《绝句》,犹禅家之有颂古也。
诸老宿依样葫芦,络索满纸,独子韶诸诗少有继者。吾友张懋之与其
友白子熙、祁尔光始从而和焉。余笑谓懋之,宣尼有没弦琴一张,传
之二千年矣,而子韶始为作谱。子韶谱后复三百年,而三君子始为之
足曲,真儒门一段奇特,但恐世上少能弹者耳。……子韶颂《论语》似
蜜中着蔗,虽总是舌根下事,在知味者入口自殊。"③他用禅家颂古比
喻张九成之《论语绝句》,孔子之道犹如一张无弦琴,《论语绝句》作
谱传道,众人之唱和则是锦上添花,谱足了乐曲。他称赞张九成之绝
句有味道,人人品之,味道却不同。之后众人将唱和之诗装订成集,

① 〔明〕黄汝亨:《重刊横浦先生文集序》,《张九成集》"附录",第1342页。
② 《题唱和无垢诗集》,《周海门先生文录》卷六,《周汝登集》,第156页。
③ 《无垢先生论语颂唱和引》,《歇庵集》卷十四,《陶望龄全集》,第815页。

石簣为之作序,再次赞扬张九成的学说:"子韶见处甚谛当,惜《心传》一编为懵懂头巾人所记,遂无一语足观。其稍稍吐露处,独《论语》诸绝句耳。"①他认为《心传录》没有记录下九成思想之精髓,《论语绝句》倒是能稍稍反映出来。《论语绝句》的风格,与周、陶讲课喜用禅语、禅偈来开悟学者的做法颇相似,读之令人心开神悟,故周、陶等人引九成为知音。

陶望龄年未过五十,官未至上卿,且没有子嗣就去世了,当时人共为叹息。周汝登作文祭悼,联想到了张九成:"夫张子韶之官不过侍郎,而当年高位,孰有耿光? 张敬夫之年四十有八,而一时长年,孰是不灭? 明道后,正叔之子岂必已生,而迄今脉衍,孰谓无承?"张九成没有位极人臣,当时比他官位高的,有哪一个比他更有光辉? 张栻英年早逝,比他寿命长的,谁不是身死名灭? 程颢之后,程颐之子嗣血脉繁衍至今,谁说他没有传承——就学说而言,程颢之学流传也是最广的。他悲痛的不是陶氏的官位、年龄和子嗣问题,而是感慨"真友难遇,正学难谙",再难遇到陶望龄这样的同道中人了。②在周海门眼里,张九成生前虽然官位一般,却是最有声光的。他著《圣学宗传》,"或记事传心,或附言明理",从三皇五帝开始,备列诸贤,宋代从穆修、胡瑗一直列到真德秀,张九成也在其中。他从张九成的著作中精选了一些本心之论,包括《论语绝句》中数首经典之作③。这些都说明,在他眼中,张九成乃同道中人,其学与圣人之学无异。

二、杨简

阳明为陆九渊辩护,立挺其学说乃圣学正传。杨简作为象山最

---

① 《论语颂唱和集序》,《歇庵集》卷三,《陶望龄全集》,第165页。
② 以上引文见《祭石篑陶太史文》,《东越证学录》卷一,《周汝登集》,第409—410页。
③ 见《圣学宗传》卷八,《周汝登集》,第674—680页。

得意的弟子,自然受到格外关注。不过阳明在讲课中只提到过慈湖一次:"杨慈湖不为无见,又着在无声无臭上见了。"①心体不是死寂一片,而是活泼泼有生命力的,杨简之"不起意"过于强调本心的静寂了。吴震先生《杨慈湖在阳明学时代的重新出场》一文提到,他使用的《慈湖遗书》版本是嘉靖四年(1525)由慈湖同乡秦钺刊刻的,可能是现存最早的版本。但阳明得到过《慈湖全集》,说明当时慈湖著作已经在流传。

　　罗钦顺于嘉靖癸巳(1533)春,得到并阅读了《慈湖遗书》,读罢便痛惜"禅学之误人也,一至此乎!"他本就不认同陆九渊、王阳明心学,认为他们都是以"知觉运动"言心,与禅学无异。杨简之顿悟源于象山,其对本心的规定、对经典的态度更加恣意,让罗氏无法忍受。他特意为《困知记》又续了一卷,专门驳斥杨简思想。他认为总归起来,杨简和陆王一样,都是以知觉运动为心。其《己易》以天地万物之变化为"我"之变化,一切天地人物皆在我"性量"之中,是不知天高地厚,不明天地本是无限量、自有其造化功用,与人心无涉,"况天地之变化,万古自如,人心之变化,与生俱生,则亦与生俱尽,谓其常住不灭,无是理也"②。圣人讲"无意",说的是"无私意";所谓"何思何虑",是对"憧憧往来"而言,并非否定思虑;《尚书》讲"思曰睿,睿作圣",《易》讲"圣人立象以尽意",《大学》讲"诚意"而不说"无意",《中庸》说"慎思"而不是"无思"。很明显杨简的"不起意""无意"等思想与此完全不合。杨简以《孔丛子》"心之精神是谓圣"作为立论依据,并认定是孔子本人所说。且不说"圣"字在上下文中并没有那么重要,单是这句话就不能涵盖"圣"之全部,杨简却以之贯穿于自己全部的思想中。这句话与佛家"即心是佛"极相似,佛教也以之为顿

---

① 〔明〕王守仁:《传习录下》,《王阳明全集》卷三,第115页。
② 〔明〕罗钦顺:《困知记续卷下》,《困知记》,阎韬点校,中华书局1990年版,第81页。

悟之机,杨简当取于此。详味《孔丛子》"心之精神是谓圣"上下文,罗钦顺断定,"盖圣者,通明之谓。人心之神,无所不通,谓之圣亦可也。……玩其辞,详其义,可见能通之妙,乃此心之神;而所通之理,是乃所谓道也。若认精神以为道,则错矣。《易大传》曰:'一阴一阳之谓道。'又曰:'阴阳不测之谓神。'道为实体,神为妙用,虽非判然二物,而实不容于相混,圣人所以两言之也。道之在人,则道心是也;神之在人,则人心是也。若此处错认,焉往而不错乎?"①杨简以"心之精神是谓圣"为立论宗旨,以人心道心为一心,将精神和道混为一谈,立论基础都错了,其余就不足观了。

湛若水官居南京吏部尚书时(1536—1538),阅读了《杨子遗书》,当时慈湖之说已经"盛行如炽",他说,"吾惧此说行而天下皆以气为性也,吾惧此说行而天下皆不知道也,皆不知学也,皆援古先圣王之指以入于夷狄也,为作《杨子折衷》"②。他摘取《杨子遗书》中一些典型言论,逐一进行驳斥。采取釜底抽薪的方式,直接否定了"心之精神是谓圣"出自孔子,断定"乃外家者之流也"。如果遽以精神为圣,则牛马之奔奔、昆虫之欣欣,凡知觉运动者皆可谓圣了。既然此言非孔子所说,那么在此基础上形成的理论体系也就不成立了,或者说与圣人之言就不可能相符了。杨简常说的还有一个命题:"舜曰道心,明此心即道也。"湛若水反驳道,照这个逻辑推理的话,"舜曰人心,即谓此心即人,可乎?"③他还揭露,杨简的"道心大同,人自区别。人心自善,人心自灵,人心自明,人心即神,人心即道,安睹乖殊"的语气与《坛经》的"何其自性"等数语相类,其后引"人皆有恻隐之心"等数语乃是"援儒入佛",最后"倏焉"而视听言动等语是以知觉

① 〔明〕罗钦顺:《困知记续卷下》,《困知记》,第82页。
② 〔明〕湛若水:《杨子折衷引》,《湛若水全集》,第15册,上海古籍出版社2020年版,第128页。
③ 《杨子折衷》,《湛若水全集》,第15册,第130页。

运动为性、为道,都是错谬的。此外,杨简"视听言动,不学而能"与禅宗"运水搬柴,无非佛性"旨意相同,以"无知"为圣人正是禅宗,以觉言知言仁都是禅之宗旨。总之,"象山非禅也,然而高矣,其流必至于禅矣"①。象山之学不是禅学,但立意太高,其后学必有流入禅者,杨简即是。

嘉靖己亥(1539)十二月,崔铣(1478—1541,字子钟,一字仲凫,号后渠)为《杨子折衷》作序。他的学问以程朱之学为准的,却把二程言心之论全部删掉,认为涉于玄虚,是门人之附会。他在《杨子折衷序》中不仅将慈湖之言归于禅,而且认为张九成、陆九渊之学均来自禅宗,并将其与魏晋清谈并论,"魏尚浮华,晋崇清谈,中华失道而夷据之"。慈湖之书本久绝不传,现在忽然梓行于世并广为流传,"崇尚之者,乃陋程朱已朽之物,重为道蠹"。他夸赞罗钦顺、湛若水等人的辟杨之功,没有他们,"中华又其夷乎!"②紧接着,他也批驳了"心之精神是谓圣"的荒谬,当然,其水平没有超出罗、湛。

黄绾驳斥那些认象山之学为禅学的观点,认为他们根本没看过象山的书,就人云亦云说象山只尊德性而不道问学。象山明明说过"束书不观,则游谈无根",他本人读书也常常通宵达旦,怎么能说他不提倡读书?但杨简之学显然是禅学,因为他以"不起意""无声无臭"为真体,其源流实际本于《坛经》"本来无一物"一句。说《易传》"议拟成变化"非圣人之言,"必欲废思与学,及志道、据德、依仁、游艺之事,乌得而非禅哉!"他同时指出,自己的学问与杨简对"本心"的看法基本一致,如人心自善、自灵、自明,人心即道,人心即神,人皆有四心,四心是四德,此心圣贤与凡愚皆同。但是,自己与慈湖又有许多不同:"我有典要,慈湖无典要;我有工夫功效,慈湖无工夫功效;

---

① 《杨子折衷引》,《湛若水全集》,第 15 册,第 127 页。
② 以上引文见〔明〕崔铣:《杨子折衷序》,《湛若水全集》,第 15 册,第 121 页。

我有日新次第,慈湖无日新次第。"①具体来说,《大学》讲"知止而后"有定、静、安,黄绾强调定、静、安皆有止之"所",即心,故万事万物皆从"我"止而不可乱;杨简则"随其所至而止",必然泛而无所,如此万事万物由其"自止"而无所约束。黄绾强调立心在诚意,去私意;杨简则主张"不起意""起意则昏",如此便连诚意都去掉了。黄绾主张工夫在于"思",去掉的是不当思之事;杨简则强调"不思""无思则万物毕照",把所有的思都摒弃了。黄绾强调学问在于志道、据德、依仁、游艺,而这一切杨简都不提倡。他认为若按杨简的看法,则《大学》之"诚意",《尚书》《论语》《孟子》中所提到的关于"思"的言论,《论语》中对仁道的追求等思想,都是无意义或者是错的了。宗信杨简之学的结果,会和禅宗一样,最终沦于虚无。

尽管遭到以上诸人的批判,杨简思想还是不可遏止地流传开来。《明儒学案》在解释徐用检(1528—1611,字克贤,号鲁源,师事钱德洪)"为学不以良知,而以志学"时说:"盖其时学者执'心之精神谓之圣'一语,纵横于气质以为学,先生以孔氏为的,亦不得已之苦心也。"②很多人奉"心之精神是谓圣"为圭臬,荒疏了真正的学问,也背离了阳明致良知的宗旨,导致阳明后学如季本、徐用检等人不得不想办法去弥补其流弊。

湛甘泉、崔铣、罗钦顺等人批判杨简还有另一个目的,那就是针对阳明心学。阳明崇尚《大学古本》,反对分三纲八目,宣扬"致良知",讲心体之无善无恶等等,与杨简思想看上去有很多相似之处,也的确很像禅宗。阳明生前,便与罗钦顺书信往来阐述自己的主张;阳明去世后,其弟子王畿、钱德洪又不遗余力地在各地建学会,大肆宣讲阳明心学。钱绪山比较循规蹈矩,从"四有"的角度重视功夫的践

---

① 以上引文见《久庵日录卷一》,《黄绾集》卷三十四,第661、662页。
② 〔清〕黄宗羲:《浙中王门学案四》,《明儒学案》卷十四,第303页。

履。王龙溪则从"四无"的角度大谈本体即工夫,立论之高比杨简有过之而无不及。这些都令一向信服朱学者如罗钦顺、崔铣,与阳明观点相左者如湛甘泉等人深为忧虑,以为贻误天下学子。他们批判杨简之学为禅学的同时,屡次提及"世之为心学者",显然指的就是阳明及其后学。批杨就等于批王,暗指阳明心学亦是禅学。对此,钱德洪和王龙溪义不容辞地给予了澄清和分辨。

钱德洪称自己读了杨简的著作后,便感叹其学真是"直超上悟","洞彻心源"。他的"不起意""心之精神是谓圣",意思是说心之精神凝聚则明,而分散则昏病起意,并非要求心体处于绝对静止状态。因为其学乃直指本心而欲超顿入,根性钝者难以理解,便疑其说近于禅,这是怀疑者本人的问题,而不是慈湖学说的问题。禅之说与慈湖书俱在,一个私己,一个同物(万物一体),非常容易分辨。众人乐趋下学,慈湖在接引时"爱人过切,立言过尽,容或有之;然谓其学非性情而疑訾之,则吾性昭然,断断乎不可诬也"①。在他看来,慈湖只是教学方法可能有问题,但其学属心性之学,对心性之洞察理解是没有任何问题的,与禅学有着本质区别。

针对众人对"不起意"的批评,王畿不以为然:"慈湖'不起意'之说,善用之,未为不是。盖人心唯有一意始能起经纶、成变化。意根于心,心无欲则念自一,一念万年,无有起作,正是本心自然之用、艮背行庭之旨,终日变化而未尝有所动也。"②龙溪一向主张直接从心之本根入手,本心无欲,意念自然专一,无所谓起还是不起,不起意不起念正是本心自然而然的表现。本体和工夫是一体的。水镜之喻恰恰说明本心于外部世界,应当物来顺应,应而无迹,过而不留,时刻保持虚寂的状态。从这个角度看慈湖的"不起意",就不会误解了。况

---

① 《修复慈湖书院记》,《钱德洪语录诗文辑佚》,《徐爱 钱德洪 董沄集》,第172页。
② 《与阳和张子问答》,《王畿集》卷五,第125页。

且,无意无必乃孔子所教,并非慈湖独创,慈湖之过在于用力太猛,"一念用力,脱却主脑,莽荡无据,自以为无意无必,而不足以经纶裁制",过于在"意"上下功夫,本身就是一种起意,反而忽略了更为根本的本心。"龙惕说"提出"以警惕为主",倒有刻意起意之嫌,将本体与工夫二分了。对于《杨子折衷》,他建议甘泉的弟子洪垣(字峻之,号觉山):"慈湖立论,诚有过当处,其间精义亦自在,不以瑕瑜相掩,可也。"①反对像甘泉那样全盘否定慈湖的思想。

龙溪之弟子张元忭不仅维护了老师的看法,而且完全肯定了杨简的思想,将"心之精神是谓圣"与阳明的"心之良知是为圣"并论,认为心之良知即心之精神,"万事万物皆起于此,无圣凡,无古今,无内外,无动静,一也"②。尧舜禹谓之"中",孔子谓之"仁",《大学》谓之"致知",《中庸》谓之"慎独",孟子谓之"求放心",圣圣相传,学者学的就是这良知,舍此不可以言学。慈湖与阳明思想均是圣人之学。

周汝登完全接受了杨简的思想,在讲学中经常或者引用杨简的话作为论证,或者与学生一起讨论杨简主张的"心之精神是谓圣""不起意"等观点。他从不觉得这些观点有任何问题。"心之精神是谓圣"是孔子所言,诋毁其为禅就是诋毁圣人。"不起意"是指不起妄意,就如乍见孺子入井,怵惕恻隐便是不起意,而纳交要誉就是起意了。他著有《程门微旨》,为众人不解,又集邵雍、杨简之诗附其后,"其语弥似禅,而其旨弥彻"③,要在读者自己体会、领悟。在《圣学宗传》一书中,他盛赞杨简之学:"古今论学之言,撒手悬崖,无丝毫粘挂,道人所不敢道,盖惟慈湖一人而已。"④可说是对杨简最高的赞美了。

---

① 《答洪觉山》,《王畿集》卷十,第263页。
② 《再答徐鲁源》,《张元忭集》卷四,第112页。
③ 《刻邵杨诗微引》,《周海门先生文录》卷四,《周汝登集》,第128页。
④ 《圣学宗传》卷十一,《周汝登集》,第750页。

众人围绕慈湖的"自然""不起意""心之精神是谓圣"等话题展开讨论,某种程度上深化了对心学某些概念如"自然""意",精神与良知之关系等等话题的认识。正如吴震先生所指出的,这些批判所达到的效果,与批判者的设想完全相反,它"使得慈湖思想在社会上不胫而走","也引起了阳明学内部的思想争议,成了阳明后学进行思想反省的绝好材料"①。

三、钱时

上文提到的程敏政赞同心学,"孔门之教在于复性。复性之本,则不过收其放心焉尔","诚以心不在焉则无以为穷理之地,而何望其尽性以至于命哉!"②他的《道一编》倡朱陆"始异而终同",与其说是还朱学本真,不如说是针对当时尊朱斥陆的风气,还陆学一个公道。作为安徽休宁人,程敏政对曾在徽州讲学的钱时深有好感。他为淳安学宫作记,盛赞钱时:"盖闻此邦有融堂钱氏实得慈湖之传,上宗陆子,其言渊以悫,其行硕以颙,真可谓百世士矣。"他提倡凡游学于此地者,应以心学为勉,"勉之何如? 以钱氏为先容,上求圣门道一之说,而致夫体用之极功"③。他认为钱时之学乃有体有用之学,是尊德性与道问学的统一。他还作诗,称"前辈风流谁复在,百年融老是吾师"④,对钱时可谓推崇备至。

钱时之《蜀阜存稿》至明中期时已经散佚,其同乡徐贯(字原一,

---

① 吴震:《杨慈湖在阳明学时代的重新出场》,载吴震、吾妻重二主编:《思想与文献:日本学者宋明儒学研究》,华东师范大学出版社 2010 年版,第 354 页。
② 〔明〕程敏政辑,吴明松点校:《道一编》"目录",吴长庚主编《朱陆学术考辨五种》,第 16 页。
③ 〔明〕程敏政:《淳安县儒学重修记》,《篁墩文集》卷十六,《景印文渊阁四库全书》,第 1252 册,第 280 页。
④ 〔明〕程敏政:《教谕许君置酒藏书阁有怀融堂钱先生》,《篁墩文集》卷八十三,《景印文渊阁四库全书》,第 1253 册,第 645 页。

淳安人)收集并付梓,命门人蔡清(1453—1508,字介夫,号虚斋,福建晋江人)校定并序之,并嘱托说:"其诗文皆自大本大根中流出,与寻常枝叶者不同。"蔡清读了文集之后,一方面承认"融堂先生生于苏、黄、秦、晁文事盛行、百巧竞出之后,而其著述乃皆主于发其胸中之所自得者而止,初不拘拘于一字一句之工,而其道理所在,神志所适,亦自天然成趣,力量百倍,非专事文家者可望。信乎其自大本大根中流出,而可以唤醒学者崇本之念矣"①。并在序中称赞钱时"亦振世之人豪哉"②。但另一方面,蔡清本人宗朱学,所以他私下又认为钱时所表达的思想"尊德性工夫居多",而且其文其诗立意都太高。既然钱时宗陆学,"此可以见陆学之未尽符于大中至正之矩。使当日得究其用,恐于开物成务之实终必有疏处。苟其疏也,则其所自受用亦恐其不觉而近于佛老,此朱子之于陆氏所以每欲周旋以补其欠,而不得苟同焉者也"。立意过高,并不符合中庸之道,也易流于空疏。"此吾道正统所以卒独归之朱子,而陆氏所就犹未免为偏安之业也。"③蔡清此论,是由其朱学立场决定的。不过由此可见,随着阳明心学的兴起,杨简、钱时等人的著作随之得到关注,并重行于世了。

四、宋濂

作为有明一代"开国文臣之首",若没有政治上的种种意外,宋濂对后世的影响当完全不同。宋濂生前虽有多部文集付梓,诸儒为之作序,但是随着自身获罪,时间迁移,其文集渐被淹没。成化年间金华徐礼曾读到张以宁写的《潜溪集序》,然而辗转多年也未读到全书。

---

① 〔明〕蔡清:《与徐方伯书》,《虚斋集》卷二,《景印文渊阁四库全书》,第1257册,第810页。
② 〔明〕蔡清:《蜀阜存稿序》,《虚斋集》卷三,《景印文渊阁四库全书》,第1257册,第841页。
③ 以上引文见〔明〕蔡清:《读蜀阜存稿私记》,《虚斋集》卷四,《景印文渊阁四库全书》,第1257册,第876—877页。

后因公务至遂宁,机缘巧合得见《龙门子凝道记》,未读完便起身惊叹:"先生之文,博极群言,旁觇载籍,漓而淳之,浮而沈之,议论深长,规模远大,如河汉之昭回,如星辰之繁衍,视世末学者讵能仿佛其万一哉?"不仅如此,从宋濂对濂洛之学分为武夷、广汉、金华三家而不能会归为一的忧虑,可见其志向绝非从事乎文章,而是以斯道自任,继承圣学。因此他断言:"昔程正叔序明道文曰:'孟子之后,一人而已。'予亦曰:'晦庵之后,一人而已。'"①在他眼里,宋濂是朱熹之后继承圣学的第一人。

徐礼是金华人,他对宋濂的高度评价有夸大宣传乡学的嫌疑。嘉靖三十一年(1552),浦江为宋濂建祠堂,时任浙江督学使薛应旂(1500—1575,字仲长,号方山,江苏常州人)为之作祠堂碑,全面评价宋濂:

> 金华之学,自东莱吕成公倡之,而何、王、金、许四贤相继而出。……先生继起是邦,遭逢圣主,文章事业掀揭宇宙,士人籍籍咸称名臣,已极夸诩。至其所深造自得者,上跻圣真,直达本体,则反为文章事业所掩,而不得明预于理学之列。此余追考先生之平生,未尝不喟然而叹也,曰:嗟乎,世有真儒若先生者哉!观其斥词章为淫言,诋葩藻为宿秽,期于划削刊落,以径趋乎道德。……及读其所杂著,与凡六经之论,《七儒》之解,《观心》之记,则实有不能自已于言者,是岂徒欲以文章事业名世者哉?奈何学术难明,见闻易眩,而先入之言之易行,所以拟先生者,仅仅若此也。……况究观先生之学,在宋则有若陆子静,在元则有若吴幼清,盖皆圣学正传,后先一辙,其与前四贤之繁简纡直,世必有能辨之者。……苟但知先生之显,而不知先生之微;知先生之

---

① 〔明〕徐礼:《龙门子凝道记三卷序》,《宋濂全集》"附录二",第 2708 页。

用,而不知先生之体,则是见光华者忘日月,睹溟渤者失原泉,而精一无二之指,无怪乎其未究也。①

在薛应旂之前,为宋濂文集作序或往来唱和者,基本都赞扬宋濂的文采或者其对有明一代制度文为的裁定和制作之功。这些评价多多少少让后人先入为主,所以薛应旂慨叹世人只看到宋濂的文章事业,却没有看到其文章里的道德之学,即理学。他断言,宋濂的学问与宋代的陆九渊、元代的吴澄一脉相承,不同于"北山四先生"尊承的朱学。也就是说,薛氏认为宋濂的学术就是我们今天说的心学。世人只看到宋濂学问的表面,而没看到其更深层次的内容;只见其"用"而不见其"体",如此评价宋濂,必然是肤浅的。在薛应旂的眼里,宋濂是和陆九渊、吴澄一样的理学家,而不仅仅是文学家、政治家。

薛应旂乃南中王门学人,宗的自然是心学。他进一步发挥了宋濂"道在六经"的思想,提出"圣人之道在我"。"人之言曰:圣人未生,道在天地;圣人既生,道在圣人;圣人既往,道在六经。是六经者,固圣人之道之所寓也。然其大原则出于天,而夫人之心则固天之心也。人能会之以心,则圣人之道即吾人之道,有不在六经而在我者矣。"②此处"人之言曰"引用的就是宋濂的话。薛应旂承认圣人之道寓于六经,但根据董仲舒"道之大原出于天"、《礼记·礼运》"人者,天地之心也",得出结论:人心即是天心。人若用心去体会,则圣人之道就在我们每个人的心里。因此对于六经,不要"以经求经",而要"以吾之心求经";不是"求经于经",而要"求其理于吾心"③。这与

① 〔明〕薛应旂:《浦江宋先生祠堂碑》,《宋濂全集》"附录二",第2610—2611页。
② 〔明〕薛应旂:《折衷》,《方山先生文录》卷十六,《四库存目丛书》,集部,第102册,齐鲁书社1997年版,第384页。
③ 〔明〕薛应旂:《原经》,《方山先生文录》卷十六,《四库存目丛书》,集部,第102册,第384页。

阳明"求六经之实于吾心"的观点是相同的。归根结底,都是针对当时泥于传注而忽略义理、舍本逐末的学风而发。

1556 年,丽水何镗(1507—1585,字振卿,号宾岩)将刘基的《郁离子》与宋濂的《龙门子凝道记》合刻称《刘宋二子》,李濂(1488—1566,字川父)为之作序。他指出刘、宋二人郁郁不得志于元朝,退而著书。"郁离"乃文明之谓,以之为书名,"意以为有能用之,可致文明之治耳";"凝道"意谓"苟非至德,至道不凝",均非"鳌道之诸子徒骋之空言"者所可比拟。入明后,二人用此著作,"以佐成昭代文明之盛治"。二人"精理为文,秀气成采,联辔齐骖,不相上下",但世人却只是看到了他们的某一方面:"顾世之人独以文称潜溪者,盖青田掩于功业云尔。"①其实从二人的著作看,他们都算得上是通至德要道之人,单纯以文学或功业评价,未免太简单或流于表面了。

当然,并不是所有人都对宋濂的学问持肯定态度。薛瑄(1389—1464,字德温,号敬轩,山西河津人)就对宋濂《诸子辨》颇有微词:"宋景濂《诸子辨》列周程于其后,非尊道学者也,失伦次甚矣。周程圣贤,岂诸子之敢望乎!"②他出于对程朱之学的尊重,认为列周敦颐、二程于诸子之后是对周、程的不敬,乃至忽略了宋濂这么做的用意——"欲读者有所归宿也"③。章懋(1436—1521,字德懋,浙江兰溪人)认为宋濂不过"文章之士","当以文学目之"④。在他心目中,金华吕祖谦之后真正传圣贤之学的当是何、王、金、许四先生,宋濂和吴师道、黄溍、柳贯、王祎等人一样,属"文章"家。

吴震先生认为,"在 1530 年代左右,慈湖得以重新出场的思想基

____

① 以上引文见〔明〕李濂:《刘宋二子合刻序》,《宋濂全集》"附录二",第 2915 页。
② 〔明〕薛瑄:《续录》卷四,《读书录》,《景印文渊阁四库全书》,第 711 册,第 767—769 页。
③ 《诸子辨》,《宋濂全集》卷七十九,第 1916 页。
④ 〔明〕章懋:《与韩知府》,《枫山集》卷二,《景印文渊阁四库全书》,第 1254 册,第 52 页。

础无疑就是阳明心学"①,笔者以为这一结论也适用于张九成和钱
时。宋濂因为是本朝开国名臣,影响本来就大,且年代未远,其早年
刊行的著作也并未全佚,所以其著述的再次刊刻和流行与前三人的
原因并不完全一样。但毫无疑问,他的"六经皆心学""道在六经"思
想被王阳明和薛应旂所继承和发挥,而集中体现其心学思想的《龙门
子凝道记》于明代中期得到再次刊刻,不得不说与此时正在流行的心
学思潮有关。他们的重新出场,进一步引发了心学与禅学关系的讨
论,助推了阳明心学在全社会的流传。同时也引起了学者们的反思,
思考心学的发展统绪问题。

---

① 吴震:《杨慈湖在阳明学时代的重新出场》,载吴震、吾妻重二主编:《思想与文献:
日本学者宋明儒学研究》,第 353 页。

第七章　浙江与江西心学的关系

　　通过梳理南宋以降浙江地区的心学产生、发展过程，可以看到有一条清晰的脉络：从张九成形成心学体系，史浩、吕祖谦用心学解读经史，到乾淳时期"甬上四先生"及其后学从学陆九渊，与江西心学发生交汇。此后流传的心学，便是两地合流之后形成的心学。从产生时间来看，心学分别在浙江和江西形成，是学者们在解读经典中悟出的学问，是自得之学。不过，我们不妨考察一下南宋时期浙江和江西两地学者的交流情况，庶几可以一窥心学的流动路线。明清时期一些学者开始整理浙学、理学的传承发展情况，从中也可以读出一些不同的信息。

第一节　南宋时期浙江、江西两地心学的
互动与合流

　　心学最先形成于浙江，两宋之际张九成通过解读诸经，发挥了《孟子》《中庸》等经典中丰富的心性思想，构建了一个完整的心学体系。他谪居江西14年，经常聚众讲学，谪居生活尚未结束，其著述就已经流传开来。乾淳时期，学禁废弛，诸贤并起，讲学之风盛行，此时

的交流更加频繁,促进了学术的大繁荣,心学也更加成熟、丰富。

一、横浦心学在江西

张九成在江西留下了很多足迹。他虽终日闭门讲学读书,但并非与世隔绝,依然有当地名宦士大夫登门拜访,与江西士人也多有往来。通过为人命字、撰写文章,他把自己的思想注入其中。

南安倅吏徐民望遣其子宗义、宗礼经常去向九成问安。一日请求九成为他们命字,九成推辞不过,为之解说曰:"《中庸》曰'喜怒哀乐未发谓之中',夫礼所以求中也。《孟子》曰'义,人之正路也',夫义所以为路也。遵正路而行,其为义乎? 求未发之中,其在礼乎?"所以二人分别字遵路、求中。然后他勉励二人:"日由礼、义中行,发诸心,被诸身,见诸家,放诸四海,穷达上下,无不履诸此。"①孙少刘乃横浦教官,与九成相交甚欢。其人"精深该博,恢廓有气节"。一日为其弟孙斌求字,九成论道:"士大夫所学,不学周、孔,伊谁之学? 学不贯文、武为一事,亦奚以学为?"②乃字之曰"师圣",意在勉励对方以周、孔为师,学有用之学,亦体现了他本人的人格追求和学问旨趣。

1140 年张九成谪居邵阳,道经袁州(今江西宜春),第二年作《袁州学记》,阐发了"一心之所管,即经纶天下之业也;一身之所履,即绥定国家之事也"③的思想。1156 年他赴任温州,途经赣州,应太守之请,作《重建赣州州学记》,提出"穷一心之理以通天下之理,穷一事之理以通万事之理"④的主张。这些心学思想被刻于学宫,留在江西,潜移默化地影响着当地士子。

与张九成有直接交集的江西学人主要有两个:汪应辰和杨万里。

---

① 《徐宗义宗礼字序》,《横浦集》卷十六,《张九成集》,第 177 页。
② 《孙斌字序》,《横浦集》卷十六,《张九成集》,第 178 页。
③ 《袁州学记》,《横浦集》卷十七,《张九成集》,第 186 页。
④ 《重建赣州州学记》,《横浦集》卷十七,《张九成集》,第 189 页。

汪应辰(1118—1176),字圣锡,信州玉山人(今江西上饶),人称玉山先生,官至吏部尚书、端明殿大学士,追谥文定。少受知于喻樗,后又结识了胡安国、吕本中、王藻、胡寅等人。绍兴五年(1135)状元,年方十八。闻九成讲学,往从之。九成见其来,乃喜曰:"少年登上第,乃急忙来就学耶!"①反对议和,秦桧恶之,遂乞祠。九成谪居邵州,交游皆绝,惟应辰时时通问。九成丧父,言者方交攻,唯独应辰"不远千里往吊,人皆危之"②。亦从宗杲游。有《文定集》二十四卷传世。观其思想,以"多识前言往行以畜德"为立身宗旨,以"体究涵养,躬行日用"为治学原则,以公正、至诚为修养境界,以"反求诸己"为政治理念。他根本不谈心性问题,而是始终把学问落实到日常行为践履中,在实践中体究学问,于日常中涵养心性,所以朱熹评价其学:"汪端明学亦平正,然疏。文亦平正,不好小蹊曲径。""汪圣锡日以亲师取友、多识前言往行为事,故其晚年德成行尊,为世名卿。"③朱子肯定其德而对其学术评价不高,但"平正"也说明他对汪应辰的学术还满意,没有受九成的影响杂于禅,也说明他没有传九成心学。《宋元学案》也评价说:"其骨鲠极似横浦,多识前言往行以畜德似紫微,而未尝佞佛,粹然为醇儒。"④于此看见汪应辰的性格和为人。

张九成重道德践履,读书主张"先立乎其大者",这些都直接影响了汪玉山。在《读龙川别志》中,应辰谈及张九成的教诲:"无垢居士昔与某言:读书考古人行事,既已信其大节,若小疵当阙而勿论。盖其间往往有曲折,人不能尽知者。如欧阳文忠公志王文正公墓,言寇准从公求使相事。寇公正直闻天下,岂问人求官者耶? 此类慎言之。"应辰听了之后以为是老师刻意维护前贤,并没有完全相信和接

① 〔清〕黄宗羲、全祖望等编:《玉山学案》,《宋元学案》卷四十六,第1453页。
② 〔元〕脱脱等撰:《宋史》卷一四六,第11877页。
③ 〔宋〕黎靖德:《朱子语录》卷一三二,第3176页。
④ 〔清〕黄宗羲、全祖望等编:《玉山学案》,《宋元学案》卷四十六,第1455页。

受。等他读到《龙川志》关于宋祁起草晏殊罢相制之事的原委,方才领悟九成之言不虚。"轻议前辈,而不知其曲折,类此者宜不少矣。无垢之言于是益信。"①苏轼兄弟亲近佛老,苏轼曾佞佛,苏辙作《老子解》,朱熹对他们大力批判,将其学问与王安石之学共贬。应辰为二苏辩解,历数二苏出入佛老的历程,并指出苏轼之于佛说只不过"欲以智虑亿度,以文字解说",而苏辙之《老子解》则是"欲和会三家为一",并没什么邪心妄虑,只是当时的"气习之弊"而已。他们的学问之害并不像朱熹想象得那样严重:"苏氏之学,疵病非一。然今世人诵习,但取其文章之妙而已,初不于此求道也","则其舛谬抵牾,似可置之"。他劝诫朱熹:"君欲指其失以示人,则如某事某说,明其不然可也。若概而言之,以与王氏同贬,恐或太甚。论法者必原其情,愿更察之也。"②他劝朱熹对苏氏兄弟要"原其情"而不要贬抑太过,信其大节而略其小疵,正是张九成告诉他的读书考古人之法。

杨万里(1127—1206),字廷秀,号诚斋,江西吉水人。官至宝谟阁待制,开禧年间韩侂胄北伐,杨万里闻知忧愤不食而死,谥文节。有《诚斋集》《诚斋易传》传世。

杨万里于绍兴二十四年(1154)进士及第,二十六年(1156)被任命为赣州司户。恰好这一年张九成除温州太守,从南安北上途经赣州,杨万里给张九成写了封自荐信,称敬仰张九成内外之学兼修,以及无论穷达都安之若素的襟怀,请求拜见:"某也愿撰履摄斋以躬洒扫应对之役,求闻所以好之乐之之旨屡矣,而未之得。比来天诱其衷,筼库于此,而适遇从者之至,是以踽踽焉自进于函丈而窃有请也。"③当时一同接见杨万里的还有胡铨。胡铨后来在为杨万里之父

---

① 〔宋〕汪应辰:《读龙川别志》,《文定集》卷十,上海文林出版社2009年版,第107页。
② 以上引文见〔宋〕汪应辰:《与朱元晦》,《文定集》卷十五,第155页。
③ 〔宋〕杨万里:《上张子韶书》,《诚斋集》卷六十三,《景印文渊阁四库全书》,第1160册,第594页。

撰写的墓志铭中提到:"尝携万里见无垢先生侍郎张公九成、澹庵先生今侍郎公某于赣,又见紫岩先生大丞相魏国张浚于永,三公皆以宿儒赏之。"①那次见面谈得如何,不得而知。此后再无机会往来。绍兴二十九年(1159),杨万里调任永州零陵县丞,去拜见正谪居永州的张浚,张勉以正心诚意之学,万里佩服其言,遂名书房为"诚斋"。

正心诚意的确可作为杨万里哲学思想的特点。他将诚作为治道之核心、圣人"心法之至要"、学问之终极目标。何谓诚?"以圣人之道为必可行,以帝王之治为必可致,力行之而不息,固执之而不移,此之谓诚。"②这虽然是论治道,但也可从普遍意义上理解。诚体现在两个方面:一是实践,二是意志,都要求坚持不懈、始终如一。无论是意诚还是心正,都离不开"心",所以他围绕"心"展开论述。他认为,天地无时无刻不处于变化之中,然而这变通之道却是可以认识和掌握的。这变通之道就是中正。如何能求得中正之道?以心。心又如何才能求得?首先,道并不抽象神秘,它散在万物,通过器体现出来。道器相依:"道不自立,以器而立;器不自行,以道而行。"③所谓三纲(君臣、父子、夫妇)、四端(仁义礼智)、五典(父子、君臣、夫妇、长幼、朋友)都属于器。学者只需在这些方面下功夫即可。一靠格物,即"学道",二靠亲身体察,即"体道",就像曾子每日"三省吾身"那样,如此才会达到道我合一的境界:"学道而至于体之以身,夫然后道为吾之有矣。……学而不能有,则道自道,我自我也。夫惟道即我,而我即道者,可以言道为我之有。"④所有这些都需要"用心"。所以,

① 〔宋〕胡铨:《杨君文卿墓志铭》,《杨万里集笺校》附录四,辛更儒笺校,中华书局2007年版,第5338页。

② 〔宋〕杨万里:《己酉自筠州赴行在奏事十月初三上殿第三札子》,《诚斋集》卷六十九,《景印文渊阁四库全书》,第1160册,第675页。

③ 〔宋〕杨万里:《诚斋易传》卷十七,《景印文渊阁四库全书》,第14册,第741页。

④ 〔宋〕杨万里:《曾子论中》,《诚斋集》卷八十六,《景印文渊阁四库全书》,第1161册,第127页。

"天下之至神者,其惟人心乎!"①

有学生不理解程颢的以觉譬仁之说,杨万里解释道:

> 或问:"程子谓仁者觉也,觉何以为仁?"杨子曰:"觉则爱心生,不觉则爱心息。觉一身之痛痒者,爱及乎一身,故孝子发不毁。觉万民之痛痒者,爱及乎万民,故文王视民如伤。觉万物之痛痒者,爱及乎万物,故君子远庖厨。"②

"觉"体现的是一种感同身受的同理心,是与他人乃至万物的共情,只有具备这种共情,才能化作爱,爱人爱万物,才能实现天地万物本我一体的境界。仁作为一种大爱,以"觉"为前提,没有共情的能力,漫说爱民爱万物,恐怕连爱父母都做不到。心有"觉"就可以生"仁"爱,麻木不觉就不会有任何爱。这一解释是对程颢的以觉譬仁、谢良佐的"心有所觉谓之仁"最通俗易懂的表达。

他认为心和性是"一而二,二而一"的关系,喜怒哀乐未发谓之性,发而皆中节谓之心。但也有发而不和的时候,就不是心和性,而只能叫情。因有人欲干扰,所以时常发而不和。如何约情归性、遏欲复理、涵养未发之心?"戒不睹,惧不闻。"③他推崇慎独,指出:"谨独不至乎人,则至诚不至乎天。"④除了自我修养、约束外,外在的约束也是不可或缺的,可以"以礼制心","行天下而不御者,莫若礼"⑤。

---

① 〔宋〕杨万里:《庸言七》,《诚斋集》卷九十三,《景印文渊阁四库全书》,第 1161 册,第 225 页。

② 〔宋〕杨万里:《庸言四》,《诚斋集》卷九十二,《景印文渊阁四库全书》,第 1161 册,第 219 页。

③ 同上注,第 220 页。

④ 〔宋〕杨万里:《不欺堂记》,《诚斋集》卷七十五,《景印文渊阁四库全书》,第 1161 册,第 32 页。

⑤ 〔宋〕杨万里:《诚斋易传》卷三,《景印文渊阁四库全书》,第 14 册,第 551 页。

　　杨万里对道器、涵养未发的理解与张九成的思想非常相似。敬其人,就会读其书,杨万里应该是读过张九成著作的。张九成与张浚交情甚厚(从九成去世,张浚为其"服友之服"可见),与湖湘学派也有密切关系。张浚之子张栻学于胡宏,是湖湘学派的传承光大者,亦是"东南三贤"之一。作为南宋第一批学人,张九成、胡宏等人在接引后学、助推乾淳学术繁荣方面起到了积极作用。杨万里从学于以上诸人,受他们影响,有浓郁的心学思想亦是顺理成章。

　　张九成谪居江西期间,正是陆九渊与其兄陆九龄问道四方之时。目前暂没有资料证明二陆拜访过张九成。但是张九成气节学问名重一时,所以他们知道其人。陆九渊为他人所撰文章中也提到过九成的名字①。因此,正如吴长庚先生所指出的那样,张九成谪居江西14年,其思想是象山心学的前导,"为以后象山心学在江西的传播奠定了思想基础"②。

二、乾淳时期心学在两地的流动传播

　　乾淳年间,史浩拜相。他不断向朝廷举荐人才,多为理学中人。其中大多数得到了朝廷的重用。这一举措直接推动了学术的再次繁荣。在举荐的这些人才中,陆九渊便是其中之一。当时象山任崇安主簿,荐词说他"渊源之学,沈粹之才,辈行推之,而心悟理融,出于自得"③。对象山学问之渊源和特点看得非常准确。

　　比史浩更早风闻"江西二陆"之名并神交相契的是吕祖谦。乾道八年(1172),吕祖谦主试礼部,看到一份卷子,断定"必是江西陆子静之文",事后他对陆九渊说:"未尝款承足下之教,一见高文,心开目

---

① 《黄公墓志铭》:"在童稚时,尝为横浦张公赏识。"见《陆九渊集》卷二十八,第323页。
② 吴长庚:《朱熹与江西理学》,江西高校出版社2007年版,第43页。
③ 〔宋〕史浩:《陛辞荐薛叔似等札子》,《史浩集》卷九,第183页。

明,知其为江西陆子静也。"①在仕途上,吕祖谦可谓陆九渊的房师,二人学问上又息息相通。乾道九年(1173),朱熹致信吕祖谦,说"陆子寿闻其名甚久,恨未识之。子澄云其议论颇宗无垢,不知今竟如何也"②,此时朱熹已经明确将九成之书视作禅书进行大力批判了,但吕祖谦对此没有回应。乾道十年(1174)陆九渊赴钱塘拜访吕祖谦,吕祖谦对他心浮气躁的毛病曾赠箴铭以惩艾。而他在向朱熹介绍陆氏兄弟时则说:"抚州士人陆九龄子寿,笃实孝友,兄弟皆有立,旧所学稍偏,近过此相聚累日,亦甚有问道四方之意。"③乾道十一年(1175),在吕祖谦的主持下,朱熹和陆九渊兄弟等多人于江西鹅湖会面,交流学问,是为"鹅湖之会"。次年,陆九渊粗心浮气的毛病仍不改,"公(指吕祖谦)虽未言,意已独至。方将优游,以受砭剂"④。也正是在吕祖谦的规劝和影响下,陆九渊才逐渐认识到自己的问题,在今后的讲学中开始提倡读书的重要性。应该说,陆九渊受吕祖谦的影响非常大。

中进士之后,象山开始与浙江士人广泛接触交流。在行都临安,他朝夕应酬,从游者甚众。陆九龄曾提到:杨简、石崇昭、诸葛诚之、胡拱、高宗商、孙应朝等等,"皆亹亹笃学,尊信吾道,甚可喜也"⑤。《陆九渊集》中,保存有多封象山与浙江学者的通信,较著名者有吕祖谦、吕祖俭、杨简、舒璘、舒琥、舒琪、徐谊、戴溪、王德修、丰有俊等人。

象山心学在浙江的传播,得益于"甬上四先生"。杨简经象山点拨,大悟本心,随即大力发挥本心之说,接引后进。乾道初年袁燮入太学时问学陆九龄,后遇象山,象山以本心示之,遂师事象山,并推尊

---

① 《年谱》,《陆九渊集》卷三十六,第487页。
② 〔宋〕朱熹:《答吕伯恭》,《晦庵先生朱文公文集》卷三十三,《朱子全书》,第21册,第1445页。
③ 《与朱侍讲》,《东莱吕太史别集》卷八,《吕祖谦全集》,第1册,第416页。
④ 《祭吕伯恭文》,《陆九渊集》卷二十六,第306页。
⑤ 《年谱》,《陆九渊集》卷三十六,第488页。

其为道统继承人。舒璘与其弟舒琥、舒琪一同师事陆九渊。他劝杨简删掉《象山行状》中关于象山评价有子、伊川的话，又劝朋友不要轻议朱熹。对此，全祖望评价说："舒公广平之在陆氏，犹朱子之有勉斋也。闻人有诋朱子者，广平辄戒以不可轻议，则必欲排朱以申陆者，非真有得于陆可知。"①朱陆本是学术之争，二人均反对门户之见。朱熹去世之后，其后学欲尊朱排陆，被黄榦制止了；舒璘的举动，与黄榦完全一样，他反对申陆排朱，是真得象山之学，也是真正懂得象山的。

沈焕早年读书，只读圣哲之书，于史籍传记"采取至约"，后游明招山，与吕祖谦兄弟极辩古今，方知"周览博考之益"。史浩最为赏识沈焕，致仕后特分其真隐观一部分与其兄弟使用，沈氏兄弟遂于其中授徒。恰好此时吕祖俭来鄞任仓监，于是三人经常或于讲堂讨论终日，或泛舟湖上。所以全祖望认为沈焕与吕氏兄弟"切磋倍笃，故沈氏之学，实兼得明招一派，而世罕知之者"②。入太学后，陆九龄为学录，沈焕师事之，终其一生并没有亲炙象山。但他送弟弟沈炳（字季文）去陆九渊处就学。他尝对杨简说："吾儒之学，在植根本，无妄敝其精神。"因而强调"反观内省，慎独之功"③。其学术宗旨与陆、杨是一致的。他曾与朱熹会面，各抒己见，最后他"遗书'静廉'二字，复遣其弟炳就学象山门下"④，表明了其学术取向。

指示杨简师事象山的是徐谊。徐谊字子宜（一字宏父），温州平阳人。与陆九渊同榜进士，官至宝谟阁待制、江淮制置使。尝因忤韩侂胄，被贬南安军、婺州等地达十年之久。谥文忠。象山《年谱》"子宜侍先生，每有省"，以之为象山弟子。并记载说，会试后，象山说：

---

① 〔清〕黄宗羲、全祖望等编：《广平定川学案》，《宋元学案》卷七十六，第2550页。
② 同上注，第2557页。
③ 〔明〕李堂：《沈端宪公像赞》，见《定川遗书》卷二，《四明丛书》，第6560页。
④ 〔清〕张懋建：《鄞江人物论》，见《定川遗书》卷二，《四明丛书》，第6561页。

"某欲说底,却被子宜道尽,但某所以自得受用底,子宜却无。"①他在讲学时还举徐谊的话:"与晦翁月余说话,都不讨落着;与先生说话,一句即讨落着。"②据此,黄宗羲《宋元学案》原本将徐谊置于"金溪学案",李绂《陆子年谱》亦因循此说。全祖望则极力反对,他认为陆、徐二人只是思想上不谋而合,但说徐谊师事象山,"则书传未有明文"。无论是杨简的祭文,还是黄震的《黄氏日抄》,都只提到徐谊在看到陆九渊的程文《天地之性人为贵论》后,便指示杨简从学象山,并没有说他本人师事之。象山《年谱》所记"恐未可据"。③于是全祖望为徐谊另立《徐陈诸儒学案》,以之为三陆先生之"最同调者"。其学"以悟为宗,悬解昭彻,近取日用之内,为学者开示"④,可见他提倡自得之学,与象山之学问宗旨一致。

戴溪(1141—1215),字肖望(或少望),号岷隐,浙江永嘉人。淳熙五年(1178)以别头省试第一身份监潭州南岳庙,出任石鼓书院山长。官至工部尚书,谥文端。有《石鼓论语答问》《续吕氏家塾读诗记》等传世。陆九渊在信中建议他《中庸》《大学》《论语》诸书要时时读,同时充养发明本心,不使其戕贼陷溺⑤。

王德修是金华人,象山在信中责备婺地学人不能主动赴江西求教。丰有俊,字宅之,鄞县人。学于象山。现存象山文集中有《与丰宅之》,是丰氏向其索要文章,象山录了数篇与之。

另据《宋元学案》之《象山学案》和《槐堂诸儒学案》,有多位浙江

① 《年谱》,《陆九渊集》卷三十六,第487页。
② 《语录下》,《陆九渊集》卷三十五,第457页。
③ 以上引文见〔清〕黄宗羲、全祖望等编:《徐陈诸儒学案》,《宋元学案》卷六十一,第1969页。
④ 〔宋〕叶适:《宝谟阁待制知隆兴府徐公墓志铭》,《水心文集》卷二十一,《叶适集》,第404页。
⑤ 参见《与戴少望》,《陆九渊集》卷五,第63页。

学子或亲炙,或私淑陆九渊,陆九渊的高足也遣子学于杨简。两地心学形成交叉互动,渐成合流之势。

詹阜民,字子南,遂安人。初次见象山时,象山说:"后世学者,溺于文义,知见缴绕,蔽惑愈甚。"于是他退而尽屏诸书。后疑其不可,问象山,象山曰:"某何尝不教人读书?"可见他误解了象山的话。又一日侍坐,象山曰:"学者能常闭目亦佳。"于是学静坐,夜以继日,坚持了半个月。一日下楼,忽觉此心澄莹中立,惊异之余求证于象山,象山曰:"子何以束缚如此?"本心天生如此,为什么不随顺自然、要刻意为之呢?詹阜民立刻释然。詹氏曾任知徽州,陈淳批评他与僧、道来往,"此一家学问,分明是空门宗派,纵待说得精微玄妙,不过是弥近理而大乱真",分明是阳儒阴释。全祖望也认为他所言"渐近顿悟"。①这大概是陆学招后人非议的原因之一。

胡拱,字达材,东浙人。象山评价他:"其资甚美,天常亦厚,但前此讲学,用心多驰骛于外,而未知自反。"其弟胡搏,字崇礼,"其天资如古人,乐善急义若嗜欲"。②官至浙西提举茶盐司干办。

赵师雍,字然道,黄岩人。淳熙十四年(1187)进士,官至朝议大夫、直宝章阁。与其弟赵师葳(字咏道)俱师事象山,亦兼学于朱子。现存象山文集中,有给他们兄弟二人各四封信。象山开导赵师雍:"吾心苟无所陷溺,无所蒙蔽,当如四序之推迁,自适其宜","礼者理也,此理岂不在我?""必求外铄,则是自湮其源,自伐其根也。"③他借《尚书》之罔念克念谈人心之危,称赞赵师雍"耻利欲之习,知异端之非",勉励他"愿益致扩充之功,则吾道幸甚!"④赵师雍尝说:"诸公伤

---

① 以上引文见〔清〕黄宗羲、全祖望等编:《槐堂诸儒学案》,《宋元学案》卷七十七,第2575—2576页。

② 同上注,第2579、2580页。

③ 《与赵然道·四》,《陆九渊集》卷十二,第159页。

④ 《与赵然道·一》,《陆九渊集》卷十二,第156页。

于著书,而其心反有所蔽。"象山闻而非之,认为必其心先有蔽,故其言亦蔽,岂可言因著书而反蔽其心? 他教导赵师蒇"为学有讲明,有践履","讲明"不是指口耳之学,而是指"一意实学,不事空言"。"塞宇宙一理耳,学者之所以学,欲明此理耳。"①

高商老,括苍人,登进士第,官至抚州太守。刻《象山集》并其兄《复斋集》于郡学,自言:"尝从象山游,颇自奋励。今老矣,学不加进,然而默识心通,岂欺我哉!"②促进了陆氏之学在江西的传播。

潘友文,字文叔,金华人。官至提举福建常平茶盐公事。现存象山给他的一封信,夸赞他"慈祥恳恻,一意师慕善人,服行善事,友朋间所共推重,与一辈依凭假托以济其骄矜者,不可同年而语矣"。但他同时指出对方"恐惧忧惊每每过分",究其原因在于"讲之未明,未闻君子之大道"③,与经典所讲的戒慎恐惧工夫相去甚远。象山鼓励他求正学,去私意,多游圣人之门。

赵彦肃,字子钦,严州建德人。乾道间进士,官至宁海军节推。人称复斋先生。杨简为之作行状。私淑象山学。全祖望认为,"严陵之为陆学者,自先生始"④。

傅梦泉,字子渊,号若水,江西南城人。学于象山,持守师说甚力,可谓陆门首席弟子。连黄宗羲都说,象山弟子千人,其学脉流传却偏在浙东,"此外则傅梦泉而已"⑤。遣其子傅道夫、傅正夫学于杨简。杨简赞扬两兄弟:"濂溪、明道、康节所觉未全,伊川未觉,道夫昆仲皆觉。"⑥傅正夫有录《慈湖训语》,真德秀为之跋曰:"非正夫之心

① 以上引文见《与赵咏道》,《陆九渊集》卷十二,第 160、161 页。
② 〔清〕黄宗羲、全祖望等编:《槐堂诸儒学案》,《宋元学案》卷七十七,第 2590 页。
③ 《与潘文叔》,《陆九渊集》卷十三,第 173 页。
④ 〔清〕黄宗羲、全祖望等编:《象山学案》,《宋元学案》卷五十八,第 1931—1932 页。
⑤ 同上注,第 2571—2572 页。
⑥ 〔清〕黄宗羲、全祖望等编:《槐堂诸儒学案》,《宋元学案》卷七十七,第 2604 页。

与先生通贯为一,岂能传之简牍,不失其真哉! 然则先生之言固有功于后学,而正夫所录又有功于先生者也。"①慈湖去世,将葬,傅正夫不远千里,访真德秀于粤山之麓,为老师请铭。他还录有《絜斋先生训语》,袁燮亦有《书赠傅正夫》,告诉他"学贵自得",慈湖虽有得于象山,但亦是自得之学,勉其要善学慈湖之学②。袁燮还有《跋子渊兄弟行实》,称赞傅梦泉兄弟有得于象山,皆"人中之杰";傅正夫"亲炙慈湖,有得于中,气脉相续,无有间断"③。可见,傅正夫也算是袁燮的弟子。

如果说象山心学能在江西传播,张九成心学为之奠定了基础,那么其心学之所以能被浙江学人很快接受,且得到广泛认可,其中亦有传统浙江心学为之做了理论准备的因素,即南宋初期张九成、史浩等人的心学思想率先在浙东流传,尤其是张九成的书,达到了"家置其书,人习其法"的地步,其对浙江的影响不容小觑。"槐堂之学,莫盛于吾甬上,而江西反不逮。"④"甬上四先生"从学陆氏兄弟,其后学又互相拜师学习,充分说明此时浙江、江西两地的心学实现合流,形成了我们今天所看到的心学。此后在社会上流行的便是这一合流之后的心学。

元代,江西有吴澄、饶鲁等人传心学。但吴澄主张和会朱陆,并不完全以陆学为矩矱。入明后,朱子学一统天下,科举制的导向也让朱学趋于僵化。江西大儒吴与弼开始破冰之旅,一反死读书本追求科举做官的习气,要求将圣贤之学落实到日常践履中。"言心则以知

① 〔宋〕真德秀:《慈湖训语》,《西山文集》卷三十五,《景印文渊阁四库全书》,第1174册,第550页。
② 参见〔宋〕袁燮:《书赠傅正夫》,《絜斋集》卷七,《景印文渊阁四库全书》,第1157册,第86页。
③ 〔宋〕袁燮:《跋子渊兄弟行实》,《絜斋集》卷八,《景印文渊阁四库全书》,第1157册,第96页。
④ 〔清〕黄宗羲、全祖望等编:《槐堂诸儒学案序录》,《宋元学案》卷七十七,第2570页。

觉,而与理为二;言工夫,则静时存养,动时省察。故必敬义夹持,明诚两进,而后为学问之全功。"他在理论上秉持程朱学说,无所发明;但他刻苦自励,严于律己,在行动上为后学树立了如何求做圣贤的榜样。"微康斋,焉得有后时之盛哉!"①吴与弼"主敬",其门下娄谅和胡居仁都遵循此说,惟有来自广东的陈献章(1427—1500)"以虚为基本,以静为门户,以四方上下、往古来今穿纽凑合为匡郭,以日用、常行、分殊为功用,以勿忘勿助之间为体认之则,以未尝致力而应用不遗为实得"②,突破程朱的藩篱,朝着心学方向发展。娄谅座下最著名的弟子,便是王阳明。阳明 17 岁迎亲,路过广信,从娄谅问学,深相契合,"则姚江之学,先生为发端也"③。但是娄谅的学问也没有超脱程朱的范围。阳明心学于浙中兴起,其弟子遍布天下。除了浙中王门,《明儒学案》有《江右王门学案》共九卷,人数比浙中多得多。"姚江之学,惟江右为得其传,东廓、念庵、两峰、双江其选也。再传而为塘南、思默,皆能推原阳明未尽之旨。是时越中流弊错出,挟师说以杜学者之口,而江右独能破之,阳明之道赖以不坠。盖阳明一生精神,俱在江右,亦其感应之理宜也。"④阳明长期在江西平叛,所到之处,公务之余便是讲学,是以影响极广。而江右心学的特点,是不仅能够推阐阳明未尽之旨,而且能恪守师说不离其道。相比浙中渐流于禅,江右则无此流弊。阳明心学在江西的广为传播,前有吴与弼为之基础。这应是继南宋之后,浙江和江西心学的第二次合流,其主体思想是阳明学。最后,阳明病逝于南安。南安,正是张九成贬谪之地,冥冥之中似有天意。

---

① 以上引文见〔清〕黄宗羲:《崇仁学案一》,《明儒学案》卷一,第 14 页。
② 〔清〕黄宗羲:《白沙学案上》,《明儒学案》卷五,第 80 页。
③ 〔清〕黄宗羲:《崇仁学案二》,《明儒学案》卷二,第 44 页。
④ 〔清〕黄宗羲:《江右王门学案一》,《明儒学案》卷十六,第 331 页。

第二节　明清学者眼中的心学

　　韩愈正式提出了儒家"道统"说,宋儒对此很重视。无论道学还是心学,都提出了自己的道统说。阳明提出"圣人之学,心学也",在尊奉程朱道学的大环境中,公开以陆九渊为孔孟继承人,可谓石破天惊,也因此遭到种种非议。于是,其身后诸多学者开始有意识地整理道统、浙学、理学等传承谱系,形成了一股梳理总结学术史的思潮。这些学者综合朱、王,试图将两家之说皆纳入儒学之正统。从这些著作,可以一窥明清学者弥合学术分裂的努力,也可看出撰著者个人的学术爱好和倾向。

一、周汝登《圣学宗传》

　　周汝登著《圣学宗传》,陶望龄为之序,对"宗"之谓何进行了解读,同时揭示该书宗旨:

　　　　宗也者,对教之称也。教滥而讹,绪分而闰。宗也者,防其教之讹且闰而名焉。故天位尊于统,正学定于宗。统不一,则大宝混于余分;宗不明,则圣真奸于曲学。然宗无外教之宗而宗所以教,犹人非异迹之人而人所以迹耳。《易》曰:"天下同归而殊涂,一致而百虑。"夫涂径错糅,至心而一。智故百变,尅体则齐。万涂宗于一心,万虑宗于何虑?以微妙而揭"道心"之目,以未发斯有"大中"之名,为生生之本则曰"仁",为化化之基则曰"义",无为故命曰"至诚",粹精而称为"性善",道州状之以"太极",河南标之以"一体",在子静乃"立其大",在敬仲则号"精神",在姚江为不学不虑之良,在安丰为常知常行之物:斯皆宗之异名也。①

"宗"都是对正学而言,有正学才有正教,教内含于宗中。陶望龄和周汝登一样,俱尊阳明心学,故在陶氏眼里,天下殊途同归,归于一心。从《尚书》揭示"十六字心传"开始,道心、大中、仁、义、至诚、性善、太极、一体、立其大、精神、良知、常知常行之物,皆是指"心"而言,圣学相传,传此心而已。他历数当时学术有"五蔽",尚功利,驾训诂,离圣道越来越远。《圣学宗传》"断自羲、轩,臻于晚近。将圣晞贤之毕载,垂旒带索以同涂。或记事传心,或附言明理。予夺存而互见,深浅得诸并观。罔不敲髓出于骨皮,钻腋成其羽翼。东海西海,廓尔同心;先圣后圣,居然一揆"②。体例上,该书对每一个人物传其主要事迹后,凡有著作语录传世的,都会附录其主要言论,以明其学问大旨。陶望龄认为,这些人都是"将圣晞贤"者,虽然予夺深浅不同,但传的都是圣人之学。

《圣学宗传》共十八卷,卷一卷二不仅罗列了伏羲、神农、黄帝、颛顼、帝喾、尧、舜、禹、汤、文、武、周公这些公认的道统人物,还列了他们的臣子如皋陶、伊尹、傅说、泰伯乃至卫武公;卷三列孔子及其弟子,不仅有孔、颜,还有子贡、子路、子夏、漆雕开、子张等;卷四以孟子、荀子、董仲舒同列,卷五则扬雄、王通、韩愈同列。宋代理学并不从周敦颐始,在周敦颐之前列有穆修、胡瑗、李之才、邵雍,与周敦颐共一卷。卷七卷八列二程、张载及其后学,张九成与杨时同卷,列在最后。之后是"东南三贤"、陆九渊、杨简等。明代始自薛瑄,终至罗汝芳。很明显,《圣学宗传》完全不承认朱熹及其后学所建构的道统谱系,圣学自有其传承宗旨及核心,即"万涂宗于一心"。既然以

---

① 《圣学宗传序》,《歇庵集》卷三,《陶望龄全集》,第145页。
② 同上注,第147页。

"心"为宗,故附在诸儒传记之后的言论,就多属论心之说。如朱熹,周汝登首先选取了阳明《朱子晚年定论》中所辑的语录,证明朱子晚年时悟到自己支离之病、学问在于求本心等等,与心学宗旨一致。朱熹抨击禅宗甚剧,周汝登特意选取了他在讲课中引用禅宗语录和棒喝式教学的记录,表明其学与禅学亦可归于一宗。周汝登经常在反对心学者的语录之间加入自己的评论,既有总结的性质,又似在引导。如摘录了朱熹的一些心性之论后,他评道:"先生所以论心性者大略如此,何用纷纷?"①但他对张九成未置一语,于陆九渊、杨简则都是夸赞,尤其欣赏杨简,评价说:"古今论学之言,撒手悬崖,无丝毫粘挂,道人所不敢道,盖惟慈湖一人而已。诵其言,真自痛快。"②

周汝登评价本朝理学:"本朝理学,至白沙自凿一户牖,其精神命脉全吐露于诗句中,亦可谓无待之豪杰也已。"③陈献章为大家打开了一扇窗户,可谓能自我挺立之豪杰。但是真正对朱子学有"揭掀旋转之功"的,还属王阳明。他评价曰:"孔子而后,人尊濂洛。予以为濂洛之道,至先生而大明。盖良知所以善发太极,致良知所以善体识仁,欲溯濂洛,必自先生。夫以先生之有功于濂洛,则谓自孔子以来未有盛于先生,可矣!"④濂洛之学固然继承圣学,但暗昧不明几百年,直至阳明方大明于天下。所以,阳明可谓孔子之后第一人。阳明的地位,在周海门这里,已经臻至极致了。他著《圣学宗传》,以心为宗,将诸儒纳入其中,取其重视心性之论,认定他们的宗旨是一致的。其目的就是推尊心学,以心学作为圣学正宗,而以阳明为心学最后之依归。黄宗羲批评他"主张禅学,搅金银铜铁为一器,是海门一人之

---

① 《圣学宗传》卷九,《周汝登集》,第697页。
② 《圣学宗传》卷十一,《周汝登集》,第750页。
③ 《武林会语》,《东越证学录》卷一,《周汝登集》,第429页。
④ 《王门宗旨序》,《东越证学录》卷一,《周汝登集》,第433页。

宗旨,非各家之宗旨也"①,可谓切中该书之要害。《明史》说他"欲合儒释而会通之",该书"尽采先儒语类禅者以入"②,却未必尽然。大概在时人眼里,凡谈"心"者皆与禅撇不开关系。

《圣学宗传》实际是推尊阳明为圣学传承的正统和集大成者。几乎与周汝登同时,为了维护阳明心学地位而问世的相同体例的撰著,还有方学渐(1540—1615,字达卿,号本庵)的《心学宗》、刘元卿(1544—1609,字调甫,号旋宇、泸潇)的《诸儒学案》、唐鹤征(1538—1619,字元卿,号凝庵)的《宪世编》。《心学宗》共四卷,专门发明心学,自尧舜至于明代诸儒,各引其言心之语而附以己注。是书以舜、孟子、陆九渊和王阳明为"一圣三贤",均为"善言心者"。不过他的注解皆主心体至善,反对虚无空寂之宗,并力斥王畿《天泉证道记》为附会。刘元卿是耿定向的弟子,故其学本阳明心学。《诸儒学案》八卷选择"北宋五子"、谢良佐、杨时、罗从彦、李侗、朱熹、陆九渊、杨简、金履祥、许谦、薛瑄、胡居仁、陈献章、罗钦顺、王守仁、王艮、邹守益、王畿、欧阳德、罗洪先、胡直、罗汝芳共计二十六家语录,以耿定向之说益之。该书中心学和道学人物均有,只不过所选道学人物,都是思想旨趣上接近陆学者。《宪世编》六卷发明心性之学,首列孔子、颜回、仲弓、子贡、曾子、子思、孟子,次列周敦颐、二程、张载、邵雍、杨时、朱熹、张栻,次列陆九渊、杨简、薛瑄、陈献章、王守仁、王艮、罗洪先、唐顺之、罗汝芳、王时槐,各述其言论而论之。"大旨主于牵朱就陆,合两派而一之。"③

二、刘鳞长《浙学宗传》

刘鳞长(1598—1661),字孟龙,号乾所,晋江人。万历己未

① 〔清〕黄宗羲:《明儒学案发凡》,第14页。
② 〔清〕张廷玉等撰:《儒林传二》,《明史》卷二八三,第7276页。
③ 〔清〕纪昀总纂:《宪世编六卷》,《四库全书总目提要》卷九十六,第2466页。

(1619)进士,官至南京户部郎中。《浙学宗传》乃其为浙江提学副使时所编。他觉得周汝登所辑《圣学宗传》颇详古哲而略于今儒,遂采自宋讫明两浙诸儒,录其言行,排纂成帙。该书无卷数,大旨以阳明为主,而援朱熹以入之。首列杨时,次以朱子、陆九渊并列。陈亮则附载于末,题曰《推豪别录》。

在《浙学宗传》中,刘鳞长以张九成、杨简为浙江心学之"先觉":

> 今夫尧、舜、文、周、孔子、孟氏,万世知觉之先。大宗之祖,闽与越共之。论浙近宗,则龟山、晦翁、象山三先生,其子韶、慈湖诸君子,先觉之鼻祖欤! 阳明宗慈湖而子龙溪数辈,灵明耿耿,骨肉相贯,丝丝不紊,安可诬也!

> 圣为心宗,心为圣宗。苟得其传,毋论子韶、慈溪而下,堪称慈父。行且尧舜周孔,同我正觉。①

自古先觉觉后觉。尧舜孔孟等人即是先觉者,乃后世所有人的宗主,闽学与浙学同宗之。若单论浙学,其先觉者乃张九成和杨简。杨时乃张九成的老师,陆九渊是杨简的老师,朱熹也曾讲学于浙东,他三人都不是浙江人,所以可算是浙学之"近宗"。刘鳞长和周汝登一样,认为圣学就是心学,以心为宗,所以他眼里的"浙学"就是浙江心学。他勾勒出了一条传承路线:张九成—杨简—王守仁—王畿等。他们均以心为宗,前后相贯,一目了然。他特别指出,只要传的是心学,都可称作圣学传人。刘鳞长宗阳明心学,如此划分,特别是加进朱熹,自然有调和的意味。他是福建人,他对浙学的梳理应该来自他对浙江学术的整体了解和把握。

---

① 〔明〕刘鳞长:《浙学宗传》,《四库存目丛书》,史部,第111册,第2—4页。

三、孙奇逢《理学宗传》

孙奇逢（1584—1675），字启泰，号钟元，直隶容城（今河北徐水县）人。他"病世之辩朱陆异同者不知反本"，著《理学宗传》二十六卷，以周敦颐、二程、张载、邵雍、朱熹、陆九渊、薛瑄、王阳明、罗洪先、顾宪成十一子为正宗，次列汉、隋、唐、宋、元、明儒考若干人，最后列"补遗"一卷，"补遗云者，谓其超异，与圣人端绪微有不同，不得不严毫厘千里之辨"①，主要指这些人与佛教划不清界限。共计六人：张九成、杨简、王畿、罗汝芳、杨起元和周汝登。

《理学宗传》，以"理"为宗："学以圣人为归，无论在上在下，一衷于理而已矣。理者，乾之元也，天之命也，人之性也。"理学有主有辅，分内分外。十一子为主，其余诸儒为辅；十一子与诸儒为内，补遗诸人为外。其划分依据是，"理未尝一日不在天下，儒者之学乃所以本诸天也"，"论学之宗传而不本诸天者，其非善学者也"。②天，可以是气、理、心等等，上列"宗传"十一人即是。但是张九成、杨简等人也是以"心"为天，为何列入"补遗"？孙奇逢认为"补遗"诸人儒释未清。朱熹断定张九成为禅，主要因为他以觉言仁言心，孙奇逢不以为然："人谓子韶为禅，为其拈'觉'字。夫'觉'字不独祖伊尹，孔子不曰'先觉者是贤'乎？此无可议。""觉"字并非来自佛教，而是儒家经典。他认定横浦为禅的依据是："其言曰：'汝且道我用心每日在甚处？若一一自头至足理会此形骸，却费了多少工夫。我不被他使，且要我使也。此等话头，是学道之士、修行老僧方说得。'可谓自写其神矣。其立论多凌遽，棒喝语人，故以禅归之。"③张九成在谪居期间天

---

① 〔清〕孙奇逢：《理学宗传叙一》，《孙奇逢集》（上），张显清主编，中州古籍出版社2003年版，第621页。
② 以上引文同上注，第620页。
③ "补遗"，《理学宗传》卷二十六，《孙奇逢集》（上），第1232页。

天读书,常常破衣旧巾却浑不在意。有人提醒他,他便说了这段话,告诉对方人不应被物驱使。孙奇逢认为,既然张九成自己承认这些话只有佛道方外之士才能说出来,就相当于"自写其神",自我招认。另一原因就是他认为张九成立论太高太剧,并以棒喝的方式教人,这些都类禅。

"甬上四先生"都直接或间接学于陆九渊,只有杨简入"补遗",其他三人均列"宋儒考",何哉?孙奇逢解释道:"学以躬行实践为主。……敬仲以不起意为宗,令人无所把捉。然按其所言,亦何能不起意也?至诋思、孟为小宽(按:疑作"觉"),未免失言矣。子静之学,岂如是乎?求放心,先立乎其大,自谓读《孟子》而自得也。敬仲訾议圣贤,弃捐经典,师心自足,恐不可以为训。"杨简在"意"而不是在躬行实践上下功夫,既不符合陆九渊的为学宗旨,也难以实现。而且他诋毁妄议圣贤,过于自信,这些都难以让他跻入正宗。他严辨陆、杨,"此亦《春秋》责备贤者之意"。[1]不过,他并没有完全否定杨简的学问:"后世谓'不起意'一言邻于虚灭,又谓传象山者,失象山也。余谓《杨氏易传》亦有所窥,亦公之所自得也。"[2]虽然杨简的思想存在争议,其所解《易传》却是"自得"之作。

孙奇逢自言,年轻时与朋友读诸儒语录,有扞格不通处,便取阳明语录证之,立刻豁然而解。他评价阳明学说有"扫荡廓清"词章汩没之功,乃"宋诸大儒之忠臣也,孝子也"。即便稍有与前儒相异处,"正其苦心共偕大道,前儒自当引为直说多闻之友"。[3]至于其后学,王龙溪之流弊,罗汝芳之阔略,皆与阳明学说有段距离。有人质疑:"补遗"诸公皆被时人推为大儒,而今却说其近于禅。这些人居官立身皆卓然可见,即使议论有疑似禅者,也是借禅以为己用,对儒学有

---

① 以上引文见《宋儒考》,《理学宗传》卷十七,《孙奇逢集》(上),第 997 页。

② "补遗",《理学宗传》卷二十六,《孙奇逢集》(上),第 1239 页。

③ 以上引文见《王子》,《理学宗传》卷九,《孙奇逢集》(上),第 847—848 页。

什么妨碍吗？孙奇逢回应道："夫子恶乡愿之乱德，为其以假而乱真也。毫厘之差，千里之谬，其谁能辨之？""近世有窃吾儒'格物致知'以解《法华经》者，方异之，不意吾儒亦借佛教以明道也，其流弊将至儒释同归而不可解矣。吾辈不能辞以辟之，而以助其波，扬其焰，宁不得罪于圣人？"①孙奇逢站在儒家本位的立场，念念不忘的就是儒释界限，他坚决反对以儒解佛或借佛明儒，二者绝不能同归一路。而"补遗"所列六人皆有以儒解佛或借佛明儒的倾向和做法。他担心的是"流弊"——就如墨子，活着时何尝无父，但其"兼爱"思想，"其流弊必至于无父"。言下之意，张九成、杨简等人生前与禅门多有交往，虽不失大儒本色，但其书其说之"流弊"必至于禅。王龙溪本人就是典型的例子。他天资高，独持"四无"之说，简易透彻，其言满天下。传其学者没有他的天资，却大谈"四无"，流弊滋甚，众人遂溯其源而非议阳明之学。这难道是阳明和龙溪的过错吗？其后学之流弊耳。所以为防止流弊发生，于源头不得不防。

　　孙奇逢摆脱门户之见，以"理"为宗，将"北宋五子"以降十一人视作正宗，体现了他和会朱、王的倾向。他基于排佛立场，只以是否严守儒释界限为标准来判断正与偏，遂将张九成等人列入"补遗"，这些评价对后人的研究多少产生了一些影响。但站在今日的研究立场，抛开对佛教的偏见，这恰恰说明了宋明理学在形成和发展的过程中受到了佛教的启发和帮助，至于立论过于凌遽、以棒喝方式教人等等指责，笔者认为不应独咎张九成，陆九渊、朱熹在教学中何曾不棒喝？陆九渊、王阳明之立论又何尝不高？为何陆、王为正宗，而张九成却不是呢？这也说明《理学宗传》在正辅标准和人物划分上是有些模糊的。

　　《理学宗传》只以十一人为正统，过于简略。黄宗羲评价曰："钟

---

① "补遗"，《理学宗传》卷二十六，《孙奇逢集》(上)，第1260页。

元杂收,不复甄别,其批注所及,未必得其要领,而其闻见亦犹之海门也。"①他认为该书和周汝登的《圣学宗传》一样,闻见狭隘,其批注也未尽得要领。从其所收录人物来看,大体奠定了程朱、陆王作为宋以后理学主流的框架。

四、黄宗羲、全祖望等《宋元学案》

黄宗羲(1610—1695),字太冲,号梨洲,余姚人。明亡后参加抗清,失败后开始著述。他完成《明儒学案》后,又着手著《宋元学案》,未成而卒。其子黄百家(字主一,别号未史)继续从事编撰,加了很多案语,他的学生也参与进来,但是仍然没有完成全部工作。全祖望(1705—1755,字绍衣,一字谢山,鄞县人)拿到原稿后,为之补辑、增删,做了大量的工作,最后编成百卷。道光年间,王梓材(字腾轩,鄞县人)、冯云濠(字五桥,慈溪人)收集各种稿本进行校定,将全稿正式厘定为100卷,还为全书加了许多案语。道光十八年(1838)由冯云濠出资刻成。此时距梨洲去世已经143年了。《宋元学案》可谓众多学者持续接力、共同完成的硕果。

《宋元学案》主要以师承传授关系作为划分学派的主要依据,"对所收载的人物,都要一一标明他是谁的家学、门人、私淑以至再传、三传、四传和续传(时间相隔较远、传承世次不明的称续传),同时又要标明继承他的家学、门人、私淑之类有哪些人。对同一辈的人,则又区分为讲友、同调、学侣,一一标明"②。这一完全以师承而不是学术思想的异同来划分学派和处理人物的做法,一方面考镜源流,有利于读者从宏观的角度把握学术发展的脉络;但另一方面也遮蔽了很多人物思想的特色,对后来尤其是今天的研究者产生严重的误

① 〔清〕黄宗羲:《明儒学案发凡》,第14页。
② 陈金生:《宋元学案》"点校前言",第5页。

导——大家习惯于以师承关系去定位一个人物的思想性质,而不是从该人物的著述出发具体分析其思想特点。如果思想性质完全取决于师承关系,思想史又何来突破和创新?尤其是心学,很多思想家都是自悟、自得,一定要为其安上一个师承关系,无异胶柱鼓瑟、画蛇添足了。

对于心学,因为强调本心对于天地万物的意义,其思维方式和表达方式与禅宗的确很相似。人们对于心学究竟是不是禅学,也聚讼不已。黄宗羲、全祖望均倾向于心学,且都具有强烈的排佛意识,在他们看来,严儒佛之辨是义不容辞的使命。心学立意高,失于一偏可以理解,但绝不能夹杂佛教的东西。因此,同样是主心学的学者,但在《宋元学案》中的地位和得到的评价差别甚大。

全祖望在论述象山之学时,肯定其学"先立乎其大者,本乎孟子,足以砭末俗口耳支离之学",同时指出,"盖其天分高,出语惊人,或失于偏而不自知,是则其病也"。后世因象山之立论与朱熹不同,便诋毁其学为异学,"则吾未之敢信"①。黄宗羲采纳了赵汸对朱陆之学的评价,象山之学,以尊德性为主,亦加功于学古笃行;朱子之学,以道问学为主,也致力于反身修德,二者之异只在于"示学者之入门各有先后"而已。"二先生同植纲常,同扶名教,同宗孔孟。即使意见终于不合,亦不过仁者见仁,知者见知,所谓'学焉而得其性之所近',原无有背于圣人,矧夫晚年又志同道合乎!"②指责二人支离或虚无是没有道理的。全祖望作《淳熙四先生祠堂碑文》进一步总结道:

> 予尝观朱子之学,出于龟山。其教人以穷理为始事,积集义
> 理,久当自然有得。至其"所闻所知,必能见诸施行,乃不为玩物

① 〔清〕全祖望:《宋元儒学案序录》,《宋元学案》卷首,第11页。
② 〔清〕黄宗羲、全祖望等编:《象山学案》,《宋元学案》卷五十八,第1886页。

丧志"，是即陆子践履之说也。陆子之学，近于上蔡。其教人以发明本心为始事，此心有主，然后可以应天地万物之变。至其戒"束书不观，游谈无根"，是即朱子讲明之说也。斯盖其从入之途，各有所重。至于圣学之全，则未尝得其一而遗其一也。是故中原文献之传聚于金华，而博雅之病，朱子尝以之戒大愚，则诋穷理为支离之末学者，陋矣！以读书为充塞仁义之阶，陆子辄咎显道之失言，则诋发明本心为顿悟之禅宗者，过矣！夫读书穷理，必其中有主宰而后不惑，固非可徒以泛滥为事。故陆子教人以明其本心，在经则本于《孟子》扩充四端之教，同时则正与南轩察端倪之说相合。心明则本立，而涵养省察之功于是有施行之地，原非若言顿悟者所云"百斤担子一齐放"也。①

指责朱子穷理就是支离，象山发明本心就是禅宗，都是未能全面了解二人学问的结果。朱子主张穷理，但要求将所闻所知付诸实践，与象山践履之说一致；他尝警告学者博雅之病，可见其学术并不支离。陆学发明本心之说出自《孟子》，有经典依据，亦与同时的张栻"察端倪"之说相合；告诫学生"束书不观，游谈无根"，与朱子讲学明理一致；落实涵养省察之功，并非空谈本心，全无根基。朱陆异同相争几百年之公案，至全谢山此论，应该可以做一了结了。

至于象山之学的渊源，"程门自谢上蔡以后，王信伯、林竹轩、张无垢至于林艾轩，皆其前茅，及象山而大成，而其宗传亦最广"②。谢良佐、王蘋、林季仲、张九成、林光朝在思想上与象山有共性，至象山则集诸人之大成——这段话成为今人判断张九成思想性质的主要依据，认为张九成已有心学思想，只不过是象山心学的"前茅""萌芽"，

---

① 〔清〕黄宗羲、全祖望等编：《象山学案》，《宋元学案》卷五十八，第1888页。
② 〔清〕全祖望：《宋元儒学案序录》，《宋元学案》卷首，第11页。

算不上真正意义上的心学,心学的创始人是陆九渊。在人们的心里,已经预设了"象山是心学创始人"这一结论,因此所有其他人就只能是前茅、过渡。

对于谢良佐(《上蔡学案》),"洛学之魁,皆推上蔡","盖上蔡之才高也。然其堕入葱岭处,决裂亦过于杨、游"。认为其才识比杨时、游酢高,然而其佛教思想亦过于杨、游。又说:"明道喜龟山,伊川喜上蔡,盖其气象相似也","然龟山之夹杂异学,亦不下于上蔡"。①谢良佐与程颐气象相似,严恪整齐;杨时与程颢相似,春风和气。杨时思想中的佛道教思想,一点都不逊色于谢良佐。杨时一向被视作"道南学派"的始祖,一传至罗从彦,再传至李侗,三传至朱熹。而我们今天却认为朱熹之气象与程颐相似,其学亦多来自程颐;陆九渊之气质与程颢相似,从思想的内在联系看,也认为二者有相似之处。这与《宋元学案》的判定正好相反。可见,二程兄弟性格、气质以及表现在思想中的特色的确有差异,但就此便将二人截然分开,并认为开出道学和心学两派,恐怕言过其实。如果完全遵循师承关系,将《宋元学案》的结论奉为今日研究的不易之论,那么又如何解释上述的矛盾?

关于王蘋(《震泽学案》),洛学之"入吴也以王信伯",吴地有洛学,始于王蘋。"信伯极为龟山所许,而晦翁最贬之,其后阳明又最称之。予读《信伯集》,颇启象山之萌芽,其贬之者以此,其称之者亦以此。象山之学,本无所承,东发以为遥出于上蔡,予以为兼出于信伯。盖程门已有此一种矣。"②全祖望认为,王蘋思想中已有心学的萌芽,故而朱熹最贬之,阳明最称之,此其思想之归属使然。既然肯定象山之学"本无所承",却又不甘心,一定要从渊源上找出些苗头,谢良佐、王蘋皆其所由。这亦成为今天主张二程开两派的理由之一。

---

① 以上引文见〔清〕全祖望:《宋元儒学案序录》,《宋元学案》卷首,第5页。
② 同上注,第5—6页。

林季仲(入《周许诸儒学案》)乃是永嘉许景衡之高弟,许景衡又是"永嘉九先生"(又称"元丰九先生")之一。浙江之有洛学,始于"九先生"。"九先生"不仅传洛学,亦传关学。林季仲,"其学亦颇启象山一派"①。

张九成,"龟山弟子以风节光显者,无如横浦,而驳学亦以横浦为最。晦翁斥其书,比之洪水猛兽之灾,其可略哉!然横浦之羽翼圣门者,正未可泯也"②。一方面认为其学最驳杂,朱熹洪水猛兽之论断不可忽略;另一方面又认为其学羽翼圣门,不可全部抹煞。也就是说,虽然朱熹断定九成之学乃"阳儒阴释",但全祖望仍认为他有羽翼圣门之功。不过,以上引文皆见《宋元儒学案序录》(全祖望定本),而在正文中,"其可略哉"变成了"其可畏哉"。一字之差,差别很大:前者只是表明朱熹的论断不可忽略,应当详加辨析;后者则表明谢山同意朱熹的论断,同样觉得其书很可怕。谢山点评了横浦的个别观点:"以觉为仁,谢上蔡之说也。其说亦本之佛氏。"③这是其援佛入儒的证明。黄震认为九成之佞佛与谢良佐不同,上蔡是明言禅,直情径行,不假遮掩;九成则是改头换面,以伪易真。对此,谢山为九成辩护:"横浦虽得力于宗门,然清苦诚笃,所守不移,亦未尝讳言其非禅也。若改头换面,便是自欺欺人,并亦失却宗门眼目也。"④张九成从未掩饰自己对佛门的感情,他自号"无垢居士"就是明证之一。他也公开告诉外甥:"佛教阴有以助吾教甚深,未可遽薄之。"他公开与大慧宗杲交往、参禅,受宗杲启发良多。所以说他改头换面、以伪易真、阳儒阴释,未免轻看横浦为人,有些小人之心了。这是谢山不认同朱熹、黄震等人之处。但是,张九成佞佛的事实俱在,其思想中的佛教

① 〔清〕全祖望:《宋元儒学案序录》,《宋元学案》卷首,第6页。
② 同上注,第8页。
③ 〔清〕黄宗羲、全祖望等编:《横浦学案》,《宋元学案》卷四十,第1307页。
④ 同上注,第1317页。

成分(谢山也如此看)不容忽视,其结果便是"流弊"甚深。证据之一就是其弟子沈清臣,"少学于横浦,既自岭南归,迁居苕上,甚以师道自重。独其与门生问答,一语不契,辄使再参,颇近禅门,盖亦横浦佞佛之传。同时如玉山、忠甫,皆能干师门之蛊,惜先生之澄汰未尽也"①。在与学生的问答中,对方没有理解,便让对方再咀嚼、再思考,谢山认为这种方式与禅宗的体悟类似,这都是受张九成影响的缘故。同时学于九成的汪应辰、于恕就没这问题,于恕还是九成的外甥,亲炙九成最久的人。只能说明沈清臣于老师的禅风"澄汰未尽"。笔者以为,《论语》提倡"不愤不启,不悱不发。举一隅不以三隅反,则不复也","一语不契,辄使再参"不就是留给对方思考的空间和时间吗?"书不尽言,言不尽意"是儒、道传统理念,语言在诠释功能方面是有限的,有时候的确靠默识心通。这与禅宗的"不立文字,教外别传"有相通之处,但仍有本质区别:儒家是强调语言功能的有限性,后者则认为语言是障碍,是执着,要求完全靠体悟。即便如此,禅宗还是留下了大量的语录、公案、偈颂等,对那些慧根迟钝者起到旁敲侧击、帮助开悟的作用。儒佛在很多方面都是相通的,以教学方式与众不同便归入禅学,未免有先入为主之嫌。全祖望认定横浦流弊的另一例子是,横浦有弟子倪称,倪称有子倪思(字正甫,号齐斋),传父之学。其立朝风节不屈不随,但也"酷佞佛,至于濡首没顶以从之",比横浦还严重。全祖望评价曰,在横浦再传弟子中,倪思和吕祖谦、章茂献"足称三杰矣","然齐斋之佞佛,明目张胆,不可收拾,是则横浦渊源之流极也"②。完全不考虑个人爱好、人生经历、社会环境等因素,哪怕是"再传",其身上的问题都要归到宗主那,这种完全以师承关系来确定的一传、再传、续传,其流弊在《宋元学案》中随处可见。

---

① 〔清〕黄宗羲、全祖望等编:《横浦学案》,《宋元学案》卷四十,第1326页。
② 同上注,第1335、1337页。

　　全祖望评价杨简："象山之门，必以甬上四先生为首，盖本乾淳诸老一辈也。而坏其教者实慈湖。然慈湖之言不可尽从，而行则可师。"他引用黄榦的话："《杨敬仲集》皆德人之言也，而未闻道。"他特意采录了杨简文集中"最粹且平易者"，证明其思想中亦有"质之圣人而不谬者"①。所选取的文字，现《慈湖学案》中仅有《己易》和《绝四记》，王梓材猜测，应该尚有很多采录，"盖其稿未全"。在"附录"中有黄宗羲的一段评价，殊为可贵："象山说颜子克己之学，非如常人克去一切忿欲利害之私，盖欲于意念所起处将来克去，故慈湖以不起意为宗，是师门之的传也。"②梨洲此论，显然是针对阳明后学对杨简"不起意"的批评所发，时人认为杨简"不起意"背离了象山之旨，走向禅学，梨洲否定了此看法。朱熹主张应该分清好的"意"和不好的"意"，好的"意"就可以"起"，不好的"意"应该去。杨简之论太过轻狂了。梨洲举杨简原话"起利心焉则差，起私心焉则差，起权心焉则差。作好焉，作恶焉，凡有所不安于心焉皆差"证明朱熹的质疑是没有道理的。那么杨简的问题在哪呢？"但慈湖工夫入细，不能如象山，一切经传有所未得处便硬说辟倒，此又学象山而过者也。"③梨洲之意，杨简在工夫上不如象山细致，故而于经传理解不了时便强说硬解，想学象山却又学得过头了。"学象山而过者"不等于失其传，梨洲认为慈湖失却象山之传的原因是对"觉"的认识不同，"夫所谓觉者，识得本体之谓也。象山以是为始功，而慈湖以是为究竟，此慈湖之失其传也"④。对此，谢山不同意，他借《碧沚杨文元公书院记》一文表达了自己的看法：

①　〔清〕全祖望：《宋元儒学案序录》，《宋元学案》卷首，第 13—14 页。
②　〔清〕黄宗羲、全祖望等编：《慈湖学案》，《宋元学案》卷七十四，第 2478 页。
③　同上注，第 2479 页。
④　同上注，第 2506 页。

文元之学,先儒论之多矣。或疑发明本心,陆氏但以为入门,而文元遂以为究竟,故文元为陆氏功臣,而失其传者亦有之。愚以为未尽然。夫论人之学,当观其行,不徒以其言。文元之斋明严恪,其生平践履,盖涑水、横渠一辈人。曰诚,曰明,曰孝弟,曰忠信,圣学之全,无以加矣。特以当时学者沉溺于章句之学,而不知所以自拔,故为本心之说以提醒之,盖诚欲导其迷途而使之悟,而非谓此一悟之外更无余也。而不善学者,乃凭此虚空之知觉,欲以浴沂风雩之天机,屏当一切,是岂文元之究竟哉!①

梨洲认为陆九渊以觉悟为本心的开始,而杨简以之为本心的最终结果,导致一些人以为觉悟了之后就一了百了,忽略了日常践履。这是杨简失却象山之传的所在。谢山认为,不能光看其言,还要观其行。杨简一生,"斋明严恪,非礼不动,生平未尝作一草字",其生平践履可与老一辈的司马光、张载等人比肩。儒家所倡导的诚、明、孝悌、忠信等等,他都身体力行做到了。这表明,他虽然以"觉"为本心之究竟,却未尝忽略践履,而是在悟到本心之后更加用功,其"不起意"的宗旨就落实在他的日常行为上。他提倡本心之说,是为了提醒那些沉溺于章句训诂之学者,而不是说悟了之后就什么都不做了。那些不善于学习者,误解此意,以知觉代替一切,这又怎么能怪罪杨简呢? 谢山又作《淳熙四先生祠堂碑文》,再次提道:"慈湖于诸经俱有所著,垂老,更欲修群书以屏邪说而未就。"②说明杨简晚年有修订著述以摒斥邪说(通常指佛老)的打算,只是未果。可见,认为杨简佞佛,这种说法不公平。杨简不但没有使象山之学失传,而且"尤多昌明之功"③。那为什么还说坏象山之教者实慈湖? "慈湖之心学,苟非验

---

① 〔清〕黄宗羲、全祖望等编:《慈湖学案》,《宋元学案》卷七十四,第 2479—2480 页。
② 同上注,第 2480 页。
③ 同上注,第 2490 页。

之躬行,诚无以审其实得焉否。"①和袁燮相比,"文元之教,不如正献之密"。象山论学以发明本心为入门,而非其全力。袁燮则告诫学者:"学贵自得,心明则本立,是其入门也","精思以得之,就业以守之,是其全力也"。②而杨简只会告诉求学者"心之精神是谓圣"③,相当于只说了袁燮的前一句,而不提践履工夫的重要性,是以不如袁燮缜密。观其文集,亦是反复以"心之精神是谓圣"和"人心即道,是谓道心"作为指导思想,试图起到提纲挈领、醍醐灌顶的功效,却忽略了下半截工夫。且其思想"泛滥夹杂",虽不能将后学之蹈入空虚完全归罪于他,但他在"甬上四先生"中最为高寿,弟子最多,影响最广,出现这样的结果,与他的教导关系很大。

至于宋濂,黄宗羲《明文海》收录了很多宋濂的文章,对之赞叹有加。但由于宋濂撰写了大量佛、道教文章,让梨洲无法接受,他指责宋濂"和身导入,便非儒者气象"④。于是尽管宋濂是明朝"开国文臣之首",也有大量的理学思想,但梨洲并不把他当成一个理学家,而是一个文人。《明儒学案》从方孝孺开始,方氏的老师就是宋濂,但被梨洲直接略过。这一态度直接影响了《宋元学案》。宋濂被置于《北山四先生学案》"凝熙门人"下,在其小传后,黄百家加了个"案语":"金华之学,自白云一辈而下,多流而为文人。夫文与道不相离,文显而道薄耳,虽然,道之不亡也,犹幸有斯。"⑤他认为金华之学的传人,在许谦之后多为文人,文与道之间存在一定张力,通常是文显而道薄,但"道"之所以没有完全消失,幸亏有宋濂的文章。但是无论怎样,宋

---

① 〔清〕黄宗羲、全祖望等编:《慈湖学案》,《宋元学案》卷七十四,第 2491 页。
② 〔清〕黄宗羲、全祖望等编:《絜斋学案》,《宋元学案》卷七十五,第 2528 页。
③ 《慈湖学案》记载,慈溪桂万荣(字梦协,号石坡)曾问道慈湖,慈湖告以"心之精神是谓圣",遂筑石坡书院,读书其中。见《宋元学案》卷七十四,第 2490 页。
④ 〔清〕黄宗羲:《论文管见》,《南雷诗文集》(上),《黄宗羲全集》,第 10 册,平惠善校点,浙江古籍出版社 2012 年版,第 669 页。
⑤ 〔清〕黄宗羲、全祖望等编:《北山四先生学案》,《宋元学案》卷八十二,第 2801 页。

濂终究还是个文人。全祖望《宋文宪公画像记》正式给宋濂定位：

> 宋文宪公之学，受之其乡黄文献公、柳文肃公、渊颖先生吴莱、凝熙先生闻人梦吉。四家之学并出于北山、鲁斋、仁山、白云之递传，上溯勉斋，以为徽公世嫡。予尝谓婺中之学，至白云而所求于道者，疑若稍浅。观其所著，渐流于章句训诂，未有深造自得之语，视仁山远逊之，婺中学统之一变也。义乌诸公师之，遂成文章之士，则再变也。至公而渐流于佞佛者流，则三变也。犹幸方文正公为公高弟，一振而有光于先河，几几乎可以复振徽公之绪，惜其以凶终，未见其止，而并不得其传。虽然，吾读文献、文肃、渊颖及公之文，爱其醇雅不佻，粹然有儒者气象，此则究其所得于经苑之坠言，不可诬也。

> 词章虽君子之余事，然而心气由之以传，虽欲粉饰而卒不可得。公以开国巨公，首倡有明三百年钟吕之音，故尤有苍浑肃穆之神，旁魄于行墨之间，其一代之元化，所以鼓吹休明者欤！①

全祖望从师承关系的角度，以宋濂为婺中学术之三变、朱学之嫡传。朱学在金华一变而流于训诂章句，再变而为词章之学，至宋濂则沦为佞佛者流——佞佛，是宋濂最受谢山诟病处。虽然他肯定宋濂的文章"粹然有儒者气象"，但就佞佛这一点，宋濂的理学思想便被全部抹煞。谢山在《方文正公画像记》中评价方孝孺"其力排释氏，则高出于潜溪师传百倍者也"②，就足见他与黄宗羲的立场是一致的了。

《宋元学案》是对宋元学术的整体梳理，或者说，是对宋元儒学的全面关照。它以师承关系为主要线索，将学者们联络贯穿起来。因

① 〔清〕全祖望：《宋文宪公画像记》，《鲒埼亭集外编》卷十九，《全祖望集汇校集注》，朱铸禹汇校集注，上海古籍出版社2018年版，第1100—1101页。
② 《方文正公画像记》，《鲒埼亭集外编》卷十九，《全祖望集汇校集注》，第1102页。

为黄宗羲只是把搜集来的资料做了初步的编排，只在少数地方加了案语，其学术思想和对宋元学术史的看法远远没有体现出来。他在《明儒学案发凡》中谈到自己的编撰原则：

> 儒者之学，不同释氏之五宗，必要贯串到青原、南岳。夫子既焉不学，濂溪无待而兴，象山不闻所受，然其间程朱至何、王、金、许，数百年之后，犹用高曾之规矩，非如释氏之附会源流而已。故此编以有所授受者，分为各案；其特起者，后知学者，不甚著者，总列诸儒学案。①

很明显，《明儒学案》更实事求是，有明确的"有所授受"者，才分在学案里。《宋元学案》完全按师承关系，没有师承便是私淑，与《明儒学案》的原则相悖。我们今天研究宋明理学史，划分出"三系"或"四系"，主要是以人物思想的内在联系为依据。既然研究角度不同，那么判断一个人物的学派归属，最根本的就是研读其著述，《宋元学案》只是提供了一个可参照的观点，并不能作为直接或唯一的依据。

五、李绂《陆子学谱》

李绂（1675—1750），字巨来，号穆堂，抚州临川人。康熙四十八年（1709）以进士入翰林，前后经历两次罢废，后官至户部侍郎。为人耿介，一生致力于陆王学术的表彰，被称为"有清一代陆王学者第一重镇"。

李绂自述，他早年就向往陆九渊之学，只是为了科举考试（"牵于俗学"），玩物而丧志。第二次遭弹劾下狱，特旨免死，于八旗志书馆效力行走。困而知反，尽弃宿昔所习，于象山之书沉潜反复，自立课

---

① 〔清〕黄宗羲：《明儒学案发凡》，第15页。

程,从事于象山所谓"切己自反,改过迁善"者,前后五年,于其教"粗若有见"。后与友人切磋考证,"益著益明"。于是开始抄撮陆子绪言,并其教思所及(弟子、门人、私淑),成一书,名《陆子学谱》。鉴于朱、吕所编《近思录》只记濂洛诸子之言,朱子所编《伊洛渊源录》只记诸君子之行,《陆子年谱》兼用以上二录之体,将陆九渊之言与行皆备录之。象山之渊源所及,人数比黄宗羲《象山学案》所记录的还要多,范围也更广。著此书的目的,"俾有志于希圣者,门径可循,归宿有所,不沉溺于纷华,不泛滥于章句,庶几斯道有绝而复新之日矣乎"。①由此看来,《陆子学谱》一是要为象山正名,洗刷掉其身上"不读书""专务践履""禅学"等等污名,二是要树立象山心学的正统地位。

《陆子学谱》共二十卷,前四卷以专题形式如"辨志""求放心""讲明""践履""定宗仰""辟异学""读书""为政""友教"等阐述象山的为学取向、学行。卷五"家学"考察了象山祖孙几代的生平学行。卷六至卷十九叙列了陆九渊的弟子、门人及私淑,从宋代一直列至明初,共载358人。李绂阐发自己对"道统"的理解:

　　圣人之学,心学也。道统肇于唐虞,其授受之际,谆谆于人心道心。孔子作《大学》,其用功在正心诚意。至孟子言心益详,既曰"仁,人心也",又曰"心之官则思,思则得之","先立乎其大,则小者不能夺"。仁义礼智,皆就其发见之心言之,而莫切于求放心之说。明道程子谓圣人千言万语,止是欲人将已放之心约之,使反复入身来,自能寻向上去,下学而上达。至陆子则专以求放心为用功之本,屡见于文集语录。②

---

① 以上引文见〔清〕李绂:《陆子学谱序》,杨朝亮点校,商务印书馆2016年版,第1—2页。
② 〔清〕李绂:《陆子学谱》卷一,第5页。

儒家圣圣相传之"道"即本心,"道统"即尧—舜—禹—孔—孟—程颢—陆九渊。虽然象山自称其学乃"读《孟子》而自得之",但其发明本心的思想宗旨与周敦颐、程颢完全一致,所以系之于程颢之后。李绂对陆九渊的推崇到了无以复加的地步:"孔门弟子三千,身通六艺者七十二人,见于《史记》列传者,多五人而已。陆子倡道南宋,弟子亦以数千计,今考其姓名,卓然见于史册地志者,亦七十余人。其论议姓字,见于《陆子文集》,而门阀官阶无可考者,尚不下百人。"①表示陆九渊连弟子的情况都和孔子差不多。

《陆子学谱》意在推崇象山心学,广泛搜罗,凡是和心学沾亲带故的,都列了进去。这是该书最受诟病之处。比如郑玉,明确说自己宗朱子;赵汸,他只是客观评价朱陆异同而已,并没有表明更倾向哪一家。李绂却也将二人列为象山"私淑"。比如吕祖俭,乃家学传承,师事其兄吕祖谦,《象山文集》中有《答吕子约书》一封,本来是友朋切磋,《陆子学谱》认为"训示切直,固以弟子畜之矣"②,以吕祖俭为象山弟子。诸如此类,本意尊陆,实则过矣。全祖望在给他的书信中曾一一辨析,并指出,他只考虑人数的多少,而不精择审查,不免"谱系紊而宗传混,适所以为陆学之累也"③。李绂没有提王阳明,但他以"圣人之学,心学也"为"道统"之依据,完全采用阳明的说法,其意不言自明:阳明之学即陆学也,使陆学再次光大的就是王阳明。

明朝灭亡,顾炎武、王夫之等明朝遗老均将明亡的原因归咎到阳明学上:阳明心学流布大江南北,大家都空谈心性,最终误国害民。于是清初朱学再兴,理学家如李光地、熊赐履、陆陇其等都是名重一时的大臣。在康熙皇帝的支持下,朱熹位列孔庙"十哲",还有人建议

---

①　〔清〕李绂:《陆子学谱》卷六,第 116 页。

②　〔清〕李绂:《陆子学谱》卷八,第 190 页。

③　《奉临川先生帖子二》,《鲒埼亭集外编》卷四十四,《全祖望集汇校集注》,第 1686 页。

将象山和阳明迁出孔庙,因其学说为"异端害道"。在这样的背景下,李绂著《陆子学谱》表彰陆学,就显得难能可贵。李绂一生的努力没有白费。黄进兴先生认为,"李绂还乡,乾隆帝作诗奖励他的三朝辅政及身为陆王学者的正直。在他的一生中,李绂都在宣扬这些观点,即朱子根本在于'道问学',陆学优势在于'尊德性'。此观点最初源自元初吴澄,被李绂继承下来,乾隆帝认可了李绂的看法"①。虽然多人叫嚣要把陆氏抬出孔庙,但终究没有实现。而李绂对"陆王"的推尊,所产生的另一个效果,就是大大强化了后人"陆王"并称的意识,并认为二人的思想一脉相承,乃至忘记了当初阳明写《象山文集序》的初衷。

---

① 黄进兴:《李绂与清代陆王学派》,江苏教育出版社 2010 年版,第 70 页。

第八章　重新审视宋明心学

　　长期以来,学术界一直认定宋明心学只有一条发展主线:陆九渊—杨简—王阳明。绝大部分心学研究成果就只关注这三个人,从他们身上寻找各种前后相继的联系,比较异同。通过研读和梳理典籍文本,笔者认为,在陆九渊之前,心学已经在浙江产生,且不绝如缕,一直到明清从未间断:张九成创立之,史浩、吕祖谦继承之,"甬上四先生"及其后学袁甫、钱时光大之,宋濂肯定修正之,王阳明、刘宗周总结之。他们之间,尤其是南宋心学思想家之间,或知己或师承,关系紧密;思想上则具有前后的逻辑继承关系。从浙江、江西两地的心学传播方向看,南宋中期江西心学传入甬地,使浙江成为心学重地,江西反不逮;明代中期阳明多在江西讲学,江右学者推明师说,不离矩矱,"姚江之学,惟江右为得其传"①。无论是历史渊源还是思想内容,浙江心学都不仅仅是宋明心学的重要组成部分,而且可以说是宋明心学的主体。总结浙江心学的特点,有助于我们重新审视整个宋明心学的特征。

---

① 〔清〕黄宗羲:《江右王门学案一》,《明儒学案》卷十六,第331页。

第一节　浙江心学的特征

　　浙江学人本着兼容并蓄的原则,不断扬弃修正,对"心"的研究也越来越细致,至刘宗周鞭辟入里,已经到了分毫厘丝的地步。陆九渊的心学,乃其"读《孟子》而自得之",原与浙江心学无涉。虽然都是在"心"上作文章,要求挺立本心,但二者从思想的表达方式、主要观点、修养方法等方面还是有相当大的不同。本节论述浙江心学的特点,兼论二者的差异。

一、经学与心学相结合

　　象山述而不作,他主张"苟得其本,六经皆我注脚",讲课中他经常引经据典论证自己的观点,却未留下一部完整的解经之作。与之相反,将心学与经学结合起来,通过注释儒家经典来阐发心学思想,是浙江心学最显著的特色。具体表现在两个方面:理论上,强调六经之言乃是圣贤之心,要以心明经,自悟自得;实践上,通过诠释经典来佐证该理论的正确性。

　　理论上,张九成就已提出"六经之言皆圣贤之心"①,"经非纸上语,乃人心中理耳"②,圣贤之道存在于每个人的心中,每个人的心中其实都有一部六经,心中之理便是六经之言;纸质的六经只是载道的工具,是圣人因怕众人迷惑而将圣贤之道著成书,以便这些人通过明六经之义理而得圣贤之心。只是语言、文字的功能毕竟有限,"圣王之道有非文字所能书、言语所能传者,是以未有六经而尧、舜为圣帝,

---

　　①　《孟子传》卷二十八,《张九成集》,第1059页。
　　②　《心传录》卷中,《张九成集》,第1202页。

禹、稷、皋、夔为贤臣"①。因此单纯读经也不能完全领悟圣贤之道。他主张要善于领悟经外之意,并在实践中("格物")切身体会天下之理,自然就能悟得圣贤之心。这时再回头去看六经,就会"超然照见千古圣贤之心"。

此后,史浩也强调"道不可以言传,而可以意得"②,要求以心明经。吕祖谦则以经史为研究对象,挖掘蕴含其中的圣人之"精神心术"。杨简以六经皆本心之体现,开启了六经皆心学思想的先河:"人心本正,起而为意而后昏,不起不昏。直而达之,则《关雎》求淑女以事君子,本心也;《鹊巢》昏礼天地之大义,本心也;《柏舟》忧郁而不失其正,本心也;《鄘·柏舟》之矢言靡它,本心也。由是心而品节焉,《礼》也;其和乐,《乐》也;得失吉凶,《易》也;是非,《春秋》也;达之于政事,《书》也。"③其弟子钱时虽然没有这方面的理论论述,但他注"四书"和《尚书》,以其证明贯穿于传统经典的就是本心思想。

宋濂总结以上诸人的理论和实践,明确提出"六经皆心学"的命题:"六经皆心学也。心中之理无不具,故六经之言无不该,六经所以笔吾心之理者也。是故说天莫辨乎《易》,由吾心即太极也;说事莫辨乎《书》,由吾心政之府也;说志莫辨乎《诗》,由吾心统性情也;说理莫辨乎《春秋》,由吾心分善恶也;说体莫辨乎《礼》,由吾心有天序也;导民莫过乎《乐》,由吾心备人和也。人无二心,六经无二理,因心有是理,故经有是言。心譬则形,而经譬则影也。无是形则无是影,无是心则无是经,其道不亦较然矣乎!"④六经乃圣贤心中之理的体现,六经作为理之载体,所谓"心与理一"也就是"心与经一"。圣人与众人的心之"理"本来是完全一样的,圣人能做到心理合一,众人因

---

① 《惟尚禅师塔记》,《张九成集》"补遗",第 1306 页。
② 《再答商解元请解孟子书》,《鄮峰真隐漫录》卷三十二,《史浩集》,第 591 页。
③ 《诗解序》,《慈湖遗书》卷一,《杨简全集》,第 1845—1846 页。
④ 《六经论》,《宋濂全集》卷七十八,第 1877—1878 页。

有欲望所以丧失本心,心与理歧而为二,而恢复本心的途径就是学习六经。

到了明代中期,程朱道学日益教条化,于是阳明提出"六经者非他,吾心之常道也。故《易》也者,志吾心之阴阳消息者也;《书》也者,志吾心之纪纲政事者也;《诗》也者,志吾心之歌咏性情者也;《礼》也者,志吾心之条理节文者也;《乐》也者,志吾心之欣喜和平者也;《春秋》也者,志吾心之诚伪邪正者也"①。六经不过是我心的记录,求"六经之实"还应当直接在心上用功,反对那些习训诂、传记诵、尚功利、崇邪说、竞诡辩、饰奸心的"侮经""乱经""贼经"的行为。这些思想从本质上和以上诸人的观点是完全一致的。

刘宗周推崇阳明,又不废程朱之学,他对六经的表述几与阳明相同:"读《易》而得吾心之阴阳焉,读《诗》而得吾心之性情焉,读《书》而得吾心之政事焉,读《礼》而得吾心之节文焉,读《春秋》而得吾心之名分焉。"②总之,学者欲知圣贤之心,遵圣贤之道,需读四书五经。但是圣贤之心与我之心并无二致,所以读经的过程其实就是发明本心的过程。

正是基于上述理念,浙江诸儒几乎都有解经之作传世。张九成遍注群经,传世的有《孟子传》《中庸说》《尚书详说》《论语绝句》等,他还有《四书解》,惜已佚失。史浩有《尚书讲义》,吕祖谦有《左氏博议》《东莱书说》。杨简注《诗》《易》《春秋》,于《尚书》作《五诰解》,于《礼记》则取其与孔子有关的言论事迹作注解,成《石鱼偶记》;钱时有《四书管见》《融堂书解》,杨、钱著述合起来堪称心学的"四书五经"诠解。袁燮有《絜斋家塾书钞》,其子袁甫有《蒙斋中庸讲义》。阳明留有《大学古本傍释》《大学问》,刘宗周则有《论语学案》《周易

---

① 〔明〕王守仁:《稽山书院尊经阁记》,《王阳明全集》卷七,第254—255页。
② 《语类十·读书说》,《刘宗周全集》,第3册,第268页。

古文钞》《大学杂记》等。以上著作,张九成是在解读经典的过程中开发出了心学思想,其他人则是"先有心学,后有经学",即先形成了本心思想,进而用经典进行验证。

以上这些传世经解,具有两点意义:第一,有力回应了朱子后学对心学的误解和抨击。心学家们并非如陈淳等人所说的"不读书,不穷理,专做打坐工夫",他们不仅博览群书,而且能对各家思想触类旁通、举一反三,从而形成这些经典诠释之作。从经典中开发出"心学",恰是他们"穷理"的结果,是多年体悟、"自得"的结果。说他们不读书,既轻率又轻狂。第二,正是有了这些看得见的文字传世,才使浙江心学的传播范围和时间比江西心学要广、要长。陆象山生前的影响的确很大,可与朱熹、吕祖谦比肩论道,他去世后,江西心学的发展势头就大大不如浙江了。除了人的因素,如浙江有"甬上四先生"等杰出学者,另一个不容忽视的因素,便是著书。象山坚持述而不作,用实际行动告诫学者不要纠缠于文字注疏,但其弊端也很明显:文字虽只是载道的工具,但在领悟到"道"之前,这工具却是必不可少的。并不是所有的初学者都有象山那般的资质和悟性,他们需要借助一些工具。象山文集中,集中体现其心学思想的只有书信、讲课语录和部分经文解读,其宣传效果自然不如完整的传注。到了元代,恢复科举后,人人道朱学,"无肯道陆学者"。陈苑号称"中兴"江西心学者,他先是读了象山的文集,十分相契,继而搜罗了杨简、钱时、袁甫、傅梦泉等人所著经书,读后学行大进。"从之游者,往往有省,由是人始知陆氏学。"[1]这充分说明光读象山文集是不够的,还得借助其他心学传注。但如果象山本人也有经学著作呢? 可能江西心学的发展就不会那么艰难了。

---

[1] 以上引文见〔清〕黄宗羲、全祖望等编:《静明宝峰学案》,《宋元学案》卷九十三,第3097页。

二、"心即天，天即心"的哲学逻辑起点

杨简、钱时将"心"定义为"本心本圣，无体无方，虚明变化，无非妙用"，这是从体用的角度对本心的概括。从本质上说，本心虽无形体无方所，呈空虚状态，却因这"空虚"而具足一切仁义道德，本心是至善的；从功用上看，本心所发，便是春夏秋冬，便是孝悌忠信，便是仁义礼智，天地间之一切无不是我心之妙用。这是"心"作为最高存在的应有之意。那么本来是道德、认识、生理意义上的"心"是如何上升到本体高度的呢？从理论体系建构来看，浙江心学皆以最高的传统范畴"天"为逻辑起点，提出天即是心、心即是天，不同于象山心学以"宇宙即是吾心"为立论基点。

张九成发挥儒家传统的天道、心性思想，以"天止吾心而已"，"天即是我，我即是天"作为理论起点，构建了一个"心—气—物—心"的心学逻辑结构①。从体用的角度，"心源无际，与天同体，与造化同用"②。本质上，心就是天，具有天的一切造化功用。从空间上说，天地阴阳之氤氲造化、调和运动皆在我心的范围内进行；从时间上看，前圣后圣，其心一也。"心"不再指个体之心，而是指超越于个体之上的宇宙实体，每一个体心都是这宇宙实体的具体表现。所谓"人有是心，心有是天"，说明天地之理、万物之理都在我心的包容之下。

袁燮提出"吾心即天也"，"此心无天人之殊"。钱时延续这一解释传统："天即吾心也，地即吾心也。孩提知爱，不学而能，即所谓经也。意蔽情昏，始支始离，是故不可以不则焉。则之如何？以此经为

---

① 参见刘玉敏：《心学的肇始——张九成的哲学逻辑结构》，《孔子研究》2010年第2期，第13—18页。
② 《孟子传》卷八，《张九成集》，第804页。

准的,使不失其因天之明,因地之义,以顺天下,所以使之则也。"①"心之本体与天同运,自强不息,所以配天,可无用乎?"②天地即是我心,或者说,我心所固有的道德准则即是天地之准则。所谓天之"经"、地之"义",无不是我心之经、我心之义。孩提之时即知孝亲,这是不学而能、天生固有的本性,或者说,孝是天经地义的。因为私意情欲的蒙蔽,孝道丧失了,怎么办? 就要设法回归本心。

宋濂虽无"心即天"的命题,但他通过"太极"这一概念将心和天联结起来。同时他接受并发挥了杨简、钱时关于"心"的规定,认为人心"至虚至灵":"至虚"是指心没有任何具体的规定性,"心无体段,无方所,无古今,无起灭"③,"视之无形,听之无声,探之不见其所庐。一或触焉,缤缤乎萃也,炎炎乎爇也,莽莽乎驰弗息也"④。心是永恒的,不生不灭,无形无声,驰骋不息。正因为"至虚",所以才能容纳一切,变化一切。所谓心之"至灵"是指:"天地,一太极也;吾心,亦一太极也。风霆雷雨,皆心中所以具,苟有人焉,不参私伪,用符天道,则其应感之速,捷于桴鼓矣。由是可见,一心之至灵,上下无间,而人特自昧之尔。"⑤天地即太极,心亦是太极,所以心即是天,心与天是一非二,天人相感即是心之"至灵"的具体表现。神仙方技之士以方术实现天人感应,乃是"小数","人心同乎天地,可以宰万物,可以赞化育,而独局于文辞一偏之技,何其陋邪!"⑥"心"本身就是天地,宰育万物,天人相感根本不需要什么方术。

阳明既言"心即天",也说"心即理",二者具有同等的意义:"人者,天地万物之心也;心者,天地万物之主也。心即天,言心则天地万

---

① 《古文孝经》,《融堂四书管见》卷十一,《钱时著作三种》,第 462 页。
② 《论语·阳货第十七》,《融堂四书管见》卷九,《钱时著作三种》,第 430 页。
③ 《松风阁记》,《宋濂全集》卷十一,第 200 页。
④ 《萝山杂言》,《宋濂全集》卷八十四,2020 页。
⑤ 《赠云林道士邓君序》,《宋濂全集》卷二十五,第 527 页。
⑥ 《乐书枢第十》,《龙门子凝道记》卷中,《宋濂全集》卷九十三,第 2204 页。

物皆举之矣。"①人立于天地之间,人即是宇宙万物之核心;心为一身之主宰,故心也是天地万物之主宰。心即是天,天即是心,我心之理与宇宙之理其实是一个理,只要尽我心中之理就可以了。

象山因看到"宇宙"的定义而悟到宇宙的无穷性,所以他的"宇宙即是吾心,吾心即是宇宙"其实是为了极言本心的无穷、无限性。他不说"心即天",因为在他看来天有善有恶,而本心是至灵至善的②。针对程朱分心理为二的倾向,他更强调"心即理"。相比之下,"心即天"具有理论上的原创意义。因为"理"虽是传统范畴,却是在二程重新赋予其新意后才具有最高本体意义的。而"心即天"则直接借助传统最高范畴"天",赋予"心"最高的本体地位。

三、仁—觉—心

"心之本体,居则为仁,由则为义",孟子以仁义作为本心的内容,普遍被宋明心学所接受。"仁,人心也",是心学家们的共识。但我心本具这些道德,和这些道德如何落实,却是两回事。于是浙江心学将"觉"作为本心从应然转化为实然的必要条件。

"觉"在先秦典籍中并无特殊含义,也未与心性联系在一起。《孟子·万章上》引用伊尹的话:"天之生此民也,使先知觉后知,使先觉觉后觉也。予,天民之先觉者也,予将以斯道觉斯民也。非予觉之而谁也?"赵岐注曰:"觉,悟也。天欲使先知之人悟后知之人。我先悟觉者也,我欲以此仁义之道觉悟未知之民。非我悟之,将谁教乎?"③《说文解字》:"觉,寤也。"寤、悟相通。《论语·宪问》:"不逆诈,不亿不信,抑亦先觉者,是贤乎?"此处的"先觉"与伊尹所说之意

---

① 〔明〕王守仁:《答季德明》,《王阳明全集》卷六,第214页。
② "人心,只是说大凡人之心。……谓人欲天理,非是。人亦有善有恶,天亦有善有恶,岂可以善皆归之天,恶皆归之人?"见《语录下》,《陆九渊集》卷三十五,第463页。
③ 〔清〕焦循:《孟子正义》卷十九,第654页。

相近。意谓不预先怀疑别人欺诈,也不凭空臆想别人不诚信,却能事先察觉,这也算是贤人吧? 可见,在先秦儒家原典和汉儒解经中,"觉"和"知"都属于认识论范畴,有察觉、觉悟、启发等意。

二程主张学者须先"识仁"。兄弟二人"识仁"的侧重点虽不同,却构成互补关系。程颢从心之"生"和"知痛痒"的角度进行论述。首先,"心譬如谷种,生之性便是仁也"①。人心亦是如此,有了"仁",心才生发出仁义礼智等道德,才会产生恻隐、羞恶、辞让、是非等情感,才会进一步推己及人,爱人、爱万物。心之"仁"从何而来?《中庸》曰:"天命之谓性。"《周易·系辞》曰:"生生之谓易","天地之大德曰生"。生生不息、化育万物体现了天地之仁,而人生天地之间,最为万物之灵,天地之仁必托诸人方能圆满完成。天地以其生生之仁寄诸人心,使得此心勃然不可遏止,道德情感等便从此迸裂而出。程颢说:"仁者浑然与物同体。"②仁直接地体现了人心与天理的合一。

其次,仁意味着心有知觉。"医家以不认痛痒谓之不仁,人以不知觉不认义理为不仁,譬最近。"③"人之一肢病,不知痛痒,谓之不仁。人之不仁,亦犹是也。"④手足不知痛痒就是没有知觉,人心无知觉,就如槁木死灰,不能认识天理,也不认义理,自然不可能去爱人、爱万物。人心为何会不知痛痒呢? 主要是私欲的阻塞。所以程颐以"公"释仁:"仁之道,要之只消道一公字。公只是仁之理,不可将公便唤做仁。公而以人体之,故为仁。只为公,则物我兼照,故仁,所以能恕,所以能爱,恕则仁之施,爱则仁之用也。"⑤如果人心能大公无私,就会能恕,能爱,物我兼顾,真正与万物融为一体。

---

① 〔宋〕程颢、程颐:《河南程氏遗书》卷十八,《二程集》,第184页。
② 〔宋〕程颢、程颐:《河南程氏遗书》卷二上,《二程集》,第16页。
③ 同上注,第33页。
④ 〔宋〕程颢、程颐:《河南程氏外书》卷三,《二程集》,第366页。
⑤ 〔宋〕程颢、程颐:《河南程氏遗书》卷十五,《二程集》,第153页。

需要强调的是,程颢以生、知觉说仁,都是用生动的比喻方式表达的,生和知觉本身并不是仁。"仁当何训? 说者谓训觉,训人,皆非也。"若要理解仁的确切含义,"当合孔、孟言仁处,大概研穷之,二三岁得之,未晚也"①。张载也提出"合性与知觉,有心之名"②,心不是性,也不是知觉。

谢良佐将明道的譬喻发展为"有知觉、识痛痒便唤做仁"③。何谓识痛痒?"但存得如见大宾、如承大祭底心在,便是识痛痒。"④"如见大宾、如承大祭"的心实际就是敬慎之心。上蔡之意,心有知觉,才能生发出恻隐、羞恶、辞让、是非等情感;心存敬慎,才会触发出仁义礼智等道德。他进一步说:"心有所觉谓之仁,仁则心与事为一。草木五谷之实谓之仁,取名于生也,生则有所觉矣。四肢之偏痹谓之不仁,取名于不知觉也,不知觉则死矣。事有感而随之以喜怒哀乐、应之以酬酢尽变者,非知觉不能也。身与事接,而心漠然不省者,与四肢不仁无异也。"⑤当人与外部世界应接酬酢时,所有喜怒哀乐等情感的发生都取决于吾心是否有触动、能活动,否则无论面对什么都会麻木漠然,不会产生任何情感。"心有所觉"强调"觉"对于性情生发的重要性,实际是一种察识的功夫,只有先察觉认识到了心本具有"仁",才会在实践中生发出爱。

张九成接受了上蔡的观点,从另一角度做了解释:"心有所觉谓之仁,故草木之实谓之仁,以其得土则生也。四体不知疴痒谓之不仁,故利在一己、害及他人而不恤者谓之不仁,以其血脉不通也。"⑥他从是否利及他人、体恤他人等道德的角度来判断此心是否有仁。

① 〔宋〕程颢、程颐:《河南程氏遗书》卷二十四,《二程集》,第314页。
② 〔宋〕张载:《正蒙·太和》,《张子全书》,第3页。
③ 〔清〕黄宗羲、全祖望等编:《上蔡学案》,《宋元学案》卷二十四,第935页。
④ 同上注,第921页。
⑤ 〔宋〕朱熹:《论语精义》卷六下,《朱子全书》,第7册,第419页。
⑥ 《孟子传》卷十四,《张九成集》,第879页。

牟宗三先生指出,这一"觉"字不能单从认知的角度去解释,即人常有不安、不忍之感,常有悲天悯人情怀,不要问不安、不忍、悲悯的对象,而只要看不忍、不安、悲悯本身就是仁了。"是故此不安、不忍、恻然之觉(甚至说知觉)显然是一个本体论的实体字,而不是一个认识论的认知字,是相当于 Feeling(觉情),而不相当于 Perception(取相的知觉)。"①按牟先生的解释,"心有所觉谓之仁"之"觉"已经不限于认知范畴,而是具有本体意义的概念了。张九成进一步提出:

> 仁即是觉,觉即是心。因心生觉,因觉有仁。②

"觉"不再只是心的认知功能,"仁即是觉"直接赋予"觉"以道德内涵,"觉即是心"意即觉是心的本质属性。张九成作《孟子传》,反复提及"仁,人心也",仁体就是心体。按孟子的说法,仁义礼智("性")是天生根于人心中的,不管心有没有知觉,人性都是客观存在的。人性通过恻隐、羞恶、辞让、是非等情感表现出来。但性是静态的、潜在的,如何转化为动态的情感?靠"觉"。人心因为有知觉,不麻木,才生发出各种道德情感,仁义礼智等心中固有的善性才转化为实际行动,才具有现实价值。可见,"觉"对于心性具有决定的意义。它意味着只有不断察识涵养本心,使此心时常处于"常惺惺"的警觉状态,才不至于被遮蔽,进而化作道德践履。

> 凡念虑之起,履践之初,皆察其始,察其终,察其微,察其著,使念虑无所逃,履践无所失,则邪妄灭迹,仁义油然而生矣。凡一毫之恶,皆在所恶而去之;一毫之善,皆在所爱而护之。久而

---

① 牟宗三:《心体与性体》(下),上海古籍出版社 1999 年版,第 252 页。
② 《心传录》卷上,《张九成集》,第 1147 页。

念虑皆正,履践皆明,心为仁义之宗,身由仁义之路,而圣贤所蕴一皆印于念虑履践间耳。①

所谓察识,就是于思虑践履初起之时提撕警醒,将恶念、邪妄消灭于萌芽状态,念虑既正,行为自然没有差池。这即是他提倡的"戒慎恐惧,涵养未发"的修养功夫。

张九成的"觉即是心"显然受了圭峰宗密"知即是心"的启发,觉和知可以在同一层面上理解。宗密著《禅源诸诠集都序》,提倡禅教一致。他解释"源"之意:"源者,一切众生本觉、真性,亦名佛性,亦名心地。"他解释道:

> 况此真性,非唯是禅门之源,亦是万法之源,故名法性,亦是众生迷悟之源,故名如来藏藏识,亦是诸佛万德之源,故名佛性,亦是菩萨万行之源,故名心地。②

简而言之,本觉、真性就是指本心、心体,又叫法性、如来藏藏识、佛性、心地。此处的"觉"原是指本心所具有的觉知功能,它是本心最主要的功能,故以之作为本心的代称。佛教诸宗派从根源上讲都承认以心法起灭天地,本觉、真性、佛性、心地名异而实同,故可以成为诸宗和会的基本条件。

宗密在《原人论》中进一步指出,人的本质便是"本觉真心":

> 一乘显性教者,说一切有情,皆有本觉真心,无始已来,常住清净,昭昭不昧,了了常知,亦名佛性,亦名如来藏。从无始际,

---

① 《孟子传》卷二十七,《张九成集》,第 1047 页。
② 〔唐〕宗密:《禅源诸诠集都序校释》卷上之一,阎韬校释,中华书局 2021 年版,第 9 页。

妄想翳之,不自觉知,但认凡质,故耽著结业,受生死苦。大觉愍
之,说一切皆空,又开示灵觉真心清净,全同诸佛。①

一切有情众生皆具有本觉真心,"本觉"是真心的特征之一,指本来具
有的、先天固有的觉悟之性。因为各种妄想烦恼覆盖住了本觉真心,
众生不能觉知此心,于是佛陀向众生开示此真心,使我们认识到自己
和诸佛没什么两样。真心有很多属性:常住清净、昭昭不昧、了了常
知……那么哪一个是真心的本质属性,能将其他属性都贯穿起来呢?
宗密答曰:"知即是心。……知之一字,亦贯于贪嗔慈忍善恶苦乐万
用万义之处。"②分辨真妄、垢净、善恶等需要本心之体察、觉知,故
"知"可将本心之万用万义贯穿起来。他特意强调,"知即是心"并不
是说知就是心或知等同于心,"心是名不是知,知是心不是名"③,就
如不能将水等同于湿一样,心和知是两个概念,知只是心的本质属性
而已。二者之间,乃体用关系。心是知之体,知是心之用,"名说虽
差,体用一致。……知之一字,众妙之门,恒沙佛法因此成立"④。宗
密所谓的"知"仍是知觉、觉悟之意,但它对心的意义,已经不再只停
留在认知层面,而是心的本质属性,也是修行的不二法门了。

宗密以"知"为真心的最本质特征,贯穿了本心之一切真妄垢净
善恶。张九成的"觉即是心"亦是此意。"觉"是心体和仁体最重要
的内容。"仁"是宇宙的创生实体,其根源却是心,而觉是心的本质特
征。这说明"心"(或"觉")不仅是知觉、认知主体,而且是创生宇宙
的本体。事实上,在张九成的思想体系中,无论是天地的创生还是对

① 〔唐〕宗密:《原人论全译》,董群译注,巴蜀书社 2008 年版,第 126 页。
② 〔唐〕宗密:《禅源诸诠集都序校释》卷下之一,第 85—86 页。
③ 同上注,第 86 页。
④ 〔唐〕宗密:《圆觉经大疏释义钞》卷一,转引自宗密:《禅源诸诠集都序校释》卷上
   之二,第 77 页注释(二)。

天地的认识，心（或觉）都起到了决定性的作用。"是心者，论其大体，则天地阴阳皆自此范围而燮理；论其大用，则造化之功、幽眇之巧皆自此而运动。"①论心之体，它可以涵盖天地；论心之用，它能够燮理阴阳。圣狂也在一"觉"之间，《尚书》说"惟圣罔念作狂，惟狂克念作圣"，张九成解释道："念者，觉也。人本自圣，所以不克由圣者，念虑不起，苦于不觉。方其不觉之时，圣则是狂；觉则是圣，而非狂矣。此克念所以作圣也。"②此"念"指"人本自圣"之念，圣、狂之区别就在于是否觉悟到了"人皆可以做圣人"。更通俗一点说，"尧舜禹汤文武周孔之道具在人心，觉则为圣贤，惑则为愚不肖"③。既然圣贤之道本在人心，那么只要在心上下功夫即可。使人心不觉的无非是"欲"，只要涵养本心以去欲，就可恢复心之"觉"，使之重新发挥作用。有了自觉才可以觉他，他曾提出，君子"以我之性觉彼之性"④，任何人都有仁义礼智之道德心，只是有的人心没有被唤醒，所以需要先觉觉后觉。只有唤醒他麻木的心灵，人之行为向善才有可能。君子是如何"觉彼之性"的？他认为，一切礼制仪式都是觉吾性的手段。

陈来先生认为同样以知觉言仁，程颢和谢良佐有很大区别：明道将"知觉"说与"一体"说联系在一起，讲"仁者浑然与物同体"；上蔡强调"知觉"，却较少谈及"一体"。"明道所说的知觉是一种大心同体的内在感受和体验，并不是知痛痒一类的直接感受，而上蔡则明确宣称'仁'是'有知觉，识痛痒'，这就容易使境界混同于感觉。"⑤这说明上蔡仅以"有知觉，识痛痒"解释"仁"，未免狭隘。张九成在吸收上蔡思想的同时，又于《西铭解》中表达了天地万物本吾一体的思

---

① 《孟子传》卷二十七，《张九成集》，第1054页。
② 《尚书详说》卷二十一，《张九成集》，第591页。
③ 《海昌童儿塔记》，《横浦集》卷十七，《张九成集》，第184页。
④ 《中庸说》卷二，《张九成集》，第1097页。
⑤ 陈来：《仁学本体论》，生活·读书·新知三联书店2014年版，第274页。

想,弥补了上蔡的不足。

> 　　吾之体不止吾形骸,塞天地间如人、如物、如山川、如草木、
> 如禽兽昆虫,皆吾体也。
>
> 　　吾之性不止于视听言貌思,凡天地之间若动作、若流峙、若
> 生植飞翔潜泳,必有造之者,皆吾性也。
>
> 　　既为天地生成,则凡与我同生于天地者,皆同胞也。既同处
> 于天地间,则凡林林而生、蠢蠢而植者,皆吾党与也。①

天地与我为一,万物与我并生,我之体、我之性与万物完全融为
一体。如果说孟子还将心性作为天人之间的桥梁、强调通过主体的
努力以认知客体的话,张九成则直接将主体和客体圆融合一:

> 　　心性即天地,夙夜存心养性,是夙夜匪懈以事天地也。②

可见,张九成所说的"仁"不再仅仅是"有知觉,识痛痒"的感觉,
而是对天地万物的一种大心同体的感受,是一种精神境界。

何俊先生认为,"张九成以觉概括仁,实际上是取消了仁的实践
性,而以主体的是否自觉为仁的达到与否,这就将儒家注重的广泛的
社会实践活动收缩为一己的意识觉悟"③。笔者以为,九成之以觉训
心训仁,是强调主体对本心善性的警醒、体察之重要。他并非要取消
主体实践,只在心上体悟,相反,他是极其重视实践的。他提出"闻见
所得不如践履之深"④,"学不贵于言语,要须力于践履。践履到者其

---

①　《西铭解》,《横浦集》卷十五,《张九成集》,第 170 页。

②　同上注,第 172 页。

③　何俊:《南宋儒学建构》,上海人民出版社 2004 年版,第 61 页。

④　《与陈开祖书九》,《横浦集》卷十八,《张九成集》,第 211 页。

味长,乃尽见圣人用处"①。那么该从何处入手?"如何臻至理,当从
践履论。……孝悌作选锋,道德严中军。"②他主张在道德实践中体
认天理,孝悌乃为实践之首。可见,张九成并没有否定孔子在实践中
落实仁的路径。

张九成以觉训仁训心,完全突破了二程以生、觉来譬喻仁的界
限,也将谢良佐以知觉言仁的思想推进到了心本论的高度,开始了心
学体系的构建。因为以心为本体,所以九成提出"学者有志于道,不
忧人路之不明,但忧人心之未觉"③,他要求学者的一切行为都应以
心为矩矱,而且要养心、正心、求心:"学者之彀与夫规矩之宜其何在
乎? 亦曰:心而已矣。夫天下万事皆自心中来,使自礼乐射御书数
以养此心,然后致知格物诚意以正此心,此心既正则修身齐家治国
平天下无不可矣。"颜回独称好学,其所谓学乃"专意积精于正心之
学耳"④。

总之,"觉"可谓搭建本体、修身养性、成圣做贤的一把金钥匙,集
本体与功夫于一身,所以张九成有些得意地说:"觉之一字,众妙
之门。"⑤

张九成以觉训心训仁引发了后世的思考。杨简赞同张九成:
"仁,觉也,觉非思为"⑥,仁和觉都与知觉、思虑无关,"仁者,道心常
觉常明之称","惟常觉而后可以言仁"⑦。"觉""明"是心性的本质
属性,不觉不明则本心昏聩。唯一对本心有影响的就是"意","意起
则恶念生","意起则昏",故要"绝意"。要绝意就要使此心"常觉常

①　《题晁无咎学说》,《横浦集》卷十九,《张九成集》,第223页。
②　《客观余孝经传感而有作》,《横浦集》卷一,《张九成集》,第4页。
③　《孟子传》卷二十七,《张九成集》,第1046页。
④　同上注,第1054页。
⑤　〔明〕陈建:《学蔀通辨》,吴长庚主编《朱陆学术考辨五种》,第224—225页。
⑥　《论〈论语〉下》,《慈湖先生遗书》卷十一,《杨简全集》,第2119页。
⑦　同上注,第2125、2119页。

明",所以"觉"就是使心保持一种无思无为、寂然不动状态的功夫。在杨简,"觉"既是心性之本体,又是功夫。

钱时作《四书管见》,把《论语》中几乎所有的"知"都解释成"觉"。伊尹所谓"先知觉后知",到底知什么,觉什么?朱熹解释为"天理",钱时则释为"本心":"知,觉也,觉其本心而至于常觉常明者,仁。"①本心无所不有,天理亦具于吾心,所以只要觉悟自己固有之本心即可,能觉悟到本心之明并能时刻加以保持的人,就是仁人了。"仁者,不失其本心之谓。"②程朱以天理人欲解释"克己复礼为仁",钱时则认为"克己复礼为仁"六个字,关键只在"克己"上。仁即人心,此心即仁,本心为意念、外物、习气、欲望等蒙蔽困扰而丧失了仁。所以只需要"克己"的功夫。"己"即"我",指《论语》中"子绝四:勿意,勿必,勿固,勿我"之"我",意必固我"大抵都从意上起"③,所以"克己"就是除去意念。意念除掉,本心自然无恙,行动也不会逾越"本心之天则"("礼"),克己自然复礼,复礼之即仁矣。既然一切都是"意"造成的,所以"四勿"也并非在眼耳舌身上下功夫,而是在意念上。一念之邪即是非礼,这就需要用心去察觉。

> 是非之心,人皆有之。一念之萌,谁不自觉?觉其为是,是即是礼;觉其为非,非即非礼。非礼即勿,是之谓克。④

可见"四勿"就是"克念",如何克念?就是自我察觉、判断此"念"是否符合礼。在这里,钱时淡化了"觉"对于心、仁的本体意涵,而将其作为一种察识的功夫。它要求察觉恶念于萌芽状态并消灭之,以保

① 《融堂四书管见》卷三,《钱时著作三种》,第304页。
② 《融堂四书管见》卷八,《钱时著作三种》,第402页。
③ 《融堂四书管见》卷五,《钱时著作三种》,第334页。
④ 《勿轩记》,《蜀阜存稿》卷三,《钱时著作三种》,第649—650页。

证本心常处于清净澄明的状态。如此一来,"觉"便由张九成的本体层面转变为功夫层面了。

王阳明对朱陆的思想都有所批判和吸收。他认为张九成等人以"知觉"规定心没什么不妥,知觉是心天生具有的功能,相当于是非之心,即判断能力,也就是"良知":

> 知是心之本体,心自然会知:见父自然知孝,见兄自然知弟,见孺子入井自然知恻隐,此便是良知不假外求。①
>
> 心不是一块血肉,凡知觉处便是心,如耳目知视听,手足之知痛痒,此知觉便是心也。②

"致良知"是本体和功夫的统一,从这个角度说,与程朱以恻隐之心统四端不同,阳明是以是非之心统领四端,"良知只是个是非之心,是非只是个好恶。只好恶就尽了是非,只是非就尽了万事万变"③。是非之心即"智"之端,指人天生具有的知是知非的判断能力。"致良知"要求凡事从本心出发,行动之前先判断是非善恶。可见,在阳明的"凡知觉处便是心"中,"知觉"具有本体和功夫的双重意义。

刘宗周反对以觉训仁,"心一也,合性而言则曰仁,离性而言则曰觉。觉即仁之亲切痛痒处,然不可以觉为仁,正谓不可以心为性也"④。但他不讳言以觉规定心。"此心一真无妄之体,不可端倪,乃从觉地指之。觉者,心之主也。心有主则实,无主则虚,实则百邪不能入,无主焉反是。"⑤"觉"好比心之主人翁,古人常问"主人翁常惺

---

① 〔明〕王守仁:《传习录上》,《王阳明全集》卷一,第6页。
② 〔明〕王守仁:《传习录下》,《王阳明全集》卷三,第121页。
③ 同上注,第111页。
④ 《语类十二·学言上》,《刘宗周全集》,第3册,第350页。
⑤ 《语类八·证学杂解》,《刘宗周全集》,第3册,第238页。

惺否",就是在问此心是否一直处于警醒、警觉状态。这其实就是张九成"觉即是心"的进一步解释。觉之于心如此重要,所以,蕺山干脆说"夫心,觉而已矣"①。心之觉一启动,就会产生各种认识;一旦本心无觉,立刻各种妄念、自以为是便乘虚而入。他提出"求仁"是圣学第一义,而"克复"是求仁第一义:"克者,一觉便胜,非难事也,难在一觉耳。"②到底是觉什么? 他曾提到,所谓"求仁"的功夫主要表现在"直从动念处勘理欲关头。其为理与欲,又只就世缘渐染处勘此关头清楚"③。由此可知"克己"的关键在于理欲、公私等处能否做到一念之觉。觉则为理为公,此心清净澄明;迷则为欲为私,此心昏聩迷乱。觉还是不觉,成为克复求仁的第一要义。

蕺山将"觉"当成心体的主宰,当成克复为仁的第一功夫,突显了"功夫即本体"的理念,是对以上诸人思想的继承和深化。

谢良佐之"心有所觉谓之仁",张九成对仁、觉、心的阐述,遭到朱熹的强烈反对,却得到湖湘学者的支持。于是朱熹与湖湘学者展开了一场辩论。

胡实(字广仲,胡宏之从弟)引用《孟子》"先知先觉"之语以证明上蔡之说渊源有自,并说道:"'心有所觉谓之仁',此谢先生救拔千年余陷溺固滞之病,岂可轻议哉? 夫知者,知此者也;觉者,觉此者也。果能明理居敬,无时不觉,则视听言动莫非此理之流行,而大公之理在我矣。""以爱名仁者,指其施用之迹也;以觉言仁者,明其发见之端也。"④

朱熹回复解释道:"盖孟子之言知、觉,谓知此事,觉此理,乃学之

① 《语类八·证学杂解》,《刘宗周全集》,第3册,第237页。
② 《语类十·说》,《刘宗周全集》,第3册,第281页。
③ 《论语学案》卷一,《刘宗周全集》,第1册,第290页。
④ 〔清〕黄宗羲、全祖望等编:《广仲问答》,《五峰学案》,《宋元学案》卷四十二,第1385页。

至而知之尽也。上蔡之言知觉，谓识痛痒、能酬酢者，乃心之用而智之端也。二者亦不同矣，然其大体皆智之事也。"①孟子和上蔡所言之知觉具体指向不同，以之言仁，就不可能完全契合。说"知此觉此"，"此"自然指的是"仁"，"知此觉此"就是知仁觉仁，但仁本是吾心之德，"又将谁使知之觉之耶？"他反驳道：

> 上蔡所谓知觉，正谓知寒暖饥饱之类尔。……盖仁者心有知觉，乃以仁包四者之用而言，犹云仁者知所羞恶辞让云尔。若曰心有知觉谓之仁，则仁之所以得名初不为此也。今不究其所以得名之故，乃指其所兼者便为仁体，正如言仁者必有勇，有德者必有言，岂可遂以勇为仁、言为德哉？②

在他看来，仁是诸德之首，"觉"只是"智"的活动功用，层次上难以与仁匹配；从"仁包诸德"出发，仁本身就包含了智和觉。说心有知觉没问题，但是说心有知觉便是仁，就不成立。所以以知觉规定仁是错误的。

胡大原（字伯逢，胡宏之从子）认为朱子对上蔡所说的"知觉"有误解。他承认知觉有深浅，像知寒暖、温饱之类就比较浅，认此知觉为仁当然不妥，伊川说"觉不可以训仁"就是为此。但上蔡的"知觉"绝不是指这种浅层的东西，"若夫谢子之意，自有精神。若得其精神，则天地之用即我之用也，何病之有！以爱言仁，不若觉之为近也。""必有所觉知，然后有地可以施功而为仁也。"③朱熹反驳道，如果既

---

① 〔宋〕朱熹：《答胡广仲》，《晦庵先生朱文公文集》卷四十二，《朱子全书》，第22册，第1903页。
② 〔宋〕朱熹：《答张钦夫·又论仁说》，《晦庵先生朱文公文集》卷三十二，《朱子全书》，第21册，第1413页。
③ 〔清〕黄宗羲、全祖望等编：《五峰学案》，《宋元学案》卷四十二，第1386—1387页。

不知"仁"之含义,又不论下功夫处,而只言精神,恐怕立意太高,"反之于身愈无根本可据之地也"①。

之所以有以上分歧,主要在于双方的根本立论不同。朱熹主张"性即理"、心统性情。心未发时为性,仁包诸德;已发为情,恻隐贯之。"觉"只是"智"的功用,如何能代替整个仁体? 况且,他认为上蔡之说最大的问题在于"觉"的对象过于模糊,"心有所觉",到底觉什么? 如果只识个痛痒,凡人都能识得,难道都是仁人吗? 须觉得"天理人欲之分",方是仁。只在知觉上说仁,忽略了性之义理,只剩下一个空荡荡的心,与佛老以知觉运动言心有何差别? 他担忧的是以觉言仁会空掉"理",导致此心无所依归。上蔡和湖湘学者则主张"心即性",仁体即心体。他们所说的"觉"不是指某种德性,也不等同于"智",而是一种切己省察、启动仁体的手段。

至于张九成的"仁即是觉,觉即是心",朱熹不屑分辨,"子韶本无定论,只是迅笔便说,不必辨其是非"②。不过他转而认为"上蔡说得觉字太重,便相似说禅"③,"上蔡一变而为张子韶,上蔡所不敢冲突者,张子韶出来,尽冲突了"④。他认定张九成的学说是阳儒阴释,专门作《张无垢中庸解》,集中力量批判之。明代陈建概括儒释之别:"孔孟皆以义理言心,至禅学则以知觉言心。"⑤他暗指当时流行的阳明心学是禅学。禅宗与心学都以知觉言心,有何区别? 刘宗周辨析道:

> 释氏之学本心,吾儒之学亦本心。但吾儒自心而推之意与

① 〔宋〕朱熹:《答张钦夫·又论仁说》,《晦庵先生朱文公文集》卷三十二,《朱子全书》,第 21 册,第 1413 页。
② 〔宋〕黎靖德编:《朱子语类》卷一〇一,第 2563 页。
③ 〔宋〕黎靖德编:《朱子语类》卷六,第 118 页。
④ 〔宋〕黎靖德编:《朱子语类》卷二十,第 478 页。
⑤ 〔明〕陈建:《学蔀通辨》,吴长庚主编《朱陆学术考辨五种》,第 252 页。

知,其功夫实地却在格物,所以心与天通。释氏言心便言觉,合下遗却意,无意则无知,无知则无物。其所谓觉亦只是虚空圆寂之觉,与吾儒体物之知不同;其所谓心亦只是虚空圆寂之心,与吾儒尽物之心不同。①

儒释之学都是从本心出发立论。不同的是,儒家从本心出发而论意、知、物,无论本体还是功夫都是实实在在的;而佛教则单讲觉,不讲意、知、物,本体和功夫都流入虚寂。同样讲"心",却有虚实之别。细绎张九成至刘宗周等人的思想,他们在大谈觉与心关系的同时,对意、念、知、物等与心有关的范畴都进行了讨论,并非单以知觉言心。

通过以上梳理,我们可以得出如下结论:第一,以觉言仁言心构成了浙江心学的一个特色,它是传统儒学范畴与禅宗思想相结合的产物,也是了解心学演变发展的一个重要维度和视角。如果说"仁说"是早期道学形成的话语②,那么以觉言仁言心便是这一话语的体现和发展。"觉"作为一个认识、知觉范畴,由程颢思想中的譬喻义,逐渐演变为心之本体和功夫,这一过程由张九成完成。后世浙江学人无论赞同他的观点与否,都围绕着觉与仁、心的关系表达了自己的看法,大大深化了对本心的认识。第二,"觉"之于心性,仅仅是"智"之功用,还是具有本体功夫的意义? 不同的回答,形成了不同的学派。湖湘学者终不能被朱子说服,横浦心学被视为禅学,恰说明他们在本体论和功夫论上的分歧。程朱道学只把"知""觉"当成是心的认知功能,是心之用;而以张九成为代表的心学看来,"觉"既是心之本体,又是察识的功夫,体现了心学"即本体即功夫"的特点。第三,以

---

① 《语类十二·学言上》,《刘宗周全集》,第 3 册,第 333 页。
② 参见陈来:《略论宋代道学话语的形成》,《石家庄学院学报》2009 年第 2 期,第5—11 页。

觉言心不是佛教的专利,"觉""心"都不是佛教专有的术语。儒释均以"心"统摄万物,却有虚实之分。道学攻击以觉训心训仁和禅学没什么两样,只看到了二者的相似处,并没有抓住本质。相比之下,陆九渊却没有这方面的议论。他只是单提"本心",反复强调心即理、理即心,妨碍本心的只有欲望。这大概与他不注经有关,不必为这些具体概念与心之间的关系费周章。这也注定了其理论有"粗"的一面。

四、心性合一,物我一体

心、性、才、情这些概念,象山是不提倡细细分辨的。当弟子问他这些概念如何区分时,象山批评他所言都是"枝叶",没有抓住"血脉",同时回答说这四个概念"都只是一般物事,言偶不同耳",心性之间可以勉强概括为"在天者为性,在人者为心"①的关系——针对不同的主体,称呼不同而已,心性其实是一体的。浙江心学则对心性关系有较详细的论述,并逻辑地得出天地万物本我一体的结论。

严格来说,早在邵雍、二程便有心性合一的倾向。邵雍曾形象地比喻心性关系:"心者,性之郛郭。"②性就包含在心中。二程主张心性一体:"心即性也。在天为命,在人为性,论其所主为心,其实只是一个道。"③心、性、理、命同实而异名,是"道"在不同对象上的体现,但这并不是说二者毫无差别④。他们更多地是强调心的主宰意义,

---

① 《语录下》,《陆九渊集》卷三十五,第444页。
② 朱熹:"'性者,道之形体;心者,性之郛郭。'康节这数句极好。盖道即理也,如'父子有亲,君臣有义'是也。然非性,何以见理之所在? 故曰'性者,道之形体'。仁义礼智,性也,理也,而具此性者心也,故曰'心者,性之郛郭'。"见黎靖德编:《朱子语类》卷一百,第2551页。
③ 〔宋〕程颢、程颐:《遗书》卷十八,《二程集》,第204页。
④ 宋志明等学者认为,"'心即性'的意义在于将主体与本体联结为一体,同时又不抹杀各自的特性。性既与心相通,又与天相连,天命与人性各有其存在的价值,但又都以心为其主宰"。见宋志明等:《中国古代哲学研究》,中国人民大学出版社1998年版,第131页。

性从本质上说是纯粹无杂的,所谓"性即理"也。所以,心性合一只是就心是性的载体和主宰意义上而言的。

张九成以心为天地之本体,就性之内容而言,"夫性则仁义也,居之则为仁,行之则为义。仁义乃性之自然,非私意所能为也"①。仁义既是人的自然天性,也是心的内容,"夫心有何物哉? 仁义而已矣"②。可见,心之本体就是性,心即性也。"夫心即性,性即天,心体甚大,尽之者少耳。"③"心即性"体现了他心性合一的思想,是对二程思想的继承;"性即天"则进一步彰显了他的心本论。

钱时对"性"作了较为详细的描述。性乃人所固有④,具有与本心同样的特点:"至善而无恶,至灵而不昧,所谓性也。"⑤称之为天命之性。天命之性,人人所同。但因为后天所"习"不同,人性有了差别。天命之性与本心性质相同,实际上体现了"心即性"的理念。从体用的角度,性也和心一样,不仅范围天地,而且发育万物:"天地广大,我实范围;万物众多,我实发育;天地万物岂在吾性之外也哉!"⑥正因如此,所以"《大传》曰'易有太极,是生两仪',太极即性也,天地万物皆于此乎出也"⑦。太极是万化之根本,而这太极就是性,性有"生"意,故万物皆由"性"生出。天下无性外之物,性无处不在。

阳明说得更直接:"性是心之体,天是性之原,尽心即是尽性。"⑧性是天赋予人的,是我心之"本体"(本来的样子),而心为一身之主宰,所以心主宰性。

---

① 《孟子传》卷二十六,《张九成集》,第 1027 页。
② 同上注,第 1039 页。
③ 《尚书详说》卷十七,《张九成集》,第 508 页。
④ 《融堂四书管见》卷三释"夫子之文章可得而闻也"章:"性,即人之所固有。"见《论语·公冶长第五》,《钱时著作三种》,第 302 页。
⑤ 《中庸》,《融堂四书管见》卷十三,《钱时著作三种》,第 503 页。
⑥ 同上注,第 504 页。
⑦ 《古文孝经》,《融堂四书管见》卷十一,《钱时著作三种》,第 465 页。
⑧ 〔明〕王守仁:《传习录上》,《王阳明全集》卷一,第 5 页。

　　以主体心为客观万化之根源,万物皆备于我,本身就蕴含了物我一体的理念。孟子曰:"亲亲而仁民,仁民而爱物。"仁者推己及人,乃至仁及万物。仁的最高境界便是万物一体。陈来先生指出,万物一体即是仁体①。程颢《识仁篇》说的"仁者,浑然与物同体",张载《西铭》提出的"民吾同胞,物吾与也",均表达了天地万物本我一体的思想。对仁者而言,"物我一体"是自然而然的,对于普通人,则需要努力修养才能达到。浙江大部分学人论仁论心,不约而同地把"物我一体"作为个体修养追求的境界。张九成在《西铭解》中说,物我一体的基础是我与万物都同生、同处于天地间。因为同处于天地间,天地与我为一,万物与我并生,所以我之体、我之性与万物完全融为一体。只要夙夜存心养性,坚持不懈,便能知天事天,实现天人合一。钱时发挥《中庸》思想,以"性"作为天地万物统一的基础,通过"尽性"实现物我一体的圆融境界。"我之性即人之性,即物之性,能尽其性则能尽人之性矣,能尽人之性则能尽物之性矣。有生之类同具此理。"本性本来至善至灵,毫无欠阙,所以"尽性"就是通过修养的工夫恢复其纯然的本来面貌。通过尽性的工夫,推己及人,尽我之性方能尽人之性,进而尽物之性,从而达到天地万物本我一体。这"一体"的基础便是万物的共同之"性":"天地万物皆我性也。能尽其性,能尽人物之性,则发育自我,而天地在范围中矣。"如果尽我之性,便能尽人物之性,那意味着"我"之参天地、赞化育的地位和作用是决定意义的,"此致中和之极功也"。②阳明解《大学》,"大学"乃大人之学,而大人与小人的区别,便是"大人之能以天地万物为一体也"③。因为大人有仁心仁德,其本质如此。无论从哪个角度,仁体还是心体,"物我一体"是心学必然得出的结论。

---

① 　陈来:《仁学本体论》,第33页。
② 　以上引文见《中庸》,《融堂四书管见》卷十三,《钱时著作三种》,第529页。
③ 　〔明〕王守仁:《大学问》,《王阳明全集》卷二十六,第968页。

五、即本体即工夫

象山主张，"心之体甚大，若能尽我之心，便与天同"①。如何尽心？他提出辨志、剥落物欲、减担等方法。总之，直接在心上用功。

浙江心学均主张慎独的修养工夫。张九成认为，中庸即是中和，乃天下之大本、达道。就人而言，中庸是一种处于未发已发之间的状态。为达到发而皆中节的效果，就要于未发之时涵养。"戒慎乎其所不睹，恐惧乎其所不闻"，这种涵养未发时的工夫，也即慎独的工夫。他的《中庸说》以"戒慎恐惧，涵养未发"贯穿始终，以之作为识中、求中、养中的手段。钱时进一步发挥了张九成的这一思想。他指出，本心不觉悟，是因为意念的遮蔽。因此就要"不起意"。如何才能做到"不起意"？慎独。何谓慎独？"独即是心之隐微不睹不闻处。"②隐微意味着尚未显露、尚不明显，念虑刚刚萌芽，不睹不闻，只有自己知道。慎独就是在这只有自己知道的意念上用功，察识其善恶。只有在喜怒哀乐未发之时涵养此心，才会在既发之后达到"中节"的状态。但很多人其实并不知道如何在未发之时用力，他们总是求"中节"于既发之后。钱时认为这是徒劳的。只有通过戒慎恐惧的慎独工夫，才能"保是中，全是和，而顺其固有之性者也。顺固有之性则无所不通矣，是达道也"③。慎独不过是防止这至善至灵的本性不被任何欲望气习遮蔽，保持其纯然的本来面目而已。

张九成和钱时还只是把慎独作为涵养本心的手段。到了王阳明，慎独不仅是工夫，还带有本体的意味："实习之要，只是谨独。谨独即是致良知。"④刘宗周评价说此命题即知即行、即动即静，"庶几

① 《语录下》，《陆九渊集》卷三十五，第 444 页。
② 《中庸》，《融堂四书管见》卷十三，《钱时著作三种》，第 504 页。
③ 同上注。
④ 〔明〕王守仁：《与黄勉之》，《王阳明全集》卷五，第 195 页。

心学独窥一源"①。良知即是本体,致良知则是本体与工夫相结合,圆融无间。

刘宗周的学说,可以一言以蔽之:慎独。四书、五经之道就是慎独,"慎独是学问第一义。言慎独,而身、心、意、知、家、国、天下一齐俱到,故在《大学》为格物下手处,在《中庸》为上达天德,统宗彻上彻下之道也"②。他认为尧舜禹汤文武孔孟,无不以慎独作为为学宗旨。至二程主敬,朱熹又以主敬和致知为车之两轮,解"慎独"时又分动静两段工夫,"愈析而愈支矣"。唯有阳明的"慎独即是致良知",说得直截明白。慎独既是本体,又是工夫。"古人慎独之学,固向意根上讨分晓,然其工夫必用到切实处,见之躬行。"③因为每个人都是独立的个体,"独之外,别无本体;慎独之外,别无工夫"④。

以慎独作为修养工夫,并不意味着终日在心上静养体察,而是在日用常行、人伦物理上用功,讲求道德践履。如张九成提倡"孝悌做选锋,道德严中军",钱时主张笃志力行,把致知和力行结合起来:"学而不思,则无致知之功,故罔;思而不学,则无力行之实,故殆。"⑤王阳明提出"一念发动处,便即是行",刘宗周本人更是一生以慎独的工夫修养自己。浙江心学家们,均是知行合一的实践者。

第二节　关于"陆王心学"

浙江心学源远流长,构成宋明心学的主体,为什么"陆王心学"却

① 《大学古记约义》,《刘宗周全集》,第 2 册,第 611—612 页。
② 《学言上》,《刘宗周全集》,第 3 册,第 357 页。
③ 《证学杂解》,《刘宗周全集》,第 3 册,第 236 页。
④ 《中庸首章说》,《刘宗周全集》,第 3 册,第 270 页。
⑤ 《论语·为政第二》,《融堂四书管见》卷一,《钱时著作三种》,第 279 页。

成为今天人们谈论、研究心学的定势，乃至到了一提心学就是"陆王"的地步？恐怕要对"陆王心学"这一专有名词作一考证，这样才能看清在心学研究的过程中，因对心学的误解、先入为主带来的一系列问题，从而进一步廓清心学的特征。

一、"陆王心学"名称由来

"陆王"并称，是在阳明心学产生了巨大影响之后。王阳明因替陆九渊打抱不平，为其文集作序，并声称"圣人之学，心学也"，所以阳明自然而然地被认为是"接着"象山发展了心学。方学渐《心学宗》专明心学，"其自序云：吾闻诸舜'人心惟危，道心惟微'，闻诸孟子'仁，人心也'，闻诸陆子'心即理也'，闻诸王阳明'至善，心之本体'，一圣三贤，可谓善言心也矣。盖学渐之说本于姚江，故以陆王并称"①。这应该是最早将陆、王放在一起，以之为心学一脉。针对当时人以陆、王之学为禅学的看法，该书指出，非陆、王之学为禅，是其弟子慈湖、龙溪将其发展为禅学。但是即便是李绂的《陆子学谱》，也只称"陆王之学"或"陆学"。直到修《四库全书》，观其"提要"中陆王、程朱对说比比皆是，但也无"陆王心学"之概念。

据周炽成先生考证，"陆王心学"一词最早由清中后期的方东树提出："《日知录》引《黄氏日抄》、唐仁卿诸说，以为辟陆王心学则可，以为六经、孔孟不言心学则不可。"康有为、梁启超也分别使用过"陆王心学"，康有为以之为宋明义理之学之"别派"②。20 世纪 30 年代冯友兰先生著《中国哲学史》上下卷，提出："所谓'心学'，象山慈湖实只开其端，其大成则有待于王阳明。故与朱子对抗之人物，非陆象山杨慈湖，而为二百五十年后之王阳明。"③此时，冯先生用的是"陆

---

① 〔清〕纪昀总纂：《心学宗四卷》，《四库全书总目提要》卷九十六，第 2463—2464 页。
② 见周炽成：《心学源流考》，《哲学研究》2012 年第 8 期，第 42 页。
③ 冯友兰：《中国哲学史》（下册），华东师范大学出版社 2000 年版，第 284 页。

派之学""陆学"概念。至1980年《中国哲学史新编》出版,冯先生开始正式使用"程朱理学""陆王心学"概念,并以程颢为心学创始人。这些概念和观点纷纷被其他中国哲学史研究著作或教材所沿用,只不过有的学者认为"程朱理学"和"宋明理学"容易引起误解,行文不便,遂将"程朱理学"换作"程朱道学","陆王心学"则无异议,正式固定下来。

　　但是大多数理学史研究著作在行文中还是非常严谨的,只是说"陆王"为心学主要或重要代表,而不是唯一。如郭齐勇主编《中国哲学史》就说:"在宋明理学中,最主要和最有影响的派别是以程颐、朱熹为重要代表的理学学派和以陆九渊、王守仁为重要代表的心学学派。"①可是学术研究最怕形成思维定势或先入为主,虽然陆、王只是"重要代表",在很多学者的心目中,他们实质上就是心学的全部。再加上《宋元学案》中关于象山"前茅""萌芽"的说法,更加固了这一印象。即便也有一些学者通过研究张九成的著作,认为其已形成了心学思想,是心学的创始人,而非仅仅"前茅""理学向心学的过渡",但后续研究者仍然不去研读文本,只是沿袭已有成说,暴露了学术研究的浮躁。

二、陆、王之间

　　对陆王之间的关系,绝大部分研究认为,陆九渊是心学的创始人,王阳明则是心学的集大成者,阳明心学是陆学的继承和发展。二人的思想的确存在一些联系:陆提出"宇宙即是吾心,吾心即是宇宙",王则有"心即天,言心则天地万物皆举之矣";陆主张"心即理,理即心",王则提出"心外无理,心外无事";陆教人以"辨志为先",王提出"夫学,莫先于立志"。但从问题的针对性和体系的整体性上看,

---

　　①　郭齐勇:《中国哲学史》,高等教育出版社2006年版,第11页。

二人的差距也是非常明显的。钱穆先生曾指出,本体方面,朱陆之间存在着心物关系之争——到底是"心具理"还是"心即理"。阳明提倡"心即理",似乎可归到象山一列。但其实,"阳明虽讲心理合一,教人从心上下工夫,但他的议论,到底还是折衷心、物两派。别开生面,并不和象山走着同一的路子"。阳明说"心无体,以天地万物感应之是非为体","他在心、物之间特别指点出一个'感应'来,这是王学的超过朱、陆处"①。钱穆先生列出"王学大纲"七条,即良知、知行合一、致良知、诚意、谨独、立志、事上磨炼,除了"立志"与象山的"辨志""先立乎其大者"相近,只有"事上磨炼"与象山的"在人情、事势、物理上做些工夫"似乎相合。但阳明的"事上磨炼","也只是磨炼自己一心的喜怒哀乐,换一句话说,便是磨炼自己良知的感应,便是磨炼此知行合一之本体"。总之,他晚年特别提出的"事上磨炼"一句口号,"只为要在朱子格物和象山立心的两边,为他们开一通渠",是为了沟通朱陆思想。②可见,与象山在实践中锻炼并不是一回事。

　　韦政通先生也认为,从阳明思想形成的历程看,他思想未定时,曾接受陈献章思想影响;从 21 岁格竹子开始,一生大部分时间都在与朱子的系统斗争。"他思想发展的过程,无异是对朱子的批判和摆脱朱子权威的过程。"③四十岁时论朱陆异同,此时思想路向已经确定,才感到象山的思想与自己的心态相同,且其学久晦,又遭误解,于是决心为其辩诬,并表彰其学。又过了十年,阳明为《象山文集》作序,高度评价象山的历史地位,"真有以接孟子之传"。但阳明不仅提"孔孟之学",还说"孔颜之宗"。道统之"道"不仅是"心",更是此心之"虚灵明觉",即良知。"孔子无不知而作,颜子有不善未尝不知,

①　钱穆:《阳明学述要》,第 68—69 页。
②　以上引文见钱穆:《阳明学述要》,第 70、72—73 页。
③　韦政通:《中国思想史》,第 859 页。

此是圣学真血脉路。"①"知"即良知,良知无所不知,孔门中只有颜回在心地上用功,充分发挥良知的作用,是以能见"圣道之全"。"颜子没而圣学亡",之后重新拈出良知宗旨并深入阐释的是王阳明——阳明暗示自己的学说才是圣学正宗②。很明显,从道统的角度,阳明更倾向于"孔颜"一脉,象山接续的是孟子,而他王阳明,接续的是颜回。在阳明的文集中,他从来没有说过或认同他是接着陆九渊讲心学的。他的学生王畿及其后学,也都是按老师的思路谈"孔颜之宗",以之为圣学之"嫡传"。他们绝口不提孟子在道统中的地位,当然就更没有陆九渊的位置。

本书在第五章"王阳明的理学反思与心学创新"中也提到,阳明的思想不仅集心学之大成,也是对程朱理学的反思和回应。他的思想是在实践中不断反思和磨砺的结果。其与陆学,差别甚大。象山用"本心"来表达本体,阳明更喜欢使用"良知"一词。象山还承认"塞宇宙一理耳",心外有理;阳明则断然曰"心外无理",事、物、理不过是"意之所在",没有了心之注"意",就无所谓事物。象山从不谈觉与心的关系,阳明则明确说"凡知觉处便是心"。象山强调"知"对"行"的指导,知先行后③;阳明则完全是知行合一。阳明提倡慎独的工夫,象山则只在解《大学》"诚意"一章时提到过一次。"他讨论的问题,以格物致知为中心,又重视下学渐进的工夫,都近于朱而远于陆。'心即理'是陆王思想的共同追求,象山因体之于身,而能识心体

---

① 〔明〕王守仁:《传习录下》,《王阳明全集》卷三,第104页。
② 参见吴震:《心学道统论———以"颜子没而圣学亡"为中心》,《浙江大学学报》(人文社会科学版)2017年第3期。吴先生认为,"阳明提出'颜子没而圣学亡',其根本用意之一在于将自己的良知心学与程朱理学划清界限,并将心学源头追溯至孔颜正派"(第64页)。
③ 陆九渊:"自《中庸》言之,学之弗能,问之弗知,思之弗得,辨之弗明,则亦何所行哉? 未尝学问思辨,而曰吾唯笃行之而已,是冥行者也。"见《与赵咏道二》,《陆九渊集》卷十二,第160页。

之大,阳明复能展之以理,更见其丰富与精微。"①从二人讨论的话题看,阳明所讨论的与浙江传统心学更接近些。与其说阳明心学是陆学的继承和发展,不如说是对以往所有心学尤其是浙江心学的继承和发扬。

第三节　"心学"研究中的几个问题

20 世纪 80 年代以后,随着中国哲学史研究的兴起,宋明理学成为研究的重心,心学随即成为显学。到目前为止,研究心学的成果可谓汗牛充栋,不胜枚举。其中又以研究陆王心学的成果最多。从整体上看,研究越来越细,越来越深入,心学的面目也越来越清晰和完整。但也存在一些既定的成见、思维的定势,让后继研究者不敢越雷池半步。笔者不揣冒昧,试抛砖引玉,就存在的几个问题做一讨论。

一、关于心学源流的判定标准

笔者曾对学术界就"心学始于何人"的问题进行过梳理总结,目前主要形成有六种观点:"一认为始于程颢,二认为始于谢良佐,三认为始于王蘋、张九成,四认为始于陆九渊,五认为始于程颐,六认为始于胡宏。"②这些观点几乎都不约而同地使用了"先导""先声""萌芽""过渡""前茅"等用语,以表明二程、谢良佐、王蘋、张九成、胡宏并不是真正意义上的创始人,陆九渊才是。这主要是受了《宋元学案》的影响。《宋元学案》完全按师承关系来判定学术源流,"象山本无所承",于是就从他之前的学者思想中找出些许与其思想相近或相

---

① 韦政通:《中国思想史》,第 860 页。

② 刘玉敏:《心学源流:张九成心学与浙东学派》,人民出版社 2013 年版,第 2 页。

似的,以证明其学并非空穴来风、孤行特立。受此影响,今日之学者在研究陆九渊思想时均不免要对《宋元学案》提到的这些"前茅"作一番论述。但是有了《宋元学案》的结论在先,未免就会有先入为主的心理暗示,所以,对以上诸人的思想研究始终没能深入。在很多学者的心目中,陆王心学就是宋明心学的全部,"陆九渊—杨简—王阳明"是构成心学的主线,再进一步,陆九渊之后,江西有吴澄,浙江除了杨简还有袁燮;然后就跨入明代,由陈献章发端,而王阳明继起,其后学直至刘宗周,将心学义理发展得越发精微。实际上,陆九渊单提本心,只强调"心即理",那么杨简等人讨论心与觉、仁的关系,意、念的含义及其与心的关系等问题,难道是孤明先发、异军突起吗?师承关系固然重要,但是完全按照师承关系确定思想的性质和归属,必然导致学术思想史的梳理单一化、简单化。先秦儒家典籍作为公共资源,心性思想非常丰富,宋人又喜欢发明义理,通过阅读典籍开发出新的心性思想是再正常不过的事。通常认为宋明理学始于"北宋五子",理学史的书写也都是从他们开始,但是这一说法始于朱熹《伊洛渊源录》,他正式确立了"北宋五子"理学开山的地位,自然有自己的用意。但是北宋熙丰年间涌现出的学者可不止"北宋五子",他们的思想影响在当时也没像今天所描述的那么大。长期占据思想主流地位的是王安石新学,此外还有"三苏"蜀学,以司马光为代表的涑水之学,等等。各种思想、学说交汇,学者们虽然尊师重道,却也没到泥守师说、亦步亦趋、固步自封的地步。转益多师、四方问道是两宋的潮流,只有当有了某种目的,比如要确立道统、树立学术权威的时候,才会出现固守门户、非友即敌的情况——朱熹、陆九渊的后学便是如此。因此,在研究人物思想时,追溯其师承关系固然必要,若以之为唯一的思想来源,则未免刻舟求剑了。若如此,思想何来发展?新说如何创立?

　　还有一个被忽略的事实:《宋元学案》以"先立乎其大者"作为陆

学的特征,并指出象山"天分高,出语惊人,或失于偏而不自知"①,大概是针对象山在讲学中一再强调心即理,学者应自立、自信,不可随人脚跟等言论,这些言论过于拔高自我,过于高调,与传统儒家一贯的谦卑、低调不太相符。而程门之谢良佐主张"心有所觉谓之仁",王蘋有"传心""扩心"之说,林季仲(号竹轩)也有"学到根源物物无"的认识,张九成更是将"心"上升到"天"的高度(程颐提出"释氏本心,吾儒本天"以严儒释之别,张九成却打通二者,确有援佛入儒之嫌)。所有这些言论,都和象山一样属于"出语惊人,或失于偏而不自知"之类。这是全祖望以谢、王、林、张等人为象山"前茅"的原因所在。但我们今天所研究的"心学"与谢山眼中的象山学并不是一回事,本书在"导论"中已辨析详矣。以今天的标准,心学是以"本心"为最高本体的哲学体系,以上诸人中,符合此标准的只有张九成。《宋元学案》分别朱陆之学,关注的是"尊德性"和"道问学"何者为先;今人研究二者之异,首先关注的是"理"和"心"究竟何者为最高存在。前者更看重功夫论,今人则从哲学着眼,将本体论放在第一位。以《宋元学案》关于象山学的讨论作为今天研究心学源流的依据和出发点,不亦谬乎!

究其根本,还在于学术界习惯于接受权威,而不是质疑,不敢或不愿打破成见。毕竟研读文本、收集资料是需要下一番功夫的,人云亦云、直接引用他人观点却容易得多。

二、关于心学与禅学

心学形成并具有一定影响后,便被质疑类似禅学。持心学立场的学者从不同角度为心学与禅学之异同做了辨析。今人站在第三方的研究立场,自然不会将心学等同于禅学。但在谈及二者关系时,普

---

① 〔清〕黄宗羲、全祖望等编:《象山学案序录》,《宋元学案》卷五十八,第1884页。

遍认为心学无论思维方式还是思想内容,都来自禅宗,似乎是禅宗向儒学的单方面输出,而非双方互动。禅宗作为完全中国化的佛教宗派,在其形成过程中有无受中国传统思想和文化的影响? 如果没有,它又是如何"中国化"的? 在心学形成的过程中,禅宗究竟起决定作用,还是仅仅启发或影响? 心学形成后,对禅宗有无影响和推动? 若着眼于包括浙江心学在内的心学整体,对以上问题会看得更清楚。

将心学等同于禅学,源自朱熹。朱熹在讲课中对当时所有各家的学问都有所评价,评价的标准就是他自己对经典的理解。凡是和他立场不一致的,他都毫不客气地进行批评:浙学全是功利,永嘉之学大不成学问,吕伯恭爱在史上下功夫……正因为张九成对传统心性思想大加发挥,突出了"心"的地位,于是其书被朱熹视作"禅者之书",其学被视作禅学,就如他后来批评陆学一样。而他认为心学是禅的一个重要依据,就是心学对"仁"的规定:"圣门只说为仁,不说知仁。上蔡一变而为张子韶。上蔡所不敢冲突者,张子韶出来,尽冲突了。近年陆子静又冲突出张子韶之上。"[1]张九成提出"仁即是觉,觉即是心",朱熹认为是以知觉释仁,大类禅学。陆九渊提出"万物森然于方寸之间,满心而发,充塞宇宙,无非此理",朱熹认为与禅宗的以心法起灭天地相似。阳明心学在朱学一统的背景下突然兴起,因其立论(如"心即理")与陆九渊相似,又为陆学辩护,遂亦被目为禅学。朱熹等人的看法大大左右了《宋元学案》,后者评价张九成、谢良佐、宋濂等人,就是据此认为他们堕入葱岭。杨时属意"诚意"稍多些,便说他"夹杂异学"[2];虽反对视象山之学为异学,但也认为他"失于偏而不自知"。诸如此类,在《宋元学案》中甚多。

归结起来,心学被视作禅学,依据大致有以下几点:一、心学直接

---

① 〔宋〕黎靖德编:《朱子语类》卷二十,第 478 页。

② 〔清〕黄宗羲、全祖望等编:《龟山学案序录》,《宋元学案》卷二十五,第 944 页。

从"心"上立论，将心作为宇宙本体，立论太高，缺少"下学而上达"的功夫，流于空虚。程颐明明说过"释氏本心，吾儒本天"，张九成却提出"心即天"，这就是阳儒阴释的最好凭证。后来杨简提倡"不起意"，王龙溪主张"无善无恶"，都是禅宗归寂之意。二、心学重视体悟，不依赖前人传注，这便给人不重视读书、大类禅宗顿悟的印象。张九成说"道在方寸，文字莫宣，可以神会，难用语传"，陆九渊说"六经皆我注脚"，杨简、钱时、王阳明及其后学更是强调自省体悟，这与禅宗"不立文字，教外别传"的宗旨太过相像。三、以"觉"言心论仁，张九成还说"觉之一字，众妙之门"，在朱熹看来，这是直接以"知觉运动"规定心体和仁体，与禅宗以知觉论心、"知之一字，众妙之门"没什么两样。

朱熹等人说心学大类禅学，并没有说错。从思想的形成、立论基础、思维方式等方面说，心学的确从禅宗处得到很多借鉴。但是儒释之别并不在这些方面，佛学修养极其深厚的宋濂早就说过，儒、佛之间的区别，"在性不在心"。佛教讲性空、一切皆虚幻，儒家则无论心还是性，都是实实在在的。程颢曾明确评价过佛教："自谓之穷神知化，而不足以开物成务。言为无不周遍，实则外于伦理；穷深极微，而不可以入尧舜之道。"①所谓儒释之别，不在于如何言心说性，而是体现在以下两个方面：一是其学是否体用兼备，能够"开物成务"，于国于家有实用价值；一是其学是否顾及人伦物理。缺少这两个条件，即便其理论穷深极微，也不可能达至圣人之道。佛教有体无用，背弃人伦，完全与尧舜之道相左。程颢此辨被后世奉为至理圭臬。张九成就引用过明道这番话，并发挥道："有四端如人之有手足也，可以运用，可以行止。若释氏则无手足，徒有腹心尔。安知运用行止之理

---

① 〔宋〕程颐：《明道先生行状》，《河南程氏文集》卷十一，《二程集》，第638页。

哉?"①阳明也说:"夫禅之说,弃人伦,遗物理,而要其归极,不可以为天下国家。"②儒释之间,一方内一方外,佛教是为解决生死问题而产生、存在,本就不是为了入世,若完全站在儒家的本位立场评价佛教,佛教自然一无是处。

理学产生于宋代,一开始便有与佛老相抗衡的动因在其中,所以极力与佛教划清界限。绝大多数理学家都本着激烈的态度抨击佛教,少有人具有理性的态度。宋濂学通三教,是坦言"誓以文辞为佛事"、积极为佛教辩护的人。至阳明心学兴起,龙溪以良知范围三教,周汝登明言只要对吾学有用,不必分儒释,都表明随着佛教学说的日益浸润,人们对佛教的态度越来越开放、包容。学术的创新,离不开对外来文化的学习、吸收与借鉴,宋明理学能够在理论水平上超越前代,离不开佛、道思想的启发。

至于心学与禅学的关系,赵旗先生在专著《心学与禅学》中辨析甚详。"心学对禅学思想的吸收和借鉴,主要在于思维方式方面。在对世界的价值判断、对主体的内在要求等具体内容方面,心学完全继承了传统儒学的思想,并对之作了合乎逻辑的发展,并未使自己混同于禅学。"③他认为儒学一直对禅学进行理论批判,"其根本原因在于,佛禅学和儒学尽管在思维方式等方面有可通之处,但毕竟是两种不同的思想体系,他们在对于世界的价值判断、对于主体的内在要求等方面都存在着巨大的分歧,由此也形成了它们各自不同的历史归宿"④。我们可以说,整个理学就是在对佛教边批判边吸收的基础上建立起来的。赵先生认为朱陆都有得于禅学,只是借鉴方式上有差别。"朱熹主要是接受了禅学化的华严、唯识等思想的影响,禅学在

① 《四端论》,《横浦集》卷五,《张九成集》,第62页。
② 〔明〕王守仁:《象山文集序》,《王阳明全集》卷七,第245页。
③ 赵旗:《心学与禅学》,陕西人民出版社2001年版,第236页。
④ 同上注,第222页。

其中起了某种间接的作用,即使义学中的某些命题丧失了其特定的含义,成为便于世俗利用的某种理论模式。在陆九渊,则直接吸收和借鉴了禅学修养方法的某些方面,从而在为学方面和朱熹形成了对抗之势。"①方立天先生指出,"如果没有禅学的充分发展和长期流传,没有禅宗提供的思想资源和实践经验,没有禅宗创造的学术风气和文化氛围,似乎较难形成特定的陆王心学,或者心学的面貌将有所不同,正是在这样的意义上,我们也许可以说,没有禅学就没有心学",但同时,"宋明儒学的心性学说形成后,同样也影响了宋以来佛教心性思想的演变,从而表现了儒、佛两家心性论的历史纵向的互动势态"②。这说明,禅学的影响,不仅对心学具有决定意义,对整个宋明理学包括朱熹在内都或多或少起到了重要作用;同时,宋明心性思想形成后,反过来也刺激和影响了佛教心性思想的发展。禅学与心学、理学是相互促进、相互启发的关系。

心学受禅宗影响是肯定的,若谈及其思想来源,首先应该是先秦儒家典籍。《中庸》《孟子》《尚书》是首要的,张九成作《孟子传》《尚书详说》《中庸解》,就是充分发挥了其中的心性思想;陆九渊在书信和讲课中,对以上经典也屡有提及和解读,他还特意强调自家之学"乃读《孟子》而自得之"。自张九成以降,浙江心学家对《尚书》《中庸》解读得最多,一方面《尚书》乃"政事之书",《中庸》也有很多为政思想,可以借经谈政、以古鉴今;另一方面,人心道心、未发已发、慎独、诚明等范畴和话题均出自这两部经书,讨论心性思想,实在是最好的选择。

反过来,禅宗作为典型的、完全中国化了的佛教,有没有受过传统中国文化或儒道思想影响呢?答案是肯定的。其"不立文字,教外

① 赵旗:《心学与禅学》,第163页。
② 方立天:《中国佛教哲学研究》,中国人民大学出版社2002年版,第526页。

别传"的宗旨,就与道家"得兔忘蹄""得鱼忘筌",与《周易》"得象忘言""得意忘象"异曲同工,这也是它能与中国人心理产生共鸣,并能为普罗大众广泛接受的文化基础所在。进入隋唐以后,很多佛门高僧都具有少习儒业的经历,所以他们出家后能用中国的语言诠释佛经,从而创立中国化的佛教宗派。他们的思想自然就是儒佛交融的产物。儒释道之间的影响和融合是双向的,儒家援佛入儒,佛教则援儒卫佛,如宋代契嵩的《辅道篇》《中庸解》,智圆的《闲居编》,均力图证明佛与儒理同"迹"异,不分彼我。儒佛教化目标、功能一致,儒家不应该对佛教采取敌视态度(像韩愈那样)。

三、关于心学"道统"

对程朱一系的道统说,学术界关注和研究较多。朱熹道统说在南宋理宗时期被确立为正统,并非顺理成章,一帆风顺。与朱子后学一起争"正统"地位的还有心学一派,他们也非常重视道统的建构,其解经著述和朱子的《四书集注》一样,也曾被上呈朝廷御览。最后历史选择了朱学。但对心学的"道统说",学术界的关注点基本放在了陆九渊和王阳明及其后学上,缺少对南宋时期象山以外的其他心学人物如何积极构建道统谱系、争取道统地位的历史研究。如此便无法纵向比较不同时期心学道统谱系的具体差异,以及造成该差异的原因。笔者试从思想史的角度分析并回答这一问题。

自韩愈提出儒家"道统"说之后,关于道统的问题便成为学者们关注的话题。程颐以哥哥程颢为孔孟不传之学的继承人,直接把韩愈排除了出去。朱熹在《中庸章句》中,正式以"执中"为道统心传,以二程为孟子之后的继承人。黄榦则在朱熹去世后,作《圣贤道统传授总叙说》,以朱子"得其统于二程"。宋理宗后期尊朱学,直至元代复科举,以《四书集注》为科考程式,标志着朱熹的道统地位得到了官方的正式承认。

在朱子及其门人构建道统谱系的同时,心学一系也在努力争取自己的道统地位。陆九渊自称其学乃读《孟子》而自得,他自信地宣称:"窃不自揆,区区之学,自谓孟子之后至是而始一明也。"①他虽未明确提出道统说,但在当时公认的"孟子之后,道统中断"的语境下,其言下之意已非常明了。象山去世后,同僚和门弟子在祭文中高度评价其人其学,公开以之为孔孟正传。"孔孟既没,日以湮微。赖我先生,主盟正学","渊源之渐,伊孟之传","学同颜氏好,功与孟轲齐","远绍孟氏之旨","继孟子之绝学,舍先生其谁能","一洗佛老,的传孔孟"②。积极树立象山道统地位并具有一定影响力的当属浙东学子。嘉定五年(1212),袁燮刊刻象山文集三十二卷,并为之作序:

> 先生之言悉由中出,上而启沃君心,下而切磨同志,又下而开晓黎庶,及其他杂然著述,皆此心也。儒释之所以分,义利之所由别,剖析至精,如辨白黑。遏俗学之横流,援天下于既溺,吾道之统盟,不在兹乎!③

他盛赞象山如北辰泰岳,讲求大道,心理融通。其学发明孟子"本心"之言,其言发自内心,上至君主,下至黎庶,皆获教益,分儒释,别义利,使天下之道皆归于正,实乃"吾道之统盟"。针对指斥陆学为禅学的言论,袁燮驳斥道:

---

① 《与路彦彬》,《陆九渊集》卷十,第134页。
② 以上分别出自洪伋、张森、王有大、傅子云、周清叟、包逊的祭文、挽诗,见《陆九渊集》卷三十六,第513—518页。
③ 〔宋〕袁燮:《象山先生文集序》,《絜斋集》卷八,《景印文渊阁四库全书》,第1157册,第90页。

> 义理之学,乾道淳熙间讲切尤精。一时硕学,为后宗师者班班可睹矣,而切近端的,平正明白,惟象山先生为然。或谓先生之学如禅家者流,单传心印,此不谓知先生者。先生发明本心,昭如日月之揭,岂恍惚茫昧、自神其说者哉![①]

在袁燮看来,与象山同时的硕儒宗师众多,却惟有象山之学切近真实、平正明白。其学发明本心,如揭日月,至于怀疑其学为禅学者,哪里能真正理解其学问呢!所以,孟子之后,道统中断,真正继承孟子的,乃是陆九渊。

黄榦去世后,朱门开始大力抨击贬低陆学,朱陆两家渐成水火之势。袁燮之子袁甫从求同存异的角度,反对学术之间的互相攻讦。他同时推张栻、吕祖谦、朱熹、陆九渊为"道统"继承人,"中兴以来,四先生身任道统之责,悉力主盟"。四人之学术宗旨一致,其争论属于具体学术问题上的不同,不是根本立场的分歧。他本人喜欢象山心学,但绝不反对别人的选择(具体论述,本书于第三章第六节已分析得很详细,此不赘述)。钱时在多篇文章中将陆九渊和杨简作为继孔子之后的道统续传(本书第三章第七节有详细论述),正式确立了心学一派的道统说。在当时的政治环境下,其与程朱一派分庭抗礼、争夺正统的目的不言自明。

陆象山自称接续孟学,王阳明在为其辩诬和文集作序时,也公开宣称:"圣人之学,心学也","陆氏之学,孟氏之学也"。承认了象山在"孔孟"一脉中的地位。但正如本书之前所论述,相比"孔孟之学",阳明更看重"孔颜之宗"。"孔颜"才是圣学真血脉,"良知"方是圣圣相传"一点滴骨血",明确拉开了自己和象山之间的距离。王畿

---

① 〔宋〕袁燮:《题彭君筑象山室》,《絜斋集》卷八,《景印文渊阁四库全书》,第1157册,第99页。

便发挥了后者,以颜回为孔子之嫡脉,追复"孔颜之宗"的不是孟子和陆九渊,而是王阳明。阳明"致良知"说直承颜回,于孟子只是借用了其"良知"概念而已。周汝登肯定了龙溪的说法,认为孔颜之后即周敦颐和程颢。阳明继周、程之后,龙溪则是阳明之后的道统继承人。刘宗周不满龙溪的"四无"说,遂否定了他的道统地位,而提出以"先觉觉后觉"之标准,历史上的先觉者乃是"尧舜—孔—孟—周敦颐—王阳明",他含蓄地表示,自己是以"诚意"启发觉悟后觉者。

那么圣圣相传的"道"或宗旨是什么呢?《尚书·大禹谟》记载,舜告诫禹:"人心惟危,道心惟微,惟精惟一,允执厥中。"被后世誉为"十六字心传"。朱熹于《中庸章句》中特意将其确定为"道统"宗旨,并以天理和人欲分别解释道心、人心。心学一开始只是以"发明本心"为标准,陆九渊、杨简虽坚持人心道心只是一心,杨简还屡屡以"人心即道,即是道心"作为思想纲领,但直至王阳明才提出这"十六字"乃是"心学之源",其解释也与程朱截然不同:"中也者,道心之谓也;道心精一之谓仁,所谓中也。孔孟之学,惟务求仁,盖精一之传也。"①"十六字"的核心思想是"中"。孔孟求仁,即是求中,求道心。王龙溪之所以以颜回为孔子嫡传,因为圣人之学乃良知之学,良知乃德性之知,非见闻所能得,而是靠"明睿所照,默识心通",这正是颜回问学的特点。那些讲究多学而识、由闻见而不能自信其心的,乃是子贡、子张之学。"颜子没而圣学亡,后世所传者,子贡、子张一派学术,沿流至今,非一朝一夕之故,先师所倡良知之旨,乃千圣绝学,孔门之宗子也。"②可见,龙溪认为圣学宗旨乃是"良知"。奇妙的是,象山虽不讲良知,但毕竟也是"默识心通","自信其心"的,但龙溪却未把象山纳入到圣学统绪里。由此可以推断,在龙溪心目中,象山与阳明在

____

① 〔明〕王守仁:《象山文集序》,《王阳明全集》卷七,第245页。
② 《与陶念斋》,《王畿集》卷九,第225页。

思想上还是有一定距离的。周汝登作《圣学宗传》,以"心"为圣传之宗。把二程及其门下那些著名的弟子和后学几乎都纳入了进来。他不仅花大量的篇幅摘抄了象山语录,而且多处点评,赞扬其指示门人"直截分明",其语录"一印印定","斩钉截铁","斩截简径,扫踪灭迹","大炉锤熔铸锻炼人","孟子而后,要个能不怕、能叫喊者,陆子一人而已"。①刘宗周批评朱熹之学过于支离,象山学太粗糙,阳明学过于玄虚,陆、王之学又因杨简、王畿之传而流入禅。可见以上诸人皆不足以传圣学。他以在儒学发展史上的贡献——是否做到了觉悟后学为标准,认为尧舜以"心"、孔子以"中庸"、孟子以"性善"、周敦颐以"诚"、阳明以"良知"分别开启和引领了一代学术,他则以"诚意"觉悟后学。

通过以上梳理,我们可以看出心学所勾勒的谱系,以及争取正统地位所做的种种努力,他们的道统观也就是他们对各家学术的判定。不同于程朱一派"道统"的稳定性,心学一派因为"本心"思想的发展,大家的理解有偏差,所以"道统"说前后并不一致。尤其是孟子和陆九渊在道统中的地位,一直处于不稳定状态。南宋浙江心学诸儒都肯定了陆九渊的道统继承人地位,一直到阳明为象山辩护,孟子和陆九渊的地位基本很稳固(只有杨简和钱时不满孟子的一些思想)。从王畿开始,阳明后学只论"孔颜",不谈"孔孟",否定了孟子和陆九渊在心学谱系中的地位,周汝登在《圣学宗传》中纳入了象山,但也纳入了与其同时代的其他学者,实际上陆九渊的地位和其他人如朱、张、吕等并无差异。况且周汝登在其他文章中都只说阳明直接周、程,说明将象山等人纳入宗传,只是为了辅翼和衬托后面的阳明而已。刘宗周认为陆学粗糙,不足以启发后学,以阳明为周子之后第一人。可见,阳明后学从本质上说还是最推尊阳明,要么直承孔、颜,要

① 《圣学宗传》卷十,《周汝登集》,第718页。

么接续周、程。至少在他们眼里,将陆、王放在一起是不合适的。倒是有一点共性:他们都不承认朱熹一派的道统说。

为何阳明前后,心学的道统谱系有如此大的区别? 笔者认为,首先在于不同时期构建道统的目的不同。南宋时期心学的目的是为了和程朱道学争正统。朱、陆去世后,两家后学便积极维护师说,公开道统谱系。嘉定五年(1212),黄榦于《台州州学四先生祠堂记》中以朱子为濂洛之“正传”,同年袁燮在《象山文集序》中推象山为“吾道之统盟”。陈淳在尊朱的同时,多次激烈抨击象山学“全用禅家宗旨”,慈湖之说“无一处是”①;杨简则通过负面评价曾子、子思、孟子的思想否定了《四书集注》勾勒的道统谱系,钱时亦以“四书”命名,作《四书管见》与朱熹《四书集注》相对,以示圣人之“道”是本心而非天理。双方为争夺正统不遗余力。

阳明维护陆象山,是出于学术公心。他主张“夫学术者,今古圣贤之学术,天下之所公共”,“天下之学术,当为天下人公言之”②。因为象山学遭到曲解,所以他挺身而出为之说句公道话。事实上,他对朱陆之学均有扬弃。“吾于象山之学有同者,非是苟同;其异者,自不掩其为异也。吾于晦庵之论有异者,非是求异;其同者,自不害其为同也。”③尽管他公开了自己的学术立场,但还是遭曲解。他去世后,廷臣污蔑他“事不师古,言不称师”,被追夺爵位、免去世袭。王畿等人便要为老师正名,力证其学乃儒学正传。他们四处奔走,在各种场合宣讲阳明晚年最得意的发明——“致良知”说,力辩其学非禅学,洗刷朝廷加在他身上的各种污名,为其争取儒学正统地位。

其次,对“本心”的理解和规定不同。心学家们均认同“本心即

---

① 〔宋〕陈淳:《答黄先之》,《北溪大全集》卷二十四,《景印文渊阁四库全书》,第1168册,第693页。
② 〔明〕王守仁:《答徐成之·二》,《王阳明全集》卷二十一,第809页。
③ 〔明〕王守仁:《答友人问》,《王阳明全集》卷六,第209页。

道",但究竟何谓本心、本心有何特点,众人体悟不同。杨简和钱时不认同孟子,在于他们认为本心"无体无方",本心变化莫测,无形状无方向,孟子却把本心当成有形之物(这一点在第三章第七节有详细论述)。象山文集中恰恰保留有"养心莫善于寡欲"章的讲义,将"心"看成有"体"之物。这大概也是慈湖在各种场合赞扬象山的学问,却绝口不提其道统地位的原因之一。但当时心学内部能与朱熹比肩抗衡的只有陆九渊,故钱时虽也赞同杨简的观点,但在道统争夺日益激烈之时,他还是将陆九渊作为道统继承人,直承孔子之学。

阳明《象山文集序》作于 1521 年,也正是在这一年他"始揭致良知之教"①。他肯定象山之学是孟学,是圣人之学,但在他心目中,圣学之"道"是良知。"我此'良知'二字,实千古圣圣相传一点滴骨血也。"②理想的道统谱系是"孔子—颜回"。毕竟,"良知"概念虽出自孟子,但他谈论最多的是"本心";象山在讲课中也提到了"良知",却没有更多的阐释。在阳明看来,象山之学终究还是有些粗糙。

不同的目的带来不同的结局。南宋淳祐元年(1241),理宗下诏表彰周、张、程、朱,历史最终选择了程朱一系,除了理宗的个人喜好外,不得不说也与杨、钱对待孟子的态度有关。须知《孟子》由子书上升为经书,孟子于北宋神宗年间配享孔庙,是经过了从中唐韩愈到北宋中期二程等诸儒的不懈努力才得以实现的。排除孟子,就等于否定了诸人的努力和朝廷的封赠。况且"孟子之后,圣学不传"已经成为一种思维定势,改变起来并非易事。心学争夺道统失败是必然的。

到了明代,孟子的地位却大不如前。明太祖朱元璋曾因《孟子》中重民轻君的言论而一度罢黜孟子的配祀,并下令"删孟",编成《孟子节文》科考取士。故阳明以"孔颜"为宗,其后学也罕提孟子,并未

---

① 《年谱二》,〔明〕王守仁:《王阳明全集》卷三十四,第 1278 页。
② 同上注,第 1279 页。

引起多大波澜。况且王畿等人重塑道统谱系,以阳明心学为正统,并非要与朱学争高下,而是要洗刷朝臣对阳明的污蔑,为老师正名。王畿等人的努力没有白费。阳明去世38年后,隆庆元年(1567),下诏追赠阳明新建侯,谥文成。万历十二年(1584),从祀孔庙。而此时的阳明学,早已传遍大江南北,深入百姓民间了。

四、关于心学的评价

心学和其他学派一样,是学者们在读经解经的过程中,从经典中"开发"出来的。其哲学思想是蕴含在经学之中的。"宋代经学即理学"(刘师培语),今人作研究,正常的顺序应该是先经学,再哲学。即从理学家们的经学论著入手,通过分析经典中一些重要范畴和命题的不同诠释路径和演变,考察思想发展、转折的内在逻辑和脉络。但今人的研究正好相反。我们是先做哲学史研究,最近二十年才突然意识到"经学是一切学术的源头",于是掀起了一股经学热。但在梳理经学史时,又不可避免受已有哲学研究的影响,即经学史的人物安排,基本是按照哲学史的人物来确定的。如此一来,从经学出发重新审视思想、学派的演变逻辑,便不可能有新的突破。在哲学史研究过程中,受时代思潮、研究方法等因素影响,造成的对心学的刻板印象始终挥之不去。如陆王心学是针对程朱道学产生并兴起的;心学几乎都不注经,没多少解经著述;心学在南宋乾淳时期兴起,然后湮没无闻,直到明代中期由王阳明发扬光大,才重见天日。诸如此类,不一而足。随着对心学越来越深入的研究和认识,笔者认为以上刻板观点应当改变了。

心学的出现,并非是针对程朱道学或其他什么学派,而是读书自悟或者在解经过程中形成的。读书自悟者,如陆九渊,他十三岁读古书而悟到"宇宙即是吾心,吾心即是宇宙",并以之为终生的立论基础。他聪颖早慧,小时候便直觉感到伊川之言与孔孟不类、有子之言支离等等,他更欣赏孟子,要求读书学问要"先立乎其大者",并发挥了本心思想,这些都并非专门针对程颐之学。朱熹与其同时,二人的学问齐头并进,同时也在不断的质疑和辩论中修正、完善。朱陆二人虽学问取向不同,但根本宗旨一样,可谓学术上的诤友,并不把对方当成敌手。后学无知,一定要带着敌对的眼光看对方,殊为可笑。朱陆之异同,元明时期早已辨之甚明甚详,并不以二人为截然对立的关系。今人又何必画蛇添足,一定要强化他们之间的对立,弄得好像正反两派一样呢?

陆九渊述而不作,并不意味着心学一派缺乏经学撰述。心学从张九成开始,就是在解经过程中自然形成的。四书五经本有丰富的心性思想,在解读过程中突出心性的地位,实属正常。也许当事人自己都没有意识到,他偏离了前人的轨道,开发出了一个新的思想体系。经典解读有汉、宋之分。宋学重义理,最著名或影响最大者是朱熹,他穷毕生的精力研读各家经典,自谓其义理完全符合经典本意。而站在今天研究的角度看,其实也和陆九渊一样,"六经皆我注脚"而已。心学,不过是为经学开辟出了另一个诠释维度,这个维度让人耳目一新,眼前一亮,甚至让人恍然大悟:原来经典还有这一层意思!就如《大学》古本与通行本之争,是否分经传、是否缺传,不同的排序、不同的理解,得出的结论居然如此不同。再如《论语》"回也其庶乎屡空"章,汉魏时期便出现了两种截然不同的解读:一是从做生意、理财的角度解释,一是从个人修养的角度诠释。后一解释被韩愈、二程、杨时等人接受并改造,此后如钱时、王畿、刘宗周等人都做如此解,王畿甚至用此章作为重构道统的依据。如果从心学的角度理解全经,这读起来一点也不牵强附会,反而顺理成章。可见,儒家原典作为公共资源,后人可以从多个角度诠释。如果一定要断出孰是孰非,那么评断者又站在谁的立场呢? 庄子早就提出,要"以道观物"而不要"以我观物",摒弃主观预设,多角度、全方位看待学术发展,也许能体会到更多心学存在的价值和意义。

纵览宋明心学的发展历程，它从洛学脱颖而出，在南宋初与湖湘学同时形成，张九成、范浚、史浩乃第一批心学学人；至乾淳时期，借着自由的学术环境，涌现出一批杰出的学者，江西心学与浙江心学交汇，心学大盛，这股势头一直持续到南宋末期；元代虽然确立了朱学的正统地位，心学也并没有被遗忘，和会朱陆，取长补短是这一时期的特点，江西之吴澄、浙江之宋濂，可为此一时期代表；宋濂之学问影响延及明初，明代中期心学先后在广东、浙江兴起，终以浙江心学为集大成，传遍大江南北，至清代中期犹有余音。可见，心学之发展从未间断，尤其在浙江，阳明心学并非空穴来风，异军突起，实有赖于浙江学人从张九成开始就重视传注经书，一代代学人接力，文脉才未曾断绝，最终汇成明代中期至清初的思想洪流。

阳明心学虽然使学术走下庙堂，深入民间百姓，但其后学之流弊还是使其学说遭到了种种非议。顾炎武更是把明亡的责任推到了心学头上。他痛斥晚明空谈心性，比之魏晋玄学之清谈，认为西晋亡于清谈老庄，明朝则亡于清谈孔孟。颜元更是讥讽心学家们"平生袖手谈心性，临危一死报君王"，没有半点治国平天下的本事。这便涉及心学实用性的问题了。一定要让学术思想具备某种实用性，在现实中发挥切实的功效，这本身就是对学术的误解。国家的安危，社稷的稳定，也不单单是儒生的责任。不过，心学尽管谈心论性，看似空疏，但心学家们普遍都重视道德践履，主张在日用常行中践行本心，内而修身齐家，外则治国安民，讲求实效。张九成在朝做官不附权贵，在地方任上积极平冤狱、废榷酷、罢柑宴，为百姓做了很多实事。他尝大书于墙壁："此身苟一日之闲，百姓罹无涯之苦。"晚年守温州，"吏课推最"。史浩两度拜相，屡荐人才；陆九渊主政荆门，政绩卓著；杨简斋明严恪，一代儒宗；阳明集立德立功立言于一身，实现了"三不朽"；刘宗周一生严谨，最终绝食明志，用生命实践了自己的人生信条。心学家们或者严于律己，或者勤于政事，实践了儒家"穷则独善其身，达则兼济天下"的理想信念。至于他们借诠释经典抒发对时局的关切，借经筵侍讲的机会讽谏君主，希望君主效法圣王，这已经尽了臣子的本分和职责。能否听得进去，是否采纳，那是君主的问题，臣子又有什么办法呢？

无论是魏晋玄风，还是晚明狂禅，都是一种学术风气，这一风气是否能够亡国？所谓"岂有文章倾社稷，从来佞幸覆乾坤"，如果学术能够亡国，那这国的政权未免太过脆弱了。谈心论性本是宋明理学的内容之一，属于形而上的探究，本就不能以实用与否来衡量。明朝发展至崇祯时已经病入膏肓，岂是一刘宗周可以回天挽救？将一国的覆亡归罪于个人或某个学说，就如说商纣亡于妲己、西周亡于褒姒、唐亡于杨贵妃一样，不过是为昏庸的帝王、腐朽的政治找一个替罪羊罢了。

参考文献

一、古籍类

〔明〕蔡清:《虚斋集》,《景印文渊阁四库全书》,第 1257 册,台湾商务印书馆 1986 年。

〔宋〕陈淳:《北溪大全集》,《景印文渊阁四库全书》,第 1168 册,台湾商务印书馆 1986 年。

〔宋〕陈傅良:《止斋集》,《景印文渊阁四库全书》,第 1150 册,台湾商务印书馆 1986 年。

〔宋〕陈亮:《陈亮集》,邓广铭校点,上海古籍出版社 2022 年。

〔宋〕陈振孙:《直斋书录解题》,徐小蛮、顾美华点校,上海古籍出版社 1987 年。

〔宋〕程颢、程颐:《二程集》,王孝鱼点校,中华书局 2004 年第二版。

〔明〕程敏政:《篁墩文集》,《景印文渊阁四库全书》,第 1252 册,台湾商务印书馆 1986 年。

〔明〕程敏政编:《新安文献志》,《景印文渊阁四库全书》,第 1375 册,台湾商务印书馆 1986 年。

程树德撰:《论语集释》,中华书局 1990 年。

〔宋〕范浚:《范浚集》,范国良点校,浙江古籍出版社 2015 年。

〔宋〕胡安国:《春秋胡氏传》,浙江古籍出版社 2010 年。

〔宋〕胡宏:《胡宏集》,吴仁华点校,中华书局 1987 年。

〔宋〕胡寅:《崇正辩·斐然集》,容肇祖点校,中华书局 1993 年。

〔明〕黄绾:《黄绾集》,张宏敏编校,上海古籍出版社 2020 年。

〔宋〕黄震著,张伟、何忠礼主编:《黄震全集》,浙江大学出版社 2013 年。

〔清〕黄宗羲、全祖望等编:《宋元学案》,中华书局 1986 年。

〔清〕黄宗羲:《明儒学案》,沈芝盈点校,中华书局 2008 年第二版。

〔清〕黄宗羲:《黄宗羲全集》,吴光点校,浙江古籍出版社 2012 年。

〔清〕纪昀总纂:《四库全书总目提要》,河北人民出版社 2000 年。

〔清〕焦循:《孟子正义》,沈文倬点校,中华书局 1987 年。

〔宋〕黎靖德编:《朱子语类》,王星贤点校,中华书局 1986 年。

〔元〕李存:《俟庵集》,《景印文渊阁四库全书》,第 1213 册,台湾商务印书馆 1986 年。

〔清〕李绂:《陆子学谱》,杨朝亮点校,商务印书馆 2016 年。

〔明〕刘鳞长:《浙学宗传》,《四库存目丛书》,史部,第 111 册,齐鲁书社 1997 年。

〔宋〕刘荀:《明本释》,《景印文渊阁四库全书》,第 703 册,台湾商务印书馆 1986 年。

〔明〕刘宗周:《刘宗周全集》,何俊点校,浙江古籍出版社 2012 年。

〔宋〕陆九渊:《陆九渊集》,钟哲点校,中华书局 1980 年。

〔明〕罗钦顺:《困知记》,阎韬点校,中华书局 1990 年。

〔宋〕吕祖谦:《吕祖谦全集》,浙江古籍出版社 2008 年。

《民国大庾县志》,《中国地方志集成·江西府县志辑》,第 86 册,江苏古籍出版社 1996 年。

《民国海宁州志稿》,《中国地方志集成·浙江府县志辑》,第 22 册,上海书店出版社 1993 年。

《明万历严州府志》,"日本藏中国罕见地方县志丛刊",北京书目文献出版社 1991 年。

〔宋〕钱时:《钱时著作三种》,张高博点校,中国社会科学出版社 2021 年。

〔清〕全祖望:《全祖望集汇校集注》,朱铸禹汇校集注,上海古籍出版社 2018 年。

〔宋〕邵雍:《击壤集》,台湾中文出版社 1972 年。

〔宋〕沈焕:《定川遗书》,张寿镛辑,《四明丛书》,广陵书社 2006 年。

〔宋〕史浩:《史浩集》,俞信芳点校,浙江古籍出版社 2016 年。

〔宋〕史浩:《尚书讲义》,《景印文渊阁四库全书》,第 56 册,台湾商务印书馆 1986 年。

〔宋〕释祖咏编:《大慧普觉禅师年谱》,《宋人年谱丛刊》,第七册,四川大学出版社 2003 年。

〔宋〕司马光:《司马温公文集》,中华书局 1985 年。

〔宋〕司马光:《温国文正司马公文集》,"四部丛刊初编集部",上海商务印书馆 1936 年缩印。

〔宋〕舒璘:《舒文靖公类稿》,张寿镛辑,《四明丛书》,广陵书社 2006 年。

〔明〕宋濂:《宋濂全集》,黄灵庚编辑校点,人民文学出版社 2014 年。

〔明〕宋濂等撰:《元史》,中华书局 1976 年。

〔清〕孙奇逢:《孙奇逢集》,张显清主编,中州古籍出版社

2003 年。

〔明〕陶望龄:《陶望龄全集》,李会富编校,上海古籍出版社 2019 年。

〔元〕脱脱等撰:《宋史》,中华书局 1985 年。

〔宋〕汪应辰:《文定集》,上海文林出版社 2009 年。

〔明〕王畿:《王畿集》,吴震编校整理,凤凰出版社 2007 年。

〔明〕王守仁:《王阳明全集》,吴光等编校,上海古籍出版社 1992 年。

〔宋〕王应麟:《困学纪闻》,孙通海点校,辽宁教育出版社 1998 年。

〔明〕乌斯道:《春草斋集》,《景印文渊阁四库全书》,第 1232 册, 台湾商务印书馆 1986 年。

〔元〕吴澄:《吴澄集》,方旭东、光洁点校,中国社会科学出版社 2021 年。

〔元〕吴莱:《渊颖集》,《景印文渊阁四库全书》,第 1209 册,台湾商务印书馆 1986 年。

〔明〕吴之鲸:《武林梵志》,杭州出版社 2006 年。

〔宋〕谢良佐:《上蔡语录》,泉州文库整理出版委员会编《上蔡语录 东宫备览 高斋漫录 乐府雅词》,阎海文点校,商务印书馆 2019 年。

〔明〕徐爱等著,钱明编校整理:《徐爱 钱德洪 董沄集》,凤凰出版社 2007 年。

〔明〕薛瑄:《读书录》,《景印文渊阁四库全书》,第 711 册,台湾商务印书馆 1986 年。

〔明〕薛应旂:《方山先生文录》,《四库存目丛书》,集部,第 102 册,齐鲁书社 1997 年。

杨伯峻编著:《春秋左传注》,中华书局 2016 年第四版。

〔宋〕杨简:《杨简全集》,董平校点,浙江大学出版社 2015 年。

〔宋〕杨时:《杨时集》,林海权校理,中华书局 2018 年。

〔宋〕杨万里:《诚斋集》,《景印文渊阁四库全书》,第 1160、1161 册,台湾商务印书馆 1986 年。

〔宋〕杨万里:《诚斋易传》,《景印文渊阁四库全书》,第 14 册,台湾商务印书馆 1986 年。

〔宋〕杨万里:《杨万里集笺校》,中华书局 2007 年。

〔宋〕叶适:《叶适集》,刘公纯、王孝鱼、李哲夫点校,中华书局 2010 年版第二版。

〔宋〕叶适:《习学记言序目》,中华书局 1977 年。

〔元〕虞集:《虞集全集》,王颋点校,天津古籍出版社 2007 年。

〔宋〕袁甫:《蒙斋集》,《景印文渊阁四库全书》,第 1175 册,台湾商务印书馆 1986 年。

〔宋〕袁甫:《蒙斋中庸讲义》,《景印文渊阁四库全书》,第 199 册,台湾商务印书馆 1986 年。

〔宋〕袁燮:《絜斋集》,《景印文渊阁四库全书》,第 1157 册,台湾商务印书馆 1986 年。

〔宋〕袁燮:《絜斋家塾书钞》,《四明丛书》,广陵书社 2006 年。

〔宋〕袁燮:《絜斋毛诗经筵讲义》,《景印文渊阁四库全书》,第 74 册,台湾商务印书馆 1986 年。

〔宋〕袁燮:《袁正献公遗文抄》,张寿镛辑,《四明丛书》,广陵书社 2006 年。

〔明〕湛若水:《湛若水全集》,黄明同主编,上海古籍出版社 2020 年。

〔宋〕张九成:《张九成集》,杨新勋整理,浙江古籍出版社 2013 年。

〔明〕章懋:《枫山集》,《景印文渊阁四库全书》,第 1254 册,台湾商务印书馆 1986 年。

〔明〕章懋:《枫山语录》,《景印文渊阁四库全书》,第 714 册,台湾商务印书馆 1986 年。

〔清〕张廷玉等撰:《明史》,中华书局 1974 年。

〔明〕张元忭:《张元忭集》,钱明编校,上海古籍出版社 2020 年。

〔宋〕张载著、林乐昌编校:《张子全书》,西北大学出版社 2015 年。

〔元〕赵汸:《东山存稿》,《景印文渊阁四库全书》,第 1221 册,台湾商务印书馆 1986 年。

〔宋〕真德秀:《西山文集》,《景印文渊阁四库全书》,第 1174 册,台湾商务印书馆 1986 年。

〔元〕郑玉:《师山文集》,《景印文渊阁四库全书》,第 1217 册,台湾商务印书馆 1986 年。

〔宋〕周必大:《文忠集》,《景印文渊阁四库全书》,第 1147 册,台湾商务印书馆 1986 年。

〔宋〕周敦颐:《周敦颐集》,中华书局 2009 年。

〔明〕周汝登:《周汝登集》,张梦新、张卫中点校,浙江古籍出版社 2015 年。

〔宋〕周行己:《周行己集》,上海社会科学院出版社 2002 年。

〔宋〕朱熹:《四书章句集注》,中华书局 1983 年。

〔宋〕朱熹撰,朱杰人、严佐之、刘永翔主编:《朱子全书》,上海古籍出版社、安徽教育出版社 2010 年。

〔清〕朱彝尊著、林庆彰等主编:《经义考新校》,上海古籍出版社 2010 年。

〔唐〕宗密:《禅源诸诠集都序校释》,阎韬校释,中华书局 2021 年。

〔唐〕宗密:《原人论全译》,董群译注,巴蜀书社 2008 年。

二、当代著作类

蔡根祥:《宋代尚书学案》,台湾花木兰文化出版社 2006 年。

陈来:《仁学本体论》,生活·读书·新知三联书店 2014 年。

陈来:《宋明理学》第二版,华东师范大学出版社 2004 年。

陈来:《有无之境:王阳明哲学的精神》,北京大学出版社 2006 年。

陈来主编:《早期道学话语的形成与演变》,安徽教育出版社 2007 年。

陈荣捷:《宋明理学之概念与历史》,台湾"中央研究院"中国文哲研究所筹备处发行 1996 年。

陈子展:《诗经直解》,复旦大学出版社 1983 年。

董平:《浙江思想学术史——从王充到王国维》,中国社会科学出版社 2005 年。

范立舟、於剑山:《南宋"甬上四先生"研究》,人民出版社 2014 年。

方立天:《中国佛教哲学研究》,中国人民大学出版社 2002 年。

冯友兰:《中国哲学史》,华东师范大学出版社 2000 年。

冯友兰:《中国哲学史新编》(上卷),人民出版社 1998 年。

冯友兰:《中国哲学史新编》(中卷),人民出版社 1998 年。

冯友兰:《中国哲学史新编》(下卷),人民出版社 1999 年。

郭齐勇:《中国哲学史》,高等教育出版社 2006 年。

何炳松:《浙东学派溯源》,广西师范大学出版社 2004 年。

何俊:《南宋儒学建构》,上海人民出版社 2004 年。

黄进兴:《李绂与清代陆王学派》,江苏教育出版社 2010 年。

黄进兴:《优入圣域:权力、信仰与正当性》(修订版),中华书局 2010 年。

侯外庐:《宋明理学史》,人民出版社 1997 年第二版。

姜广辉主编:《中国经学思想史》第三卷,中国社会科学出版社 2010 年。

姜海军:《南宋经学史》,高等教育出版社 2019 年。

李春颖:《张九成哲学研究》,中华书局 2024 年。

李丕洋:《心学巨擘:王龙溪哲学思想研究》,中国社会科学出版社 2016 年。

李丕洋:《圣贤德业归方寸:杨慈湖思想研究》,中国社会科学出版社 2020 年。

刘秀兰:《化经学为心学——论慈湖之经学思想与理学之开新》,台湾花木兰文化出版社 2000 年。

刘玉敏:《心学源流——张九成心学与浙东学派》,人民出版社 2013 年。

刘玉敏:《六经皆心学:宋濂哲学与浙东学术》,浙江大学出版社 2021 年。

刘宗贤:《陆王心学研究》,山东人民出版社 1997 年。

牟宗三:《心体与性体》,上海古籍出版社 1999 年。

潘起造:《甬上宋明心学史》,宁波大学出版社 2010 年。

潘起造:《浙东学术史》,浙江大学出版社 2018 年。

彭永捷:《朱陆之辩——朱熹陆九渊哲学比较研究》,人民出版社 2002 年。

钱明:《浙中王学研究》,中国人民大学出版社 2009 年。

钱穆:《阳明学述要》,九州出版社 2011 年。

容肇祖:《明代思想史》,齐鲁书社 1992 年。

宋志明等著:《中国古代哲学研究》,中国人民大学出版社 1998 年。

[美]田浩:《朱熹的思维世界》,江苏人民出版社 2011 年。

[德]苏费翔、[美]田浩:《文化权力与政治文化——宋金元时期

的〈中庸〉与道统问题》,中华书局 2018 年。

涂云清:《蒙元统治下的士人及其经学发展》,台湾大学出版中心 2012 年。

王凤贤、丁国顺:《浙东学派研究》,浙江人民出版社 1993 年。

韦政通:《中国思想史》,上海书店出版社 2003 年。

吴长庚主编:《朱陆学术考辨五种》,江西高校出版社 2000 年。

吴长庚:《朱熹与江西理学》,江西高校出版社 2007 年。

吴海兰:《黄宗羲的经学与史学》,厦门大学出版社 2010 年。

吴震:《阳明后学研究》,上海人民出版社 2003 年。

向世陵、冯禹:《儒家的天论》,齐鲁书社 1991 年。

向世陵:《善恶之上——胡宏·性学·理学》,中国广播电视出版社 2000 年。

向世陵:《理气性心之间——宋明理学的分系与四系》,人民出版社 2008 年。

谢无量:《中国哲学史》,中华书局 1916 年。

徐儒宗:《江右王学通论》,中国人民大学出版社 2009 年。

杨朝亮:《清代陆王心学发展史》,商务印书馆 2018 年。

张岱年:《中国哲学大纲》,江苏教育出版社 2005 年。

张剑:《宋代范浚及其宗族考论》,中国社会科学出版社 2014 年。

张立文:《中国哲学范畴发展史》(天道篇),中国人民大学出版社 1988 年。

张立文:《走向心学之路——陆象山思想的足迹》,中华书局 1992 年。

张学智:《中国儒学史》(明代卷),北京大学出版社 2011 年。

张学智:《明代哲学史》(修订版),中国人民大学出版社 2012 年。

赵旗:《心学与禅学》,陕西人民出版社 2001 年。

浙江省社会科学界联合会编:《浙东学派与浙江精神》,浙江古籍出版社 2006 年。

[日]佐野公治:《〈四书〉学史的研究》,张文朝、庄兵译,台北万卷楼股份有限公司 2014 年。

三、研究论文类

陈来:《略论宋代道学话语的形成》,《石家庄学院学报》2009 年第 2 期。

冯友兰:《宋明道学中理学心学二派之不同》,《清华学报》1932 年 8 卷第 1 期。

[日]荒木见悟:《心学与理学》,李凤全译,《复旦大学学报》社科版 1998 年第 5 期。

李春颖:《性善之善不与恶对——以张九成为中心讨论宋代性善论涵盖的两个问题》,《中国哲学史》2012 年第 2 期。

刘玉敏:《论张九成"仁即是觉,觉即是心"的思想及其意义》,《孔子研究》2007 年第 2 期。

刘玉敏:《心学的肇始——张九成的哲学逻辑结构》,《孔子研究》2010 年第 2 期。

刘玉敏:《钱时道统论与浙江心学》,《浙江学刊》2018 年第 5 期。

刘玉敏:《南宋湖湘学与浙学的互动》,《船山学刊》2020 年第 2 期。

汤元宋:《语类编纂与"朱吕公案":以〈朱子语类〉为中心的再考察》,《中国哲学史》2017 年第 1 期。

滕复:《阳明前的浙江心学》,《浙江学刊》1989 年第 1 期。

王凤贤:《浙东学术的心学倾向及其社会意义》,《孔子研究》1992 年第 1 期。

王锟:《吕祖谦的心学及其对浙东学术的影响》,《中国哲学史》2013 年第 4 期。

王锟、石寅:《范浚思想的心学迹象及其"婺学开宗"地位再认识》,《浙江师范大学学报》2014 年第 5 期。

徐儒宗:《婺学之开宗,浙学之托始》,《浙江社会科学》2014 年第 8 期。

姚才刚、李莉:《宋明儒学中的"心学"概念》,《湖北大学学报》2021 年第 5 期。

吴震:《杨慈湖在阳明学时代的重新出场》,吴震、吾妻重二主编《思想与文献:日本学者宋明儒学研究》,华东师范大学出版社 2010 年。

周炽成:《心学源流考》,《哲学研究》2012 年第 8 期。

后 记

拙稿以"浙江心学"名之,或疑之曰:"学术界言心学者,以地域名之者曰江西心学,以学派名之者,或曰陆王心学,或曰宋明心学,未闻有'浙江心学'者。岂以子居于浙江,教于浙江,而强为之争一席之地耶?"

予应之曰:"昔日罗整庵钦顺质疑阳明之学背离朱学,阳明子慨然曰:'夫道,天下之公道也;学,天下之公学也,非朱子可得而私也,非孔子可得而私也。天下之公也,公言之而已矣。'予亦可言曰:'夫道,天下之公道也;学,天下之公学也,非江西可得而私也,非陆王可得而私也。'若浙江果无心学,吾岂得凭空杜撰,强为之说耶?若浙江有心学且自成体系,吾又岂能熟视无睹耶?予致力于心学者二十年矣!始者,究心于两宋张横浦子韶之思想,撰博士论文,获国家资助,梓成《心学源流:张九成心学与浙东学派》一书。继而倾心于元明宋潜溪景濂之学术,又幸获国家资助,《六经皆心学:宋濂哲学与浙东学术》一书版行。借张、宋思想之研究契机,得以一窥北宋以降至明清浙江学人之著述,乃于心中初步形成一心学之发展链条;又潜心爬梳各学案、思想史,钩沉浙江、江西两地之学术交流与师承关系,终信'浙江心学'果自有其源流,可与'江西心学'并峙矣。拙稿自着笔至终稿,历时三载,增删修补,沉潜反复,况味自知。予岂敢无中生有、标新立异耶？又岂有扬名学界、比肩诸老先生前辈之奢望耶？不过意欲有所作为，不负韶光，不负学位职称而已矣。倘能弥补心学研究不足之一二，余愿足矣，又岂有他哉？岂有他哉？"

　　纯学术著述之不易付梓，古今皆然。幸赖供职单位浙江师范大学和马克思主义学院不弃，予以重点资助和学科经费支持。上海古籍出版社的编辑徐卓聪先生促成出版合作，对书稿亦提出了诸多宝贵的修改意见和建议。在此深致谢意和敬意！

　　北山巍巍，婺水汤汤。此地曾有吕东莱、"北山四先生"，道学相承，文脉不绝。居于兹，教于兹，读其书，想其学，弦歌之声犹在耳畔。后学晚进，敢不精进敬业，以先贤为矩矱乎！

　　是为后记。

刘玉敏
识于甲辰年小雪

图书在版编目(CIP)数据

浙江心学研究 ／ 刘玉敏著. -- 上海 ： 上海古籍出
版社, 2024. 12. -- ISBN 978-7-5732-1487-4

Ⅰ. B244.8

中国国家版本馆 CIP 数据核字第 2024SU5866 号

浙江心学研究

刘玉敏 著

上海古籍出版社 出版发行

(上海市闵行区号景路 159 弄 1－5 号 A 座 5F 邮政编码 201101)

(1) 网址：www.GUJI.com.cn

(2) E-mail：guji1@guji.com.cn

(3) 易文网网址：www.ewen.co

上海惠敦印务科技有限公司印刷

开本 890×1240 1/32 印张 15.75 插页 2 字数 395,000

2024 年 12 月第 1 版 2024 年 12 月第 1 次印刷

印数：1—1,100

ISBN 978－7－5732－1487－4

B·1441 定价：79.00 元

如有质量问题，请与承印公司联系